Foreign Studies on Marxism and Socialism Series

国外马克思主义和社会主义研究丛书

顾问　徐崇温　　　主编　李慎明

U0745901

帝国主义与依附

（修订增补版）

〔巴西〕特奥托尼奥·多斯桑托斯　著

杨衍永　齐海燕　毛金里　白凤森　译

社会科学文献出版社
SOCIAL SCIENCES ACADEMIC PRESS (CHINA)

重庆出版集团　重庆出版社

本书根据 Fundación Biblioteca Ayacucho 出版社 2011 年版译出

在学习借鉴中发展 21 世纪马克思主义和当代中国马克思主义

李慎明[*]

习近平总书记在哲学社会科学工作座谈会上的重要讲话中明确指出:"我国哲学社会科学的一项重要任务就是继续推进马克思主义中国化、时代化、大众化,继续发展 21 世纪马克思主义、当代中国马克思主义。"[①]这一要求,对于我们在新的历史起点上坚持和发展马克思主义,具有重大的现实意义和深远的历史意义。

为深入贯彻落实习近平总书记重要讲话精神,在中宣部理论局指导下,中国社会科学院世界社会主义研究中心会同重庆出版集团选编了这套"国外马克思主义和社会主义研究丛书"。经过众多专家学者和相关人员的辛勤努力,终于开始奉献在广大读者的面前。

进一步加强国外马克思主义研究,是坚持以马克思主义为指导、坚持和发展中国特色社会主义的需要。2013 年 1 月 5 日,习近平总书记在新进中央委员会的委员、候补委员学习贯彻党的十八大精神研讨班开班式上的重要讲话中明确指出:"中国特色社会主义是社会主义

---

[*]李慎明,十二届全国人大常委、内务司法委员会副主任委员,中国社会科学院原副院长,中国社会科学院世界社会主义研究中心主任、研究员。

[①]《人民日报》,2016 年 5 月 18 日。

而不是其他什么主义,科学社会主义基本原则不能丢,丢了就不是社会主义。"①在哲学社会科学工作座谈会上的重要讲话中,他又强调指出:"坚持以马克思主义为指导,是当代中国哲学社会科学区别于其他哲学社会科学的根本标志,必须旗帜鲜明加以坚持。"②2008年国际金融危机对西方国家的影响和冲击至今仍未见底,这是生产社会化直至生产全球化与生产资料私人占有这一根本矛盾的总爆发,本质上是资本主义经济、制度和价值观的危机。经济全球化、新的高科技革命和世界多极化都在深入发展,各种政治理论思潮此起彼伏。马克思主义的"幽灵"重新徘徊在发达的资本主义社会上空。全球范围内的马克思主义和左翼思潮也开始复兴。中国特色社会主义已巍然屹立于当今世界之林。在强大的事实面前,即便是一些西方学者,也不得不承认马克思主义的强大生命力和对西方社会的重要影响力。西方国家的一些马克思主义研究者或信仰者说得更为深刻。日本著名作家内田树呼唤道:"读马克思吧!""读过马克思之后,你会感觉到你自己思考的框子(或者说牢笼也可以)从外面被摇晃着,牢笼的墙壁上开始出现裂痕,铁栅栏也开始松动,于是你自己就会领悟到原来自己的思想是被关在一个牢笼当中啊。"③这些都充分说明,马克思主义的基本原理和科学社会主义的基本原则决没有过时。对这些基本原理和基本原则,我们在任何时候和任何情况下都必须毫不动摇地坚持。正因如此,习近平总书记多次强调我们党要坚持以马克思主义为指导,哲学社会科学研究工作要以马克思主义为指导,强调全党特别是党的中高级干部要认真学习马克思主义的经典著作,强调哲学社会科学工作者

---

① 《十八大以来重要文献选编(上)》,中央文献出版社,2014年9月第1版,第109页。

② 《人民日报》2016年5月18日。

③ 〔日〕内田树、石川康宏:《青年们,读马克思吧!》,于永妍、王伟译,红旗出版社,2013年10月第1版,第26页。

要认真学习马克思主义的经典著作。进一步加强国外马克思主义研究，积极借鉴国外有益经验和思想成果，无疑有助于我们在新的形势下更好地理解马克思主义的基本原理和科学社会主义的基本原则，以更好地坚持以马克思主义为指导，推进中国特色社会主义事业健康发展。

进一步加强国外马克思主义研究，是发展 21 世纪马克思主义、当代中国马克思主义的需要。中国是个大国。不仅是世界上最大的发展中国家，而且是世界上最大的社会主义国家；经济规模是世界第二；人口是世界人口的 1/5。而且，中国有着马克思主义中国化的丰硕成果以及 5000 多年的优秀文化传统。新中国成立至今，特别是冷战结束至今，无论是国际还是国内实践，都为我们坚持和发展马克思主义提供了正反两方面的十分丰厚的沃壤。当今世界正在发生十分重大而深刻的变化，当代中国正在进行着人类历史上最为宏大而独特的实践创新，也面临着许多可以预料和难以预料的新情况新问题。习近平总书记指出："这种前无古人的伟大实践，必将给理论创造、学术繁荣提供强大动力和广阔空间。这是一个需要理论而且一定能够产生理论的时代，这是一个需要思想而且一定能够产生思想的时代。我们不能辜负了这个时代。"[①]我们在坚持马克思主义基本原理的同时，决不能固守已有的现成结论和观点，必须结合当今的世情、国情、党情和民情，以与时俱进、奋发有为的姿态，解放思想、实事求是，坚持真理、修正错误，创新和发展 21 世纪的马克思主义和当代中国的马克思主义。

进一步加强国外马克思主义研究，是更加积极借鉴国外马克思主义研究有益成果的需要。改革开放以来，我国马克思主义研究步入了新的发展阶段。译介、研究和借鉴国外的马克思主义研究著作，成为马克思主义研究一个不可或缺的组成部分。20 世纪 70 年代末，我国

---

① 《人民日报》，2016 年 5 月 18 日。

的国外马克思主义研究进入一个新的阶段,西方各种思潮包括"西方马克思主义"也一并进入中国,引起了学术界的关注。随着东欧剧变和苏联解体,20世纪90年代初期我国对国外马克思主义的研究曾一度收缩。随着改革开放的深入,90年代后期又开始逐步扩大,到21世纪头10年又进入了新的高速发展时期。作为深入实施马克思主义理论研究和建设工程的重要内容,2005年12月,我国设立了马克思主义理论一级学科,国外马克思主义研究成为其中一个重要的二级学科。应该说,经过近40年的发展,我国国外马克思主义研究取得了长足的进步,结出了丰硕的成果,为增强马克思主义的影响力和说服力注入了新的内容,同时也为增强人们对中国特色社会主义的道路自信、理论自信、制度自信、文化自信,提供了有价值的理论资源。但同时也要清醒地看到,我国国外马克思主义研究所取得的成果,与它理应承担的使命、任务相比还存在不小差距。虽然国外马克思主义研究的前沿流派和代表人物不断被引介过来,一些比较新奇的观点也令人有眼花缭乱之感,但总体上看,国外马克思主义研究并不尽如人意,一些问题也越来越突出。比如,在表面的繁荣之下,有的被研究对象牵着鼻子走,失去了曾经清晰的目标;有的陷入至今仍未摆脱的迷茫和瓶颈期。又比如,在国外马克思主义研究过程中,有的缺乏辩证思维,把"西方马克思主义"奉为圭臬,认为它富有"新思维",是马克思主义的新发展;有的甚至把列宁、斯大林时期的马克思主义和中国的马克思主义看作是"走形变样"的政治话语,是"停滞、僵化的马克思主义"。国内外也有一些人企图用黑格尔来否定马克思,用马克思来否定列宁,用否定列宁来否定中国的革命、建设和改革开放,进而企图把中国的社会主义现代化建设和改革开放引入歧途。

虽然造成上述状况的原因是多方面的,但翻译性学术著作和资料的数量有待进一步拓展、质量有待进一步提升,也是其中的重要原因。总的看,目前国外马克思主义研究著作虽已有许多被译成中文出版,但整体上并不系统,而且质量参差不齐。

从借鉴国外马克思主义研究有益成果,发展 21 世纪马克思主义、当代中国马克思主义这一宗旨出发,在新的条件下继续翻译出版"国外马克思主义和社会主义研究丛书",必将有助于我国学界更加深入、系统地研究国外马克思主义。这套丛书的出版,可以说是对国外马克思主义研究成果的一次重新整理,必将有利于我们进一步深化国外马克思主义研究,在借鉴国外马克思主义研究的有益资源过程中,为繁荣发展 21 世纪马克思主义、当代中国马克思主义作出新的贡献。

经过比较严格的遴选程序进入这套丛书的著作,主要聚焦和立足马克思主义理论研究,既注重立场性、代表性、权威性和学术性的统一,又兼顾时代感和现实感。同时,我们还邀请国内相关领域的知名专家分别为每本著作撰写简评并放在各本著作的前面,对该书的核心思想和主要内容作了简要介绍和评析,以尽可能帮助读者了解这些作品的理论价值、现实意义和历史局限。

这里特别需要指出的是,由于我们的能力、水平有限,这篇总序和每一本书的简评,或许还存在这样那样的不足,敬请各位读者不吝指教。不妥之处,我们将及时修正。

我们希望,这套丛书既能够在理论界、学术界,同时又能够在广大党员干部中产生一定影响,以期不断加深人们对马克思主义和社会主义的理解、把握和认同。

是为序。

2016 年 12 月 1 日

探讨帝国主义时代的国际关系与
发展趋势的代表作

罗文东 *

作为巴西的著名学者，特奥托尼奥·多斯桑托斯不仅被誉为"世界级知识分子"，而且是一位反抗帝国主义的斗士。他在 1978 年出版的《帝国主义与依附》（简称《依附》）一书中，全面论述了当代帝国主义的矛盾和危机，揭示战后跨国公司的扩张造成依附形式的变化以及对不发达国家的生产结构和经济社会生活的影响，探索拉美等落后国家摆脱对帝国主义"统治国"依附的基本条件和革命道路。该书概括了 20 世纪六七十年代国家垄断资本主义向以跨国公司为支柱的超国家垄断资本主义过渡的一系列重大理论和实践问题，代表依附理论形成初期的重要成果和思想水平，被中国和西方学术界普遍视为"新依附论"的标志性著作。

一 创作背景及艰难历程

1936 年 11 月，多斯桑托斯出生于巴西米纳斯吉拉斯州的卡兰格

---

* 罗文东，中国社会科学院当代中国研究所副所长、研究员。

拉,在青年时期就接受马克思主义的影响。1958~1961年间,他在米纳斯吉拉斯联邦大学经济系攻读社会学、政治学和公共管理学;随后又在巴西利亚大学攻读政治学硕士学位,开始研究巴西统治阶级的结构,认识到外国资本、国际寡头所起的支配作用。1964年,他完成的毕业论文《巴西的社会阶级:第一部分——有产者》,考察了从殖民地时期到战后巴西有产阶级统治结构形成的历史过程和不同阶段,论述外国资本使巴西资产阶级处于或保护自身利益,或屈从国际寡头利益的两难境地,阻碍其形成真正的民族特性。

在1960~1964年间,多斯桑托斯系统学习马克思主义,并在巴西利亚创办了《资本论》读书班,以后到智利再次举办了这个读书班,以团结拉美哲学社会科学界倾向于马克思主义的进步人士①。他从事政治活动的起点,是1961年与埃里克·萨克斯等人在巴西创办"波洛普"(POLOP)组织,并从1964年起担任其全国领导工作。该组织联合了当时"里约热内卢社会主义青年"、"米纳斯吉拉斯社会主义劳工青年左翼"、"萨尔瓦多社会主义青年"等一些左翼团体,反对把群众运动纳入资产阶级民族主义范畴,反对巴西共产党提出的同资产阶级联合的统一战线政策,它实质上属于"马克思主义—工人政治革命组织"。他还参加和领导一些政治活动和社会运动,如

---

① 20世纪60年代,《资本论》读书班是一种世界性的运动。在巴西,《资本论》读书班在几年里团结了一批圣保罗大学的知识精英,在巴西利亚围绕该读书班组成了一个拥有全国最优秀人才的团体。在智利,多斯桑托斯与费尔南多·恩里克·卡多佐等众多人士组织了《资本论》读书班,并扩大了讨论的题目。在古巴,格瓦拉同他的合作者们一起组织了《资本论》读书班。在法国,阿尔都塞也创办了一个读书小组,其主要成果是他写的著作《读资本论》。由于各种原因,60年代末在智利汇聚了不同国家研究马克思主义的代表人物,包括来自古巴的格瓦拉的合作者,来自法国的阿尔都塞的拉丁美洲弟子玛尔塔·哈尼克,来自巴西的鲁伊·毛罗·马里尼,由此形成了一股在世界其他地方没有的研讨马克思主义的潮流。这种潮流异乎寻常地深入大学生活,甚至在心理学和数学的院系中,也成立了阅读《资本论》和其他马克思主义经典著作或当代马克思主义论著的小组。

创办贝洛奥里藏特《莫萨伊科》（Mosaico）杂志和《大学生论坛》杂志，并参加学生运动；参与成立巴西第一个贫民窟组织，并参加贫民窟运动；创办《巴兰科报》和参加农民运动，建立米纳斯吉拉斯州农民协会、巴西利亚农民协会和戈亚斯州部分地区的农民协会，并为组织全国性农民协会而奔走协调。

1964 年巴西发生军事政变后，多斯桑托斯遭受军人独裁政权的迫害。他不仅被巴西利亚大学免职，而且在贝洛奥里藏特军事法庭的一次既不能辩护，又无法律依据的缺席审判中，以"农村叛乱渗透的智囊"这种莫须有的罪名而判刑。但他仍然坚持对国际经济的研究，力求搞清楚巴西经济与世界资本主义经济，特别是美国经济结成一体的进程和性质。他于 1965 年末在一份国际时局的政治报告中得出了以下结论：第二次世界大战以后，"世界资本主义进入了一体化的新阶段并开始了一个以多国公司为基础的新的漫长的增长周期；这一增长周期似乎走到了尽头并导致产生一个以相对分裂为特点的新的衰退周期，而相对分裂将导致世界革命运动新阶段的到来"①。这些观点在他关于巴西政治经济危机的一部书中得到发挥，但因为不能在巴西出版，该书只能在智利油印发表。

1966 年多斯桑托斯被迫流亡国外。他最初到智利大学的经济社会研究中心任全职研究人员，组建了一个关于帝国主义和依附的研究小组，除审阅此课题的各种理论著述外，还着手积累大量的实际材料，1968 年通过答辩晋升为教授。1969 年上半年，他应邀去美国伊利诺伊北方大学讲学，收集了大量与美国经济、政治和社会状况有关的研究资料。同年 12 月，他应保罗·斯威齐的邀请，参加美国经济学家协会年会，在斯威齐组织的"帝国主义的政治经济学"会

---

① 〔巴西〕特奥托尼奥·多斯桑托斯：《帝国主义与依附》，毛金里等译，北京：社会科学文献出版社 1999 年版，序第 1 页。

议上宣读论文，和激进经济学家协会的成员以及从事跨国公司研究的学者进行广泛的讨论。回到智利后，多斯桑托斯扩大了研究小组和研究范围。1970 年他用英文在《美洲经济评论》发表《依附的结构》一文，对依附作了"殖民地依附"、"金融－工业依附"、"技术－工业依附"三个阶段的划分，明确提出战后形成的新依附形式即"技术－工业依附"，主要"植根于跨国公司，他们开始向那些瞄准不发达国家内部市场的工业进行投资"①。正是根据这篇论文的基本观点，多斯桑托斯被学界列为"新依附论"的代表人物。② 这年下半年，他又参加在荷兰蒂尔堡召开的资本主义讨论会和在保加利亚瓦尔纳召开的帝国主义及民族运动的讨论会。从那时起，多斯桑托斯通过会议与书信等方式，与美国、欧洲和拉丁美洲等从事当代资本主义或帝国主义研究的各种组织和学者保持广泛的联系和交流。与此同时，他负责中心研究和教育领域的工作，1972～1973 年间任中心主任。"人民团结"阵线在智利的胜利，增强了多斯桑托斯阐述帝国主义对拉美新政策的兴趣和雄心，促使他以论文和单行本的形式发表了一系列的论著（后来汇聚到《依附》一书中）。然而，1973 年 9 月发生的军人政变打断了多斯桑托斯关于当代资本主义的研究。中心收集的各种资料和研究成果，与许多人的鲜血一起被毁灭了；他本人还被列入第一批政治迫害的黑名单中，被迫到巴拿马大使馆避难。因为皮诺切特政府拒绝发给通行证，他在大使官邸滞留六个月以后，才在国际友人的援助下获得自由。

　　1974 年多斯桑托斯又被迫流亡墨西哥，任墨西哥国立自治大

---

　　①　DOS S T. The structure of dependence [J]. American Economic Review. 1970，60 (2)，pp231－236.

　　②　多斯桑托斯《依附的结构》一文所论述的基本观点和框架贯穿于其后的理论探讨中，包括 1978 年出版的《帝国主义与依附》一书，也修改和收录了这篇论文。

学经济研究所的研究员和政治学系研究生部、经济系和哲学系的教授。翌年，他被任命为该大学经济学博士研究生部协调员，1978年又被任命为该研究生部主任。后两个职务一直担任到1979年回巴西时为止。① 在此期间，他和莱昂内尔·科罗纳一起创办了"科学技术的政治经济学研讨班"；参加第三世界国际经济学家联合会以及在察夫塔特举办的"世界社会主义"圆桌会议的活动；和冈萨雷斯·卡萨诺瓦和佩德罗·布斯克维克一起组织"拉丁美洲常设研讨班"，并和国际和平研究会开展交流与合作。他还以拉丁美洲团结委员会成员与巴西劳工主义重组进程协调员等身份进行政治活动。

　　20世纪70年代拉美等国家出现的经济衰退和政治动荡，与五六十年代的表面繁荣形成了巨大反差，也推动多斯桑托斯等学者批判重走欧美工业化老路的西方现代化理论，反思拉美经济委员会所实行的进口替代工业化的发展主义思想，认清战后初期拉美等国家的虚假繁荣造成了对帝国主义统治国更深层的、更严重的依附。虽然当时拉美依附于美国和世界资本主义，但多斯桑托斯用于收集当代资本主义研究课题的浩如烟海文献的时间和精力非常少，他计划的关于该课题研究需要的时间比预想的要长得多，而且他发现拉美其他地方的研究成果在墨西哥还鲜为人知。这些因素共同促使他重新整理先前出版的《美国的危机与拉丁美洲》、《依附与社会变革》以及《帝国主义与多国公司》等著作，并增加一些关于国际时局的最新研究成果和理论讨论的新章节，遂编成《帝国主义与依附》这部新书。

---

　　① 参见〔古巴〕弗朗西斯科·洛佩斯·塞格雷拉主编：《全球化与世界体系——庆贺特奥托尼奥·多斯桑托斯60华诞论文集》，白凤森等译，北京：社会科学文献出版社2003年版，绪论第2～10页。

二 主要内容和基本观点

《依附》虽然不是一部充分论述所涉及的众多问题的宏篇巨著，但它汇集了对帝国主义与依附进行系统分析所必需的思想材料和理论观点，并力图回答那些对"依附论"的模糊批评[①]。全书除序、绪论外，共三部分二十四章，其"主要目的在于研究当代资本主义总危机的性质和影响"，"更加明确地揭示资本主义危机在依附国的特殊性，并确定那些能从根本上克服或革新依附性资本主义或使之与刚出现的帝国主义经济新阶段相适应的变革办法"[②]。

（一）关于当代帝国主义的特点、矛盾及组织细胞

《依附》将当代帝国主义定义为从第二次世界大战以后开始的资本主义的一个新阶段。其显著特点是世界资本主义体系建立在垄断性大资本的集中、联合、集权和国际化的广泛发展基础上的高度一体化，而这一发展进程体现在它的组织细胞——跨国公司的发展以及垄断与国家联系的增强和深化上。多斯桑托斯首先从国际经济关系的阶级性入手，分析当代帝国主义的主要矛盾及其表现形式，深刻指出：当代帝国主义的性质是由下列因素决定的："帝国主义内部的对抗，它与无产阶级和代表无产阶级的社会主义体系之间的外部对抗，以及资本主义内部国际关系业已达到的高度集中。"[③] 通过对战后国际资本主义关系中主要矛盾的两极：国家极和国际极的分析，

---

① 〔巴西〕特奥托尼奥·多斯桑托斯：《帝国主义与依附》，毛金里等译，北京：社会科学文献出版社1999年版，序第3页。

② 〔巴西〕特奥托尼奥·多斯桑托斯：《帝国主义与依附》，毛金里等译，北京：社会科学文献出版社1999年版，绪论第1、19页。

③ 〔巴西〕特奥托尼奥·多斯桑托斯：《帝国主义与依附》，毛金里等译，北京：社会科学文献出版社1999年版，第1页。

多斯桑托斯确定"帝国主义当前阶段主要矛盾的性质是：资本主义生产基础日益国际化，但国内市场和民族国家继续是其国际关系的出发点"①；帝国主义不能解决它赖以扩张的国家基地与其日益发展的国际化之间的矛盾。当代帝国主义的主要矛盾又表现在以下四个方面：（1）资本主义发展的不平衡性和联合性的增强，国际援助成为控制和加深不平衡的机制；（2）世界性生产体系的扩展与各统治中心里生产活动的扩展或维持发生利益冲突；（3）各统治中心的民族国家既是资本主义当地积累和再生产及其国际扩张的基础，又是跨国公司充分自由活动的有力制约因素；（4）一种硬通货的国际压力既是实现世界金融统治的条件，又是这种货币本身和这种统治地位后来受到削弱的根源。②

《依附》根据战后跨国公司新的发展状况，论述帝国主义列强的寄生性或腐朽性。通过对 20 世纪 70 年代国际资本结构性变化的分析，多斯桑托斯敏锐地把握到：大约 180 家美国企业控制着该国近 80% 的国外投资；加上约 100 个欧洲和日本企业，这些跨国公司当时产值就将近占世界生产总值的 1/6。与老式托拉斯和卡特尔不同，跨国公司不仅大大增加了国际业务在其全部活动中的作用，还从事面向投资接受国内部市场的生产。它们既依赖于民族国家，又与之相对抗，寻求一种同生产资料私有制决定的狭窄和任意的界限相冲突的合理性和计划性，必然加深资本主义的基本矛盾。尤其是战后依靠跨国公司的大资本造成了一种新的国际分工，"意味着原料加工和技术水平较低的产品生产的增加，并且把这些经过加工的原料和产品向统治中心，特别是专门从事高技术产品和服务出口及资本输

---

① 〔巴西〕特奥托尼奥·多斯桑托斯：《帝国主义与依附》，毛金里等译，北京：社会科学文献出版社 1999 年版，第 25 页。

② 参见〔巴西〕特奥托尼奥·多斯桑托斯：《帝国主义与依附》，毛金里等译，北京：社会科学文献出版社 1999 年版，第 27 ~ 36 页。

出的美国出口，从而使帝国主义列强特有的寄生性提高到极高的水平"①。

（二） 关于帝国主义危机的特点和后果

战后较长时期的经济增长、凯恩斯主义的国家干预政策、工业化国家内部革命运动的减弱，在思想领域，尤其是经济学方面产生了一种"欣悦症"，使资产阶级辩护士们幻想经过改良的资本主义能够永世长存。然而，多斯桑托斯通过对 1967～1975 年资本主义总危机的详细考察和理论分析，说明"国家干预和不断的财政赤字，以及对美元的赤字性使用、帝国主义的军事开支和在最冒险的负债基础上发展世界贸易等措施都具有局限性"。从 1967 年开始，资本主义世界呈现出一种新的模式，即从一个因较小危机而失色的持续增长时期转向一个以短暂恢复为点缀的较长萧条阶段。《依附》指出：1967～1971 年是第一个萧条周期，其间 1968 年有一个调整性小恢复；1972～1973 年是第二个周期，以投机性的恢复为特征；1974～1975 年为第三个周期，表现为严重的萧条。由此得出这样的结论："这是一个新的萧条周期，它必将延续很长时间并带有在过去头 8 年中所呈现的总危机的特点。"②

这种长时期的萧条伴随几次短暂恢复的帝国主义危机，必然造成一系列严重的危害。在多斯桑托斯看来，1967 年在西方出现经济增长率普遍下降的衰退迹象以后，资本主义国家企图在 1968 年实现调整性恢复。但随即就出现了通货膨胀、美元和英镑危机、保护主义增加、世界贸易受到威胁等经济后果以及世界性群众反对浪潮等

---

① 参见〔巴西〕特奥托尼奥·多斯桑托斯：《帝国主义与依附》，毛金里等译，北京：社会科学文献出版社 1999 年版，绪论第 3 页。
② 参见〔巴西〕特奥托尼奥·多斯桑托斯：《帝国主义与依附》，毛金里等译，北京：社会科学文献出版社 1999 年版，绪论第 7 页。

政治后果。"经济奇迹"和"富足"经济的终结、失业的增加、对经济繁荣年代取得的工资和福利的冲击,加深了工业化国家的阶级矛盾,导致中左运动的发展。同时,在国际范围内增加了帝国主义之间的矛盾,推动依附国争取权利的运动①。

(三)关于依附的概念、结构以及对帝国主义统治国新的依附与变革的选择

《依附》力图运用马克思主义的观点和方法,对依附作出较为周详和全面的阐释。多斯桑托斯认为,依附是解释历史的一个根本性的内部因素,而不是参考性的外部因素;必须把依附看作一种"限定性状况":"一些国家的经济受制于它所依附的另一国经济的发展和扩张"。两个或更多国家的经济之间以及这些国家的经济与世界贸易之间存在相互依赖的关系,但结果是某些国家(统治国)能够扩展和加强自己,而另外一些国家(依附国)的扩展和加强仅是前者扩展的反映,由此导致"依附国处于落后和受统治国剥削这样一种局面"②。他还从历史的角度分析依附的结构,区分依附的三种形态:(1)殖民地商业——出口依附,与殖民主义国家机构结盟的商业和金融资本通过贸易支配欧洲和殖民地国家的经济关系,还伴随对土地、矿藏和劳动力(农奴和奴隶)的殖民垄断;(2)金融——工业依附,在19世纪末得以巩固,其特点是大资本在各统治中心居支配地位及其对外扩张,向原料和农产品生产部门投资,以满足各统治中心的消费需求,在依附国形成面向出口的、外向型生产结构;(3)技术——工业依附,是战后"获得巩固的一种新型依附,其基本特点

---

① 参见〔巴西〕特奥托尼奥·多斯桑托斯:《帝国主义与依附》,毛金里等译,北京:社会科学文献出版社1999年版,绪论第7~8页。

② 〔巴西〕特奥托尼奥·多斯桑托斯:《帝国主义与依附》,毛金里等译,北京:社会科学文献出版社1999年版,第303页。

是跨国公司的技术—工业统治，它们转而向以不发达国家内部市场
为目标的工业部门进行投资"。[①] 正是在第三种新依附形式下，不发
达国家的工业发展受到国际商品和资本市场的各种制约，包括新投
资的可能与否取决于是否存在一个创造外汇以购买工业部门所需原
材料的出口部门；工业发展受到国际收支波动的制约，并且国际收
支趋于逆差；工业发展受到帝国主义中心技术垄断的决定性制约。

关于不发达国家摆脱依附的道路，多斯桑托斯着重分析了民族
自主发展模式的失败和国际大公司、国家资本主义和独立的民众运
动这三种社会经济力量的兴起，论述这些力量可能分别尝试的新的
国际分工、讨价还价的依附和社会主义这三种发展模式，说明实现
每一种选择所要面对的国际国内的矛盾和限制。他在《依附》一书
中得出以下基本结论：拉美经济发展的新模式应当以接受下述事实
为出发点：民族的和自主的资本主义发展已成为历史上一个过去了
的阶段，它是一种胎死腹中的选择，是同世界资本主义体系结构性
趋势相抵触的一种经济选择；跨国公司及其代表的国际关系体系这
种选择，以及在这一国际体系框架内国家资本主义的选择，把依附
作为必然的状况并试图在此状况下确定可能实现的发展总目标；"作
为其对立面的民众运动则倾向于打破民族主义框框并提出社会主义
的发展模式"[②]。他还预言：1978 和 1979 年，资本主义体系可能进
入一场严重的国际危机；"尽管时局的变化在短期内有利于中－左立
场的政府和运动，但选择依然未变：拉美的深刻危机不可能在资本
主义制度中找到出路。不是在革命中前进并坚定地走向社会主义"，
为拉美国家的广大群众开辟一条发展和进步的道路，就是实行法西

---

① 〔巴西〕特奥托尼奥·多斯桑托斯：《帝国主义与依附》，毛金里等译，北京：社会科学文献出版社 1999 年版，第 309 ~ 310 页。
② 〔巴西〕特奥托尼奥·多斯桑托斯：《帝国主义与依附》，毛金里等译，北京：社会科学文献出版社 1999 年版，第 486、460 页。

斯野蛮统治。而后者是唯一能保障继续走依附性发展的道路,即建立在对劳动者的高度剥削和经济的非国有化,对广大小资产阶级阶层的剥夺和有损于本国大众消费的出口冒险之上的道路。①

与早期的依附理论,包括拉美经济委员会学者劳尔·普雷维什的中心 – 外围论、塞尔索·富尔塔多的二元结构主义论、胡安·诺约拉的外部失衡论等注重外部力量对落后国家经济的影响,而忽视阻碍外围国家发展的内部力量相比较,多斯桑托斯《依附》一书阐述的"新依附论"的一个显著特点是揭示战后以跨国公司为支柱的帝国主义统治国与拉美等欠发达国家之间依附关系的新变化;认清发达国家对落后国家的支配和剥削离不开落后国家内部统治阶级及其利益集团的支持,因而落后国家要打破对帝国主义统治国的依附,必须通过革命改变自身的内部结构。这标志着拉美等落后国家的学者,逐步摆脱欧美中心主义思想的束缚,坚持自己的立场、观点和方法,探索符合时代潮流和各自国情的发展道路。

三 巨大影响与理论贡献

多斯桑托斯《依附》一书在研究第二次世界大战后帝国主义的矛盾和危机及其对不发达国家经济社会结构的影响的基础上,全面阐述了依附的概念、结构和对帝国主义统治国新的依附与变革的选择等若干重大理论和现实问题,产生了广泛而深远的影响,引起了国际学术界的高度关注和评论。例如,智利学者恩里格斯在《关于依附论及其发展》一文中说,多斯桑托斯虽然继承了弗兰克关于"不发达的发展"的主要思想,但他区分了不同类型的依附关系,分

---

① 〔巴西〕特奥托尼奥·多斯桑托斯:《帝国主义与依附》,毛金里等译,北京:社会科学文献出版社 1999 年版,第 500、501 页。

析由此产生的不同内部结构，对依附理论做出了重大贡献。前苏联学者叶菲莫娃的《拉丁美洲的发展观点与制度主义》则充分肯定多斯桑托斯的依附理论，赞同他提出的摆脱依附必须改变不发达的内部结构，而社会主义革命则是改变这种结构的先决条件的思想观点；赞同他提出的发展中国家应该而且可以根据自己的实际情况走一条不同于西欧北美的资本主义发展道路。1996 年，多斯桑托斯 60 岁时，联合国教科文组织为他组织了庆祝活动，巴西学院也委托联合国教科文组织编写《全球化的挑战》一书，以庆贺他 60 华诞，来自不同国家的多位学者和政要为该书撰文供稿，由此可见他的影响力①。

当然，《依附》一书的某些主张和结论同 20 世纪六七十年代的国际形势和时代条件相适应，难免带有历史和理论上的局限性。当时，跨国公司的扩张和新自由主义的抬头，及其推动的国家垄断资本主义向超国家垄断资本主义的过渡，只是初见端倪，当代帝国主义的本质特征和发展规律还没有充分显露出来。因此，作者难免对战后帝国主义中心国家缓解危机的能力和加快发展的趋势估计不够，对拉美等外围国家的革命形势及其摆脱依附的斗争估计更高，对当代资本主义总危机做出了过于严重的判断，对社会主义革命的复杂性和艰巨性还没有充分的认识。该书出版后，引起不同思想倾向和理论流派的专家学者的关注和批评，也从另一方面反映了多斯桑托斯"新依附论"产生的巨大影响。譬如，巴西学者卡多索和智利学者法莱托认为多斯桑托斯的依附理论缺乏对具体情况的具体分析，他们强调依附结构的多样性和特殊性，主张对不同的依附性社会进行具体分析，并且根据不同情况提出不同的发展理论与发展道路。

---

① 参见〔古巴〕弗朗西斯科·洛佩斯·塞格雷拉主编：《全球化与世界体系——庆贺特奥托尼奥·多斯桑托斯 60 华诞论文集》，白凤森等译，北京：社会科学文献出版社 2003 年版，绪论第 2～10 页。

奥古斯丁·寇瓦和蒂莫斯·哈丁也对依附论进行了全面的批评，指出多斯桑托斯模糊了资本主义的广泛扩张与边缘地带发展之间的关系。有的马克思主义者还对依附论持尖锐的批判态度，认为依附论"没有理解在阶级形成以及作为历史发展动力的阶级斗争中劳动扮演的角色，脱离了工人阶级的物质现实，忽视了人民大众在历史形成中的作用，其理论分析是静态的。尽管它有时候号召社会主义革命，但基于理想主义而不能指导革命行动"①。正如多斯桑托斯所说，到目前为止，讨论依附论是否死亡的声浪已经证明依附论仍然具有活力。而沃勒斯坦提出世界体系理论也从某种程度上表明，经过劫难之后的依附理论已经浴火重生。

值得注意的是，构成《依附》一书内核的是它的立场、观点和方法以及由此决定的基本范畴、理论体系和战略选择。从这一层面看，多斯桑托斯在这部书中阐发的"新依附论"具有科学性与合理性，必然散发持久的吸引力和感召力。作者站在拉美等发展中国家的立场上研究帝国主义和依附问题，力求运用辩证的、历史的唯物主义的观点和方法，对战后跨国公司扩张和新的依附形式进行研究和论述，在一定程度上有助于丰富和完善帝国主义理论，增强马克思主义对新的现实的解释能力和指导作用。该书明确指出："从列宁的《帝国主义是资本主义的最高阶段》一书问世以来，我们就有了一种分析帝国主义的基本理论主体，它在近 60 年期间的应用过程中，保持了高度的正确性和连贯性的优势。不幸的是，对依附现象来讲情况并非如此。"② 大部分关于依附关系和由此形成的社会的特点和支配这些社会发展的规律的理论，是依附国或殖民地国家的资

---

① Joel C. Edelstein，"Dependency：A Special Theory within Marxian Analysis，" *Latin American Perspectives*，Vol. 8，No. 3/4，Summer/Autumn，1981，pp. 103 – 107

② 〔巴西〕特奥托尼奥·多斯桑托斯：《帝国主义与依附》，毛金里等译，北京：社会科学文献出版社 1999 年版，第 372 页。

产阶级或小资产阶级提出来的；而共产国际和工人理论家们只注意这一现象的外围问题。当前必须"把对依附的研究同对帝国主义和造成依附的国际经济的研究结合起来"，"必须特别注意确定当前资本主义发展的阶段、它的结构、它的细胞组成（跨国公司）、它的活动方式和它所造成的矛盾"。这种研究既能突出统治国的国际经济关系，又能突出依附国的国际经济关系，同时不会把国际关系局限于统治国和依附国之间，也不会忘记帝国主义国家之间和资本主义同社会主义之间的矛盾，这些矛盾乃是依附关系所存在的国际现实的重要组成部分①。该书对依附性再生产与依附的积累机制以及对社会政治结构影响的分析，先后被拉美在 20 世纪 70 年代出现的新权威主义和 80 年代发生的债务危机所证实；对当代帝国主义矛盾和危机的论断，也反复被 1987 年美国经济的萧条，1990 年日本"泡沫经济"的破灭，1994 年墨西哥金融危机，1998 年东南亚货币金融连锁式的崩溃，2001 年美国"新经济"的衰退以及 2008 年延续至今的国际金融危机所验证。

早在 19 世纪 50 年代后半期，马克思在《经济学手稿》中，就预见到"资产阶级社会越出国家的界限"②，并拟定了包括资本、土地所有制、雇佣劳动、国家、对外贸易、世界市场在内的六册研究计划。到 20 世纪初，列宁明确提出：垄断是资本主义"向社会主义过渡的开始"③，战争异常地加速了私人垄断资本主义向国家垄断资本主义的转变，从而使人类异常迅速地接近了社会主义，历史的辩证法就是如此。《依附》从资本主义体系中外围国家的角度研究帝国主义问题，将其视为相互联系的两个方面：向外扩张的经济中心和

---

① 参见〔巴西〕特奥托尼奥·多斯桑托斯：《帝国主义与依附》，毛金里等译，北京：社会科学文献出版社 1999 年版，第 372~373 页。
② 《马克思恩格斯全集》第 46 卷上，人民出版社 1979 年版，第 219~220 页。
③ 《列宁选集》第 2 卷，人民出版社 1995 年版，第 706 页。

作为扩张对象的附属国，着重研究垄断资本主义的世界性扩张对外围国家经济和社会结构变化的影响以及外围的变化对资本主义积累总进程的影响。它把依附作为帝国主义总进程中的一个特殊现象，放到帝国主义理论的总框架中来研究，以揭示垄断资本主义在世界范围内的扩张同对象国内部经济和社会结构变化之间的相互关系，以及资本主义生产方式的运动规律在外围的特殊表现形式及其向社会主义生产方式变革的动因和趋势。这样，《依附》不仅证明马克思主义经典作家关于资本主义和帝国主义的理论没有过时，而且运用马克思主义基本原理研究战后帝国主义的新情况和新问题，对拓展和深化当代资本主义理论研究做出了巨大的贡献，可以称之为"新帝国主义论"。

《依附》一书的另一个理论贡献是通过对 20 世纪五六十年代影响拉美的发展理论和发展模式的反思，批判欧美中心主义的现代化理论，对发展中国家探索新的发展道路提供参考和借鉴。在多斯桑托斯看来，欧美学者鼓吹的"发达社会模式是一种意识形态抽象的结果（因为它是形式上的，所以是反历史的）"。无论从以开拓世界贸易为基础的私人积累的基本源泉来讲，还是从广大劳动群众参与工业生产来讲，或者从国家内部技术发展的重大意义来讲，"发达的资本主义社会属于一个已被彻底超越了的历史阶段。那些特定的历史条件现今已不可能全部再现"①。因此，欧美的现代化模式是不能重复的，也不应成为发展中国家争取实现的目标。20 世纪 70 年代拉美出现的经济停滞和发展政策的失败，也给以欧美为样板的西方现代化模式以及它所依据的社会科学造成了严重的危机。拉美的工业化进程不仅未能消除大部分传统社会造成的障碍，反而带来新的问

---

① 〔巴西〕特奥托尼奥·多斯桑托斯：《帝国主义与依附》，毛金里等译，北京：社会科学文献出版社 1999 年版，第 276 ~ 277 页。

题和异常紧张的形势；使发展和不发达的概念以及这些概念的解释失效。"由此产生了依附的概念，作为解释这种自相矛盾的状况的可能因素，也就是要对我们为什么不能以当前发达国家同样的方式发展这一问题作出解释"①。《依附》一书还明确提出：发展理论应立足于对不同的历史—具体情况下形成的发展进程进行分析的基础之上；应总结在这些特定的历史条件下，根据研究而确定的各种具体社会发展的一般规律；"必须始终牢记发展进程的种种内部矛盾，丝毫不能有把这一进程看成由一种社会向另一种社会单线过渡的意念"②。这些深刻见解对于当今世界受压迫民族实现独立和解放，对于13亿中国人民坚定不移走中国特色社会主义道路，实现中华民族伟大复兴的中国梦，无疑具有启迪和警示的作用。

---

① 〔巴西〕特奥托尼奥·多斯桑托斯：《帝国主义与依附》，毛金里等译，北京：社会科学文献出版社1999年版，第295页。

② 〔巴西〕特奥托尼奥·多斯桑托斯：《帝国主义与依附》，毛金里等译，北京：社会科学文献出版社1999年版，第281页。

目　录

修订增补版序

  我很高兴能接受来自社会科学文献出版社领导的邀请，给《帝国主义与依附》第三版撰写序言，这本书被认为是社会科学领域相关议题中的经典作品。但需要反复思考其中的论点在多大程度上保持了时效性。由委内瑞拉阿亚谷卓图书馆出版社和委内瑞拉中央银行联合出版的西班牙文版被认为是"拉丁美洲社会科学类经典图书"，这让我感到非常欣慰。与此同时，《帝国主义与依附》原文被收录进西语版的《作品集》中，这部《作品集》由墨西哥国立自治大学经济研究所在线推出。虽然距本书第一次出版已经过去四十年了，但各方对这部作品所表现出的浓厚兴趣说明它在很大程度上保持了时效性。四十年了啊！

  为了准备这篇序言，我重新阅读了这本书，尝试概括主要论点，重新肯定了第一版的理论、方法论和分析法。我可以毫不吹嘘地说，虽然在这四十年间发生了翻天覆地的变化，但书中的基本概念，比如理论框架和方法论，运用得极其成功。

  首先，我想谈一谈马克思思想的一个主要观点，这个观点并不是很突出，甚至被他的很多追随者否定。即通过不同的抽象层次引导对社会现象的感知（广义上是知识）是很重要的，通过这些不同的层次我们可以接近事实，将抽象的能力融入社会动力或是具体的历史动力之中。科学知识从具体出发，但抽象只能通过回归具体才能得以实现。

这将马克思在《资本论》中提出的论点,即寻找决定资本主义生产模式的基本规律,与后来致力于更具体地解释历史上多种社会结构动力的理论分析区别开来。比如帝国主义这一全球性社会现象的出现(帝国主义的出现甚至成为两次世界大战的萌芽),国际分工、垄断的出现以及国家资本主义的扩张。尤其在第二次世界大战之后,许多资本主义国家认为社会经济规划和国家干预是实现人民幸福的必要手段。

在"西方",大部分战后经济政策都瞄准了凯恩斯主义。凯恩斯认为现代政府有义务保证经济发展和充分就业。然而,"西方"的经济思想并没有将两次世界大战和数次殖民战争纳入世界范围内的资本积累动力的范畴。这样就形成了20世纪纯粹意识形态的版本,该版本把这个世纪形容为积累、财富扩张和福利的时代。战争与成万上亿的死者一起成为了与资本主义生产模式无关的现象。纳粹法西斯主义也被解释成错误的行为和价值观。

同时,马克思和恩格斯为理论分析所做的努力被掩盖了,他们预见到了世界大战的趋势。这是资本积累到垄断和帝国主义阶段之后的必然结果。尽管殖民战争并不是帝国主义的关键要素,但马克思在他对殖民地印度的帝国主义扩张的经典分析中,将受制于殖民利益的物质进程及其暴力、血腥、充满了贫穷和死亡的特点纳入扩张进程之中。

这些预言由第二国际收录,预言证实在19世纪末期,可以将马克思的伟大理论应用于社会阶级斗争之中,并指出工人阶级可以发展高水平的政治组织。尽管马克思的政治目标十分宏大,但是工人已经在国内开展阶级斗争,通过革命斗争取得身份认同,并通过建立工会和强有力的、有国家执行力的政党来实现民主。不能忽略工人与在强大的资产阶级政府中建立的物质和精神基础之间的关系。这已经有了前车之鉴。马克思和恩格斯早在他们主要的哲学作品

（《德意志意识形态》）中就已经强调这一点是阶级斗争的基础：统治阶级的意志就是国家意志。这使得社会主义党派于 20 世纪 20 年代在自由政府中占有一席之地。由于工人政党决定倒向国内资产阶级，第二国际破裂。在社会结构这一抽象水平上理解可能的或是必然的历史变化是十分必要的。社会结构是在 19 世纪末 20 世纪初流行的社会学思潮。

总而言之，在马克思和恩格斯的意识形态影响下，社会主义党派或是社会民主主义者的出现和消失，以及 19 世纪末社会主义党派和社会民主主义者力量的加强，使得政治焦点汇聚在一场激烈的辩论之中：在由欧洲资产阶级组建的社会中，工人阶级的力量越来越强大；以及在这样的背景下，社会主义转型的具体可能性。这样的辩证观点对工人运动产生了冲击，引发了非常消极的分歧。在民族国家内部，推动理解经济动力与政治动力之间的关系，以及意识形态斗争的权重与直接了解社会经济资料的能力之间的关系。这些资料将为历史时机的分析打开新的领域，在该领域中社会实践、政治实践、经济实践、意识形态实践、精神实践和文化实践在历史进程中相互交织，并全面依赖于具体的人类活动。因此，在能决定运动性质的具体情况的影响之下，社会经济学分析会得到极大的提高。这种具体情况并不会削弱理论观点，这是从具体情况中抽象出概念的艰难过程。这些具体情况是不准确的。然而，由于普遍规律的限制，它们无法自由发展①。

---

① 马克思提出的理论和方法论在《政治经济学批判》引文中有很好的体现。然而，这篇引文没有随书出版。20 世纪 30 年代，这篇文章作为草稿流传于世，和《政治经济学批判大纲》一同引发了马克思主义方法论的巨大变革。关于这个议题的思考，我写了一篇名为《社会阶级概念》的文章。1968 年，这篇文章第一次在智利大学的一本小册子上发表，后来被收录于《社会阶级概念》。这本书在几乎所有的拉美国家合法或是秘密出版。2016 年，它被收录进我的《作品集》，《作品集》由墨西哥国立自治大学出版。1970 年，该文的英文版在《科学与社会》杂志（1970 年夏季号，总第 34 期，由 Henry F. Mins 翻译）上刊登。我还推荐《生产力和生产关系》一文。两篇文章都被收录于《马克思主义和社会科学：批判性修正》。2011 年，该书由布宜诺斯艾利斯卢森堡出版社出版。

目前，正如我们所看到的，具体的社会团体，特别是知识分子的思想变成了科学分析的目标。但是，这些社会力量的利益越明确，越会转化为政治宣言、政治口号或公会口号、党派纲领以及其他诸多表现形式。伟大的社会团体，尤其是为理论和经验研究等精神产品源源不断打下基础、并以此作为其利益所在的社会阶层，表现出了政治意愿及历史意愿。他们研究的价值体系被应用于化解相互对立的社会利益之间的冲突。他们还在一定的历史基础上研究意识形态的形成。我认为运用布哈林在研究历史唯物主义时提出的阶级心理概念能够对此进行更好地理解。

物质需求转变为主观需求，最终被自上而下地表述为公共政策以及政府政策，并在一定程度上尊重了在极端复杂的历史辩证法中自下而上产生的压力。

历史进程和有一定意识的人类活动让我们打开了通往智能之路，智力日益成为人类进化的决定因素。让我们打破建立在意识形态基础上的抽象意识，这种意识形态只能有限地动员人民。社会科学会转变为政治斗争的重要因素。

方法论的进步意味着我们的科研成果有着日益坚实的基础，并精确地勾勒出《帝国主义与依附》以及其他同时期作品的雏形。然而，这个时期的作品能取得极大的进步归结于当时风云诡谲的局势，这种局势几乎决定了我们所有的生活。

与我们息息相关的巴西人民的民主进程不断深化，并引发了一系列的斗争。一些历史事件也因此受到影响。此外，在1964年的巴西政变中，人民民主进程被当权的帝国主义势力打败，我们被迫转入地下，直到1966年我们去智利避难。智利"人民团结"阵线把我们带到智利大学经济系的社会经济学研究中心，让我们创建依附问题的研究小组。在此期间，由于我曾经在美国北伊利诺伊大学担任六个月的教职工作，因此能与外界保持联系，而且1968年迎来了全球反抗运动的高潮，这使得我们能够在不与世界脱节的前提下，深入研究马克思的思想。

我加入了智利社会主义党，并参与创建了"智利今天"研讨小组，这个左派小组极力支持对当前经济、社会、政治和意识形态的系统性思考①。很快，由于针对萨尔瓦多·阿连德发起的政变和随后的镇压，1973年，智利政府把我写进了第一份通缉名单，我不得不到欧玛尔·托里霍斯总统领导的巴拿马共和国的使馆寻求庇护。我很快在墨西哥得到了政治庇护，在那里继续进行科学和策略思辨，一直到准备写这本书，其中的数份材料是从血腥暴力的智利政变分子的屠刀下救出的。

也许本书没有直接反映这些经历，但是我能肯定这些经历极大地影响了我的创作。因此，读者们也许会觉得本书的结构非常特殊。本书分为三个部分，在连续的方法论循环中，我们从最抽象的部分谈到最具体的部分。在解释本书内容的引言之后，我们引入了本书的第一个部分，标题是"当代帝国主义及其矛盾"。在这一部分中，我们极好地应用了社会结构的概念，将分析与国际背景相结合，正如将生产过程和社会历史关系相结合，并呈现出矛盾与和谐并存的特点。

现在常提到资本主义的不同模式，但很少提到社会主义的模式。传统的马克思主义认为，帝国主义是资本主义在全球发展的一个历史阶段。列宁在研究帝国主义时认为帝国主义是"资本主义的高级阶段"。希尔费丁说明了金融资本在帝国主义新历史阶段的作用，布哈林强调了国际分工、金融资本和国家资本主义的作用。这三者对资本主义新阶段起着重要作用，同时对社会主义经济的初级阶段来说也是必须的。卡尔·考茨基提出资本整合和扩张的进程通过大公

---

① 我在智利加入"人民团结"阵线的材料被收录在《见鬼的危机！阿连德的智利的社会主义与民主》一书中。2009年，本书由加拉加斯艾尔佩罗·伊·拉拉纳出版社出版。可供下载。

司的资本扩张得以体现，但忽略了其中的内部矛盾。列宁用一个具体现象佐证了这个观点：世界大战。这些内部矛盾引发了俄国革命、殖民地国家的反君主制度革命（比如中国的孙中山领导的革命），等等。

在新时期，资本引发了生产力革命，在这样的背景下考虑社会阶级结构的变化是非常重要的。我们试图展现这些变化对当代社会结构形成的影响，以及对阶级斗争新形式的影响。为了保证随着资本主义生产模式的发展而发展，无产阶级艰苦抗争，与此同时，其自我意识不断觉醒。由于工业革命和自我觉醒，无产阶级不再像马克思、恩格斯时代那样，围绕着领袖人物组成小团体。

19 世纪末，恩格斯强调这是资本主义的新时期，因此，也是新兴工人阶级的新时期。新兴工人阶级有能力挑战现行的经济、社会秩序，其是由工人阶级中的精英组建而成。这是由于受到了帝国主义甚至是殖民主义的制约。全新的社会结构也促成了二十世纪初新的力量对比。这意味着"永久革命"战略的根本性变化。在"永久革命"策略中，革命的工人阶级是社会力量以及政治力量中的少数，却是资产阶级革命的中坚力量，将革命带向无产阶级和资产阶级力量对比的新阶段。工人阶级将组建自己的政党、公会和研究中心，并争取政治和意识形态的霸权以及直接领导权。运动策略变成了"大多数人的革命"，恩格斯给这一策略赋予了逻辑并强调资产阶级放弃了民主自由的理想。这难道是纳粹法西斯主义作为大资本意识形态出现的前兆？①

---

① 关于社会主义策略和战术的研究被收录于与 Vania Bambirra 合著的《社会主义策略和战术——丛马克思和恩格斯到列宁》。1980 年，该书由墨西哥城的时代出版社出版。关于依附条件下的法西斯主义的研究被收录《社会主义还是法西斯主义：依附的新特点和拉丁美洲的两难境地》。1967 年，该书由智利圣地亚哥拉丁美洲出版社出版。其他国家还发行了阿根廷版和委内瑞拉版。该书也被收录进我的《作品集》中，由墨西哥国立自治大学经济研究所出版，可供下载。

本书第一部分的理论和经验论深入研究了全球技术和经济集中化的影响。世界经济的形成和扩张直接影响了生产过程的组织形式，并在世界经济范畴内形成了新的分工，而跨国组织是世界经济一体化过程的母体。世界经济通过新的国际分工得以发展。这个过程建立在资本集中的基础上，这同社会变革的形式主义观点是背道而驰的，而资本的集中导致了国家资本主义的扩张。民族国家有强大的实力，区域一体化促成了欧盟的成立，这是本书第一版出版之时国家间权力集中的最高表现形式。

第二部分分析了美国政府的反垄断政治立场和意识形态立场与美国在全球一体化进程中推行垄断之间的矛盾。垄断的推行完全依赖于美国在全球资本主义新阶段的不断干预。世界经济愈发失衡，但愈发多样化。

我为世界体系理论做出过一点特殊的贡献。本书第二部分分析了帝国主义的长期危机。我和曾经一起共事的同事一起研究马克思理论，① 深入研究了经济危机对资本主义生产模式的影响。19 世纪康德拉捷夫发现了长周期，并提出了资本积累的概念。这位年轻的经济学家是革命民粹主义的代表人物，他参加过俄国革命，重申农民经济的重要性。他在领导经济研究中心时证明了，至少从 19 世纪开始，世界资本主义经济呈现出长周期（15 年到 20 年的上升期和 15 年到 20 年的衰弱期）的特点。

苏联的政治斗争终止了他的深入研究，他被流放到西伯利亚，最终英年早逝。但数据证明了世界资本主义经济波动的持续性。1930 年，熊彼特在一本关于世界危机的重要作品中提到了他的观点。

① 由依附理论衍生的讨论被收录在《依附理论：总结与观点》一书中。2002 年，由墨西哥城的普拉萨．伊．哈内斯出版社出版。本书也被收录于我的《作品集》。2015 年，《依附理论：总结与观点》最新的葡文版由弗洛里亚诺波利斯的岛屿出版社出版。

20 世纪 70 年代，几位马克思主义学者在熊彼特的影响下继续发展出优秀的研究成果。

20 世纪 70 年代初，我着手深入研究长周期理论，这一理论挑战了研究经济发展的主流思想。马克思的经济思想需要有所扩充。他已经证明了古典政治经济学是作为统治阶级的资产阶级的意志体现。资产阶级将经济现象视为基本概念的核心，并不认为经济周期是资本积累的关键。与之相反，"经济学家"们做出的一切努力都是为了发掘"经济平衡"的条件，该条件由自由市场规律决定。资产阶级经济学家认为，经济危机——它的存在是无法避免的——过去及现在的根源在于"经济学""外部"的因素。

我批判政治经济学的内容主要在本书的第二部分体现，我无法在本段中简要概括。我认为，要预测那几年的进程，用"社会结构"概念分析具有决定性作用。社会结构的概念更好地分析了当代经济的形势，其中的长周期理论有着显著的重要性，该理论对不同社会结构的"演化"趋势有很大的影响。社会结构向通过跨国组织表现的帝国主义，垄断经济以及引导垄断经济的国家资本主义的趋势发展。其中，国家资本主义支持着并不存在的"自由市场"，并服务于大资本和在全球扩张的垄断市场。

我们还指出了金融资本在这一全球进程中所起的主导作用。之后的许多研究都导向未来学以及经济危机和政治危机之间的关系，并开创了极其丰富的研究领域。为了支持这个观点，我集中研究了长周期和技术范式之间的关系。初级的技术创新很快能在国际范围内引发中级的技术创新。伴随着生产力的提高，在全球占主导地位的金融资本也与科学周期息息相关。20 世纪 40 年代，科学统领了技术的发展，开辟了针对科学技术革命对现代资本主义巨大影响的研究领域。针对这个话题，我们在本书中进行了大致的描述，并在之后的诸多作品中进行了阐述①。

　　本书的第三部分和最后一部分讲述了依赖于世界体系，并处在世界体系边缘的经济和社会力量。世界体系日趋一体化，同时又充满了矛盾。不同于那些保守的"科学家"想强加于我们的结论，我们的分析并没有得出平衡世界体系的结论。我们所看到的是，全球化新阶段意味着矛盾的深化，这些矛盾同当代世界体系有相同的结构。在资本主义生产模式的结构中，社会力量是其主要组成部分，并为其意志的实现而斗争。在世界范围内，现代世界体系和当代世界体系争夺着霸权。这个问题值得深入研究，但很遗憾，只有为数不多的思想中心能够采取批判的观点，让人类社会达到和平的更高境界，取得人文的、可持续的发展。

　　我曾经历过紧张的政治和社会形势，正如此时巴西经历着的动荡，但我依然继续研究这个话题。在出版了《帝国主义与依附》之后，中国社科院还翻译了我的其他几部作品，还让《帝国主义与依附》这本书更上一层楼。我们进一步分析了科学技术革命理论及其与经济周期的关联，进一步解释了有关民主和社会主义的辩论，强化了我们对新自由主义危机的研究。我们还试图在中国经济增长和美欧霸权深陷危机的背景下分析新的世界形势。我们概括了本书的论点，并将其纳入葡文版的《发展与文明》② 一书。在《发展与文明》中，我们强调了发展中的中国在全球文明建立过程中的重要性，我们已经为全球文明的建立奋斗许久。

――――――――――

　　① 我关于科学技术革命的研究成果分散在多本书中。推荐感兴趣的读者在线阅读由墨西哥国立自治大学经济研究所出版的我的《作品集》：http：//ru. iiec. unam. mx/3105/。

　　② 我的作品《发展与文明：向塞尔索. 福尔塔多致敬》已被拉丁美洲社会科学理事会编辑成电子书：http://biblioteca. clacso. ar/clacso/se/20160330040647/Desenvolvimento_ e_ civilizacao. pdf。

　　我想，读者在阅读或是重新阅读《帝国主义与依附》时会感到满足。至少，这将会是一场并不平静的智力冒险。

特奥托尼奥·多斯桑托斯　林叶青/译

中译本序

　　巴西经济学家特奥托尼奥·多斯桑托斯的《帝国主义与依附》一书是依附理论的主要代表作之一，书中对依附的概念、依附的形式和依附的结构做了较为系统和权威性的阐述。尽管这部著作只是反映了依附理论的初期思想，但为其他学者后来更加深入具体地研究依附问题打下了方法论基础。

　　依附理论是 20 世纪 60 年代初期至 70 年代中期在拉丁美洲产生并发展起来的，是研究当代资本主义积累运动在不发达国家的特殊表现形式的一种理论。这一理论的一个重要特点是从资本主义体系中外围国家的角度研究帝国主义问题，认为帝国主义现象包含了相互联系、互为条件的两个方面：向外扩张的经济中心和作为扩张对象的附属国；帝国主义理论只是研究了帝国主义中心的扩张过程和对世界的统治，依附理论则研究这种扩张的后果，即垄断资本主义的世界性扩张对外围国家经济和社会结构变化的影响以及外围的变化对资本主义积累总进程的影响。依附理论的另一重要特点在于既把依附现象放到帝国主义理论的总框架中来考察，又把它作为帝国主义总进程中的一个特殊现象来研究，以揭示垄断资本主义在世界范围内的扩张同扩张对象国内部经济和社会结构变化之间的辩证统一关系，以及资本主义生产方式的运动规律在外围的特殊表现形式。由于上述特点，依附理论并不是一个孤立的或独立的理论体系，而是被看作帝国主义理论的补充和有机组成部分,这一理论因此也被称为"新帝国主义理论"。

从分析方法和基本观点来看,依附理论大体可以分为"依附论"和"结构主义依附论"两大流派,两派理论在发展过程中逐渐出现了综合趋势。狭义上的"依附论"一般是指运用马克思主义方法研究战后国际关系中新的依附形式的理论,包括多斯桑托斯在研究帝国主义新特征和不发达国家社会经济结构新变化后提出的"新依附理论"、巴西学者鲁伊·马里尼运用剩余价值理论研究资本主义积累规律在不发达国家的表现形式时提出的"超级剥削理论"、秘鲁学者阿尼瓦尔·基哈诺运用相对过剩人口理论研究资本主义积累运动与劳动人口结构运动在不发达国家的新的表现形式时提出的"边缘化理论",以及瓦尼姬·班比拉在对依附性资本主义进行分类研究时提出的关于依附性资本主义的分类方法。"结构主义依附论"的前身是20世纪40年代末至50年代末形成的由劳尔·普雷维什的"中心 – 外围理论"、塞尔索·富尔塔多的"二元结构主义理论"和胡安·诺约拉的"外部失衡理论"构成的早期依附理论或拉美经委会的不发达理论,60年代期间,在外部依附论的批评和内部自我批评的推动下,结构主义的发展理论获得更新和发展,在拉美经委会内部形成了阿尼瓦尔·平托的"结构异类化理论"、佩德罗·布斯科维奇的"收入集中理论"、塞尔索·富尔塔多的"外部依附理论"、奥斯瓦尔多·森克尔的"支配 – 从属关系理论",这些理论,通常被称为"结构主义依附论"。

两派理论在方法论上的共同点在于都采用总体分析方法、历史 – 结构方法和阶级分析方法,但在运用这些方法时则有明显区别。"依附论"的革命色彩较浓,从不回避对马克思主义的信仰和对社会主义的追求,研究问题一般都以马克思主义政治经济学的一些基本原理和范畴为基础,结合拉美国家的现实,创造一些新的分析范畴和概念，以证实马克思主义揭示的资本主义积累规律在世界范围内的有效性，对资本主义本质的批判比较直截了当。"结构主义依附论"的改良色彩较浓，虽然也吸收马克思主义政治经济学的方法，但也吸收资产阶级经济理论的某些改良主义成分，形成自己独特的方法，对资本主义本质和矛盾的揭露和批判比较含蓄。在基本观点上，虽然两派依附论都把依附问题看作是同资本主义体系形成、扩张和巩固相联系的现象，但对这一现象的分析和解释不完全相同。"依附论"强调资本主义世界经济的一体化，认为依附不仅是资本主义发展的后果，而且也是对资本主义发展起决定作用的一个组成部分；"结构主义依附论"则强调中心与外围之间的结构性差异，强调外围国家内部非资本主义的落后结构与先进结构的并存关系，认为依附是中心国家资本主义发展的一个被动后果。在政策主张方面，"依附论"主张通过社会革命改变内部结构来实现经济的自主发展，"结构主义依附论"则主张通过国家计划干预和民众参与改革国内和国际不合理的经济结构，来实现资本主义体系内民族经济的自主发展。两派依附论中，依附谁，对依附状况的分析具有较强的说服力，但在克服依附的主张上却仅仅停留于泛泛地强调革命原则的有效性，而忽视了在具体现实条件中的可行性。

针对两派依附论各自的优点和缺陷，巴西学者卡多索和智利学者法莱托提出了依附性发展理论，这一理论将两派依附论的优点综合起来并加以丰富和完善。一方面，在方法上进行大胆创新，系统地将社会学方法和政治分析方法引入经济分析之中，特别是运用辩证法来分析拉美社会的依附问题和经济发展问题，强调经济发展进程的社会和政治性质以及国内市场的国际化性质，指出在不同历史时期和不同的结构性条件下，经济、社会和政治的结合形式具有不同的意义，强调不同国家之间和不同时期结构和历史的差别，强调依附结构的多样性和特殊性。在基本观点上，强调依附与发展并不是一个相互矛盾的现象，而是一个同时发生的过程，指出既要看到在垄断资本主义和跨国公司改组推动下出现的新的国际分工给资本主义外围地区的工业化开辟了可能性，又要看到依附性发展的特点、矛盾和后果；既不能纯粹以意识形态的理由拒绝已经发生的经济进步，又必须使人民依据自己的政治价值和目标意识到社会的不平等和民族的依附问题。在政策主张方面，认为应对不同的依附性社会进行具体分析，并根据不同情况提出不同的发展理论和发展道路。依附性发展理论的提出，是依附理论的分析方法转向成熟的重要标志。

依附理论产生的历史背景是帝国主义跨国公司的扩张与拉美国家大规模工业化进程的汇合。第二次世界大战以后，特别是 50 年代末至 60 年代初，资本主义逐渐由金融垄断资本主义过渡到以跨国公司为支柱的跨国垄断资本主义阶段，帝国主义的基本特征发生了一些重要变化：第一，世界资本主义在大垄断资本的集中化、集团化、中心化和国际化发展的基础上实现了高度的一体化；第二，垄断与国家的关系日益强化，以至于形成了国家垄断资本主义；第三，资本输出形式发生了重要变化，中心国家在外围国家工业部门的直接投资（及其所包含的技术进步成果的传播）具有特别重要的意义；第四，殖民地半殖民地国家先后获得了政治独立；第五，主要资本主义国家之间加强了经济、政治和军事合作。与此同时，在早已获得政治独立的拉丁美洲国家，工业化进程也由自主的民族主义发展阶段过渡到以外资为动力的依附性发展阶段，这种发展造成的社会经济结构变化导致政治上民族民众主义时代的终结和官僚权威主义时代的开始，同时也意味着依附形式的变化和依附程度的加深。面对这种变化，西方的现代化理论和拉美经委会的发展主义理论（也称结构主义发展理论）由于对新的历史现实缺乏解释能力而相继陷入危机。

面对这种新的历史现实和发展理论的危机，从 20 世纪 60 年代初开始，一批巴西左派学者在批判当时盛行的民族主义思想的过程中，对在帝国主义条件下不发达国家自主发展的可能性提出了怀疑，并用"依附"的概念来解释拉美国家社会经济结构和政权结构以及同发达国家关系方面正在发生的变化。1964 年巴西发生军事政变后，一批巴西学者到智利避难，在智利大学建立了由多斯桑托斯领导的社会经济研究中心，专门从事帝国主义和依附问题的研究，在批评拉美经委会结构主义发展理论的同时，同该机构以及拉美经济和社会计划研究所内部的马克思主义和非马克思主义学者进行了广泛的接触和交流，使依附理论在智利获得迅速发展。对结构主义理论的批评也导致在该学派内部涌现出一批重要的结构主义依附论者，依附问题的研究也扩大到智利其他重要的研究机构，此外，在委内瑞拉、墨西哥、哥伦比亚和乌拉圭等国也产生了一批很有影响的研究依附问题的学者和机构，形成了以智利为核心的依附问题研究网。60 年代后期和 70 年代初期，通过学术会议和通信，依附论学者又同美国和欧洲研究当代资本主义问题的学术团体建立了联系，国际影响迅速扩大。在依附论产生和发展的过程中，激进派学者安德烈·弗兰克从美国来到拉美的巴西和智利，在多斯桑托斯领导的社会经济研究中心从事不发达问题研究，他的激进的政治思想与自由主义学术思想的奇妙结合，导致他对依附概念的歪曲性模仿，犯了形而上学和唯心主义的方法论错误，受到依附论学者的深刻批判，这种学术批评给依附论的发展增添了新的活力。到 1973 年智利发生军事政变并建立官僚权威主义政权为止，依附研究的方法论基础基本奠定。

依附概念的理论渊源可以追溯到马克思和恩格斯对落后国家资本主义发展的分析，列宁对落后国家特别是俄国资本主义发展的研究，以列宁为代表的帝国主义理论，十月革命后列宁和第三国际对落后国家社会经济特点和革命性质的分析，毛泽东对中国社会阶级关系和革命性质的分析，以及保罗·巴兰对战后初期帝国主义新特点和落后国家问题的分析。但其直接来源是拉美经委会学者在50年代期间研究拉美国家大规模工业化进程开始之前金融资本占统治地位时期的依附现象时提出的早期依附理论或拉美经委会的不发达理论；而其间接来源则是弗兰克在60年代后期研究拉美殖民地时期依附形式时提出的殖民地资本主义理论。依附理论正是在批判地吸收拉美经委会不发达理论研究成果的基础上形成和发展起来的，并且在批判弗兰克"不发达的发展"论的过程中逐步完善起来的。

由于依附理论包含的内容十分广泛，它的发展和成熟有一个过程，多斯桑托斯的《帝国主义与依附》一书仅仅代表了依附理论形成初期的理论贡献，远远不能包括同一流派中其他学者从不同方面研究依附问题所做出的贡献和对多斯桑托斯新依附理论的批评、补充和发展。

此外，作者对世界资本主义经济周期和对第三世界革命运动的分析带有明显的历史局限性，有些观点从现在来看也已过时。然而，作为这一理论基本构成要素的分析方法和主要分析范畴的基本思想却依然有效，为研究不发达国家依附的形式、性质和结构等问题提供了一种有效的方法。

多斯桑托斯对依附理论的贡献主要体现在他对依附概念的解释和对新依附形式的分析上。

关于依附概念的论述。作者认为，依附是指某些国家的经济受到其他国家经济发展和扩张制约的状况。当某些国家可以在自我推动下进行扩张，而另一些国家只是作为这种扩张的反映而获得发展时，两个以上国家的经济、各国经济与世界贸易之间的相互依存关系总是具有依附的形式；依附关系制约一国内部的经济结构，而各民族经济的结构性条件又决定这种依附性结构的运行；打破依附状态的唯一办法是改变内部结构，而不是将内部结构与外部影响隔绝开来。

关于历史上的几种依附形式的论述。作者认为，历史上存在过殖民地依附和工业－金融依附两种依附形式。殖民地依附的特点是商业资本和金融资本同殖民主义政府结成联盟，通过在殖民地占有土地、矿山和劳动力来主宰欧洲国家与殖民地之间的经济关系。工业－金融依附是19世纪末形成的，其特点在于帝国主义霸权中心的大资本统治通过在附属国原料和农产品生产中的投资进行扩张，以满足霸权中心的消费需求，在附属国形成面向出口的或外向型的生产结构。第二次世界大战后出现了第三种依附形式，即工业－技术依附，其特点是跨国公司开始在不发达国家与国内市场相联系的工业部门投资。依附形式不仅制约着不发达国家的国际关系，而且也制约着各国的内部结构：如，生产的方向、资本积累的形式、经济的再生产和社会政治结构。

关于新依附形式的论述。作者认为，在新依附形式下，工业发展受到国际商品和资本市场的各种制约：新投资的可能性取决于存在一个创造外汇以购买工业部门所需原材料的出口部门；工业发展受到国际收支波动的严重制约，国际收支由于依附关系本身而趋于出现逆差；工业发展受到帝国主义中心技术垄断的决定性制约。

上述依附结构对不发达国家生产结构的影响表现为：第一，生产体系的建立受到上述国际关系的制约，必须保留传统的出口部门，建立一个符合跨国公司利益而不是国内发展需要的生产结构和技术结构，霸权经济中技术和经济－金融高度集约的生产部门向外围的转移，造成了极度不平衡的生产结构、收入的高度集中、设备能力利用不足、集中在大城市的现有市场的集约使用；第二，资本积累的独有特点是扩大国内工资差别和在国外购买机器设备和工业原材料；第三，这种生产体系限制了国内市场的发展，传统部门与现代部门的并存以及工业部门资本密集型技术对劳动力吸收能力不足，一方面可以提高剥削程度，保持低水平工资，限制购买力的增长，另一方面没有创造与人口增长相一致的就业机会，新的收入来源受到限制。这两种制约因素严重影响了国内消费市场的扩大，而外资利润汇出又减少了国内创造的部分经济剩余。

关于依附性再生产的论述。作者认为，正在形成的依附性生产体系和社会经济结构是世界经济关系体系的组成部分，世界体系是以大资本的垄断性控制、一些经济金融中心对另一些国家的统治、对高度复杂技术的垄断为基础的。只有在世界经济的总体范围内才能看出依附性生产和再生产过程，理解不发达国家社会经济结构的变化。依附性生产体系的依附性在于再造了一个自身发展受到国际关系制约的生产体系，这个生产体系必须只发展某些经济部门，必须在不平等的条件下进行交换，必须在自己国家内部同国际资本在不平等的条件下进行竞争，必须强制推行对劳动力的超级剥削关系，以便将如此创造的经济剩余在国内和国外统治者之间进行分配。一旦再造了这种生产体系和这种国际关系，依附性资本主义便再生产出阻碍其在国内和国际上处于有利地位的各种因素，并在国内再生产出落后、贫困和社会边缘化。发展只使很有限的部门受益，经济的继续增长在国内市场和国外市场遇到无法克服的内部障碍，并导致国际收支逆差不断积累，从而产生更多的依附和更多的超级剥削。

在分析了流通领域的两种剥夺机制（国际商品市场的垄断价格和在运费、保险费、商标、专利等劳务支付方面的垄断价格）和生产领域对国际劳动力的直接剥夺机制（利润汇出）之后，作者认为，上述机制在国际收支上的反映是巨额逆差，作为弥补这些逆差而提供的外债和外援又成为依附的积累机制。

关于发展道路的选择，作者认为，在依附条件下存在两种发展模式：一种是以跨国公司为主角的新的国际分工模式，另一种是在资本主义国际体系范围内以国家为中心的国家资本主义模式。作者在分析了上述两种依附性发展模式的可能性和局限性之后，认为依附性发展必然导致出现一个深刻的政治冲突和军事冲突及社会矛盾激化的长期过程，因而主张走人民革命的道路，在社会主义条件下寻求发展。

应该承认，多斯桑托斯是站在捍卫和发展马克思列宁主义的立场上研究帝国主义和依附问题的，他研究依附问题的动机是为了丰富、完善和扩大帝国主义理论，这是值得肯定的；作者运用马克思主义基本方法对跨国公司扩张和新的依附形式进行的分析，不仅在方法上而且在观点上发展了马克思主义，增强了马克思主义理论对新的历史现实的解释能力；作者对依附性再生产和依附的积累机制以及对社会政治结构的分析，也已为 20 世纪 70 年代拉美政治中的新权威主义现象和 80 年代拉美债务危机的严峻现实所证实；作者对资本主义的批判是严肃的，对社会主义的向往和追求也是真诚的。

但必须指出，作者关于在现行资本主义国际体系内除了法西斯主义和社会主义两种选择外没有中间道路可走的结论，和关于在社会主义条件下寻求发展的主张，虽然符合 60 年代第三世界反帝革命运动高涨和拉美国家内部阶级矛盾激化的历史现实，但其明显的缺陷在于缺乏对具体情况的具体分析，因而提出了过分一般化的结论和主张。此外，作者也过低估计了帝国主义中心国家克服危机的能力，过高估计了外围国家人民的革命性，忽视了跨国公司的扩张对外围国家不同社会阶层造成的分化作用和吸收与排斥作用。

最后应该指出，任何一种理论的结论和主张都只是同具体历史条件相联系，因而具有历史局限性。然而构成某种理论基本成分的是它的方法论、主要分析范畴和实质性贡献。因此从本质上看，依附理论的分析方法和分析范畴依然有效，它为认清不发达国家在帝国主义跨国公司扩张进程中所处的地位，认清这一进程对不发达国家内部阶级关系和政治关系的影响，提供了有效的方法；同时它对于正确地利用资本主义跨国公司扩张对外围国家工业化创造的有利机会和积极因素，限制其消极因素，按照自己的国情制定自主的发展战略，也具有重要的理论意义和现实意义。

有兴趣全面了解依附理论的读者，还可阅读由卡多索和法莱托合著的《拉丁美洲的依附和发展》一书及其他作者的有关著作。

袁兴昌

1992 年 2 月 20 日

序

1964～1966 年，我们在巴西开始进行国际经济的经验研究。那是我们遭受新建立的军人独裁政权迫害的时期。对左派力量来说，这个课题的迫切性是显而易见的。独裁政权开始了一个把我国经济与世界资本主义经济特别是美国经济结成一体的进程。必须非常明确地搞清这种一体化的性质。我们于 1965 年末得出的结论是：1939～1945 年战争之后，世界资本主义进入了一体化的新阶段并开始了一个以多国公司为基础的新的漫长的增长周期；这一增长周期似乎走到了尽头并导致产生一个以相对分裂为特点的新的衰退周期，而相对分裂将导致世界革命运动新阶段的到来。

上述论点是在一份关于国际时局的政治报告中提出的，并在一部关于巴西政治经济危机的书中得到发挥。由于不能在巴西出版，该书于 1966 年在智利油印发表。① 那是在我们被巴西军事法庭在一次既不能辩护又无任何法律依据的审讯中，以莫须有的"农村颠覆性渗透的精神指导者"的罪名缺席审判之后，刚刚流亡到智利的时候。

我们在智利找到了继续进行我们的研究的合适环境，尤其是在

---

① 这些论文收在《社会主义或法西斯主义，拉丁美洲的出境》（拉美出版社，1969）一书中。我们接着对这一课题进行了新的研究，写成《依附的新特性》（社会经济研究中心，1968 年）一书。

1968～1969 年，大学改革为研究和思想批判的巨大发展创造了可能条件。于是，我们在社会经济研究中心成立了一个关于帝国主义和依附的研究小组，除了审阅关于此课题的各种理论著述外，还着手积累大量的经验材料。1969 年上半年，我们应邀去美国北伊利诺伊大学讲学，利用这一机会收集了大量关于美国经济、社会和政治的经验材料。

通过保罗·斯威齐和哈里·马格多夫的努力，我们的这一工作得到了拉比诺维茨基金会的资助。同年 12 月，我们应保罗·斯威齐的邀请重返美国，参加美国经济学家协会年会，在斯威齐组织的关于"帝国主义的政治经济学"会议上宣读了一篇论文。这一次，我们同激进经济学家协会——其会期与美国经济学家协会年会并行——的成员以及从事多国公司研究的属于不同倾向的其他研究人员进行了广泛的讨论。回到智利后，我们扩大了研究小组，也扩大了我们的研究范围。1970 年下半年，我们参加了在荷兰蒂尔堡召开的关于资本主义的讨论会（1970）和在保加利亚的瓦尔纳召开的世界社会学大会关于帝国主义及民族运动的讨论会；在这些会议上，对我们所研究的课题进行了更加广泛的讨论。从那时起，我们通过会议和书信与在美国、拉丁美洲和欧洲从事当代资本主义研究的各种马克思主义和非马克思主义小组保持了广泛的接触和联系。

"人民团结"阵线在智利的胜利，增加了我们阐明帝国主义对拉美新政策的责任心。正是在 1968 年至 1973 年这一长时期中，我们以文章和单行本的形式发表了汇集在本书中的某些论著，以求对越来越激烈和必要的讨论做出贡献。智利的圣地亚哥自 1966 年我们到达那里时便成了知识分子的重要中心；由于拉美发生的变化，也由于智利正在发生的政治变革，这些人从不同的地方来到这里，促使形成了一个相当繁荣的智力环境。随着人民政府的建立，产生了一种真正的智力"爆炸"，这反映在各种新刊物的发行、书籍的大量出版，以及无数的研究小组、学习小组和讨论会的出现上。

1973 年 9 月发生的军人政变突然打断了我们正在进行的关于当代资本主义的研究。我们失去了这么多年来所取得的劳动成果，虽然这些成果意味着做出了艰巨的努力，但对其失去了我们并不感到悲痛。已成为我们第二祖国的智利的人民所遭受的悲惨事件是那样巨大，以致任何个人问题，哪怕是像搞研究这样具有集体意义的事，无论是当时还是现在都显得微不足道。我们为建立一个关于当代资本主义的资料中心而收集的各种材料以及北美拉丁美洲问题研究会的朋友们寄给我们的新材料，与那么多人的鲜血一起被湮灭。

我们在巴拿马使馆躲避了 5 个月，之后去了墨西哥，受到墨西哥国立自治大学几位朋友，特别是经济研究所和国立经济学校高级研究院的热情欢迎，欢迎我们在那里继续原先的研究。经过数月的文献研究之后，我们确信，我们所计划的关于当代资本主义的重新研究需要的时间比预计的要长得多。虽然我们（拉美）依附于美国和世界资本主义，但总的来说，在拉美用于收集有关此课题的浩如烟海的文献的时间和精力非常少。

由于这个原因，也因为我们看到拉美其他地方的研究成果在墨西哥鲜为人知，所以我们兴致勃勃地重新整理了原先以《美国的危机与拉丁美洲的依附与社会变革》及《帝国主义与多国公司》等书名出版的著作，并加入关于国际时局的新近研究成果和一些理论讨论的新章节，编成新书。这些理论讨论章节试图回答那些对"依附论"的模糊批评。本人的论著曾对"依附论"的发展做出了一定的贡献，至少批评家们是这样认为的。

这就是本书的创作过程。这本书的篇幅也许比预计的稍微多了一点儿；尽管不是一部它所研究的各个题目的专著，但是我们希望它汇集了进行系统论述所必要的大部分材料。

我们想借此机会向如今分散在许多国家的原社会经济研究中心

的朋友们，尤其是依附关系和当代资本主义研究小组的朋友们表示感谢，向拉比诺维茨基金会、保罗·斯威齐和哈里·马格多夫表示感谢，向经济研究所和高级经济研究院的负责人和朋友们致谢，向彼得·罗曼致谢。罗曼为使我们于 1969 年赴美国继续我们的研究而进行了许多斗争，特别是 1973 年当军人拒绝给我们签发出境证时他为把我们救出智利进行了斗争，并为我们争取入境签证以便去纽约市立大学以及霍斯托斯社区学院社会科学系（该系由他领导）工作而斗争。尽管他做了不屈不挠的巨大努力，却未能冲破美国移民局的阻挠。该移民局对为捍卫打破**铁幕**这一基本权利的数十名美国社会科学家、政治家和知识分子的呼吁置之不理。这是美国的"民主"强加给奋起反对由美国政治家、金钱和警察在世界各地扶植的独裁者的民主战士头上的**铁幕**。

我还应感谢审阅了大部分书稿并参加讨论的阿尔瓦罗·布里奥内斯，以及负责编写目录和最后参考书目的马塞洛·希林。

巴尼亚·班比拉不仅参加了关于帝国主义与依附的研究小组（本书的一大部分是在研究小组的讨论中孕育产生的），还鼓励我们的工作，积极参加最后审稿和新章节的准备工作，提出自己的批评意见，在许多情况下牺牲了他自己的研究工作。我要向他表示特别的感谢，感谢他的奉献精神。

1975 年 6 月于墨西哥

绪 论

本书的主要目的在于研究当代资本主义总危机的性质和影响。在此意义上，本书对资本主义总危机和它的特殊表现形式——如 1973 年 10 月开始至 1975 年下半年结束的经济衰退——做了相当明确的区分。我们试图在这篇绪论中对书的中心内容和叙述思路做一概括，以便把鼓舞创作的总体推理线索交给读者。

一 帝国主义和多国公司

当代帝国主义被定义为第二次世界大战以后开始的资本主义的一个新阶段，其特点是世界资本主义体系建立在垄断性大资本的集中、联合、集权和国际化的广泛发展基础上的高度一体化，而这一发展进程具体体现在它的组织细胞——多国公司的发展以及垄断与国家之间联系的增强和深化上。在国际上，这一体系概括为：美国及其本国货币、经济援助和军事力量的霸权地位；布雷顿森林协定及其机构形式（国际货币基金组织和世界银行）；马歇尔计划、第四点计划、争取进步联盟计划以及其他由进出口银行推动的"援助"计划的实施；里约热内卢公约、大西洋联盟公约、东南亚集体防务条约等军事协定，以及使美国军队得以建立一个隐蔽地占领几乎所有资本主义国家领土的国际网络的军事关系体制。在意识形态上，这一体系被标榜为反对"共产主义暴政"——由资本主义挑起的反社会主义"冷战"的基础——的"自由世界"的表现。这种论调即使在所谓的缓和阶段还继续存在着。

为了理解目前阶段的帝国主义，我们必须从研究资本主义一体化所包含的各种矛盾入手，这些矛盾必然把资本主义引入新的分裂时期。目前的特点是这一分裂进程发生在这样的国际现实环境中，即资本主义不仅面临着内部阶级矛盾，还面临着一个与它旗鼓相当、生气勃勃的社会主义阵营。

帝国主义的危机及其内部矛盾的性质并不因为这种国际形势的存在而改变，但它们的形式、影响和结果的确发生了变化。强大的社会主义阵营的存在限制着帝国主义在经济、政治和镇压方面的行动能力，创造了很多情况下有利于扩大依附国自决能力的条件，并促使这些国家依靠社会主义阵营所创造的物质基础、不受资本垄断的科学进步和马克思主义社会科学，迅速过渡到社会主义。

帝国主义不能解决它所赖以扩张的国家基地（巨大的国内市场和强大的民族国家的存在是帝国主义得以从技术、经济、金融、政治和军事上支持资本进行国际扩张的基础）与其日益发展的国际化（意味着资本、商品和财力资源的自由流动）之间的矛盾，这一矛盾反映在资本主义发展的不平衡性和联合性的增强上。这刺激了统治中心的寄生性并给其他发展中心（欧洲和日本）注入了兴奋剂，而这种情况从长远看将在国家集团之间或在外围地区导致帝国主义国家利益发生冲突。

但是，上述情况不会导致外围依附地区出现较大的经济发展，这些地区是国际资本攫取高额利润，以昂贵价格投放其产品，以低廉价格获得原料和农产品的基地。于是，扩大了争取依附国世界的经济增长利益同各帝国主义中心的统治利益之间的矛盾，革命势力——把过渡到社会主义视为保障发展、打破维持被剥削和贫困状态的帝国主义统治和依附性结构的唯一道路——也易于发展。

这一国际经济的细胞是一种新型企业，它把必然导致技术和经济集中、垄断、集权、多行业联合和国家干预的私人占有、管理和控制等强有力手段在世界范围内移植。这种新企业取代了通过其国外活动以从工业中心出口制成品，自不发达国家进口农产品和原料为基础开展的保持着一种贸易互补性关系的老式托拉斯和卡特尔。现代多国公司不仅大大增加了国际业务在其全部活动中的作用，还从事面向投资接受国内部市场的生产。

本质上说，多国公司是资本主义企业为适应生产资料社会化产生的各种需要而做的几乎是孤注一掷的尝试。由于科技革命的发展和自动化技术在生产过程中的应用，生产资料的社会化正大踏步地向前发展。由于多国公司既依赖于民族国家，又与之相对抗，由于它寻求一种同由生产资料私有制决定的狭窄而任意的界限相冲突的合理性和计划性，所以当它通过把不同行业的活动联合起来（这种联合实际上使浪费和隐蔽在它的所谓“计划”后面的不合理性增加），对使其内部无政府状态“合理化”的技巧加以完善时，它的内部却已经潜藏下了资本主义制度的基本矛盾。

在这新阶段中，依靠多国公司的大资本造成了一种新的国际分工，它意味着原料加工和技术水平较低的产品生产的增加，并把这些经过加工的原料和产品向统治中心，特别是专门从事高技术产品和服务出口及资本输出的美国出口，从而使帝国主义列强特有的寄生性提高到极高的水平。

当资本主义在战后周期的上升阶段能保持高增长率时，对这种不合理性的思想辩解似乎是“科学的”，是以事实为依据的。同时，对抗大资本的政治反对派由于劳工们取得的社会经济好处而中立化了，这些好处一部分来自较多的可供分配的收入，另一部分来自因相对充分就业而得以加强的劳工们讨价还价的实力。增加工人收入的能力以及能动地使小资产阶级的新阶层参与到经活动中来的能力，致使工人反对派在思想上趋向改良主义并增加了他们对资本主义制度的希望。属于小资产阶级思想范畴的理想主义浸透着民众运动，美国的情况即是一个明显的例证。那里的工人运动在经历了 20 世纪 30 年代和 40 年代的政治思想发展和工会组织发展之后，走向了反共，曾支持"新政"第二阶段和反法西斯斗争的人民阵线像变戏法似的变得无影无踪。

自 60 年代起，美国人民力量联合的基础开始重新建立起来。这一联合的表现形式还是互相矛盾的，它表现为具有小资产阶级自由主义内容的反托拉斯运动的新高涨，表现为反越战运动、先锋派学生运动，以及因国内国际经济危机的结果而增加了的强烈的反帝、反垄断和要求和平的感情。

在这种情况下，一项社会改革计划的基础正在美国逐渐显露其轮廓，它所具有的激进性将可能引起一场以复兴的工人运动，大学青年及左派自由主义知识阶层为基础的反垄断、反帝国主义的民主运动或建立一个这样性质的政党。在这个具有强烈反知识分子传统的国家中刚刚萌发的马克思主义知识阶层的幼芽也许能在这一运动的内部或周围成长壮大。

帝国主义的种种矛盾开始在其中心成熟，并在寻求一条在政治思想上表现出来的渠道。

二 帝国主义的危机

战后长时期的持续增长，凯恩斯思想的反周期技巧相对成熟的运用，工业化国家内部革命运动的防守态势，这些在思想领域，尤其是经济学——资产阶级辩护论的肥田沃土——方面产生了一种欣悦症。后周期资本主义论、消费社会论、富裕论、福利国家论、工业社会论及其他许许多多的理论，都在谋求使表面上占优势的、经过改良的和新生的资本主义的积极成果永世长存。

这些辩护性论调并不寻求解释造成周期性增长阶段的原因，因为这些原因同时为增长划定了界限；也不愿意承认这一阶段中出现的萧条和衰退是一种周期性危机，是不可否定的周期存在的表现。今天，当萧条呈悲剧性质时，马上就有即兴的说辞和理由为这个小歌剧的"科学性"进行辩解，而它的奖赏、优美的风格和其他必要的表面装饰掩盖着它的真正失败。

必须指出，大资产阶级从来不相信这些意识形态说辞，那是讲给广大公众听的。大资产阶级的正直的经济学家们继续对经济周期、金融流动、财政赤字和国际收支赤字表示担心。

至于马克思主义，它在某些作者错误地预言战后资本主义不可能有大的恢复之后便处于守势，直至在 1958～1961 年美国危机的冲击下才开始提出对不间断增长表示怀疑的看法。但由于这场危机的表现形式，产生了预言既不会出现大萧条，也不会有长时期的增长，只有相对停滞的论说。可是，1962～1966 年的大发展再次使修正主义理论陷入困境。

然而，实际经验说明了什么？关于经济长周期的研究表明，存在着间隔 40 个月、10 年和 60 年的周期性波动。但对这些萧条和增长波动的种种解释是不太有力的，人们可能会认为这些波动反复出现的理由并不存在。然而可以这样来解释长周期：产生了重大的发明，这些发明使资本的有机构成、利润率、产业后备军和工资水平，以及在体制方面（企业集中、金融集权、资本国际化和国家干预）发生巨大变化；这种有利于提高生产增长率的变化在将近 80 年内便达到极限，于是必须有一个也将延续近 30 年的新的萧条时期，以便为一个新的上升周期做必要的调整；萧条导致产业后备军的扩大，工资的不断下降，资本有机构成的扩充，以及平均利润率和促使新的增长阶段到来的资本剩余的增加。

如果我们对战后大周期做仔细研究，就能从理论上把那些特殊原因分离出来，从而看出它们的局限性。战时电子工业、石油化学和原子能方面的技术革新在生产过程中的应用，政府开支的增加，特别是对军事工业和军事及教育开支的鼓励，欧洲和日本的重建以及第三世界广大地区的工业化，农业生产率的变化以及随之而来的对工业品（有机肥料、化学肥料、杀虫剂等）消费的增加，所有这一切造成了一系列的连锁投资活动，首先是在美国进行，随即扩大到国际领域。

所有这些新变化至 20 世纪 60 年代便达到了极限：国际扩张进程随着欧洲和日本重建的结束，以及第三世界工业化程度较高国家的所谓"简便"的进口替代这一政策的完结而终止；由于技术飞跃——新技术的应用要求有一个新的积累阶段——军事工业陷入了危机，正在进行的科技革命要求现有的工业体系进行重大革新，大量采用自动化技术，大规模地增加公共消费，从而引起国家资本主义及其经济干预的程度发生变化；国际上，提出了实行新的国际分工和确保金融系统资金流动的金融新规则的必要性，在依附国负债的基础上增加了资金的流动，但这些国家的债务是不可能偿还的，唯有剧烈的延期偿付、破产或调整。

另一方面，资料表明，美国于 1949 年、1954 年、1958 年和 1961 年出现了间隔 4 年和 10 年的周期；在欧洲和日本，由于战后大规模的重建工作，那里的周期呈现非常软的、感觉不明显的形式。

事实表明，大的上升周期有其非常确切的解释，同时小周期并没有消失，仅仅是减弱而已。

此外，许多关于美国经济的资料表明，持久性或结构性失业的幅度扩大了，而整个资本主义的持续通货膨胀——60 年代大大加重了——说明，国家干预和不断的财政赤字，以及对美元的赤字性使用、帝国主义的军事开支和在最冒险的负债基础上发展世界贸易等措施都具有局限性。

自 1967 年开始，世界资本主义动态呈现一种新的行为模式。从一个仅仅因一些小危机而失色的持续增长时期转向一个只有短暂恢复作为点缀的持续危机阶段。我们有充分的理论根据可以认为，这是一个新的萧条周期，它必将延续很长时间并带有在过去头 8 年中所呈现的总危机的特点。这一论断的依据部分地在于我们已涉及的对长周期的综合观察，特别在于导致出现战后上升时期的各种因素已证明不起作用了。因此，必须更加详细地研究美国经济和国际经济在这 8 年中的表现，以便能确定其不变因素及世界事态的可能发展。

我们已在这一时期中区别出 3 个短周期。第一个萧条周期于 1967 年开始至 1971 年结束，其中 1968 年有一个调整性小恢复。第二个周期出现在 1972 年和 1973 年之间，以有力的、短暂的和投机性的恢复为特征。第三个周期发生在 1974 年和 1975 年间，表现为严重的、普遍的、持续的和长时间的萧条。1975 年下半年出现了新的恢复迹象——我们可以通过对当前的总危机，或者说萧条长周期头 8 年情况的分析来预见它的特点。

概括地说，我们可以从对上述 3 个周期的分析中得出如下结论：被总危机搞得喘不过气来的资本主义，在不进行重大结构变革的情况下不可能摆脱这一危机，而这必然是一种以各个萧条阶段为主要特征的长期现实。结构变革不可避免地要为新的经济平衡创造条件并由此克服目前阻碍着资本主义积累新时期到来的局限性。1967 年出现衰退迹象——国际上经济增长率普遍下降——之后，资本主义国家政府企图在 1968 年实现调整性恢复。但随即便看到了这些措施的经济后果（通货膨胀、美元和英镑危机、保护主义增加、世界贸易受到威胁）和政治后果（世界性群众反对浪潮，其最突出的表现是法国的"五月风暴")。除了限制增长外，没有其他道路可走。但限制增长的措施导致了 1969～1971 年的衰退。在美国，它开始时作为一种衰退出现的现象，在 1970 年呈明显萧条性质；在欧洲，明显的萧条出现于 1971 年。这一新情况的政治后果就在那时开始显露。"经济奇迹"和"富足"经济的终结、失业的增加和对在经济繁荣年代取得的工资成就的冲击，加深了工业化国家的阶级矛盾。与此同时，在国际范围内增加了帝国主义之间的矛盾，扩大了依附国争取权利的运动。社会主义阵营的经济、军事进步使苏联和美国之间在 1970 年出现了某种军事均势，这加剧了上述各种趋势。

总的来说，这些变化在政治上导致了"中左"运动的发展。社会民主党几乎在整个欧洲掌权；共产党在其影响较大的那些国家里增加了斗争的能力，共产党和社会党人之间的团结条件开始形成。出乎意料的是，1970 年在智利这个依附国，由共产党和社会党人领导的联盟掌握了政权，实现了一种具有世界意义的试验。这是由于智利社会党的特殊性才成为可能的，该党不仅捍卫着建立劳动者阵线的路线，还于 1967 年被确立为马克思列宁主义政党。智利激进党参加政府，为赢得欧洲民主党的支持提供了保障。因此，当尼克松冒着同社会民主党对抗的危险和使其同苏联缓和的政策遭受严重挫折的风险，用最无耻的暴力镇压这场试验时，他的行动是一种绝望的反应。

智利发生的政变是美国进行反攻的一部分。这一反攻旨在恢复自 1967 年以来失去的声望，是依靠 1972～1973 年的恢复所创造的经济条件进行的。这次恢复始于 1971 年下半年，在 1973 年初至同年 10 月这段时间内达到顶峰，该年 10 月的石油封锁——由中东军事危机造成的——宣告了一次严重衰退的开始。我们将在后面分析这次衰退。

有必要对那次恢复的某些方面做一说明。首先，它延续的时间很短。其次，它把国际性通货膨胀提高到严重危险的水平，随时威胁着资本主义的活动和整个体系的运转。这次通货膨胀甚至影响到农产品和原料，并在1973年促使国际交换条件发生了有利于依附国的变化。随着石油封锁和油价猛然上涨，出现了新的国际资金再分配，在工业化国家引起巨大的惊恐。最后，这一时期进行的巨额投资没有使生产系统发生重大变化，也没有引起失业率的大幅度下降。

尽管在这个短时期内创造了一种虚假的乐观气氛，但事实清楚地显示出这次恢复的限度，表明有采取新的限制性措施的必要，而这些措施将不可避免地导致一次相当严重的萧条。

这正是当时发生的情况。1973年10月，各种数据开始显示1973年的大发展结束了。限制性措施开始实施，萧条在1974年和1975年上半年这段时间内达到最严重的程度。哪怕只想缓解通货膨胀，单纯的衰退也是不够的，这在一开始就很清楚了。在它的发展过程中，这次萧条一开始就反映出它的尖锐性，这表现在自1929～1932年危机以来失业率的最大上升上，以及国内生产总值、工业生产、交易所证券指数、世界贸易、资本流动的最严重下降上，也表现在其他萧条性指数上。

政治事件迅速发生。在危机中，中东一些国家的政府变得激进；希腊和葡萄牙的独裁统治相继倒台，开始了支持最激进的殖民地解放运动的葡萄牙非殖民化进程，为葡萄牙提出了社会主义的道路；埃塞俄比亚帝国崩溃了，而美国则不得不放弃被打败的南越。在英国，一场英勇的工人罢工推翻了保守党政府，建立了工党中间政府，但它是在强大的左派工人压力下上台的。在法国，由共产党和社会党阵线领导的人民联盟几乎上台执政。在意大利，天主教民主党的危机加深，在一次关于离婚案的公民投票中右派被击败，社会党退出政府，向西方最大的共产党靠拢。在西班牙，已严重衰弱的专制政权摇摇欲坠。在北欧那些国家，社会民主党继续执政，但越来越依赖于共产党的支持；1976 年，社会民主党在瑞典被击败，这必将使它的政治激进化朝着左的方向发展。

在整个欧洲，战后时期遭到削弱的左翼得以在上升的社会民主党内发展其势力。社会党和基督教民主党的工会运动坚定地与共产党结盟，而国际自由工会联合会这个重要的冷战机构及其拉美表现形式美洲区域工人组织已彻底衰败。工人阶级的团结基础在经济、社会和政治等各个方面发展着。

这种形势对极左派或议会外左派的影响，从 1970 年开始显露出来。极左派发生分化，其中无政府主义一派在 1968～1969 年走向了好斗的"群众主义"，或走向一种少数人的恐怖主义；另一派，即马克思主义派逐渐向社会党 - 共产党阵线靠近。这两派之间的分歧日益明显。另一些派别甚至回到了他们原来的党内，在那里，由于广大工人群众和小资产阶级广大阶层的激进化而有日益扩大的活动天地。这意味着少数派的激进主义趋于温和，群众阶层的观点趋向激进。

1969 年共产党大会和 1973 年召开的两次欧洲共产党会议，反映出在苏联共产党领导内部和其他共产党内发生了政治变化。这种变化表明采取了一种更富有战斗性的政治路线，它基于如下更先进的战略决定：从号召成立进步的、民主的和民族主义的政府转向号召建立社会主义的和民主的政府以及与社会主义工人党和社会民主党接近，谋求建立一个能实行社会化措施的工人统一阵线（意大利共产党和西班牙共产党是两大例外，前者提出与天主教民主党实行"历史性妥协"，后者提出建立反法西斯民主阵线）。这样，共产党对极左派的态度也转变了，开始同极左派中仍然充满着困难和冲突的非恐怖主义派对话；对毛主义的批评也变得温和了。

自 20 世纪 60 年代末开始，我们进入了一个政治新纪元，它预示着还在地下的，但将在资本主义总危机这些年代里显露出来的那些趋势的发展，这些趋势可能在经济恢复时期发生某些变化，但将在总体上继续加深资本主义的各种矛盾，直到不久前，这些矛盾因处于积累阶段而显得缓和。在这一格局中，不能轻视法西斯主义的抬头。法西斯主义以有组织运动的形式已经再次出现在世界舞台上，并在巴西和西班牙政府中拥有强大的支点，就像过去它在希腊和葡萄牙的独裁政权中找到这种支点那样。今天，它在智利的军事委员会中找到了一个堡垒。在意大利发现了一个法西斯关系网，1970年在一次流产的政变图谋中，该关系网牵连到天主教民主党的高级人物和北大西洋公约组织的高级官员。中央情报局积极参与了这些阴谋的实施。

如果可以说近些年来随着葡萄牙和希腊独裁政权的垮台，法西斯主义已被削弱，那么下列情况也完全是真实的，即法西斯主义同在这个时期向右激进化了的保守主义运动和保守党更紧密地结合在了一起。

可以看出一种复杂的历史性运动：共产党、社会党和社会民主党向左激进化，甚至吸收了原极左派中的一部分；保守党向右激进化，吸收了法西斯主义派中的一部分。20世纪60年代激进的少数派冲突趋于变成70年代的群众性冲突。这是产生危机的原动力，这场危机过去只被少数人直觉感知或觉察到，现在正逐步扩展到社会的整个肌体。

下一次经济恢复必将鼓励右派进行新的进攻尝试。但恢复将是短暂的，其成果必然是不足的。资料表明，定将在1978年达到经济的高速发展，而这种发展必将使通货膨胀达到不可控制的程度，从而导致一次比目前的萧条要严重得多的新萧条。这些必将为革命新阶段开辟道路，自开始冷战起已转移到殖民地国家的革命浪潮，在这一新阶段中将主要冲击欧洲和其他帝国主义中心国家（美国和日本）。

工人阶级在战后时期接受了严重影响其领导党的思想和战略观点的改良主义思想的教育，又在 60 年代经受了具有小资产阶级和精英特性的无政府激进主义——标志着改良主义时期的结束——的压力。很难预料这样一个工人阶级能在多大程度上找到合理的革命平衡，使它得以通过一种社会主义社会来战胜目前的各种挑战。

近些年来在工会及政治方面朝统一迈出的步伐，是任何革命解决的必要基础。各共产党特别是苏联共产党的变化鼓舞人心，社会党和社会民主党左派各集团的进展也令人鼓舞。一些极左派的温和化和自我批评，基督教民主党由于奉行社会主义路线的新的基督教运动的出现而陷于危机，则是另一些积极的征兆。但所有这些都是非常一般性的，而且仍然是少数派的倾向，带有冷战时期发展起来的十分强烈的宗派主义、分裂主义和主观主义传统的印记。然而，如果促使团结的因素占优势并在思想、战略和战术上朝着社会主义方向发展，那么我们就能对在资本主义各统治中心实行社会主义，世界面貌发生根本变化抱很大的希望。

三　依附与革命

前面各节概括了本书头两部分的中心论点，但仅仅限于分析统治国的社会形态、一体化垄断性帝国主义时期的国际政治经济以及资本主义总危机的基本因素。我们限于分析统治国是出于方式上的原因，因为在资本主义国际经济中存在着两大类社会形态，它们的结构特点和表现互不相同，对资本主义制度周期性起伏的反应也不一样。统治国的社会形态是周期的辐射源，因此对它的分析应先于或决定着对依附国社会形态的分析，这后一类社会形态必须适应那些国际性周期，根据各自内部的特点做出积极的或消极的反应。在这些特点中有其本身的经济周期，它们按照自己的内部积累规律发展，不一定与国际时局相吻合。这样便产生了非常特殊的周期运动，要求进行特殊的分析。

　　因此，我们需要研究国际经济中依附状况的固有特征，所建立的特殊关系，所产生的社会经济结构形式，这些形式的资本主义发展规律所具有的特殊性，以及它们显露的周期性表现。同时，从这些分析出发，可以非常笼统地推断所产生的阶级结构、社会力量或社会联盟，趋于形成的力量对比以及由这些力量推动的各种变革选择。在分析这些问题之前，需要在理论和方法上做些思考，以便我们能确定接近这一现象的正确方法。

　　自古以来，历史上一直存在着帝国主义社会形态和殖民地社会形态。但是，仅仅在现代，由于国际资本主义经济所达到的一体化程度，上述两种社会形态之间的关联才具有世界性质。一方面，国际资本主义经济造成了商品、劳动力和资本一体化的世界市场；另一方面，它造成技术、生产、资本高度集中于一个霸权中心和一系列的统治国家。一面是帝国主义统治，另一面是消除依附状况，这已变成一个世界性问题。资本主义——指帝国主义垄断资本主义——的发展辩证地成了资本主义世界扩张的一种推动力，又是对此发展的限制。因为由于它的矛盾性，资本主义的扩张不能造就一种均衡、平等的国际经济，只会产生占统治地位的资本主义同依附性资本主义之间的对立，后者的发展能力受到限制，甚至无力解决人类生存的那些基本问题，而在统治国，这些问题已大部分获得解决。

　　上述问题在很早以前就得到了确认，尽管越来越迫切地需要对它进行更加深入的研究。但是，存在着两种根本对立的提法。其中之一认为依附国的状况是它们在加入资本主义上落伍的结果；另一种提法把不发达看成是政治、经济上受压迫这种历史情况造成的，是资本主义的不平等性和联合性的结果。让我们来研究第一种提法，它显然源于资产阶级。根据这种提法，不发达即是没有发展的同义词，是前资本主义的、传统的、封建的或半封建的关系继续存在的同义词。这样，理论的重点基本上集中于研究经济发展的条件，研究保证开始攀登资本生义积累的"起飞"条件。

虽然存在着或大或小的变异，但从它的大线路看，这一立场把资本主义投资看成是经济增长、一体化和民族独立之路，克服传统的或前资本主义的残余——导致收入的负分配——之路，形成内部市场、创造民主条件和人民参与条件之路。这一立场的民众主义表现在于提出国家大力参与经济、基本财富国有化、土地改革和社会正义等社会改造的基本口号，旨在获得自主的民族发展，这在 20 世纪 30 年代达到高潮。

第二次世界大战后，帝国主义开始对在依附国进行产业投资表现出直接兴趣，从而引起了对研究发展问题的巨大重视。国际资本大量涌入那些最有活力的经济部门，这在开始时遇到了民族资本和民众运动的反对。但尽管如此，随着时间的流逝，在民众主义和民族主义运动内部产生了思想分化。大资产阶级这一阶层清楚地懂得，在一个越来越被大资本控制的世界上保持自己的独立是不可能的。它看到，能阻止国际资本大量涌入的唯一力量将是充分发展的国家资本主义，但在民主的条件下，国家资本主义需要依靠民众运动，并存在着剥夺大资产阶级的权力，替社会主义开疆辟壤的危险。只有在社会主义革命的框架中才能实现其民主目标的古巴革命的经验，使民族主义的思想家们退缩并使他们接受"发展主义"的论点。这种论点简单地反映在"发展是目的，民族主义是工具"这一命题中。既然国际资本与发展结盟，民族主义则应克制并把这一事实作为积极的事情加以接受。同时，大规模地实施依靠国际资本的发展模式已被证明是有限度的：采用先进的技术（但不是最先进的技术），制造高级消费品，生产的集中化和垄断化，产业结构向消费部门专业化，生产所需的投入物中依赖进口的比例高，巨额利润汇出，举债以弥补这种逆差状况，使用劳动力少，传统农业结构解体，广大城市居民中的失业和半失业，所有这一切反映出在大资本赞助下实现经济增长的局限性：收入集中化，基本消费品在国内市场受到限制，依附性产业结构的形成，城市贫民区的扩大，农村生产的下降，国家人为的保护主义和监护主义，国际收支赤字，不可能偿还的国际贷款。

在这种情况下，加强了谋求与世界资本主义体系更紧密结合的趋势，而这种结合在很大程度上改变了依附国资产阶级争取权利的纲领。给出口产品以较好的价格，加工出口原料和农产品，扩大依附国生产的制成品在统治国市场上的销售。从内政角度看，人民的参与越来越受到限制，行政和技术官僚的权力增加，当群众运动高涨并有夺取政权的危险时，采取各种镇压起义的措施并公开建立具有法西斯倾向的军人独裁。

由于资本主义的危机，特别是 1974～1975 年的萧条，形势发生了重大变化，民族主义纲领变得激进了：强化了建立卡特尔以确保价格的主动行动，扩大了国有化，大大加强了国家资本主义，甚至含蓄地发出不还外债的威胁，向社会主义国家寻求市场，提出一种对抗美国和促使第三世界进一步统一的更为积极的外交政策，尤其是探索与社会主义国家政府联合起来在国际机构中施加压力的可能性。同时，非洲和亚洲的社会主义革命和国际范围内民众运动的发展，极大地增强了不结盟运动的反帝激进性。

在进行了上述分析之后，我们就可介绍关于依附和发展问题的马克思主义看法。尽管马克思主义的看法也受到资产阶级思想和民众主义运动左右摇摆的影响，但它是根据自己的政治理论标准形成的。

辩证唯物主义对于依附问题的看法，过去和现在都与资产阶级关于这一问题的看法不同。自俄国革命胜利起，国际社会主义运动不仅有了一个国家——苏联的支持，还与殖民地革命联系在一起。在第三国际第三次代表大会上，一份由列宁亲自起草并征求了印度同志意见的文件中已明确提出，殖民地解放运动成了世界争取社会主义斗争的一部分。早在那个时候，人们就明白殖民地民族资产阶级具有局限性，在某些事例中已证明它不能坚定地或没有能力把可确保这些国家发展——虽然只是资本主义的发展——的民主主义民族解放斗争推向前进。在那时就看出了这些社会形态的特殊性以及在这些社会形态中民主主义任务和原始资本积累任务新的表现形式的特殊性，还看出了由于前殖民地状态和资本主义渗透程度及由此决定的工人阶级发展水平而形成的社会结构的多样性。后来，欧洲革命运动的低落以及波斯、土耳其、印度尼西亚，尤其是中国的民主主义革命的高涨，导致第三国际更直接地关注这一问题；对1927年北京和广州起义的失败进行广泛的讨论，并开始更广泛地对民族解放的革命问题进行筹划。

但是，更直接地把关于依附国世界的革命的分析推向前进的人是殖民地国家的马克思主义者，毛泽东在这方面做出了巨大贡献。早在1927年他就描绘了中国阶级结构的特征，后来又在1939年指明了革命将具有"新民主主义"的性质。毛泽东在那时就阐明了中国革命具有反帝、民主主义和工农的性质，以及它必然要成为社会主义革命一部分的规律。

民主主义革命不仅将由无产阶级及其军队和政党领导，还将不间断地向社会主义阶段发展。

毛泽东的理论贡献因中国革命的实践而被戴上了桂冠。这一理论框架在朝鲜和北越获得巩固。在古巴和阿尔及利亚的事例中出现了新的现象，那里的民主主义革命不是由共产党领导的。但是，尤其在古巴，那里的革命清楚地朝着社会主义方向发展。20世纪60年代在依附国世界，特别在非洲出现了广泛的革命变异，社会主义在非洲有时以非常独特而新颖的形式直接从由政治先锋队——有时是临时组成的——领导的部族社会产生。

在这一动荡的国际环境中，关于依附状态及由依附产生的结构状态的理论，也明显地在发展。

尤其在拉美，古巴革命的经验建立了一个政治思想新框架。在资本主义的框框内克服依附关系的不可能性变得十分明显。同时，由于其资产阶级领导明显背弃了社会主义和民族主义——民主主义的理想，民众主义运动已在逐步解体。另一方面，投降主义的、独裁的、使收入集中化的经验，如巴西模式，越来越吸引着拉美大陆的企业家。在智利，基督教民主党的"自由革命"的经验清楚地表明了改良主义的局限性。于是，革命的呼声在拉美大陆高涨起来，革命的口号开始在广大人民阶层中兴起。经过多次起义运动，特别是在委内瑞拉和危地马拉较大规模的起义运动失败之后，在智利建立了人民政府，它有一个反帝、反垄断、反大庄园的改革纲领，以便在这些改革的基础上开始社会主义建设。

除古巴的实践经验外，这一纲领的依据是这样的一些论述：它们否定我们经济和社会的封建性并证明不发达的根源在于当地资本主义的从属和依附状况，认为这样的资本主义不能使生产力获得重大发展，不能使它发展到足以大量吸收劳动力，摧毁落后的生产关系，建立有群众充分参与的民主制度这样的水平。在国家垄断资本主义时代，依附性资本主义的发展也是垄断性的，并在达到比较民主的形式之前，就呈现腐朽的迹象。

这样，关于依附的研究开始改变其传统的透视角度，即把重点放在阻碍资本主义发展的前资本主义障碍上，并谋求消除这些障碍，以便为资本主义的充分发展创造政治经济条件。新的研究集中分析了以下几个方面：帝国主义目前的性质；利润的汇出与形成国际收支逆差之间的关系；国际资本及其自由采用新技术的影响；集中化和垄断性生产结构的发展及其对消费模式和收入分配的影响；这种工业化和收入分配同形成广大的次无产阶级之间的关系；次无产阶级的形成对阶级结构，尤其对统治阶级以及成了帝国主义小伙伴的所谓当地企业主阶级或民族资产阶级的影响；国家为发展基础设施建设以适应这种新的依附形式而作的政治调整；这一情况对民族主义运动以及对群众运动激进化的思想影响；由这种形势产生的战略、战术问题等。于是出现了一系列经济、政治和社会学论著以及其他许多论著，涉及这个次大陆的人种类型差异、民族社会、地区集团以及关于依附的思想等问题。这些论著广泛地激励了拉美的科学创作并对它进行了革新。虽然这些论著是受某些共同的普遍性见解的启发而产生的，但反映了许多不同的理论和政治倾向。

后来又出现了对称之为"依附论"的普遍性见解的多种批评。这些批评者不仅完全不了解在这个思想学术流派内部存在着不同的立场，还把某些作者的立场加到这一流派的全部作者头上。但令人遗憾的是，这些批评者不了解近50年来关于这一论题的马克思主义建树，这就导致他们把对这些社会形态的研究与对前资本主义社会关系（帝国主义垄断了这些关系的发展）的分析等同起来。同时，另一些人认为各依附性民族社会是彼此完全不相同的实体，没有共同的发展规律，甚至认为可能纯粹是国家垄断资本主义在各自国家范围内的情况。还有一些批评认为"依附论"没有超越发展主义，依然处于认识论的框框内。

尽管尚未写出任何经验性论著，但这些批评已经在攻击（依附论）缺乏对具体情况的分析，而把在经验研究方面已做的工作简单地一笔勾销。

从方法论观点看，这些意见的严重性在于它的结构主义影响，企图把拉美的理论工作同其历史渊源分开并创立一种"马克思主义"思想。这种所谓的"马克思主义"思想不但不与深深侵入我们无产阶级内部的资产阶级民族主义和发展主义思想相对抗并辩证地克服它，反而企图强加一种机械地、反历史地应用马克思主义的纯理论选择。

从政治角度看，他们否定拉美革命的社会主义性质与其反帝、争取民主和民族解放任务之间必然的辩证关系，因此也否定依附国的共同反帝斗争，而不是谋求通过在无产阶级领导下坚持这种辩证关系使斗争激进化。

这种方法上的结构主义和政治上的宗派主义的结合，形成了一整套非常含糊笼统的看法，除了系统地歪曲一些作者的立场外，没有任何具体研究作为根据。

最近一些年所做的工作不可避免地是不充分的，一定会有许多错误，但这些错误不能通过这些批评家们指出的道路去克服。他们的道路通向小资产阶级思想，通向过去，通向理论公式化及最含混的形式化和一般化。

当我们驳斥了这些企图使近些年来获得的理论进步倒退回去的批评之后，我们就能更加明确地揭示资本主义危机在依附国的特殊性，并确定那些能从根本上克服或革新依附性资本主义或使之与刚出现的帝国主义经济新阶段相适应的变革办法。我们可以就此结束这一理论和方法论的讨论，重新回到我们所研究的对象上，分析依附国中各种危机的特点以及这些危机所提出的变革模式。

依附国的资本主义危机有两大渊源。一方面，存在着出口部门的周期性摆动，这主要与世界经济的运行及其同国内生产结构的关系相联系。另一方面，存在着内部资本主义积累的周期性摆动，在战后时期，尤其是在那些已建立了初步的基础工业和重工业的国家，这种摆动表现得比较明显。我们不可能在这篇绪论中详细地描述这两种危机，只能非常笼统地指出它们所具有的特点。

由于对世界贸易的垄断性控制以及一些天然产品被合成产品所

代替，形成了一种对原料和农产品不利的交换条件。这样，出口部门的危机就具有一种根深蒂固的特点。同时，长期贸易不平衡以及依附性工业发展对机械和材料的依赖随着工业化的发展而扩大，迫使这些国家接受多国公司、金融系统或经济援助强加的条件，要求不断增加外国投资中用于机械和原料进口部分的比重。另外，这些投资极大地提高了（从依附国）汇出利润的水平，从而增加了这些国家的国际收支赤字。它们越来越多地采取举新债还旧债的办法，因此还本付息额日益增加，成为国际收支逆差中的主要项目。

除了越来越大的长期国际收支逆差成为根深蒂固的或结构性危机的因素外，还存在着可能完全破坏依附国的一些生产部门，从而造成促进其进口下降的世界贸易和金融流动的波动。这些进口可能促进在国内生产替代性产品。当波动像在 1929～1939 年那样具有长期性，引起贸易和投资减少和其他后果时，便为依附国的阶级斗争创造了新的条件：波动加快反帝步伐，为内部经济发展设置障碍，对公共投资提出新的要求，扩大社会危机、人口流动和政治斗争等。

由刚刚获得巩固的工业资本部门所引起的危机明显地与这些普遍性波动相联系，但有其自身的活动规律。这是由资本主义积累的普遍规律以及这些规律在具有下列特点的国家中的特殊表现形式决定的：综合生产率低，国内市场非常集中而大众十分贫困，受国际资本控制的工业企业，内部水平参差不齐的廉价劳动力，存在着一个巨大的次无产阶级。在这种情况下，这里的波动趋势不像在统治国那样激烈。特别是由于缺少重要的资本货物部门，当危机影响这一部门时，可通过减少进口或增加外国融资将危机转嫁国外。

通过对这些框架式的一般性分析，我们可以非常粗略地勾画出依附性资本主义国家所具有的各种巨大政治选择。外国投资加紧进入工业部门，把民族资产阶级的物质基础，因而也把民族的自主的资本主义发展计划的物质基础限制在最小的范围内。于是产生了另一种发展模式，关于它的特点，我们已着重进行过分析。概括地表现为：对集中于高收入阶层、能吸收高精新技术产品的市场的高度开发；由排斥劳动力的技术趋向所造成的次无产阶级的扩大。由于它的局限性——与内部市场必然的狭窄性发生冲突，这种发展试图在一种新的国际分工的基础上从国际市场寻找出路。这种新的分工的基础在于根据科技革命的发展所确定的国际模式，出口材料和劳动密集型制成品。

正如我们所看到的，这些趋向是与国际大资本的利益一致的。国际大资本在加强和掌握这些趋向时，控制了第三世界的廉价劳动力。这条道路通向经济垄断性的加强，国家资本主义干预的扩大，以及资本集权化的加强；在政治上，通向权力集中和具有法西斯色彩的独裁统治；在文化上，通向消费主义的增强，通向专门化的、依附性的、没有自身创造能力的科学发展，以及发展主义的、专家政治的、专制的、反理性主义的、法西斯式的思想的加强。

强制走这样的道路会引起无产阶级和因这一生产和收入集中进程而贫困化的广大民众阶层的强大反抗，因而会遇到严重困难。同时，由于这条道路会给少数幸存的民族部门造成严重问题，所以将增加它们的不满并加强它们依靠国家资本主义，阻止走这条道路的倾向。这种倾向得到了技术阶层和国家文武官僚阶层的支持，这些阶层谋求利用作为经济的参与者和企业主的国家所拥有的经济实力，重新确定资本主义发展的方向，使之具有更多的民族性。

从长远看，这种政治宏图注定要失败，因为那种系统地与世界资本主义经济屈从于大资本的倾向以及民族经济在垄断统治下趋于集中的倾向相对立的资本主义发展是不可能实现的。国家资本主义一定要适应垄断的利益，并使其运转朝着增加综合利润率的方向"合理化"。

但是，这不妨碍在世界资本主义体系危机时期，当地资产阶级和小资产阶级谈判实力的增强，如果它们能带动并控制无产阶级和农民阶级中的重要集团，情况更是如此。此外，可以利用危机时期扩大的帝国主义之间的矛盾，还存在着在社会主义阵营开辟市场并取得它的援助，以便部分地克服帝国主义压力的可能性。这些构成了一幅有利于这一政策的总蓝图。但我们要再次申明，从长远看，这一政策是行不通的。

还须指出，这种政策是由帝国主义总危机和国内危机（两者汇合一起）造成的强大社会压力的产物。在这样的情况下，依附国的工人和民众运动趋于激进化，其觉悟和组织程度趋于提高，并因此具有更大的政治思想自主性。在这样的情况下，谋图利用局势并通过某种政策，尤其是通过比较激进的言词夺取对群众的领导权的资产阶级、小资产阶级机会主义者也不乏其人。

在这种条件下，资本主义总危机一面使大资本的资产阶级思想和政策向右激进化，一面使无产阶级的思想和政策向左激进化，并为一种由那些依靠国家资本主义，试图把无产阶级吸引过去的没落社会阶层的狭隘的机会主义政策开辟了一条中间道路。正如我们所看到的，这些阶层在目前的危机阶段提高了它们隐藏在新近出现的"新民众主义"和社会民主主义倾向后面的谈判能力。

总的结果是产生了一种日益加强的激进主义情势，其最终解决将取决于国际大资本及其当地伙伴们明确地提出近期解决危机的现实前景并为实现这种前景而赢得中间阶层支持的能力，或者取决于无产阶级的这种能力。

对本书中心论点和支持这些论点的论据所做的这一概述，可以作为读者的指南，使他们不至于在极其丰富的细节、资料、论据——一个如此复杂的论题所必然要求有的——面前迷失方向。我们希望这篇绪论激励读者去阅读我们下面所做的供他们思考的长篇阐述。

第一部分

帝国主义的矛盾

第一章
当代帝国主义及其矛盾

当资本主义危机的种种表现已严重地暴露在我们面前的时候，有必要进行某种全面论述的尝试，以便能对一些特殊的进程加以解释，并把关于当代帝国主义矛盾的性质和形式的讨论引向深入。

我们的文章从简要地论证国际经济关系的阶级性入手，以确定世界垄断性一体化进程就寓于这种经济关系之中。只有进行了这种导言式的论述之后，我们才进入主题，研究当代帝国主义的主要矛盾及其表现形式。这样做是必要的，因为要确定当代帝国主义的主要矛盾，首先要正确地确定它的性质，而当代帝国主义的性质基本上是由下列因素决定的：帝国主义内部的对抗，它与无产阶级和代表无产阶级的社会主义体系之间的外部对抗，以及资本主义内部国际经济关系业已达到的高度集中。

一　对国际阶级斗争的评论

当代国际经济体系的特点在于两大冲突集团深刻而矛盾的结合过程。确定这种冲突的性质乃是理解当代国际经济体系的关键。

然而，确定两大集团冲突的性质需要采取某种解释当代历史的立场，而且应该是从非常广泛的角度进行研究的结果。纯经验主义的表述，即把两大集团看作两种相互冲突的、静止不变的体系或意识形态，是没有意义的。这样做就是站在了意识形态的立场上，掩盖了经济制度的历史性。因此我们认为，必须十分全面地提出这样的问题，即怎样认识构成世界经济基础的两大集团之间的关系。

关于冲突的性质，我们提出 4 个论点。

（1）实质上，这不是两个国家集团之间的冲突，而是两个具有国际根基的社会阶级之间的冲突以及由这两个阶级所代表的两种不同的生产方式之间的冲突。

（2）这是一种对抗性冲突，因为涉及不同的世界性生产方式，而它们之间的共处具有历史的局限性。

（3）在这两种生产方式的斗争（表现为阶级之间、国家之间和具体的社会集团之间的冲突）中，其中一方处于守势，自 1917 年以后正逐步丧失其地盘和地位。

（4）两种生产方式所表现出的具体历史形式是多种多样的，因而不排除在同一生产方式占主导地位的国家之间发生严重冲突的可能性。对资本主义而言，这一点是尽人皆知的。无数次的局部战争和两次帝国主义之间的世界大战，充分证明了民族矛盾乃是资本主义生产方式的组成部分。社会主义之间的冲突具有不同的表现形式并反映了不同的现实，需要进行更加详细的讨论。我们将在后面加以阐述。另外，某种生产方式的具体发展周期（在不同的历史时期所表现的形式或状况）与其发展规律之间产生严重的冲突，这也是可能的，有时是不可避免的。

下面，我们将简要地阐明我们对上述每个论点的看法，仅仅为分析当代帝国主义搭建一个总体框架。

（一）国际冲突的阶级性

正如词语本身所解释的，国际关系被占主导地位的政治经济思想描述为独立国家之间的交往。这一概念把指导自由资产阶级一切社会科学的意识形态原则引入了国际舞台。自由资产阶级的社会科学把个人作为社会的中心，认为社会就是自由的个人之间相互作用的体现，像自然界中所发生的情况一样，那里物种之间的关系被看成是在保存自己的本能基础上为个体的生存而展开的一种竞争，而物质空间则被视为个体单位即物体自身运动的范围。自由派的分析法总是把个体——唯一的真实存在作为其推理的出发点。

在国际方面不能不产生同样的推论：自由国家在与其他自由国家的关系中保护自己的利益。正如关于自由社会的理论所提出的，如果每个国家保护各自的利益，就会获得发展和增长，提高自己与其他国家进行谈判的能力，同时所有的国家将因共同顺应受比较成本规律制约的世界贸易的自发运动而得益。

这样，就国家内部而言，独立的个人是自由的并按照各自的行动理由进行活动；谈不上什么社会阶级，只有根据不同标准划分的个人。国际关系中也一样，各种可能的国家集团是随着国家的观点和利益趋于一致时才形成的。

从这一角度看，社会阶级不是也不能被理解为国内和国际关系的基本要素。

各种报刊、书籍和理论均趋于建立一种未经讨论的概念，即世界是由一系列自由而独立的国家组成，并以同样的方式要我们相信，社会就是单个的人的总和。想破除这种世界观，不仅需要在意识形态方面，还需要在科学理论方面做出足以戳破表象的努力。

因此，当我们分析构成日前国际体系的各种社会形态之间矛盾的阶级性时，必须涉及一种只能以矛盾的方式才能捕捉到的现实：既抽象又具体的现实。国际体系中基本矛盾的阶级性是抽象的，因为阶级冲突不是以直接和正面的方式发生的，而是通过无数的调停反映的。这种调停掩盖了对抗的纯粹性，而对抗最终决定着国际体系的实际运动。

对对抗的分析具有抽象性。这也是必然的，因为阶级矛盾在国际社会的具体运动中不总是以清晰的形式表现的；相反，相互对抗的阶级有着不同的国内经历和地区经历，不同的经历使每个阶级内部的成员互相分离，有时还导致他们的眼前利益互相对立。

更具决定意义的事实是，在国家范围内，无产阶级在思想上受依然是统治者的资产阶级的控制。[①] 由于这个原因，只有在关键时刻和转折关头，即当革命阶级的国际利益得到加强、统治阶级的政治思想控制受到削弱的时候，对抗才会明显地表现出来。

但是，这种阶级矛盾也是非常具体的，因为只有阶级矛盾能解释世界冲突的巨大分界线，并指出它的范围和可能的趋向。各种战术变化、暂时性协议、政治制度的蜕化以及代表不同阶级的组织的堕落，在这一切的背后起作用的正是使阶级分离的对抗。只有用这种对抗才能对种种表面上没有意义的运动做出解释，才有可能找到决定实际进程（通过复杂的和变动的国际关系体系表现的）的基本因素。

由于存在着企图掩盖国际对抗的阶级性的强大的社会利益集团，所以这种基本上属于方法论的讨论是必要的。这些社会利益集团有的同资本主义生产方式的残余（资产阶级）完全一致，有的则同社会主义生产方式的历史产物（行政和技术官僚）相吻合。

必须指出，在第二种情况下，他们对国际范围内阶级斗争进程的否认仅仅是相对的。让我们更详细地谈谈这个问题。

掩盖国内冲突和国际冲突的阶级性乃是资产阶级意识形态中固有的东西。资产阶级意识形态一直把这种冲突描绘成主张自由的或

---

① 马克思和恩格斯在《德意志意识形态》中确定了阶级统治与思想统治之间的关系，这对列宁关于革命政党和革命理论的作用这一思想的形成具有根本意义。

不主张自由的、有效率的或没有效率的、精英的或群众的政治制度之间的对抗，企图从基本上是形式主义的、一般性的和反历史的人道主义角度来分析国内和国际冲突，甚至用一些抽象的模式把它们框起来，但从来没有公开接受其阶级内容。资产阶级无论如何必须尽力保存私人所有制（或从意识形态讲是"自由企业"）——阶级社会的基础，同时反对集体所有制——消灭阶级关系的必要条件。因此，两种相互对抗的生产方式之间的冲突总是以这种或那种形式表现出来。不管资产阶级思想怎样加以掩盖，也不管它寻找多少借口，冲突的阶级内容最终反映为绝对或相对地保护生产资料的私有制——阶级社会赖以存在的基础。

但是，行政和技术官僚利益集团掩盖国际关系阶级性的方式更加复杂。它们希望保持社会主义集团内权力体制扭曲的历史形态。

上述提法是对社会主义社会性质所持的明确立场。我们认为，衡量社会主义社会的尺度是：在国有形式下的集体所有制基础上，社会计划的原则支配着市场原则。然而，由于形成了一个官僚阶层（新近又形成了一个技术精英阶层），权力发生了畸变。这一阶层并不拥有生产资料，却决定性地影响着经济盈余的使用和分配。但这种决定权不是为所欲为的，它不可避免地受两种因素的限制。在国内，受工人阶级的限制，官僚阶层必须保护工人的利益，以保障自身的生存，因为它在生产中不是起主要作用的社会阶层。在国外，受帝国主义威胁的限制，这种威胁危及社会主义的生存，同时促使国家机器过分膨胀（官僚政治、更大的镇压、更多的军队等），并因此促使官僚阶层——作为一种具有自身利益的社会集团——不断繁殖。

因此，我们认为，关于苏联回到资本主义的种种看法是绝对错误的。只有当社会主义国家的生产力得不到发展、世界革命运动没有进展、帝国主义不逐步变弱时，回到资本主义才是可能的。尽管有过重大的失败，但战后的历史是社会主义取得重要胜利的历史，这些胜利足以阻止反革命势力占据优势，也足以为社会主义夺取新的胜利开辟道路。

由于国家和社会主义社会的性质，官僚和技术阶层所代表的利益是互相矛盾的。一方面，它们必须把社会主义生产制度说成是历史上最优越的制度（因而是一种天然具有普遍性的制度）；另一方面，必须承认这一制度的过渡性质：向新的生产方式——共产主义过渡。官僚和技术阶层还必须识别各社会主义国家赖以维持的国际阶级基础。但是，社会主义在国际上的发展明显地同保存大部分现有的国家机器和现存的特权产生矛盾。这种国家机器和特权得以保存的唯一理由是社会主义集团面临的实际军事威胁以及在第一个社会主义国家被资本主义孤立的 50 年内产生的畸形结构。相对而言，这个资本主义不仅侵略成性，而且至今还是比较强大的。然而，官僚和技术阶层在这个时期建立起来的利益集团趋于巩固并谋求使社会主义制度内部的阶级斗争停滞，否定这种斗争或歪曲它的内容。

现在已没有必要从理论上对官僚、科学家、技术员和工人之间的工资差别进行辩解，研究一下它的原因是很有意义的。列宁和斯大林当时认为是为了保持技术人员的支持而做出的必要让步，现在却趋于变成一种**自然的和永久**的社会观念。强大的民族国家、庞大的正规军和经济动机（对某些阶层很重要），是社会主义面对帝国主义的不断威胁得以生存的必要条件，但又是使国家权力畸形化的重大内部因素。掩盖上述矛盾会导致忽视真正的历史需要而使畸变得以实现，还会导致官僚和技术阶层的利益自动增值。文职的和军队的官僚和技术人员与生产任务相联系、不断调动职务、废除森严的等级等措施是必要的，但这不能解决主要矛盾：由于国际阶级斗争而历史地需要保存这个镇压机器。上述形势的巨大矛盾因素就由此产生：随着社会主义在世界范围内推进，这些镇压机构应该消亡，并且它正因此而在为自己的消亡做准备。但是，这一矛盾因素是无产阶级专政固有的。根据马克思和恩格斯的分析，无产阶级是被指定来消灭一切阶级，因此也包括消灭自己的唯一阶级。辩证地看，必须做这样的推测，即许多社会阶层和机构及意识形态在一定时期内主张推动历史变革，但正是由于这种变革的结果，它们自己也变成了过时的东西并转而反对和抵制必要的新的变革。这些保守的利益集团，在社会主义国家内强调民族主义精神，同时谋求在社会主义制度的生产能力和效率上，而不是在它的社会内容上确立这一制度的历史优越性；谋求把国际基本矛盾降格为一种竞争，主要是两个不同制度的国家集团之间的竞争，其次是两个对抗阶级之间的竞争。这种分析使社会主义在国际上的推进主要取决于社会主义各国的经济发展及其成就所显示的榜样作用，这导致资本主义国家的无产阶级采取相对消极的态度。

在推测国际范围内社会发展的方法上存在的这种偏差，也使人们把社会主义国家对维护和平和国际共处政策的关切与资本主义国家内部时松时紧的阶级斗争混为一谈。必须指出，由于建立社会主义国家后国际阶级斗争所达到的一体化水平，在确立了社会主义政体的国家内把上述两者严格区分开是非常困难的。尽管如此，绝对需要的是善于辩证地确定两者战术利益的不同性和一致性，以避免使无产阶级最广泛的利益盲从于一个或几个社会主义民族国家的暂时利益。

这些思想上的偏差有其局限性，因为国际阶级斗争每日每时的现实时刻侵蚀着所谓的稳定，迫使这些思想不断发生变化。这些思想最精微的表现隐藏在社会主义的人道主义这种抽象形式之下。根据社会主义的人道主义，马克思主义提出了指导政治斗争建立合乎道义的或理想化的人道主义社会的目标。这样，它便放弃了作为全部行动和革命纲领指导核心的阶级斗争原则。但应指出，社会主义国家的畸形化随着社会主义在国际上的推进正在逐步减弱，这使像古巴革命这样较晚的革命不仅能迅速克服巨大的经济困难，而且能建立一个具有非常广泛的批评自由和政治自由的制度。如果没有早已建立的社会主义阵营给予经济、政治、军事和思想支持，就不可能在一个依赖于蔗糖出口的海岛上实现社会主义革命。因此，我们不能把政治和言论自由、政治调解人或多或少的参与、军事开支的数额等，同产生国际阶级斗争的环境割裂开来。不是因为被资本主义"极权主义"扭曲了的人的"本质"，而是因为具体的历史环境，才提出了社会主义社会中人的改造问题。在静止的、抽象的、形式上的社会主义人道主义的名义下无视这种具体环境，就是忘记了辩证唯物主义的精髓，即列宁所说的"具体情况具体分析"。

（二）冲突和帝国主义没落的对抗性

当代国际体系的第二个方面是国际上阶级斗争的对抗性，而这正是需要特别加以强调的。这种对抗性表现在两种都处在国际性生产方式的关系中。

在一定的历史时期，这些生产方式不是互相对抗的，它们作为两种模式或乌托邦存在于人们的头脑中。它们都是世界经济本身发展的产物，但两者截然不同和互相对立。

在古代，像封建制度、奴隶制度和亚细亚制度这些大相径庭的生产制度能够并存，而且不一定会引起对抗，因为这些生产制度是以一个地方或一个地区为基础的，没有无限扩展的需要。

但资本主义的情况不同。资本主义诞生于世界市场，通过资本的扩大积累，使自己的生产基础达到极高的集中程度，以致再不能囿于当地范围，也不能限制在一个地区或一个国家内。19世纪末帝国主义的兴起和20世纪发生的两次世界大战，证明这种生产制度不能囿于国家范围。资本主义是在不断增长的利润率和利润数额的基础上运转的；从其运转的特性看，它是一种国际性制度。

社会主义是由资本主义推动的生产力发展的继承者，并能把发展的速度提高许多倍，因此它的国际性是其固有的。此外，它目前的存在是建立在国内政治经济基础上的，同资本主义国家的工人运动和民众运动相连接。资本主义国家的内部矛盾促使另一种选择即社会主义在其内部不断发展。同时，社会主义作为人类征服自然的工具所具有的优越性，使社会主义国家的发展能力相对大于资本主义国家，使力量的对比不断朝着有利于前一类国家的方向转变，从长远看，这将导致社会主义国家在经济上相对地超过资本主义国家。在发生这种情况之前，通过世界革命的发展，阶级斗争本身正在使历史朝着有利于社会主义的方向逐步转变。世界革命的发展会在一些地方骤然改变力量的对比。

现在让我们转向当前世界经济体系的第三个方面：两种生产方式具有不同的价值，也不是并行发展的。

正如我们所看到的，两种生产方式之间的任何平衡都是相对的和不稳定的，经常不断地为下列因素所打破：资本主义的性状已历史地改变；社会主义的力量日益发展。这不排除人民力量阵营在取得胜利的同时，也会遭受种种失败。然而，尽管社会主义运动经历了许多重大的局部失败，但从全局看自1917年以来已向前发展。

总之，资本主义是个没落的制度，处于不可解脱的最后危机之中，而社会主义是个革命的制度，其内部危机促使它克服本身的局限性，开辟进步和发展的新前景。有关这方面的原因，大部分我们已经谈到，这里就不再赘述。历史上，资本主义曾经对封建主义和其他前资本主义形态起过相似的作用，尽管由于其剥削特性，它是以更加粗暴和野蛮得多的方式发挥这种作用的。①

---

① 在夺取政权和为保持政权而进行的斗争中使用暴力，是一切处于上升时期的社会制度所固有的现象。尽管像斯大林主义这种现象可能十分令人憎恶，但社会主义不能逃脱这个规律。斯大林主义不是社会主义的产物，而是社会主义所遭受的巨大压力和侵略的产物。

（三）建设世界社会主义的辩证法

现在来谈谈国际体系的第四个方面。无论是资本主义生产方式，还是社会主义生产方式，它们各自的发展在水平、利益和每个国家和地区的情况等方面都是历史地不同的。虽然资本主义具有国际性倾向，但它没有也不能排除以本国为基地。社会主义亦然，在它变成世界性生产方式之前，要继续以本国为基地。于是产生了各种不同的国家集团，以及同一集团中不同国家之间存在着重大的利益和政策差异。这种利益上的差异，在不同的历史时期可能加强或减弱，但不会消除把这些国家集合在一起的利益上的基本一致性，这种基本一致性是由作为不同制度的社会基础即阶级决定的。

差异性不仅反映在生产力的不同发展水平上，也反映在每个集团的内部关系上。资本主义集团的内部关系由资本在国内和国际上对劳动的剥削所决定。资本从一个占统治地位的中心国家向处于依附地位的被统治国家流动，决定了在同一生产方式中有不同的社会结构和特殊的社会动力。

资本谋求占有世界劳动力，用来生产剩余价值。资本输出是实现这种目的的工具；世界货物市场、资本市场和劳动力市场的存在是进行资本输出的条件。就是说，世界市场的发展先于世界资本主义生产的发展。

由此可见，世界范围内的资本流动要求改变国内和国际关系的结构。在商业金融资本主义阶段，简单的商品交换可以在不同的生产制度之间进行。这种情况在自由工业资本主义阶段开始遭到破坏，在（垄断的、工业的和资本输出的）金融资本主义时期进入彻底的危机；在当前的一体化垄断资本主义中，那些前资本主义关系再也不可能存在了。在世界资本主义体系内部产生了另一种关系，它不是自由和自主国家之间的关系，完全是一种剥削和压迫关系。于是产生了由这种关系决定的新的矛盾。

一方面输出资本，另一方面汇出利润；一方面是债权人，另一方面是债务人；一方面是技术控制，另一方面是技术依赖；一方面盈余日增，另一方面盈余输出；一方面工资更高、国内市场扩大，另一方面工资更低、国内市场受到限制；一方面是技术发展、知识生产等成果的积累，另一方面是对可出口的技术和客体知识的依赖和不能生产这些技术和知识。在经济、政治、社会和文化的一切方面，都确立了一种对双方的社会结构必然产生对抗性后果的关系。这样，在同一经济体系——以同一生产方式的统治为基础——内部产生了两种不同的社会形态。

社会主义集团内也存在着对发展水平较低的国家是不平等的甚至不利的关系，但它并不表现为对劳动的直接剥削。国际上只有在资本主义制度下才可能出现这种剥削形式。

各种前资本主义制度必须采取纯粹的和简单的征用形式和征税形式。在社会主义制度下，不平等关系的表现形式不可能是永久不变的。社会主义国家之间存在着部分地受政治利益支配、但大部分受世界市场价格支配的贸易关系，随着资本主义世界市场价格结构的不平等性被接受，便产生不利于一般较落后国家的贸易关系。这一批评是格瓦拉在阿尔及利亚演讲时提出的，但没有充分加以阐述。很难确定投放在国际市场上的产品的实际成本结构，因为价格被垄断行为严重地"扭曲"。社会主义国家不可能只在它们之间做生意，也不可能建立一种完全独立于世界市场的簿记。正如我们所看到的那样，资本主义经济在国际范围内的存在本身**必然**扭曲和限制现存社会主义国家的生产和交换关系的发展。

关于集团内贸易的效果，罗马尼亚所发的怨言尤为具体。这种贸易把那些国家置于一种不经济的情况下：迫使它们从集团内部购买贵而劣的产品，从而破坏了它们的相对优势；还迫使它们专门从事某些领域的生产，但与那些能使它们更广泛地与西方交易的领域相比，这些领域对它们不是有利的。

这些理由都是经济性的而不是政治性的。有 3 种解决上述问题的办法：第一，让市场规律起主导作用，选择有利于发挥比较优势而不考虑政治因素的贸易方式；第二，使政治理由压倒经济理由；第三，促进世界革命的发展，冲破狭小的社会主义集团的界限。必须注意到，这 3 种解决办法不是完全互相排斥的，而是历史地互相配合的。根本问题在于 3 种办法的等级次序，这又涉及一些重要的原则问题。

然而，在很多情况下，社会主义事业的总体利益压倒了民族的特殊利益，指出这一点是重要的。古巴和苏联于 1972 年签订的贸易和财政协定为这种关系提供了样板。协定不仅规定苏联免除古巴欠它的巨额债务，还确立了一种未来易货方式，它以一种固定不变的、比签约时的市价高得多的糖价为基础。

二 世界垄断性一体化进程

我们看到，构成当前世界体制的两大国家集团之间的关系是非常复杂的，但存在着一些基本的、主导这些关系并使之清楚明了的决定因素。

正如我们所看到的，资本主义集团在世界关系体制中扮演独特的角色。资本主义制度在 19 世纪末达到了它的鼎盛时期，这时内部矛盾把它引向帝国主义之间的斗争，引向世界大战，继而引向革命新阶段的开辟。第一个工人国家苏联的建立是这一新阶段的开始。从那时起，社会主义已经不是单靠工人组织的力量来表现自己，而是拥有了一个民族国家基地，第三种革命成分——附属国的解放运动后来加入了这个基地。

自 1917 年起，世界资本主义体系的历史就是它作为一种社会形态争取存在下去而进行斗争的历史。在此阶段，美国谋求对这一体系的领导地位。19 世纪，英国拥有这种地位，但后来丧失了，这为世界冲突铺平了道路。资本主义**体系**在经过了喜气洋洋的 20 年代之后，进入 30 年代的总危机时期。为确保对体系的领导权，必须进行一场反对纳粹主义企图——在德国领导下统一欧洲——的战争。

第二次世界大战结束时，美国便以霸主国的面貌出现了。不仅战火没有烧到美国本土，战争还使它在 1950 年前创造了任何资本主义国家未能创造的奇迹：恢复甚至超过了 1929 年的生产指数。实际上，至 1950 年，联邦德国、日本、法国、英国和其他欧洲资本主义国家仅仅恢复到了 1929 年所达到的产量。在这一时期，由于通过军事工业实现了充分就业，美国使自己的产量比 1929 年翻了一番。

战后时期开始时，美国在资本主义体系中处于一种十分有利的相对地位。它的国民收入将近占资本主义各国全部国民收入的一半，它在世界贸易中所占的比重达到 47%，黄金储备将近占世界总储备的 70%，工业生产率比其他国家高许多倍，它的军队驻扎在资本主义世界各地，它拥有原子弹。

三大因素决定了美国战后的相对地位。

第一个因素是结构方面的。资本主义在竞争基础上产生的无政府状态导致它用武力来解决竞争问题，这不可避免地导致集中、集权和垄断。无论国家内部还是国际上都是这样。但是，垄断不能彻底消灭竞争，只能造成新的竞争形式，迫使为保持霸权而进行无休止的斗争。这一斗争在其发展进程中采取相互矛盾的形式。进程的总趋势是达到在某个霸权中心统制下的一体化。但这一趋势不能完全实现，因为一体化使矛盾发展到新的水平，导致新的冲突并因此导致局部的分裂或彻底的分裂，这又迫使进行新的集中，等等。

资本主义在其一体化趋势（由集中、集权及垄断进程决定的）

和分裂趋势（由竞争、生产上的无政府状态及阶级矛盾决定的）之间尖锐矛盾的形式下发展。这是它的一种规律，是日益加强的生产的社会性（以满足增加利润的需要）和由占有的私人性（是资本主义作为一种制度所固有的）决定的生产过程的局限性之间总矛盾的独特表现。资本主义生产的目的在于获得更大的利润。

总之，资本主义必须发展生产力，而生产力的发展导致形成一种国际经济体系，但这一体系所依靠的私人企业单位和各民族国家基地，同生产力发展的世界性趋势是矛盾的。

最后，这种表面上是统一的和合理的发展，实际上导致产生一种世界范围内的新的无政府状态。这一矛盾的特点我们将在后面加以分析。

应该指明，在我们所分析的当代时期，国际经济体系多么需要一个能整顿秩序、行使权力和实行集中的统治中心，以克服肆意竞争这种分裂性无政府状态。拥有最大相对经济基础的那个国家具有充当此中心的优越条件。从这个意义上看，美国早在战前就取得了一种令人羡慕的相对地位，更不用说战争使它积聚了更大的相对优势。

美国相对优势的积累大部分是由于美国资本家大量采用了19世纪末实现的技术和劳动组织方面的改革成果，这使它建立了众多的拥有巨大生产率优势的生产单位。早在19世纪末，美国就实现了资本的大规模集中，使它具有了系统地把生产单位合并成公司的财政和管理基础。

但是，决定性地确保美国霸主地位的相对优势是它广阔的国内市场，这部分地是由于夺取墨西哥的领土和购买佛罗里达和阿拉斯加而形成了辽阔疆域。当技术要求进行大规模的生产时，这就成了决定性因素，因为只有在非常广阔的市场基础上才能进行大规模生产。美国工业资产阶级在南北战争时期就取得了对国内市场的控制权。

从那以后，美国发展成为占据霸主地位的强国已是确定无疑的了。

分裂成许多民族国家而又没有一个霸权中心的欧洲，不能为资本主义经济扩张提供一个足以与美国巨人进行竞争的基地。美国的竞争能力在第二次世界大战前已逐步显现，并在战争期间获得了霸主地位。然而，战争造成了有利于美国的极端不平衡状态，开创了一个无可争议的霸权时期，其性质部分地**超出**了资本主义经济体系的结构需要。

因此，必须把体系应有一个能使之统一起来的霸权中心这一历史需要与美国战后建立的霸权的程度区别开。

决定战后美国相对优势的第二个因素超越了资本主义的界限。20 世纪 40 年代末，国际资本主义体系所面对的不只是一个社会主义国家，而是一个社会主义集团，其中包括地球上人口最多的那个国家。更严重的是，战后时期资本主义作为一种制度在全世界深受怀疑，群众的民主要求得到一般由共产党人和趋于加入社会主义的附属国民族解放运动领导的反纳粹法西斯武装抵抗运动的支持。拯救资本主义这一制度的需要压倒了资产阶级内部任何偶发性斗争。冷战巩固了上述局势，建立了国际阶级联盟的基础，这种阶级联盟无疑加强了美国在政治、经济和军事方面的霸权。

有助于美国建立其霸权的第三个因素是控制和相对依附地位的累积性。这样的一种统治体制具有自我促进和逐步增加其不平等关系的趋势，直至相对优势开始转变为劣势，累积趋势转化为反对现存关系体制的趋势。

美国拥有的相对优势使它能把美元变成国际性货币，并通过这一机制获得一种特殊的金融霸权，替它打开所有资本主义国家经济的大门。它的军事霸权有助于实现其政治意图；它的经济霸权吸引着全世界的科学家，确保它对技术的控制，这在现代具有根本性的重要意义。以本国的金融、军事、政治和文化力量为后盾的美国国内企业所拥有的实力，为它们走向世界开辟了道路。

似乎出现了一个坚不可摧的能确保资本主义长期稳定的新帝国。本书试图概述这个世界一体化进程的基本特征，随后提出它的内部矛盾，这些矛盾正导致战后建立的表面上十分稳固的体系产生严重分裂。

我们所强调的金融、军事、政治和文化因素不能使战后形成的那种一体化关系体制永世长存。这些因素能为保持体制的稳定创造条件，却不能决定它永远不变。为了发现这里所指的条件，我们必须深入体制的底层结构，寻找世界一体化进程的细胞。这个细胞就是该体制的生产、管理、金融（部分是政治和经济）新单位，即具有明显国际性质的垄断企业——人们习惯地称之为（由于意识形态上的原因）多国公司或跨国公司。

从竞争的资本主义向垄断的①资本主义转变是在 19 世纪末实现的，这已被诸如布哈林、列宁、罗莎·卢森堡尤其是希法亭等马克思主义作者以及像霍布森②等一些非马克思主义作者阐明。

使当时的和现时的垄断关系在性质上产生差异的基本因素有两个。

首先，必须看到垄断关系是在很大程度上消灭了统治国和大部分附属国中的竞争性企业后在民族资本主义内部成为主导关系的。

其次，垄断关系把几乎所有资本主义国家联系在一起，形成巨大的金融、贸易和管理网络。但更重要的是，大部分垄断关系成了企业之间的关系，就是说，现代公司如此迅猛地向世界扩张，以致

---

① 我们在列宁所形成的概念中运用"垄断的"这个词，它实际上意味着一种寡头卖主垄断状况，在这种状况下进行着垄断组织之间的竞争，这与私人小生产者之间的竞争不同，不仅规模巨大（为争夺国家、地区等互相争斗），而且采取更加有组织和激烈得多的形式（从强盗和两人之间的争斗转变为世界大战）。

② 见本书"依附概念的理论背景"一章。

形成了一种结构，在此结构中产生了大部分国际经济关系。

上述变化对体系产生某种质变效应，促使处于萌芽状态的垄断性国际经济完全发育成熟，使原来不起主导作用的规律变成主导规律。这一变化要求对当代帝国主义的性质重新加以分析，以便能对世界资本主义体系运行的规律和决定性因素重新划分等级次序。

当垄断关系的新内容确定之后，就需对现代垄断企业的特点进行研究。这是一种需要在某个经济集团内部或外部没有限制地进行扩张的社团性企业，它与这个经济集团保持着相对独立的关系，在筹资、扩展和其他基本决策方面享有一定的自主权，这不仅因为它畸形膨胀的规模，而且主要是由于它在国内和国际上拥有数额巨大的剩余资金。巨额利润致使它需要不惜一切地找到新的投资场所。这样，它的领导机关变成了金融决策中心，把真正意义上的产业决定权移交给中层领导。

这种趋向在最近几年建立的那些联合公司中表现得很明显，这些公司的业务范围涉及技术上彼此毫无联系的许多经济部门。[①] 联合进程是公司为进行内部筹资并为其剩余资金寻找投资场所而转变成金融中心的反映，伴随着这一进程的是资本投资向世界扩张的进程。

战后时期资本投资最重要的特点是大部分资本投向为投资接受国内部市场进行生产的那些部门。在战后以前时期，外国投资一般投向与外围国家出口经济有联系的部门，就是说，主要满足统治国自己市场的需要。基本上投在与出口相联系的农业、采矿业、公共服务及运输等部门，从而确保对买主市场、利润汇寄、运费和统治国工业所需产品的控制。

自战后起，资本主要投向各统治国的工业部门，有时也投向这些国家的服务部门，造成这一区域内资本的巨大流动性。其次，在

---

①　利登工业公司、国际电话电报公司、特克斯特隆公司等便是明显的例证。

不发达国家中的投资从出口部门转向了制造业，最终垄断地控制了这些国家刚开始的工业化。

外国资本这种结构性变化①造成了新的国际现实，其特点在于资本同集团利益和民族国家、公司、国际组织等的利益混乱而复杂地交织在一起。但对这些新现实的系统分析才刚刚开始。②

已取得的具体结果实在令人惊讶。大约 180 家美国企业目前控制着该国近 80% 的国外投资；加上一小批欧洲和日本企业（约 100 家），这些所谓的"多国公司"目前的产值将近占世界生产总值的 1/6。

我们以其中最大的通用汽车公司为例。它在近 60 个国家有投资，拥有许多最为多样化的工厂和企业，分布在从家用电器到汽车和航天工业等各个部门，雇佣 64 万工人。年销售额超过联邦德国的年度预算总额，它在英国和德国的中层领导者挤入了这些强国的主要企业家行列。

出现了许多关于这类企业规模的论著，阐述由于这一新的经营水平而产生的在国际范围内进行控制、组织、管理以及人事等方面的问题。企业的头头成了重要的世界权力中心，不受任何政治控制。相反，政治性职能成厂管理"科学"本身的一部分，③ 从而产生了

---

① 我们曾在《依附的新特性》一文中试图系统地论述这些事实在拉美社会经济结构方面所引起的变化。

② 目前已有许多关于多国公司的论著，我们仅把几种最重要的列举如下：路易斯·特纳：《看不见的帝国：多国公司和现代世界》；考特尼·C. 布朗（编辑）：《世界商情、希望和问题》；詹姆斯·W. 范佩尔和琼·P. 柯哈：《多国公司的发展》；查尔斯·P. 金德尔伯格：《美国对外贸易》；贾德·波尔克等：《美国的出口生产和国际收支》；保罗·斯威齐和哈里·马格多夫两人在《每月评论》月刊第 68 期（1969 年 11 月）西班牙文版上发表了一篇论文，对此论题进行了马克思主义式的分析。

③ 1971 年，一份为多国公司经理人员服务的周报——《国际商业报》开展了一场关于这一企业活动新领域的讨论，指出："考虑到经理人员对周围的压力日益敏感，最近几年越来越多的多国公司确定这种活动对其业务具有充分的重要意义，以致有理由建立一个新的经理等级，其唯一的任务在于扩大公司对政府的影响。"

由职业政治家（文人和军人）、传统上占统治地位的家族集团、知识界人士和企业领导组成的庞大混合体，控制和操纵着美国政府这部复杂的决策机器，而正是这部机器把这些利益集团在世界范围内连接在一起。

由于这些经济单位的高度集权化，它们的决策变得十分复杂。母公司必须兼顾（或决定反对）自己的利益（在一个国家单位内的利益，这个国家单位不仅具有相对独立的经济发展规律，还是母公司经济实力的基础）和其他数十家处于不同的具体国家环境中的生产和管理单位的利益，对它们的政策同样需要施加影响，对它们的压力必须予以考虑。这种互相矛盾的压力汇合起来所产生的结果大部分是不能预测的，这是促使对关于多国公司的运行及其前因后果的研究和出版物的资助激增的原因之一。①

至今得出的结论是，可以把多国公司作为世界垄断性一体化进程的细胞。当前，多国公司是管理、经济和政治三方面的决策中心，它导致巨大的经济集中和财政、管理集权，导致企业与国家之间矛盾而密切的结合，导致一切资本主义国家市场的一体化，以及世界

---

① 美国从事这方面研究的学者有：雷蒙德·弗农，在哈佛大学，得到福特基金会的巨额资助；斯蒂芬·海默，在耶鲁大学（其研究由于他本人在 1974 年的一次事故中猝死而中断）；查尔斯·金德尔伯格，在麻省理工学院；詹姆斯·奥康瑙尔，在加利福尼亚大学。这后三人的看法各不相同。另外，《国际商业报》、全国工业会议委员会以及劳联－产联和国际商会的研究部门等私人研究中心也在对此课题进行系统的研究。近些年来，美国参议院召开了多次听证会，讨论"经济的集中"（第 8 卷）和"国际反托拉斯的各个方面"（第 2 卷）等问题，并成立了一个专门研究这一课题的委员会，由弗兰克·丘奇先生领导。美洲开发银行为《国际商业报》开展这方面的研究提供资助。联合国、国际劳工组织、各工会组织、美国财政部和某些国家机构都进行了这方面的研究。一些经济杂志还发表了几期特刊，专门讨论这个问题。《商业概况》月刊对美国国外投资做年度总结。尼克松成立了一个研究贸易和投资问题的总统委员会（由国际商用机器公司总裁 A. L. 威廉领导）、一个关于国际贸易的委员会（由《贝尔经济学和管理科学杂志》前社长、豪厄尔公司前总裁彼得·G. 彼得森领导）、一个国际经济政策委员会。在美国国外，也有研究此问题的广泛兴趣。我们将在下一章详细分析这一问题。

贸易的巨大增长。

整个运动的基本渠道是世界范围内的资本投资，其中私人投资和政府贷款融为一体，后者通过向多国公司提供直接贷款、确保其产品销售的市场，或通过为基础设施工程投资以及通过特许、保险和其他鼓励国际投资等措施向前者提供资金。

因此，资本流通是连接国际经济关系的中心，对商品和服务流通及其他金融流通做出了解释，但它对世界经济结构的影响却是十分矛盾的。多国公司努力达到的各种利益的统一并不充分，不足以掩盖和消除其内部矛盾。

我们将在下面几章分析由世界垄断性一体化进程所产生的一系列错综复杂的矛盾，这一进程的基础是多国公司以及资本流通的扩大和结构变化。

三　当代帝国主义的主要矛盾

（一）　关于方法的说明

一切具体社会形态都是超越这一形态的各种势力的现实表现。而这些势力必然与维持此形态的那些势力发生冲突。那些与统治阶级连在一起的"学术"流派重点研究使某一具体结构得以保持的各种因素；那些与被统治阶级相联系的学术流派则致力于分析导致该结构解体的现存秩序的局限性。就其本质看，辩证法是革命的方法，因为它的原则是必须把宇宙作为一种不断变化着的过程来研究。当认为宇宙是一种具体的变化过程，或更确切地说，认为是自然和人类的历史时，就发现矛盾的普遍性是这一运动的原则。一切事物均由矛盾的要素构成，当它们与其他实体或物体发生关系时，便处于一种不断斗争的过程。

因此，对社会形态的分析应突出必然地使其结合成一体的各种矛盾，以及它们与其他形态的关系和对其内部矛盾的影响。必须指出，社会内部存在着一系列的矛盾，它们按某些排列原则组合在一起，并存在着一种因素等级顺序，使我们能区分出一个主要矛盾，它影响着各种次要矛盾，也受这些次要矛盾的影响，尽管后一种影响不是决定性的。①

当代帝国主义是资本主义生产方式的一个发展阶段。这意味着当代帝国主义是资本主义作为一种生产方式所具有的各种矛盾的特殊表现形式。这些矛盾在这个具体阶段有其特别的排列顺序，从而使当代帝国主义成为一个可以同资本主义过去的种种形态彻底区分开的分析对象。

正如我们所看到的，当代帝国主义阶段不同于资本主义以往的发展阶段，因为它通过在美国的领导下多国公司的扩张，在生产力的集中化获得巨大发展并实现国际经济控制的集权化基础上达到了高度的一体化。

我们还看到，这个由美国领导的垄断性一体化进程内部包含着深刻的矛盾，威胁着一体化本身，使体系陷入深刻的危机之中。我们现在的任务在于找出这些矛盾，确定它们的组合方式和哪一个起主要作用。对方法论做了如上说明后，我们就可以来确定主要矛盾了。

（二）国际化和国家基础

资本主义国际体系中存在着几个表面上互相孤立，实际上互相

---

① 在复杂的事物的发展过程中，有许多的矛盾存在，其中必有一种是主要的矛盾，由于它的存在和发展，规定或影响着其他矛盾的存在和发展。毛泽东：《矛盾论》，《毛泽东选集》第一卷，第353页（中文版，人民出版社1991年第二版第一卷，第320页。——译者注）。

紧密联系的矛盾进程。这就是下列诸进程之间的矛盾情况：生产力的发展，生产和分配朝着大企业集中及小企业的衰落和破产；管理和金融集权，垄断企业对小企业的操纵；国家权力特别是最强大的那些国家的权力的加强及其对经济干预的扩大，世界贸易的发展，资本运动不平衡的发展，在经济最强大国家的霸权统治形式下的国际集权，以及弱国进一步衰弱，其依附程度进一步提高，其资产阶级被置于屈从地位。

资本主义世界经济就是如此地表现出这一系列互相矛盾的并导致世界经济中各种力量之间发生严重对抗的趋势。所有这些趋势反映了国际上资本主义生产方式的主要矛盾，在此生产方式中，生产力的发展导致生产的日益社会化，这与生产资料的私有性发生矛盾，从而造成了我们所看到的资本主义制度本质性的无政府状态。而这种状态的克服总是暂时性的，致使上述矛盾随后以新的形式重新表现出来。

在资本主义的目前阶段，这一矛盾表现得十分尖锐，迫使国家进行干预，以保证体系具有某种起码的组织结构，并对来自作为社会组成成分的各种社会势力的互相矛盾的压力加以约束。从生产单位看，它彻底改变了自己的方式。为防止无政府状态产生衰退性效果，公司开始反对资本主义关系的基本要素——市场，并趋于使自己成为独一无二的生产单位或生产单位的联合体。垄断在各国内市场中的发展必然会加剧为控制市场而进行的斗争。作为贸易和企业间关系的调节者，国家也转而充当起为它们开辟国内外新市场的角色。

集中—集权—国家干预的循环就是这样在国内得以加强、相互作用和自我促进的。正是这种国内统治方式使得国家有可能在国际上建立优势地位。

此外，控制了国际市场就能确保稳固国内统治地位。民族国家在这里也起着重要作用，它从政治、经济和军事上保证了国外市场的开放。

由此形成了目前国际资本主义关系中主要矛盾的一极：国家极。在当前的历史阶段，一国对另一国的国际统治，是通过强有力的民族国家与控制该统治国内部市场的垄断企业之间关系的加强来实现的。

主要矛盾的另一极产生于这些国内势力的对外扩张。在帝国主义当前的发展阶段，资本主义经济体系的国际关系已达到很高的发展水平。集中和集权进程很久以前就超越了狭窄的国家范围。自19世纪末起便建立了资本货物甚至劳动力的世界市场。体系的各生产单位开始受到这种国际现实的影响，从而形成了一种复杂的国际关系体制，就是我们在谈到多国公司时看到的那种体制。

正如我们所指出的，这种扩张在当前阶段的特点在于投资——那些国际关系的轴心——转向与接受国内部市场相关联的生产这一事实。

扩张在开始时促使投资来源国的国际销售量增加。设在国外的各子公司向母公司或同一经济集团中其他企业购买它们所需的机器和材料。在国外建立新的生产单位变成推动国际贸易的刺激剂，于是在战后帝国主义体系中形成了一种建立在新的国际分工基础上的经济关系。

但是，这种不平衡的局限性很快就暴露出来了。不占统治地位的各帝国主义列强，当从战争造成的衰退中逐步恢复过来并完成了国家的重建工作时，便开始输出资本；各依附国的市场成了这种新型竞争的对象。在欧洲和日本的美国公司面临着同样的局势，如果它们不在这些依附国内投资，就会在内部竞争中受到损害。这不仅因为进行这种投资可保证自己进入这些国家的内部市场，而且也可以在依附国为它们生产的机器和材料找到买主。然而，从理论上讲，这种投资意味着帝国主义国家可以内部利用的部分劳动力在国外被替代，美国工会组织称之为国外投资的"劳动输出"效应。

某些不发达国家和地区如巴西、印度、印度尼西亚、中国台湾等感到必须利用自己的廉价劳动力来扩大本国或本地区工业品的出口，这使情况变得尤为复杂。美国、欧洲和日本的企业控制了上述这些国家和地区的投资，但它们将遵照资本主义制度的经济逻辑来进行。这个逻辑是：当能获得更高利润时，它们才会在这些国家和地区进行这种旨在向统治国企业原来控制的市场出口的投资。这样做的结果是世界市场的大解体，同时出现世界市场缩小以及组成世界市场的各生产部门在这一市场中的相对比重和各国的地位发生变化的趋势。这种变化所产生的各种关系只有在各民族国家和多国公司的相对压力下形成的新模式中才能重新结合。

当我们描述这个进程时，也揭示了主要矛盾的国际极。国际经济按照自己的、表达某些国家单位利益的规律发展。随着时间的推移，这些单位之间便会产生矛盾，因为它们毫无例外地追求着同一结果：削弱其他国家单位以加强自己的地位。

自由派理论试图把这样的关系描绘成互相补充的关系（如同把个人之间的竞争关系说成是进步和平衡的因素那样）。实际上并非如此，仅仅在偶然的情况下是互补的。正如我们所看到的，这种关系本身的发展把种种根本性对抗提升到新的水平。

因此，在特定阶段中如此实现的一体化只是为产生新的国际冲突准备条件。帝国主义当前阶段主要矛盾的性质是：资本主义的生产基础日益国际化，但国内市场和民族国家继续是其国际关系的出发点。一面是集中、技术发展、联系增加及一种国际经济的形成和扩大；另一面是这种扩大的私人基础和国家基础狭小。不管私人企业变成多大的管理大世界，却永远不能成为国际计划经济的组织基础。各民族国家也不能成为这样的基础，它们的作用仅仅在于帮助这些企业进行国内外的扩张，谋求调和企业扩张所造成的不可调和的对抗。

资本的国际化进程——由资本主义扩张的基础，即生产集中所决定——就是这样与维持资本实力的国家、政府和企业基础的加强趋势发生矛盾的。这是资本私有性的产物。

与从某些作者的提法中可能得出的结论相反，所谓的多国公司与人类进步之间的矛盾不在于这类公司的国际性，而在于它们必须依靠的狭小的国家基础。与其表面现象相反，所谓的多国公司实际反映了资本主义没有能力成为一种真正的世界经济体制的基础。推动资本主义朝着这一目标发展的力量，与资本的短缺及其剥削劳动力的本质发生矛盾，而此种剥削只有在私人占有生产资料的情况下才有保障。

因此，世界资本主义在经历了一段长时间的扩展和一体化之后，必然进入另一个重要时期即停滞和解体时期。这一时期在发生冲突和破坏了那些发展较差的部门之后又为新的扩展时期开辟了道路，而每个扩展新时期同私有制提供给生产的狭小基础的矛盾将更大。

继大英帝国在 19 世纪前 75 年中达到的一体化之后出现的是帝国主义之间的斗争时期，斗争最后导致第一次世界大战。在沙俄解体并变成苏联以及殖民政权垮台之后，出现了一个短暂的增长时期，接着而来的是 1929 年和 20 世纪 30 年代的危机及第二次世界大战。另一些国家从资本主义体系中分离出去，组成社会主义集团，殖民地和附属国的革命获得了发展。在这之后，出现了 50 年代及 60 年代前几年的恢复性相对增长时期。从 60 年代末起，美国遭遇了战后最严重的危机，并开始进入目前的贸易战和金融战时期。

经过目前时期正在产生和将要产生的种种严重破裂之后，资本主义将围绕着它的霸权中心达到新的一体化，但新的一体化必然要以一种次等地区的强国体制为基础，并以把美国在技术上落后的许多生产部门转让给那些次等地区强国为代价。这种表面上的平衡将产生比目前更大的矛盾。

考察一下在这一进程中各个时期资产阶级的学说或受它影响的学说，是很有意思的。它们从乐观主义跳到失望，又从失望跳向乐观主义，如此周而复始，却永远不能认识其历史运动的周期性和蜕化的必然性。

四　主要矛盾的种种表现

（一）　发展的不平衡性和联合性

列宁在分析帝国主义的历史地位及其寄生趋向时，明确指出帝国主义是一种腐朽的制度，因为它趋于形成食利国，其资产阶级愈来愈依靠"剪息票"过日子。但是，列宁在阐述帝国主义发展的不平衡性和联合性规律时，把它看作一种矛盾过程，而不是一种线性过程。他说：

> 如果以为这一腐朽趋势排除了资本主义的迅速发展，那就错了。不，在帝国主义时代，个别工业部门，个别资产阶级阶层，个别国家，不同程度地时而表现出这种趋势，时而又表现出那种趋势。整个说来，资本主义的发展比从前要快得多，但是这种发展不仅一般地更不平衡了，而且这种不平衡还特别表现在资本最雄厚的国家（英国）的腐朽上面。①

---

① 〔俄〕列宁：《帝国主义是资本主义的最高阶段》（见《列宁选集》第 2 卷，第 842 页，人民出版社，1972。—译者注）。

当代帝国主义主要矛盾的形成本身就说明了这一制度发展的不平衡性和联合性。需要一个使地区间增长速度产生巨大差异并使之集中化的霸权中心这一点，一开始便显示了这种不平衡性和联合性。

最重要的在于从整体上把帝国主义看成是促使盈余向最有活力的各中心转移的制度，这大大地加强了世界体系的循环和运动。一方面，世界范围内的市场统一使行为规范达到某种一致。另一方面，利用地区间巨大差异的可能，又导致突出发展某些部门而损害另一些部门。市场的统一和行为规范的一致既有利于资本流向最有活力的中心，又辩证地促使产生不平衡。

除个别例外外，尚未出现促使发达地区的增长累积趋向发生重大变化的形势。这些地区拥有较强大的国内市场、金融机构、国外经济和其他吸引资本流向其内部的因素，而不发达国家吸引资本的唯一因素是在当地超级剥削廉价劳动力和榨取利润。美国的资本流通差额是这一情况的直接反映。对欧洲和日本是逆差，因为美国资本倾向于在那里进行再投资；对依附国是顺差，并能弥补其对发达国家的赤字，当然，这种趋向在贸易和劳务（运输、技术人员等）关系方面尤为突出。在这些方面，依附国也呈现出进一步加重其落后状态和有利于统治国的趋势。

总之，在这个世界资本主义体系中，依附国的不发达状态历史地日趋严重，导致一种不可能改变其经济依附性特征的扩大再生产（因此也有经济的增长）。这些国家的再生产之所以这样，原因就在于它们一直是超级剥削的对象，这阻碍着它们实现辩证的重大飞跃，以避免很快陷入更高阶段的超级剥削之中。基本上，输出的阶段向工业生产的阶段过渡是一种关键的转折，但未能改变经济的依附性质。体系经过整修，换了新貌，外国资本成了工业投资的主导。但是，在保障高额利润的垄断环境下，经济增长的便利条件使国际资本在不长的时间内，以赢利、溢价、补贴、技术服务及其他许许多多的营利手段攫取了天文数字的利润。

当代资本主义发展的不平衡性和联合性未能像 19 世纪那样产生新的资本主义中心，却在原来的中心之间造成了更大的矛盾，使它们与依附国之间的深刻矛盾更加严重，而这些矛盾的解决要求朝着通向社会主义而不是更发达的资本主义的一种新的社会经济制度跃进。

（二）国际援助：控制和加深不平衡的机制

依附国国际收支平衡方面出现的困难要求巨大的国际支援，以便保持资本主义国际经济关系体制。如果没有这种支援，资本流通和国际贸易将遭受巨大的损害。60 年代是国际援助的鼎盛时期。这种援助的目的在于：第一，为美国在缺乏资本（这里指为开设企业有时也为企业的运转进口基本原材料所需的外汇）的国外地区进行投资提供资金；第二，直接或通过银行融资方式为国外投资以及按比世界市场价高得多的价格销售机器、剩余产品等筹措资金；第三，通过银行信贷弥补依附国的国际收支逆差，使它们继续拥有外汇以参与世界贸易；第四，政治上控制这些国家，使它们被迫将大部分盈余用来偿付外债本息并将其政治精力花费在重新安排外债的谈判上。

所谓的国际"援助"只是一种实行统治和政治控制的工具，也是促进外贸和资本流通的工具。美国人民就是这样为企业的私利出钱，使国库亏空日益增加，刺激了美国的国际收支逆差和通货膨胀，却装满了 180 家最大公司股东们的腰包。

因此，不仅发展的不平衡性和联合性得到加强，而且美国的国家利益——同时也表现为民族利益——与国家为十分明确的私人集团利益服务这一真正职能之间的矛盾也在加深。多国公司的利益与国内其他社会势力的利益发生冲突，这种冲突不是有利于世界贸易的发展，而是必然与这一发展相矛盾，因为世界经济的扩张只有在美国提供资助的情况下才能实现。而这种国际负债是由对依附国进行超级剥削造成的，超级剥削阻碍这些国家的经济在不必求助于不自然的信贷而拥有真正扩大生产的资金的情况下得以壮大和迅速增长。

（三）外贸和民族利益

国际化和组织基础之间主要矛盾的第二个表现是在世界贸易方面。世界贸易必然以不同种类商品之间的交换为基础，因为交换只能在使用价值不同的商品之间进行。任何发达的贸易都意味着独立生产者（这里指不同的国家）之间的某种分工。然而，这一分工是根据统治和剥削利益实行的，这种统治和剥削长期以来已使屈从于统治国强加条件的那些国家处于持久的落后状态。

对统治国的经济来说，其他国家的经济只是它的补充：向它提供它所需要的产品并接受它出口的产品，而这种出口对统治国经济是更加有利可图的。一方面，统治国经济是其他国家经济的根本市场；另一方面，从整体看，所有依附国是统治国经济的一个相对重要的市场。因此统治国所关心的是尽可能使其他国家经济专门为其市场服务。自第二次世界大战结束时开始的、为开发当地市场而进行的那种资本输出，必然会产生矛盾。正如我们已经分析的，大战结束前，资本输向国外的目的是在那里生产可出口的产品（农产品和矿产品），或为那种出口经济建立辅助部门（运输、公共服务、港口、交通、销售网点）。战后时期开始时，资本输出的目的在于控制某个可能被其他竞争者夺走的内部市场。

这实际上一开始便建立了一种新的国际分工：占统治地位的中心所生产的机器、零件和原料的出口增加，取代了制成品的出口。但是，当这些国家的内部市场全部被占领后（保持了收入的递减分配、旧的土地结构、边际化过程，即依附性资本主义发展本身的全部产物），便产生了怎样继续投资的问题：必须投向重工业部门（给依附国建立一个技术基础，使它们能摆脱国际资本的统治并改变其进口产品的种类）呢，还是投向某一新的、能吸收现有技术进步成果的开发领域呢？国际大资本对第一种方案不感兴趣，它愿意选择第二种方案，因为这意味着出口原料加工程度高，个别情况下还意味着劳动力相对密集型制成品的出口。

当我们分析拉美最先进的依附性工业发展实例即巴西的情况时，就能看到为什么第二种解决方案必然受到青睐。自 1968 年始，巴西制成品的出口获得了巨大发展，而这一发展的总基础是原料加工产品（速溶咖啡、钢板、肉类加工制品和其他食品）和劳动力相对密集型产品（如织物、鞋等），甚至半手工性质的重型机械产品。

从目前达到的技术发展水平看，巴西有能力建立一个巨大的满足近一亿人口这一国内潜在市场所要求的大型重工业体系之需的冶金工业。但是，实际消费是很低的，大部分居民收入低微，极少光顾市场。由此可以看出，国内市场的发展、对劳动力的高水平开发、吸引外资和扩大出口之间存在着密切的相互依赖关系。

为正确引导在依附国所产生的经济潜力，必须对现存体制进行结构改革，改变那些关系：扩大国内需要、利用现有的设备能力为内部市场服务、增加就业、扩大需求。然而，这一发展模式不能吸引大资本，因为它损害资本迁移的动因：低工资。于是在世界上设计了一种新的国际分工，其主要的支持者是"联合国贸易和发展会议"和多国公司，它们期望在依附国开辟一条能使它们利用那里十分低廉的劳动力和其他许多可供利用的优越条件的投资途径。

美国是材料的最大潜在市场，所以新的国际分工可能损害美国国内的巨大利益。这一分工在于：使用需要大量劳动力的比较落后的技术，在依附国发展半手工制成品的生产和出口。这类制成品将成为（很大程度上已经成为）美国（其次是欧洲）制造业的有力竞争对手，给这个霸主国的就业结构造成严重后果。应该指出，那些在目前尖端技术系列中是比较落后的技术，在不发达的依附国的技术系列中却是非常先进的。

为了免遭这一新分工的排挤，美国必须加强对最先进的技术产品的垄断，以便控制世界技术的发展。这将使它保持霸权地位，其技艺精熟的劳动力得以投入生产。广大非熟练工人将成为多余的劳动力。为解决这些失业者造成的社会问题，考虑增加"社会福利"援助对象的数量和扩大服务业中的就业。但这样做将导致第三产业的膨胀。第三产业大部分是由对外投资获得的超额利润支撑的。

这一进程业已开始，其结果是显而易见的，即通过在周边国家和中心国家投资的方式将生产活动转移到统治中心的外部，该霸权中心尽情享受控制国际生产的趋向将因此加强，列宁在19世纪末和20世纪初的英国所看到的那种寄生状况将再次产生。

实际上，这种寄生状况已在产生，并非常直接地反映在美国的对外贸易上。美国正在丧失其国际竞争能力，其外贸过去一直是顺差，但自1954年开始转而出现日益严重的衰落趋向，至1971年7月出现了逆差。① 虽然1972～1973年有所回升，但这一趋向至今仍占主导地位。

各种资料表明，一方面，美国恰恰正在输掉在技术要求较低的产品（纺织品、钢、金属制品、印刷机、鞋、家用器具）方面进行的一场贸易战，同时它的原料进口正在增加。另一方面，在高技术产品（化学品、机器、电子、飞机、器械）的贸易中，美国依然保

----

① 15年前，美国在世界贸易中将近占1/3，但据其商务部统计，1971年上述比例已下降为1/5。

持着顺差。①

　　这一情况加剧了美国国内自由主义和保护主义之间的斗争，并且很快在全世界反映出来。我们可以非常笼统地说，多国公司运用的是由"肯尼迪回合""联合国贸易和发展会议"等体现的自由贸易模式，而依赖于国内市场的那些企业却坚定地奉行保护主义，它们在很多时候可能是很强大的，但在国际竞争中绝不会成为胜利者。处在破产边缘的纺织品和鞋类制造商们，在其工人组织工会的支持下，构成了一个十分强大的"压力集团"。

　　这一情况使美国统治阶级中这一阶层与其他资本主义国家公开对立。当美国经济中最有活力的部门，如汽车工业，面对日本和欧洲的攻势而在国内市场上受到威胁时，上述立场甚至可能具有一定的实力（实际上在尼克松1971年关于"新经济政策"的讲话中已经显示了这种实力）。

　　当美国政府支持"民族"企业，反对多国公司的世界主义——这些公司利用世界压力来达到其战术目的——时，上述情况使"帝国主义之间的"矛盾趋于加强。然而，就其最深刻的表现形式看，只要不是诉诸武力来解决这种冲突，冲突便不是真正"帝国主义之间的"，而是统治阶级内部发生深刻分裂的表现，是这些阶级的利益严重突破民族国家的政治界限的表现，无论如何民族国家总要反映其他阶级的利益。武力解决的后果将极端不利于美帝国主义，将把它在世界范围内的矛盾转移到国内。

　　这样，主要矛盾的第二种表现就很清楚了：世界性生产体系的扩展与各统治中心中生产活动的扩展或维持发生利益冲突。

---

　　① 见美国商务部《美国寻求现实主义的贸易政策》，《商业周刊》1971年7月3日。

（四）作为基础和制约因素的国家

根据上述分析，帝国主义主要矛盾的第三种表现形式就很清楚了。我们已从各个方面分析了民族国家在多国公司国外扩张中的重要性。这一重要性在国内市场方面表现得尤为明显，很大一部分国内市场是由国家消费保障的。

民族国家在垄断资本主义的积累和再生产中起着基本的作用。国家资本主义是垄断的基本盟友，随着经济集中化的发展，这一倾向趋于加强。

然而，正如我们所看到的，多国公司有其国际利益，随着时间的推移，当各中心国家的生产基础受到削弱，以及美国社会中相当重要的阶层与国家之间的冲突扩大时，这种国际利益也相对地削弱着民族国家的实力。依附国也会产生这种情况，多国公司设在那里的子公司一方面需要民族国家，另一方面又与其国家基础相对立。

这一情况导致直接掌握国家的官僚阶层和文武技术阶层同国内国际统治阶级发生许多冲突。尽管这些冲突不是对抗性的，但毫无疑问，国家资本主义的利益与国际大资本发生矛盾，导致相当复杂的局势，有时还导致严重的冲突。在这种情况下，官僚和技术阶层成了中小资产阶级利益强大的代言人，并能争取到工人阶级中某些集团的支持。实际上，现代社会民主党，特别是基督教民主党基本上依靠这种联盟，从而产生了对阶级冲突的所有各方都是十分模糊的局势。这些阶层并没有放弃捍卫大资本的利益，但试图限制其潜力的充分发展。

根据这些总的看法，可以把当代帝国主义主要矛盾的第三种表现形式概括为：各统治中心（以及各外围国家）的民族国家既是资本主义当地积累和再生产及其国际扩张的基础，又是多国公司充分自由活动的有力制约因素。

大部分作者看不到这种情况的矛盾性，他们看到的是多国公司与民族国家之间表面上的矛盾，因此认为多国公司可能希望消除或至少缩小民族国家的影响。正如我们所看到的，这是事实，但却是一种矛盾的事实，我们的阐述揭示了真正的矛盾，它不能通过消除其中的一方来解决，而应通过在一种更高级的关系体制中消除矛盾的双方来解决。

（五）金融实力和国际货币

我们现在要谈的是资本主义关系中最抽象的方面：货币。马克思的许多理论著作是说明货币的各种作用及其与经济关系其他方面的联系的。

资产阶级经济学一直未能对此论题形成合乎情理的理论。今天，货币主义和凯恩斯主义这两种资产阶级理论正进行着一场争论，但双方关于这一问题的观点完全是片面的。

国际上的情况尤为复杂，因为金本位的支持者和反对者之间的冲突，以及贬值等的支持者和反对者之间的冲突正在加深，他们的立场都反映了陷于严重国际冲突之中的当地各国资产阶级最眼前的利益。

事实是，拥有一种硬货币乃是国际金融扩张，尤其是资本输出的极其重要的手段，但同时为通货膨胀进程开辟了道路，为扩大对这种货币的储备、进行投机等活动开辟了道路。从长远看，这些活动都会产生严重的通货膨胀后果。

这已在国际收支方面反映出来。国际收支开始受到这种外汇外流——为利用那些好处——的消极影响。当统治国利用其货币实力，增加国外军费开支以确保其国际权势时，情况变得尤为严重。就美国而言，随着逐步丧失其国内产品的竞争能力，它的国际收支问题愈来愈严重。在像越南战争这样的一些紧急时期，军费开支意味着持续和不断增加赤字。

占主导地位的货币的国际膨胀所造成的损耗与国际收支逆差一起，对过去不可动摇的美元产生了一种决定性的压力。

总之，正如我们已经指出的，对外投资进程是高度通货膨胀性的，这也迫使美国政府为支持美国资本进行大规模活动而提供廉价资金。从长远看，这种机制总会停止运转。

对通货膨胀问题的忽视（尤其是新凯恩斯主义者）导致他们无限期延缓采取稳定措施，从而使危机进一步加深。必须指出，这不仅是理论问题，而且基本上也是政治问题。通货膨胀政策在短期内可赢得广大社会阶层的支持。稳定政策反映资本主义的全部反动实质，因而是完全不得人心的。

一种硬通货的国际压力既是实现世界金融统治的条件，又是这种货币本身和这种统治地位后来受到削弱的根源。

五 依附国

帝国主义各种矛盾——无论是帝国主义之间的矛盾，还是在与民族国家关系方面的或在金融方面的矛盾——的加深，直接影响着依附国的经济和社会。关于这些矛盾是怎样影响依附国的，我们在本节只想做一简单分析，详细的分析留在后面第三部分进行。

上述种种矛盾的加深在依附国造成三大进程的历史汇合，产生十分复杂的情况。这些矛盾的发展在下列进程中汇合：

（1）农矿产品依附性出口秩序的破坏进程；

（2）建立在民族资本与国际资本相结合之上的依附性工业化进程，这一进程在一些国家刚刚开始，在另一些国家则已成熟（在个别国家还在与尤其是 20 世纪 30 年代和 40 年代建立起来的民族工业相抗争，但这已是一种次要进程）；

（3）工业化的转向进程，从国内市场转到对外部门，这一转向使工业化适应了在前 10 年开始的国际新分工。

在所有这些情况中，存在着两个互相争夺直接决策的领导权和指导权的主要角色：国际大公司和国家资本主义。但是，争夺的范围已由上述三种进程规定了。二者所占相对地位的大小将决定建立何种政权。如果大资本占统治地位，将导致像巴西那样建立赤裸裸的反动政权，在这种政权下，国家资本主义起着助长国际私人资本的集中和积累的作用。如果国家资本主义占主导地位，则导致像在秘鲁那样建立进步政权，在这样的政权下，国家资本主义试图使国际大资本屈从于它提出的条件。

但是，从中长期看，第二种解决方案是不现实的，因为国家资本主义缺乏能使它单独确立某种经济制度的经济独立性。一切取决于资本的积累有利于谁。如果有利于私人资本，那么在当代条件下的受益者必然是国际大资本，因为民族资本缺少与之对抗的技术和财力基础。假如积累有利于国家资本主义，则必然导致对国家计划化的需要并导致战胜私人资本，造成革命形势，最终建立人民的国家。

于是产生了第三种社会势力——人民运动。这种势力能更彻底地完成摧毁大地主或帝国主义旧有的出口结构的进程，实现旨在满足各国人民基本需要的工业化进程，为社会主义生产制度奠定基础。人民运动的力量和政治觉悟的高低，将决定国家干预的作用是革命的还是不革命的。是否为革命的，要看它是导向社会主义，还是导向刚出现的新依附道路。1967 年爆发的危机加剧了帝国主义之间的斗争，对阶级斗争的格局产生了重大影响。

美国的相对削弱在各依附国引起了一般要求恢复权利的浪潮。其目标在于通过对基本财富的国有化，促使消灭传统的出口利益集团；迫使国际资本在最有活力的部门投资，甚至谋求打入美国的材料市场（损害从事原料加工的美国企业）和劳动力相对密集的制成品（纺织品、鞋类等）市场，以加速依附性工业化进程。这些目标大部分得到多国公司的支持，它们希望消除旧的出口部门，开辟新的投资领域，开发新的出口产品。这些公司认为，国家资本主义参与其发展进程对它们是有利的。

在对资产阶级和小资产阶级改良主义运动产生这种影响的同时，危机还调动了群众的革命积极性。他们本能地认识到，打破套在他们身上的旧枷锁的有利形势已经临近。这种影响的第一个表现是爆发了自发性的群众大规模示威，并汇入了世界革命潮流——它在1968年5月在法国达到顶点。1968～1969年，在美国、意大利、日本、联邦德国、墨西哥、巴西、阿根廷、智利、哥伦比亚、秘鲁等国爆发了大规模的群众、学生和工人运动，使各国政权大为惶恐。这些激烈的民众运动，与一些国家特别是巴乌拉圭和阿根廷的城市武装行动（由于委内瑞拉、危地马拉等武装行动的停息而一度低落）的新高潮相汇合，造成了一种高爆炸性局势。虽然没有走上革命轨道，却反映了我们将要分析的第三种现象。

上述三大进程的汇合，加上人民斗争的发展，为制定联合民众力量的纲领开辟了道路，并在选举领域开始表现出来。在智利，这种联合纲领采取了最明确、最先进的形式，成为摧毁地主和帝国主义的出口旧秩序并打破内外垄断（明确宣布拉美资产阶级变成了"帝国主义的小伙伴"），为社会主义新秩序奠定基础的纲领。这一进程明确划分为两个阶段（其一为破坏阶段，包含对最有活力的经济部门中垄断企业实行国有化），每个阶段有其明确的阶级阵线，[①] 但

---

① 实际上，关于第一阶段即破坏阶段，人民团结阵线的纲领是非常明确的。至于第二阶段即社会主义阶段，则只有一般性的提法，无论在人民团结阵线还是在左派革命运动内均未加以充分的说明。这也许是造成1972～1973年政治摇摆的主要因素之一，而这种政治摇摆导致智利人民力量的暂时失败。

作为一个统一的具有社会主义内容的革命进程，它们之间又是互相联系的。这样便对整个进程做了严格的科学划分。

在乌拉圭和委内瑞拉也出现了不同力量之间的联盟，但所用的形式不太明确。在它们的纲领中，关于社会主义内容和在城乡小资产阶级的联盟中工人阶级的领导作用的规定不够清楚。庇隆主义在阿根廷复兴和罗哈斯·皮尼亚在哥伦比亚爆炸性地参加竞选，说明那时人民感到不满并在寻求某种激进的出路，哪怕依靠旧势力也在所不惜。玻利维亚出现了极端情况，那里建立了以工人为主体的人民代表大会，从而在托雷斯政权时产生了公开的双重权力趋向。

在拉美以外的印度和斯里兰卡也出现了这种趋势，导致建立了得到左派大力支持的改良主义政府。在欧洲，社会民主党有了发展，各人民阵线得到了加强，终于形成了建立社会党－共产党政府的清晰趋势（我们将在下面的章节中分析这一趋势）。这表明，20世纪60年代的革命宣传和60年代末的群众运动，围绕着摧毁资本主义那些已经过时的部分目标，在许多地方实现了统一并利用这种统一走上了竞选的道路。

但是，什么都不能保证由此出发将走向多么令人向往的社会主义新秩序。原因在于目前的资本主义危机还是相对地受到控制的，所以在较长的衰退时期和较短的恢复时期之间可能不会出现非常剧烈的摆动。在较短的恢复时期，国际大资本将重新获得巨大的物质基础，使它能再次发动进攻，收复失去的部分阵地。这正是1971年末至1973年10月期间发生的情况。那时帝国主义取得了重大的局部性胜利，其中最重要的是智利发生的军人政变。另外，大资本开发了一些适应新情况的重要机制，在统治国和依附国确立了大企业和国家资本主义之间合作的广泛形式。最后，大资本正在意识形态方面准备展开一场大的攻势，谋求彻底混淆社会主义、国家干预、国际主义、意识形态壁垒的瓦解、社会服务方式、大城市环境的改善等概念之间的界限。关于这一点，我们将在下面的章节中加以探讨。

如果革命思想对进程的分阶段性、现有胜利的局部性和未来阶段中问题的艰巨性缺乏清楚的认识，那么我们可能被一股巨大汹涌的潮流冲走，这股潮流将不仅导致乌托邦式的社会民主党政权，还将导致未来艰巨的考验。20 世纪 20 年代和 30 年代，德国、意大利和西班牙的社会民主党没有使社会主义和资本主义之间的第三条道路获得成功，却促成了法西斯主义。今天，法西斯主义已经复活，且来势凶猛，在强大的专制政体中拥有牢固的权力基础。如果在现阶段不狠狠打击帝国主义，阻止它以新的形式重新出现，那么将丧失历史机会并将出现非常凶猛的反革命浪潮。这是本书第一部分最后几章讨论的问题。

让我们对上述分析做一总结：

我们提出了当代国际冲突的阶级性，提请注意现存社会主义形式的局限性和不完善性及其历史原因，分析了在世界垄断性一体化进程中帝国主义的目前形式是怎样在这一格局内生成的。世界垄断性一体化进程使帝国主义体系能对由其多发性危机引起的种种问题做出回答，但同时使它的各种矛盾加深并采取新的表现形式。随后我们分析了帝国主义体系的基本矛盾以及它的一些表现，包括在依附国的某些表现。

由此出发，我们便能转向分析帝国主义最具体的那些方面。接下来我们将研究多国公司——当代帝国主义的核心或细胞，它在国际经济中的活动和资本向美国集中所造成的后果。对这些方面有了一般性了解之后，我们就能着手研究帝国主义的目前危机及其与政治危机的相互作用。

第二章
多国公司：当代帝国主义的细胞

我们对当代帝国主义矛盾所做的分析阐明了多国公司作为当代国际关系的细胞而具有的重要性。

因此，必须对这类公司进行更详细的研究。

一　多国公司的概念

当代世界，在商品的生产和经销中，越来越大的部分是由一种集中领导的、在国际范围内活动的新型企业进行的。这类企业被称为多国公司、跨国公司或国际公司。有人曾试图区分多国公司、跨国公司和国际公司三者之间的等次，以便反映多国主义程度上的递增情况。本章专门分析多国主义这一现象，并把它看作一种正在发展的（但在一些地方已经完成）进程的最后形式。我们在使用多国主义这一概念时，它的含义是与"垄断"一词一样的，即专指一种企业组织和竞争形式。如同垄断不会消灭竞争，反而在新形势下扩大了竞争，正如现实情况恰恰是寡头垄断超过一般垄断，企业多国主义也不意味着消灭其运作和扩张的国家基础。

多国公司之所以不同于其他类型的企业，是它的国外活动在其全部活动中所起的作用不是次要的或补充性的。在其销售、投资和利润中，国外活动占有主要的比重，同时决定着它的管理组织结构。

从文艺复兴时期起，欧洲便建立了从事外贸的企业。在意大利、西班牙、葡萄牙、英国和荷兰存在着规模巨大的、从事开发殖民地贸易的联合公司。由于 15 世纪和 16 世纪的航海发现，这些殖民地已向欧洲敞开了贸易的大门。尽管这些联合公司也在国外建立生产单位并必须关心被征服地区的居民、防务和管理问题，但它们基本上是与商业资本和借贷资本的发展相联系，生产活动是其买卖活动的附带部分或次要部分。一般来说，生产任务让予或直接交予受商业和金融资本家控制的当地生产者或移民。在促使当代资本主义产生的原始资本积累中，这些公司起了非常重要的作用，但它们并不处在资本主义历史时期，确切地说处于资本主义史前时期，所以不能被看作是当代多国公司的直接前身。①

在国外，特别在殖民地进行重要活动的资本主义企业，直到 19 世纪下半叶才出现。在那个时期，通过大型垄断企业之间签订贸易协定和建立卡特尔，产生了瓜分国际市场的新形式；也扩了国外投资，基本上投向资本主义有了一定发展的那些国家。这些投资是以证券的形式，即通过在证券交易所购买股票、进行投机买卖的形式实现的，属于金融资本扩张进程的一部分，旨在为要求进行巨额投资的产品（如铁路车辆）的出口或为建立从事原料和农产品的生产和经销（卖给比较富有的国家）的企业的建设提供方便。

对外投资总额中，仅仅一小部分是直接投资，而目前这种投资形式已在世界经济中占主导地位。确切地说，当时建在国外的企业不是母公司有机结构的一部分，而是拥有自主权的企业单位，它们的产品基本上在母公司所在国家的市场上或在其他发达国家内销售。

---

① 这是斯蒂芬·海默的文章《多国公司和不平衡发展的规律》中所做的对比。见 J. N. 巴格韦蒂（编者）：《经济和世界秩序》。

这种销售和其他买卖很少成为公司的主要活动，一般都带有补充性质。如果起了重大作用，那么基本上是由于公司所消费的原料具有战略意义。我们可以说，总的来看，国外的买卖在那些公司的生命中起着次要的作用，这反映在这种买卖在公司的利润、销售额和投资中所占的比例上。

并非所有资本家的情况都是一样的。证券投资、进出口贸易、直接投资、银行信贷利息等，早在 20 世纪初就在一些资本主义国家特别是英国的收益中占重大份额。[①] 这些利益大得很，以致引起了第一次世界大战——激烈争夺殖民地的结果。在那种情况下，资本主义企业不是殖民扩张的最重要核心；实际上，交易所才是这种与殖民地的矿业和农业生产者利益相联系的金融、贸易扩张的心脏。

现代多国公司具有使它们与其前身大不相同的特征。它们走向国外的目的不单是进行股票投机、推销其产品或建立农产品和原料的出口企业。在它们的国外业务中，越来越重要的部分是由那些面向投资接受国内部市场的工业企业进行的。从管理角度看，这一情况造成了新的需要，在母公司和子公司之间建立了大得多的直接关系；同时，对公司的资本筹措、生产和销售结构也产生重大影响。因此，现代多国公司对投资接受国的经济结构、世界贸易和企业的目标与运作方式产生了更重要的影响。

多国公司的形成和发展过程是与资本主义积累朝着资本的国际化发展这一内在趋向相联系的。但本书将不讨论这一命题，否则将大大超越其原定的目标，即分析公司的演变。

---

① 各公司的运作和资本家的买卖之间情况不同，是这一时期金融资本巨大扩张造成的，这时期股票市场首次获得巨大发展。此外，英国的外贸规模很大，这与美国不同。对美国来说，外贸的重要性较小。霍布森关于帝国主义的论著和希法亭关于金融资本的论著是阐述这一问题的两部经典著作，并成为列宁和布哈林各自关于帝国主义的基本著作的基础。

怎样有效地识别这类公司呢？有人曾努力发现了许多可能构成其特点的因素，其中之一是国外各子公司的销售额占公司销售总额的比例。他们认为 25% 可以成为相当重要的一批公司与国外业务比较小的那些公司之间的分界线。

另一些作者则认为，从公司所有者的国籍考虑比较有效。根据他们的意见，如果一个公司属于几个不同国籍的业主，那么这个公司便可算作多国公司。也有人把经理人员或董事们的国籍作为多国性的决定因素。

这后两种理由不能成为确定多国公司的主要依据，因为意味着一种主要是思想上的而不是实际上的多国主义概念。今天所说的多国公司不一定是分属于许多国家的资本家的公司，也不一定是由许多国家的资本家或经理共同领导的公司。虽然这些公司有一项国际政策，但它们主要是以某个国家为基础进行活动的，因此经理、老板和董事们的国籍基本上是公司总部所在国的国籍。然而，这的确是多国主义面临的问题之一，如果它试图同建立一个由国际公司控制的世界经济这一趋向保持一致的话。

多国公司这个概念，在它产生时含有辩护的意义，它力图把这类公司描绘成一种能克服民族主义狭窄界限的事物。这一辩护性含义在有关此命题的文献中有着巨大影响。我们的努力在于给这类公司确定新的概念，以便消除这种辩护性含义。一方面，要说明这类公司是为适应生产力的巨大发展所提出的各种需要而产生的，因而是资本主义的一个进步；另一方面，要揭示它们企图阻止社会主义在国际上推进以及社会主义所代表的真正国际化进程，所以是倒退的和反动的。从这种意义上说，我们提出的关于多国公司的概念，在没有思想准备的读者看来似乎是已有提法的大杂烩，但实际上是试图说明现有提法的局限性，说明不加批判地采用各种辩护性提法的危险性。

在排除多国主义的辩护性概念之后，就必须分析另一些定义，它们较多地触及了问题的实质，但没有充分强调给这一现象提供动力的一系列因素。

雷蒙德·弗农特别坚持把公司进行业务活动的角度作为多国主义的特征，认为这是关键因素。他在最近出版的一本书中把多国公司定义为：

> 一种像以为根本不存在国界的人那样试图根据受公司中心掌握的共同战略在国际范围内进行其活动的公司。①

根据弗农的意见，（美国）商务部顾问团评论道：

> 各子公司是连接在一个整体进程中的，它们的政策是由公司中心在关于生产、工厂设置地点、产品规格、销售和筹资等方面的决策规定的。②

强调公司业务活动的角度、战略和组织，比强调前面所说的那些因素更重要、更有意义。但是，这依然不足以完美地说明我们所

---

① 见雷蒙德·弗农：《在海湾的主权，美国企业的多国性扩展》。队福特基金会为弗农在哈佛大学进行的关于此论题的重大研究提供了资助。这项研究提供了大量重要的经验材料。虽然我们之间存在着思想分歧，但弗农教授让我查阅了他在哈佛保存的很大一部分资料。他在书中把我说成是与多国公司对立的马克思主义思想的最优秀解释者之一。尽管我不能接受"思想家"这一称号，因为这将使本书的科学性受到怀疑，但我还是应该把"优秀解释者"这一赞誉奉还给他。弗农教授无疑是国际大资本的思想的最优秀解释者之一，他力图给多国公司这丸毒药包上糖衣，以便更易于被受害者接受。

② 见美国商务部国际商业局国际投资办公室的论文集《多国公司：关于美国对外投资的研究》，第1卷，1972年3月。该卷收入了由美国商务部推荐的5篇关于多国公司的论文中的前3篇。这卷论文集是目前可供利用的关于此问的最完整的资料。

研究的现象的特性。它只考虑了上层建筑方面，尽管这是主要的方面。

隶属国际商用机器公司的世界贸易公司总裁雅克·迈松鲁热提出了4个他认为是确定多国公司的最基本因素：①在许多国家进行业务活动；②在这些国家进行研究和开发并制造产品；③有一个多国领导机构；④实行股票多国所有制。这一定义引入了更多的因素，但需要做更仔细的分析。

我们认为，后两条理由几乎是前两条的补充，而且除了极个别的情况外，实际上不起作用，是超越当前现实的关于多国主义概念的一种假设。相反，我们认为前两种理由是最重要的。最基本的在于这类公司同时在几个国家进行业务活动，发展生产，有时还从事研究和开发。总之，弗农提出的特征，即具有一种由某个公司中心决定的、连接在一个整体进程中的多国战略和子公司组织，完善了我们的概念框架。

这些特征不像某种纯粹表述性定义那样使人感到是偶然的和不确定的。它们不是偶然的和不确定的，属于由资本主义生产方式结构本身决定的历史现象，并反映了处于历史发展中的资本积累进程。

从一种国际角度出发并通过一个集中领导的组织在许多国家进行业务活动的能力是资本国际化进程的产物。这一进程始于19世纪末和20世纪初，由于第一次世界大战和战后的恢复而得以深入发展，而后又因第二次世界大战后产生的经济国际化而成为更大的决定性因素。经济的国际化促使在国际范围内采用技术和通信发展的成果，这反过来又促进和推动了经济的国际化。

经济的国际化为劳动力、商品、服务和资本建立了世界市场，并以此方式影响着资本的循环。资本主义生产总是资本发展的一个要素，因此它既是资本的决定因素，又为资本所决定。经济的国际化和资本的国际化这两个进程就是这样在辩证的运动中平行地发展着。

多国公司的形成还同经济的集中、垄断和大企业的发展有非常直接的关系。多国主义、垄断和大企业之间存在着一种直接的相互关系。除极少数针对国际市场建立的公司之外，多国公司恰恰是那些取得了对本国内部市场高度垄断性控制的和最集中的企业。多国主义、集中和垄断连接在一起，构成了当代世界经济的主要趋向。

各种数据非常清楚地说明了集中、垄断和多国主义之间这种必然的关系。雷蒙德·弗农在他关于多国公司的论著《在海湾的主权，美国企业的多国性扩展》中，把 187 家美国多国性企业同在美国的所有制造企业做了比较，获得下列数据：

1966 年，这 187 个企业的销售额达到 2080 亿美元，它们的总资产为 1760 亿美元。同年，所有制造企业的销售额是 5320 亿美元，总资产为 3860 亿美元。这意味着，187 个多国公司在 1966 年控制了美国全部制造企业销售额的 39.2% 和资产的 45.7%。各种数据还普遍地表明，多国公司的这种集中和控制有向前发展的趋势。

本书不准备深入研究垄断、集中和多国主义之间的关系，多国主义即是以此关系为基础的。只要指出这些基本方面，就能形成一种可以在整体上抓住多国公司这一现象的总的概念。我们忠于这一辩证原则，即现实是一个整体，而提出概念的目的就是要通过确定各基本方面的辩证关系，从整体上考察这一现象。我们这样做是要超越给这一现象所下的各种时髦定义。在对构成这一现象的各种要素作了描述之后，我们要进一步在这些要素之间划定等级，确定它们的具体历史关系。这样提出概念就不会把我们引向充斥着目前有关文献，甚至一直在影响着马克思主义作者的那些辩护性见解，而会引导我们去分析多国公司的内部矛盾。因此，为了从概念上说明多国公司的特点，必须把构成这一概念的诸多要素分别做一分析。

首先必须考虑这样一个事实，即多国公司的大部分业务是国外进行的，这反映在它们的销售和投资上。为说明这一事实，雷蒙德·弗农分析了美国140家最大的多国公司，得出了几点结论。通过对这140家多国公司业务的"国外内容"所占百分比的分析可看到如下情况：

1964年，在销售、利润、资产和职工人数等4个方面，国外内容占0～9%的公司分别为11个，14个，16个和14个；国外内容占10%～19%的公司分别有25个，25个，30个和10个；国外内容占20%～29%的公司分别为22个，17个，27个和14个；国外内容在30%～39%之间的公司分别为19个，9个，17个和7个；国外内容占40%～49%的公司分别有10个，6个，5个和4个；国外内容在50%～59%之间的公司分别为4个，5个，4个和7个，见表2－1。

表2－1　美国140家最大多国公司业务中"国外内容"所占百分比（1964）

国外参与	公司数目			
	销售	利润	资产	职工人数
0～9%	11	14	16	14
10%～19%	25	25	30	10
20%～29%	22	17	27	14
30%～39%	19	9	17	7
40%～49%	10	6	5	4
50%～59%	4	5	4	7
总　计	91	76	99	56

注：各项总数都低于140，因为找不齐所有公司的数据，这样便不能在所研究的变量之间进行比较。估计即使有了各公司齐全的数据，也不会使本表产生重大变化。

这些数据很能说明问题，如果考虑到这里缺少某些公司的相应数据是因为没有掌握能将它们归类的足够材料的话，就更是如此了。国外销售额占20%～59%的公司约占全部有数据的公司的60%。在利润方面，国外部分占20%～59%的公司几乎占一半。在资产和职工人数方面存在着相似的百分比。许多其他资料可以证实，存在着国外活动将变成各大公司业务的基本部分的趋向。

此外，在国外的美国子公司达到了怎样的控制程度和经济集中程度？多国公司趋向于在经济集中程度最高、技术最先进的部门开展活动，进行垄断和控制（其他国家的多国公司也有这样的趋向）。雷蒙德·弗农依据《商业概况月刊》和美国财政部关于国外投资的研究报告，取得了关于 1964 年在下列国家和工业部门中美国子公司的销售额占当地销售额的百分比的数据：

在加拿大，美国子公司控制了运输、设备和机械（电机除外）等部门的全部销售；控制了当地橡胶产品销售的 72.2%，化学部门销售的 50.2%，纸张等产品销售的 42.6%，原生金属和金属制品销售的 25.1%，食品销售的 21.8%。

在拉丁美洲，例如橡胶部门，我们看到 58.1% 的产品掌握在美国资本手中。我们应该考虑，这是拉美的总括性数据，所以在许多情况下，在某些国家的百分比可能会更高。在化工部门，美国子公司的销售额占拉美全部销售额的 28.3%，在基本金属产品方面占 20.2%，在纸张和纸浆方面占 18.4%，在农产品方面占 7.9%。在欧洲和英国，美国子公司在下列产品销售中的参与比例是：橡胶产品，12.7%；运输和设备，12.8%；机械（电机除外），9.7%；机电，9.1%；化学制品，6.2%；食品，3.1%；纸和纸浆，1.2%；原生金属和金属制品，2.4%。但是，这些数据并不反映这些投资对投资接受国的控制程度，因为它们都是非常总括性的数据，而不是按国家分别统计的数据。毫无疑问，在某些国家，我们看到的控制程度要高于这些总括性数据所显示的程度。同时，对这些数据还必须从它们所表现的历史趋向这一角度来加以分析。

我们可以从以上分析中得出一系列的结论。多国公司的形成是资本的国际化进程——战后得到了深入发展——的结果。多国公司成了世界资本主义体系内部基本的生产单位，其特点在于使国外活动在公司全部活动中的比重起了质的变化，这种变化达到了这样的程度，以致国外活动最终成了在这类公司的生产、经销、利润总额和资本积累中必不可少的和决定性的因素。

同时，这些公司在国外的活动同所在国的经济融合在一起，不仅面向国际市场，还面向所在国的国内市场，并同这些国家的经济结构紧密结合。推动了这些公司的发展并把它们变成多国公司的那些机制，即资本的集中化、垄断化和国际化，开始在它们的子公司一级范围内发生作用，形成子公司之间相互作用的复杂过程并开创世界经济的新阶段。然而，多国公司的实质在于对这一复杂的世界性生产、经销和资本化体系进行集权化领导的能力。由此情况造成的新矛盾，便也是反映国际体系（其组织细胞是多国公司）总特点的集权和一体化能力的产物。

先是贸易及金融单位的集中和国内经济的集中以及并行的国内和国际垄断化进程；继而是集中在国际范围内的再现，即国际范围内公司的集中，经销和金融过程的集中；地区内经济一体化和国际经济一体化：这是充满内部矛盾的同一进程的理论－历史顺序。这一顺序使进程不仅呈现出周期性摆动的形式，而且还呈现出剧烈震荡的形式。资本主义以日益扩大的规模发展生产力，使得对由此进程产生的社会和新经济必须实行集体的、有计划的领导并为进行这样的领导创造了条件；同时，生产资料的私有制——资本主义生产方式的基础——成了由资本主义本身产生的这些趋向充分发展的决定性障碍。

在阐述多国公司的概念时，必然出现这些相互矛盾的、使我们能对它做出正确分析的因素。多国公司的概念必然要包括这些历史进程，就是使这类公司变成资本和经济国际化总运动（一种具体运动）的细胞的进程。同时，这种国际化是技术和经济集中化、垄断化和活动多样化趋向的表现，而这些趋向又是资本积累按资本主义生产方式的规律发展的具体历史表现。

二　定量比较

我们在上节已经明确了我们的研究对象，同时说明了它在美国各大公司中的重要地位和对各国经济实施的深入控制。接下去必须粗线条地对多国公司做一定量比较，以便随后转入分析它的历史演变和未来发展的趋向。

究竟有多少多国公司？它们的分布情况如何？在美国，国外投资办公室注册的公司有3000家，其中将近180家被雷蒙德·弗农选定为多国公司。在非美国公司中，弗农选定了150家为多国公司。国际商会的贾德·波尔克在全世界的公司中选定150家为多国公司，其中一半是美国公司。

西德尼·罗尔夫在1965年挑选出80家美国公司（从《幸福》月刊提供的全国500家最大的公司中选定），它们的国外活动，在其利润、生产、雇佣人数和资产中所占的比例均超过25%。《幸福》月刊挑选的500家公司中，199家的国外活动占其全部活动的10%或更多。

这样，我们便可对这批公司进行研究，它们的数量在300～400之间，但控制了当今世界生产的一大部分。① 一般来说，这些公司的活动几乎遍及世界所有国家或地区。例如，在弗农选定187家公司中，185家在各大陆都有制造业务，162家都有销售业务，45家有采

---

① 这方面的种种估计是很不相同的。1970年12月19日的《商业周刊》估计，美国各公司在国外的年产值达2000亿美元，相当于日本国民生产总值。国际商会理事贾德·波尔克估计，世界各国多国公司的国外分公司的产值约为4500亿美元，约占世界总产值（3万亿美元）的1/6。波尔克根据目前的趋势估计，经过一代人的时间后，大部分生产将是国际性的。见1970年8月17日《国际金融》（大通曼哈顿银行的新闻通讯）上刊登的他在美国国会发表的一次讲话的摘要。

矿业务，186 家在各大陆均有某种形式的业务。如果从一些地区或区域来看，那么这些公司中 174 家在加拿大有活动，182 家在拉美有活动，185 家在欧洲和英国有活动，185 家在亚洲和部分非洲地区从事各种业务活动。

这些公司在国外分公司的数量实在可观。弗农选定的 187 家多国公司 1967 年在全世界有 7927 个分公司，其中 1048 个在加拿大，1924 个在拉丁美洲，3401 个在欧洲和英国，648 个在英国控制的属地，906 个分布在亚洲和部分非洲地区。[1]

这些投资按数额大小顺序是怎样分布的？1970 年，美国在加拿大的投资为 250 亿美元，占美国对外投资总额的 33%；在英国为 80 亿美元，占 10%；在联邦德国为 50 亿美元，占 4%；在委内瑞拉为 26 亿美元，占 3.3%；在法国为 26 亿美元，占 3.3%；在中东为 16 亿美元，占 2%；在巴西为 18 亿美元，占 2%；在墨西哥为 18 亿美元，占 2%；在意大利为 15 亿美元，占 1.9%；在比利时和卢森堡为 15 亿美元，占 1.9%；在日本为 15 亿美元，占 1.9%；在荷兰为 15 亿美元，占 1.9%；在阿根廷为 13 亿美元，占 1.2%。[2]

关于美国投资的增长情况，根据上面同一资料来源，可以看出美国的国外直接投资在 1929～1970 年有了惊人的增长。投资总额 1929 年为 75 亿美元，1950 年达 118 亿美元，1970 年增至 781 亿美元。还应着重说明在这一总增长中各地区的情况。加拿大是最大的接受国。1929～1970 年间在该国的投资总额增长 10 倍多，即有了惊人的增长，但占美国投资总额的比例基本未变，1929 年占 26.7%，1970 年增至 32.2%。拉美减少了在美国投资总额中的比例，从 1929

---

① 这些数据摘自詹姆斯·W. 范佩尔和琼·P. 柯汉合著的《多国公司的形成》一书。

② 资料来源：美国商务部《多国公司》第 1 卷。本书出现的各种数据，凡是不另行注明出处的，均引自此论著。

年的 46.7% 降为 1970 年的 18.8%。欧洲相对增长最大：从 1929 年的 18.7% 增至 1970 年的 31.4%；1929 年投资总额仅为 14 亿美元，1970 年已增加到 245 亿美元，就是说，欧洲成了美国投资的最大集中地区。中东的比例也增加了，从 1.3% 转变为 6.5%。其他地区的比例从 6.6% 增至 14.1%。由此可见，近年来美国投资重新分配的最主要方面是在欧洲的大膨胀和在拉美的相对减少。

总的来看，至 1970 年，对发达国家的投资占了美国全部对外投资的 68%，对不发达国家的投资仅占 27.4%，还有 4.6% 的投资去向不明。

但是，应该考虑到，这一现象不是美国独有的。投资的巨大增长和朝着发达国家转移的趋向不仅存在于美国，还存在于其他发达国家。经济合作与发展组织成员国国际投资委员会取得了 1966 年的下列数据。

至 1966 年底，该组织各大国对外直接投资的累积资产情况如下：在全世界入账的投资总计为 895.83 亿美元，其中 299.70 亿美元即近 33% 投向不发达国家。在这些投资总额中，美国占 60%，即 544.62 亿美元，[①] 其中 168.41 亿美元投入不发达国家，占这些国家中外国投资总额的 56%。其次是英国，它的对外投资总额为 160 亿美元，占世界国外投资的 19%。其中投向不发达国家的有 61.81 亿美元，占这些国家中外国投资的 23%。

法国在世界上共有 40 亿美元的投资，其中 21 亿美元投在不发达国家。可见法国在不发达国家进行投资的倾向相当大，因为它的全部对外投资在经济合作与发展组织国家对外投资总额中仅占 4.4%，而它在不发达国家中的投资却占这些国家中的全部外国投资的 7%。

---

① 我们提请注意美国对外投资在 50 年代和 60 年代的巨额增长情况：这些投资 1950 年共计为 118 亿美元；1960 年接近了 300 亿美元；60 年代末达到 781 亿美元（根据经济合作与发展组织的同一研究文章）。

同年联邦德国在国外的投资达到了 25 亿美元，其中 8.45 亿美元投在不发达国家，分别占经济合作与发展组织国家对外投资总额的 2.8% 和在不发达国家投资的 2.8%。

瑞典在国外有 7.93 亿美元的投资，投在不发达国家的有 1.61 亿美元。加拿大的国外投资达 32.38 亿美元，占经合组织各国对外投资总额的 4%，其中 5.34 亿美元投在不发达国家。日本对外投资 11 亿美元，其中 6.05 亿美元投向不发达国家，反映了它在这些国家进行投资的巨大倾向。

就多国公司的扩张和发展趋势而言，这些数据说明了什么？罗尔夫教授认为，非美国对外投资所形成的资产（投资的资产不应同其总额混为一谈）按 1966 年时价估计，总共将近 500 亿美元，加上美国投资所形成的 400 亿美元资产，共计 900 亿美元。这是资本主义各国公司在国外拥有的总资产。如果要知道这些资产在同年实现的销售额，则应将其乘以 2，得数将是 1800 亿美元，这可能是这些公司的总产值，因为根据贾德·波尔克的见解，企业的资产与产值之间的比例是 1∶2。如果加上在有价证券方面的投资并按同一计算方式计算其产值，那么得数将是 2400 亿美元，这是所有有外资的企业可能实现的销售总额。把这一数额与这些国家的全部出口额（1300 亿美元）比较，我们便可计算出这些多国公司在国外的子公司和亲属公司的销售额远远超过其投资国的出口总额。

1966～1970 年，美国对外直接投资从 550 亿美元增加到 780 亿美元。如果加上美国在国外的有价证券投资，那么这一数额便增至 1050 亿美元，按资产与销售额之间 1∶2 的比例计算，这些公司的总销售额将达到 2100 亿美元，比美国出口总额大 5 倍。这一差距将来必然会扩大，因为美国的出口每年增长 7%，而国外子公司的产值每年大约增长 10%。这些投资大量增加的可能性势必产生某种寄生状况。这种寄生状况我们将在后面加以分析，但下面这段话（引自前面提到过的美国商务部顾问团的论著）对它作了很好的概括。

　　说明美国对外投资重要性的另一标志是，至 1968 年对外投资的净收入——汇回国内的利润、特许使用费和专利权使用费，在扣除直接投资金额后已超过贸易账户收入。与 60 年代初相比，这些指数表明我国的出口顺差在减少，直接投资的净收入在不断增加。在 1970 年的国际收支中，直接投资净收入为 35 亿美元，而贸易顺差只有 21 亿美元。如果将此与 1960 年的数据（贸易净余额为 49 亿美元，直接投资净余额为 5 亿美元）相比，可以看出这种趋向在最近几年变得更加强烈了。[①]

　　另一种计算方式是考虑 1950～1970 年美国国际投资的年终总状况。在这种计算中，我们一直在分析的长期直接投资与其他种类的资本转移，如长期的非直接投资（有价证券投资）、各种税费和短期债务、政府信贷和货币储备等分开单独计算。

　　根据这种计算，美国的国际投资状况是：1950 年为 367.27 亿美元，1970 年增至 690.67 亿美元。同期，设在美国的外国公司的资产由 176.32 亿美元增加到 975.07 亿美元。

　　必须指出，1950～1970 年，当美国的国际投资及其资产几乎增加一倍的同时，外国在美国的投资及资产也有巨大增长（从 76.32 亿美元增至 975.07 亿美元）[②]，且增长的幅度比美国对外投资的增长

---

　　① 引自《美国多国公司国外投资的一些政策问题》，见美国商务部编写的《多国公司》第 1 卷，第 10 页。

　　② 自 1974 年开始，产油国获得的财政盈余投向美国和欧洲，购买股票、放债和进行其他交易。尤其在美国产生了对这些投资的巨大恐慌。据估计，这些投资将在 10 年内使参加纽约交易所的所有公司的产权移交给阿拉伯人，多少年来一直试图让我们相信外国投资的优越性和不应给予它任何限制的人，突然开始提出必须制订规章，对在美国的外国投资实施严格的管制。

幅度大好几倍。但应指出，美国在国外的投资基本上趋于直接投资，这种投资在最近 20 年中增长了 10 倍多。与此同时，外国在美国的投资主要是有价证券投资，在此期间这类投资增长将近 9 倍，而直接投资大约仅增长 4 倍。

这些数据反映了多国公司的扩张趋势以及分化和更加复杂化的趋势，反映了不同种类的投资向四面八方、相互交叉混杂进行的趋势，同时也充分证明了资本的国际化趋向。这种国际化已成为美国国际活动的主要方面，伴之而来的则是寄生现象。

为了理解这些运动的意义及其发展前景，必须分析资本国际化进程的基本细胞——多国公司的历史演变。

三　多国公司的演变

现代资本主义企业最初的国际活动是在出口部门。占领市场的目标迫使它们在国外建立分公司，以便经销其产品。在 19 世纪很大一部分时间里，资本主义企业从事这种扩张。至 19 世纪下半叶，开始出现新的国外投资条件。资本主义已建立起一个国际性资本市场。许多发展程度较低的国家在伦敦交易所和其他重要交易所拍卖其公司的股票。这样，就有可能购买他国公司的股票，并通过证券投资取得对其他国家的企业特别是采矿和农业企业的控制。同时，对国外出口市场的控制开始要求通过控股公司和卡特尔，实施更加集中统一的政策。

这一时期的经济扩张中心基本上是英国和少数欧洲国家。它们在 19 世纪下半叶建立了基础工业和机械制造部门，从而为其投资开辟了迅速扩大的前景，同时大量增加了对原料和农产品的需求。为适应中心国家的这一扩大中的市场，各周边国家大规模地发展矿业和农业生产。这些国家有出口的传统，拥有大片可供垦殖者开垦的处女地或有一个相当规模的和一定商业性经历的传统农业经济，就是说，具有加速发展其出口生产的基础。

于是在 19 世纪后半期，世界上形成了一个规模巨大的出口经济。这种经济一般是由当地的或发达国家的资本家通过各统治国公司的分公司或专门为掌握外围国家的市场或生产而建立的公司控制的。

这类公司一般具有"飞地"的特点，即一种设在前资本主义经济国家内部的企业，它们基本上为国外市场进行生产，在其内部发展着一种资本主义动机十分明显的、所采用的生产关系却普遍比发达的资本主义生产关系要落后的特殊经济。一般来说，这些企业与宿主国的经济接触甚少，如果发生接触，其方式仅限于缴纳税金和购买其工人所需的物品和生产所需的原材料。因此，它们具有补充统治国经济而不是补充作为直接活动地的国家经济的性质，并由此形成了它们的"飞地"特性。① 它们的行动自由、行政自主和与社会脱离的程度非常高，以致整个的地区被置于几乎是独裁式的统治之下。

中美洲是这类公司的样板，带有代表这类公司——最重要的是联合果品公司——统治的显著标记。公司和一些地区结成一体的例子是非常典型的。当一个地区的地力耗尽后，公司便转移到另一地区，甚至把铁路的铁轨一起搬走。居民搬走了，各种设施、住房、商店等统统搬走了，一夜之间，整个地区变成了荒无人烟的不毛之地。在公司内流通的货币甚至几乎都是外国的，并用筹码来支付工人的工资，以此解决周转资本的问题。工人们被迫用这种筹码在公司开的杂货店购买东西，那里出售的货物往往是从母公司所在国进

---

① 埃德尔韦托·托雷斯的著作《中美洲依附性社会中的结构和进程》，是分析飞地的社会影响的最佳作品之一，并提供了关于此论题的一份好书目。

口的，这样就不需要周转资本来支付工人的工资。至于一般技术人员的薪金，则常常用美元或统治国的货币来支付。他们生活在这些国家，更确切地说，生活在这些公司内，生活在依附国中的飞地内，却像生活在自己的家和自己的国所延伸的领域内，他们同统治国的文化、经济和社会的接触远比同镶嵌着飞地的国家的文化、经济和社会的接触密切。

这类公司并不太复杂，因为它们几乎只是母公司在国外的延伸部分。它们对宿主国的适应程度以及对宿主国的依赖程度是极低的；与依附国的中间阶层之间明显存在着政治矛盾。这些阶层长期执行一种对立的反帝政策，抨击飞地的单纯剥削性质，批评飞地几乎不给当地劳工、中间阶层和资产阶级留下任何东西。由于这一原因，这些中间阶层甚至支持劳工组织起来反对企业主，以保障在与外国人谈判时有较好的条件。

在投资创建这类公司——以发展生产、满足统治国市场之需为目的——的同时，还投资建立另一类公司。这后一类公司具有较强的商业目的，主要在于促进其商品在国外的销售。它们设在经济发达的国家，也设在不发达国家，其主要活动在于通过与出口贸易机构挂钩的装配厂进行成品生产。一般来说，出口贸易机构比这些装配厂先行一步。

早在20世纪20年代至30年代就建立了第一批汽车和其他产品的装配企业，这些产品要求有比较复杂的装配线。这样便逐步形成一种以满足发达国家和不发达国家内部市场为目的的国外投资新经验。

战后，美国和欧洲的投资可以说彻底地转向了发达国家和依附国家的工业部门。促使投资性质发生如此巨大变化的原因是：一方面，欧洲经济的恢复，为投资开辟了广阔的前景，而美国各大公司利用自己拥有的相对优势把欧洲的经济恢复变成了扩大投资的工具；

另一方面，依附国在 30 年代（由于 1929 年危机的影响）和第二次世界大战期间获得的工业发展以及它们普遍采取的保护本国工业的政策，阻碍了统治国通过出口从本土对这些依附国市场进行直接控制。

依附国已建立起面向国内市场的民族工业，并坚定地依靠工人运动和/或农民运动及中间阶层，制订了一整套促进民族工业发展的国家法律和政策。因此，国际资本要想在有利条件下回到这些国家，就必须进行自我改造，使投资转向这些国家内部市场所需要的工业部门。

限制制成品的进口，迫使在国内生产这些商品的情况下，出现了一系列使这种投资变得十分有利、十分有意义的相对优越条件。一方面，外汇保护造成的工业品调整价非常高；另一方面，劳动力价格和工业成本非常低。为了吸引外资，各依附国政府极力提供各式各样的"帮助"和特许。最后，虽然内部市场比较小，但它是由富裕的、正在扩大的中间阶层和资产阶级组成的。

这方面的统计数字很能说明问题。美国在矿业和采掘业方面的投资，1929 年为 12 亿美元，1950 年是 11 亿美元，1970 年增至 61 亿美元。这方面的投资也许在 1929～1950 年有所停滞，而在 50 年代以后又有所回升，但是在很多情况下，对矿业和采掘业的新投资具有与过去年代的投资很不相同的特点，往往不仅是为了出口，而且也为了满足内部市场的需要。然而，在美国对外投资总额中，投在矿业和采掘业的，1929 年占 16%，1950 年降为 9.3%，1970 年又降至 7.8%。

石油是另一个重要投资部门，至今仍保持着重要地位，首先因为石化工业的发展革新了石油部门，使它成了最重要的现代工业之一的基础。这也使我们认为，大公司当代进行的石油投资不是全部面向出口的，其中一部分投向了投资接受国的内部市场，尽管这是很小的一部分。这些投资在 1929 年是 11 亿美元，1950 年是 34 亿美元，1970 年达到 218 亿美元，在同期美国对外投资总额中分别占 14.7％、18.8％和 27.9％。

制造业部门中的投资从 1929 年的 18 亿美元增加到 1950 年的 38 亿美元和 1970 年的 320 亿美元，它的参与比重由 1929 年的 24％增至 1950 年的 32.2％和 1970 年的 41.2％，自 1950 年开始变成美国对外直接投资的主要项目。

包括农业、商业等"其他"投资项目也相当重要，但其重要性在过去要大得多。其投资额在 1929 年为 34 亿美元，1950 年是 35 亿美元，1970 年达到 179 亿美元；同期所占比例从 45.3％降至 29.7％和 23％。

这些关于 1929～1970 年美国投资的综合性数据[1]非常清楚地说明了工业投资在最近一个时期所获得的相对重要地位。经济合作与发展组织各国（即比利时、加拿大、法国、联邦德国、意大利、日本、荷兰、瑞典、瑞士、英国和美国）在世界上的投资情况是：1966 年，矿业和采掘业占 7％；制造业占第一位，达 40％；"其他"项目共占 24％。然而，就不发达地区而言，石油部门占据特殊的地位，因为在这些地区的投资中包括了在中东的投资——几乎全部是石油投资。因此，石油部门占了经济合作与发展组织各国 1966 年对外总投资的 40％，而矿业和采掘业只占 10％，制造业占 27％，"其他"项目占 23％。

应特别指出，在石油部门的投资占了如此大的比重是由英国的相对作用造成的。英国在不发达国家的投资中，35％用于开采石油，23％投向制造业部门，37％投入"其他"项目，包括在其附属国中进行的巨额农业投资。可见，在出现了一个相当重要的新部门的同时，英国依然保存了传统的投资方式。但是，像联邦德国这样的国

---

① 本节中的数据均来自前面已援引过的美国商务部关于多国公司的论著。

家才真正体现了向工业投资转变的强烈倾向。在其 25 亿美元的对外投资总额中，8.45 亿美元投放在依附国，而这 8.45 亿美元中有 6.54 亿美元投在工业部门。法国在依附国中的总投资为 21 亿美元，其中 12.8 亿美元是工业投资。

如果说，这些数据表明像石油这样的一些部门仍然占有相当重要的地位,① 那么同时也说明，对外投资新的经济结构已经建立，投资的主要部分基本上——尤其是最近一个时期——投在了工业、商业和服务业部门，有时也部分地投向为满足投资接受国内部市场之需的农业部门。这在 20 世纪 50 年代和 60 年代初成为主要倾向，表明企业结构也发生了非常重大的变化。我们目前所说的多国公司基本上是这一现象的结果，它导致了我们所分析的飞地经济的解体。

就前面所做的关于经济规律运行状况的分析来说，这一新情况包含着某种质的变化。投资接受国的内部市场具有一种有其自身发展规律的经济动力。为满足这一市场的需要与这些国家的经济相结合的分公司，已不可能按飞地企业所抱有的那种不介入主义思想行事。它们现在必须考虑在这些国家经济中运行的经济规律，考虑收入的分配、经济总体发展的可能性和再投资的条件；必须以某种方式与金融市场相联系，以便获得周转资本；必须与宿主国的政治现实相联系，这一政治现实受整个经济政策的影响，并影响着通货膨胀、信贷政策以及宿主国经济正常运转的各个方面。

四　与"宿主"经济的有机联系

与"宿主经济"（某些美国学者称受这类公司的剥削进程之害的

---

① 1973 年发生石油封锁之后，油价直线上升，刺激了石油投资。但石油公司国有化的政策已被依附国（阿拉伯国家和委内瑞拉）普遍采用，引起这方面的投资转向销售、运输和石化工业部门。

经济为"宿主经济"）的联系比过去要深入得多，并成为一种有机联系。出于经济方面的原因或由于占支配地位的政策，外国公司需要在当地市场获得某些原材料（有时甚至是公司消费的全部物品）的供应。我们将把这一问题放到依附国经济中去分析，在这些经济中能更直接地感受到多国公司与当地市场联系的种种结果。

如果我们记得许多公司是为了接近某些原料产地才转移到依附国去的，那么决定这种运行变化的经济原因就容易理解了。接近产地使运输和其他费用降低，这就是对为什么要利用当地供应的解答。但利用的程度并不总是很高的，因为公司常常情愿以较高的价格从自己的母公司那里或者从设在发达国家的属于同一经济集团的其他公司中获得所需物资，以便利用如加价这样一些财政手段，或者为了把利润转移到有较多投资机会的发达国家。

另外，设在发达国家的母厂经常开工不足，所以通过其分厂的采购来扩大销售要比建立新的企业更有利可图，尽管价格要高得多。但是，出于上述原因，特别是由于所在国政府的压力和其他国家利益，多国公司倾向于延长从当地获得供应的进程，尤其是深加工产品的供应。

经济政策方面的原因要重要得多。一般来说，发展主义类型的政府要求建在它们国土上的外国分公司和子公司在当地市场采购所需物资。某些部门如汽车工业，是实施这一政策的重点部门，许多依附国制订了汽车国产化计划，旨在建立一个能刺激整个经济发展的工业核心。

融资是这些公司与"宿主经济"进行接触的另一方式。这类分公司一般是通过下述机制由统治国特别是美国提供的一种国际信贷建立起来的。这些国家向当地政府提供资金，当地政府又把这笔资金转交给分公司，用来在提供信贷的国家购买机器和基本产品。上述活动是这样分四步循环进行的：从美国通过某一国际银行系统

（或通过美国控制下的某个国际机构）提供一笔贷款，为某个具体公司进行新的资本投资或者建立新企业提供资金。贷款接受国政府（对促进其国家发展的这一援助表示感谢，等等）承担债务责任，但因为这笔援助是用于某个具体投资项目的，所以就转交给有关的分公司或某个与民族资本或国家资本共同建立的合资企业。必须指出，在上述两种合资企业中，援助是交给同民族资本或国家资本合伙的外国股东这一方的。国家提供一部分股本，民族企业提供另一部分股金，而援款明确地是作为外国企业的投资资金使用的。[1] 至此便完成了第二步，它意味着——正如我们所看到的——"宿主"国政府为外国受援公司的债务承担财政责任。

第三步是显示这种"援助"的真正含义的一步。实际上，所谓"援助"只是一种让设在国外的分公司能进口某些产品——一般是机械设备——的信贷，不过是通过一种由依附国政府担保的、利率相当高的国家信贷向设在国外的美国分公司出口商品而已，因为贷款的使用是受限制的，必须用于购买援助国的产品。这些产品的价格是高度垄断状态下的产物，是国际市场上任何顾主所不敢问津的。没有必要再在这里分析此种"援助"依附国方式的后果了。

但应指出，这一融资模式意味着这些分公司与"宿主"国政府及其经济发展计划（这个政府的相对自主权和自决能力越大，它的发展计划的重要性也就越大）之间存在着某种联系。这一联系是一种新现象，无论如何它意味着大资本必须屈从于对依附国国家资本主义起着重要作用的新经济规律。

必须拥有支付工人和一般工作人员的工资以及在当地市场上购买某些原料的周转资本，否则企业就不能运转。而周转资本是通过

---

[1]　关于这方面的资料，请见本书"依附的结构"一章，以及卡普托和皮萨罗的《帝国主义、依附和国际经济关系》。

当地货币运转的，所以必须在资本市场上获得，从而与"宿主"国的银行系统建立联系。

在许多情况下，周转资本往往是通过与投资公司所属的经济集团有联系的银行在当地的分行，向外国银行筹措的。这说明国际银行系统不仅为国际性活动融资，也为明显地同当地市场有联系的活动融资。国际银行系统还吸收了一大部分当地的储蓄，从而成为当地银行的竞争者并建立起一种金融性质的多国公司。

这种金融联系发展的结果在欧洲是十分显著的。在那里，国际银行不仅深入参与那些国家的内部生活，而且同欧洲美元这个并行金融市场的形成有直接的联系。在依附国，这一进程还处在开始阶段，但具有发展的趋势。

外国公司与"宿主经济"联系的另一形式是在资本国际化的新情况下产生的。就是这些公司的商业化进程。它有几个方面，不仅包括向中介人或直接向消费者销售产品，还包括建立一种与当地经济进程有直接联系的商业系统（通过经销公司或从事这一活动的人员）。

但是，经销活动今天是与产品的宣传密切联系的，这意味着建立广告制作机构或广告公司。经销还与更广泛的市场销售活动相关联，这就需要有一个研究市场的机构。对现代资本主义经营来说，这种研究机构是绝对必要的。与市场研究和广告机构相联系的是产品的外观问题。我们知道，不仅从包装的外观角度看存在这一问题，而且在某种形式上还与产品特别是大众性消费品本身的式样有关。

因此，必须建立一个起码的研究和开发（开发远远超过研究）机构，使一个完善的、能在当地市场上竞争的市场销售系统运转起来。竞争不是针对不发达国家没有多大前景的产品，而是主要针对发达国家的其他公司，它们确实有能力在发达国家和不发达国家的市场上与之竞争。

导致国际集团与"宿主"国当地市场结合程度增大的倾向日益强烈，以致需要确保和扩大已经取得的对经济的控制权。保持这种控制的便利条件已经增加，因为所达到的高利润率产生了巨额财政盈余，这种盈余可在"宿主"国进行再投资而不会阻塞国际范围内的巨大金融活动。同时还必须满足分公司在当地市场上的扩展需要，以保持其竞争能力并利用这些国家提供的投资机会，这是很明显的。

这种情况向我们提出了两个方面的问题。第一个问题与利润汇寄有关。利润汇寄意味着货币之间立即发生关系，因而立即使这些公司与所在国的金融利益发生联系。这样，外国资本便非常直接地关心起当地的金融政策。这是出于两方面的考虑：一是必须掌握时机因素，这要求了解和掌握币值的变化，二是需要影响较长期的金融政策。

关于第一点，多国公司不得不保持一个金融专家机构，使它们能了解国际上货币币值的波动情况，以便根据货币汇率的变动把资金从一国转向另一国，这立即刺激了其活动的重要组成部分即金融投机（请看下章）。

关于长期政策，多国公司有意影响当地的政策，以便驾驭它，为利润的自由出入提供方便。为达此目的，这些公司现在主张一种有利于公司的国际活动和资金——仅是每年的巨额利润。而且还有流动资金（hot money）——进出的新自由主义（这一立场得到经济合作与发展组织研究资本运动的特别委员会的支持），这将在国际上造成紧张的资本流动。虽然这类措施的投机性大于真正的事业性，但它们实际上包罗了公司管理者的大部分活动。

石油美元的出现冷却了新自由主义者的大部分热情。同时，1974～1975年经济危机的加剧使这种投机活动面临风险。

要想正确地指导再投资，就必须对当地市场有十分精确的了解。多国公司希望从当地市场获得最佳金融效果并最大限度地利用新投资的潜力，特别是使这些投资提供高水平的利润率。

为了能制订一项有效的当地投资计划，必须建立一个具有高度预见性的市场研究机构，必须熟悉当地国家的经济并对其经济政策有一定的影响力，以便能正确地利用投资潜力。这三方面的作用过程导致与接受国经济建立密切的联系，从而使公司能积极地利用多国性所具有的相对优势，达到控制当地市场和实现发展的目的。

这样，在扩大国际公司的活动领域并转向为当地市场生产的同时，多国公司在其分公司所在国的经济中建立了一种新秩序。它们同这些国家建立了经济、社会和政治方面的联系。这些联系最终在公司内部和"宿主"国发挥作用，从而开辟了国际经济关系史的新篇章。

另一方面，多国公司对从依附国出口其工业产品的兴趣越来越大，这增加了它们干预出口和外汇政策的必要性，使它们对依附国缺少相当的运输工具、港口和其他出口基础设施十分关切。

必须指出，上述联系所产生的作用在依附国比在已经达到较高发展水平的国家要大得多。与当地经济建立的这些有机联系所创造的原动力对当地的生活有决定性的影响，原来的经济发展水平越低，影响便越大。依附国的经济结构很脆弱，本国的统治阶级遭受国际资本的控制，经济决策的自主权极小。由于所有这些原因，多国公司的入侵——通过在当地市场上的投资——摧毁了民族资本抵抗的基础并创造了一个新的统治阶级，开始决定整个经济发展的动态，开创了依附国历史发展的新阶段。

由于上述这些现象在国际和国家范围内产生了十分重大的影响，所以值得对它们进行更加深入的研究。多国公司构成了世界新经济的核心，应该对其复杂的发展所包含的种种矛盾做更加精确的分析。

五 多国主义的矛盾

从前面的分析推断，面向当地市场的分公司的活动态势与"飞地"式公司——它们在依附性经济中的统治一直延续至1945年——的活动态势不同，也与单纯从事销售或进行某种最后生产加工的分公司即"装配"公司的态势不同。这种活动态势大部分是由资本接受国经济的发展规律决定的；资本接受国经济越发达，其内部市场的相对自主权越大，受其发展规律决定的程度便越高。在依附国还取决于当地市场的结构，它使多国公司服从其规律。

大资本的利益是多国公司运转的决定因素。这些利益产生于统治国、特别是在国际体系中霸权国的经济结构，而这一结构在国际经济中占据着主导地位并深深地同国际经济交织在一起。

此外，多国公司构成了统治国经济中一个拥有一定自治权的经济单位，其全部国际活动的利益决定了它最近的行为，并造成了一种细胞关系结构。虽然这种关系是由资本主义国际结构决定的，但它构成了作为此结构基础的基本关系网。

在多国公司内部，由下列3种结构类型产生的互相矛盾的利益交织在一起并谋求相互和解：当地经济、统治国经济和多国公司。为了在资本主义国际经济内部把这3种经济结构的动力因素调和起来而进行的斗争，产生了一些新的问题，它们通过多国公司面对的一系列矛盾表现出来。

多国公司作为一种国际组织有其自身的利益、战略、组织和资金融通方式，因此它在世界经济中具有特殊的利益。因此，在理论上我们可以认为，多国公司的行动准则不同于作为其活动中心的国家经济的行动准则。然而我们知道，多国公司的这种独立性是相对的，因为它的经济实力大部分建筑在作为其出发地的国家经济的实力（本国货币、资金融通、援助、国家保护等）上。

同时，各分公司既受制于多国公司的总体活动态势，又受作为其活动地的国家的经济实力及其经济发展规律的制约。这样，分公司朝着市场及供应当地化和全部国产化方向发展的趋向，同公司的整体利益或统治国经济的利益发生矛盾。

就整体而言，公司不愿意为确保对分公司所在地市场的控制而被迫追加投资；它调动资本的目的不是为了与当地结构实现经济结合，而是谋求在国际上增加利润率和利润总额。它所关心的是保持将其利润转移到其他地区的巨大方便条件，但这与接受国整个经济的利益发生矛盾，因为这种经济只有通过调整性鼓励措施和保护主义才可能继续发展，理由是它的内部市场狭小，不允许有高的投资率。

如果多国公司继续遵循国际自由竞争法则，将趋于把其利润投向具有不断扩大的内部大市场的国家，而不是投向依附国，廉价的劳动力和关税保护致使在依附国获得高利润率，但这些便利条件必然被狭小的市场抵消。

另一方面，统治国经济希望将其出口保持在一个高水平上。对外投资，尤其是在依附国的投资甚至可能在短期内刺激这些出口，因为增加了机械设备和材料的消费。但是，当这些国家能生产这些机械设备和材料，使世界贸易急剧转向时，这种情况就会改变。如果各依附国的经济发展都采取了自主化方式，那么所有的统治国经济都会由于这种发展而感到头痛。

我们在关于依附的新特性的论著中首次提出了这一论点，引起了许多批评，但都没有触及问题的实质。假如各依附性经济都能获得高度的生产自主并能建立巨大的第一部类（机器制造和原料加工），则外国资本将失去决定其发展特性的能力并将成为一种完全生造的、不久将被消灭的东西，从而使依附关系消失。由于这个原因以及国际资本眼前利益的固有逻辑，该资本谋求把依附国的经济发展引导到面向国际市场的部门，或引向收入高、消费比较高级的产品的阶层。为了实现国家工业化，建立基础工业，把各生产部门结合成一体而斗争的任务落在了无产阶级和小资产阶级的肩上。这是依附国尤其是像巴西、阿根廷、墨西哥、印度等具有变成中等工业强国前景的依附国活动态势中的一个重要因素。

由于这些矛盾，统治国统治阶级的最先进阶层试图调和这些对立的利益，使依附国的经济朝着与保持统治国的经济实力（国际资本在统治国经济中扎根较深）和增加国际资本在国际范围内的活动能力这种利益更加相容的方向发展。

但是，这不能完全解决多国主义的矛盾，因为资本的这一行动自由促使它在那些最有活力的资本主义经济中扩大投资。它们既不是依附国的经济，也不是美国的经济，而是其他先进资本主义国家的经济。这种情况使在这些国家的投资增加，从而损害美国，不管怎样，国际资本的充分活动自由与其领导中心的利益发生冲突，趋于削弱这一中心的经济，加深它的内部矛盾。

为了调和这一系列复杂的内部利益，多国公司必须确保对分公司的绝对控制，这些分公司有可能去照顾当地的利益并在将来动摇母公司的权力基础。

于是产生了重大的控制问题。母公司的大部分活动开始用来加强对分公司的控制；它的政策倾向更多是服从于实现这种控制的要求，而不是服从于市场的要求和发展的可能。这一矛盾可能使分公司在其所在国经济的要求面前，以及在当地国家和其他国家投资者的竞争面前处于无能为力的境地，这些投资者在产生资产冻结的特殊领域具有更大的参与可能性和灵活性。

当分公司（在某一发达国家或同样在达到了一定发展水平的依附国家）开始通过向其他市场的出口而拥有同母公司进行竞争的资

本时，这一矛盾就变得更加尖锐。只要存在这种可能性，分公司便不仅在其活动的特有市场上，而且还在其他市场上开始与母公司竞争。这种现象在小国并不重要，但在统治国或在具有一定经济能力的不发达国家就是重要的了。

上述情况往往是资本主义企业发展逻辑的产物。资本主义企业的趋势是不断超越和扩大其原始市场。此外，当地国经济的自身利益——扩大其出口的利益——造成了一种客观活动态势，迫使分公司追随这一态势，以便免遭排斥。因此，必须牢牢地、垄断性地控制住当地市场和当地政府的经济政策，使公司能对这种趋向施加影响。

但是我们将看到，大资本没有理由系统地反对这一趋向。起初的抵制态度慢慢地被另一种态度，即承认这些发展规律和试图把这一进程导向有利于自身利益的态度取代，尽管这意味着牺牲某些阵地和牺牲自己实力的国家基础——美国经济的统治地位。如同我们将要看到的，理想的战略是设法通过其他手段来确保这种霸权。

分公司获得自由的可能性很小，存在着保证母公司实现控制的相当强大的国际法则；但是很明显，在特殊的政治环境中，这种控制可能会改变，控制的能力可能成问题。这样，母公司必须注意防止分公司过分地发展，避免它发展到可以成为自己竞争对手的程度。在研究组织问题时，我们将分析母公司保持这种控制所采取的种种方式。

但是，一些公司或经济集团也选择另一些有利于各自的分公司进行更大内部竞争的做法，只要财政控制权掌握在中心集团手中。这些办法正在施行，至今尚不知道将产生何种结果。

随着矛盾无秩序地发展，世界贸易中渐趋产生一种越来越不可控制的无政府现象，导致资本主义国家之间以及与多国公司之间的冲突。所以，资产阶级经济理论及其政治家、思想家和专家们曾谋求迅速改变诞生于多国主义翅膀上的这个国际新经济的发展方向。

因此，需要更加深入地研究多国公司的发展在国际上造成的新的交换关系。

六 多国公司和国际分工

母公司和子公司之间的斗争反映了霸权国经济、其他统治国经济和依附国经济之间最深刻的矛盾。由于它们之间建立的关系，这些矛盾是在国际经济这一水平上反映的；而它们之间关系的底层结构则是企图使各国经济在一种国际性经济再生产体系中互相并存的国际分工。

多国主义的发展所造成的各种矛盾，在 20 世纪 50 年代和 60 年代初找到了初步的解决办法，它是以用机器设备交换依附国的原料和农产品为基础的。

让我们详尽地分析一下这种交换方式。

从发达国家供应两大类新的出口产品，并不意味着原来那些终极消费品的出口已彻底结束，而是随着这些产品的生产在体系周边地区的发展而被逐步替代。第一类是机械和工商服务业设备的出口。

在一个没有发达的机器制造部门的国家投资，意味着对发达国家生产的这类产品的需求。一般来说，这些机器的销售被各大经济集团控制；另外，支持机器销售的信贷要从这些集团所控制的银行或政府获得。输往依附国的机器和设备往往是进行投资的公司已经用过的。这是一桩很好的买卖，既赚了钱，又更新了自己的设备。

实现这些国家经济互补性的第二出口大类是输向依附国的材料。建设一个工厂意味着使用一定的配方或要求特种半加工原料。这时期进行的大部分投资是在化工部门，该部门直接消费经过一定加工的原料。当然纺织、橡胶等部门也是这样。当在别国建立生产单位时，这类加工过的原料的消费就会增加；各公司喜欢从其母公司获得供应，从而扩大了投资国和投资接受国之间关于这类产品的贸易。有时也从某个分公司获得这种供应，这种现象近些年来日益增加，是多国主义发展的必然结果。

还应指出，购买材料或加工原料的活动大部分是在同一公司或同一经济集团内部进行的，从而变成一种以调整价实现的公司内部交易，这能保证公司通过加价间接地汇出利润，并为公司在所在国逃避缴纳所得税提供手段。

于是，力图鼓励外资进入工业部门并谋求国际贷款、经济"援助"和提高出口产品价格的发展主义政策，形成了一系列互为补充的措施；这些措施起到了使依附国和统治国的资产阶级在国际上达成利益一致的作用，而这种一致反映在原料和农产品出口国和机器、设备、材料出口国之间的分工上。

不在依附国发展机器和设备制造业及原料加工业是保持这一分工的条件。但我们看到，资本主义经济发展的特有逻辑与这种限制相悖，并与大资本的眼前利益相抵触。

这种分工就是这样显示其暂时性的。首先因为依附国要求在它们国家发展那些互补性经济部门并供应有关产品的压力在增加；其次是机械工业也趋于在这些国家发展；最后，因为多国公司的分公司，当有了再投资的需要和可能并变成某些产品的买主之后，也就对建立这些互补性部门以便以低廉的价格获得这类产品感兴趣了。

最后，还有一种更本质、更重要得多的结果：由于商品化的便利条件、存在着闲置的设备和政府对依靠外资的经济发展政策日益坚定的支持，由于特别在60年代结束了民族资产阶级的反对，以及形成了一个主张发展的、与国际资本的那些目的高度认同的技术军人官僚阶层，便逐渐产生了在国际范围内以非常低廉的价格支配劳动力的能力。

所有这些因素造成了这样的实际可能，即被国际资本控制的依附国的工厂，除了面向国内市场，还可能成为重要的出口企业，向附近更加落后的地区出口，向经济上或政治上受美国的居间贸易国控制的地区出口，或者利用某些经济共同体内部的相对优惠条件，如英国与英联邦或欧洲共同市场与同其相结合的在非洲的那些前殖民地之间的优惠条件向这些国家和地区出口，最后还可向广阔的美国市场出口。美国是劳动密集型产品的巨大消费国，而在这个国家生产的这类产品，不仅价格昂贵，而且质量低劣。

所有这些原因促使产生了从先进国家和依附国向美国或其他发达国家地区出口的政策。

于是开始了对外投资史上的第三阶段，其主要特点是在制造业部门进行以出口为目的的投资。虽然只是开始，但发展是迅速的。雷蒙德·弗农根据美国商务部提供的资料，对美国公司国外工业分公司1957年和1968年的销售情况（按目的地市场）做了研究。有关数据证明，这类投资的发展速度是很快的。

1957年，在加拿大的分公司有大约85%的产品在国内市场销售，大约10%销往美国，大约5%出口到其他地区。1968年，上述百分比分别变成70%、20%和10%。

在欧洲，1957年内销的产品占75%，出口美国市场的占4%，出口其他地区的占20%；1968年，总销售已有大幅增加，其中大概20%以上销往其他地区，3%销往美国，其余内销。

在拉美，1957年产品的出口极少，几乎全部内销。1968年，在拉美的工业分公司的出口大约占生产总额的10%，其中部分销向美国，其余销往其他地区。很有意义的是，美国的工业分公司在拉美的销售额1968年超过了7.5亿美元，等于拉美同年全部制成品出口额的40%以上，其中包括大量的化学产品、机械和汽车零件。在其他地区（不包括加拿大、欧洲和拉美）也有增加出口的趋向。

　　至于新投资，应区分两种类型。一类是投向"商场国"，就是那些只起中间站作用并限于完成产品的最后生产工序的国家或地区。它们是韩国、中国香港、墨西哥北部和中国台湾。在那里建立从事产品最后加工的"客户加工"企业，所用零件是在别的国家特别是美国制造的。仅仅在于利用廉价劳动力来完成某些最后生产工序，这些工序是半手工性质的，需要使用大量具有一定手工专业水平的劳动力。这样，不仅能节省运费，还能利用这些国家或地区提供的赋税豁免及其他方便条件。

　　另一类面向出口的制造业投资是那些旨在利用当地原料进行出口前加工的投资。但这种投资受帝国主义旧政策的限制，该政策谋求确保在统治国加工原料。美国在这方面采取了严厉的阻碍措施；在某些工业部门的压力下，美国政府许多年来对进口材料设置重重障碍，课以非常高的赋税。

　　然而，在国际机构——如联合国贸易和发展会议——的支持下，这类投资大有发展的可能，那些国际机构把此类投资看作重建有利于不发达国家的交换条件的巨大选择。

　　原料加工尽管在近期内有所补益，但它绝不能解决不发达的种种问题，尤其在由外国企业进行这种加工时更是如此，它们把这种活动产生的盈余占为己有并以巨额利润形式汇向外国。

　　更加新鲜的是对那些输向发达国家的、比较高级精密的产品的生产投资。一般来说，这是一种生产零件用来在发达国家装配成终极产品的工厂。像电子产品这样一些产品的零件，要求使用相当多的、具有专业技能的劳动力，而这些劳动力在发展水平相对低的国家比较容易找到。也有一些基本产品的加工要求某种高精过程，包括有高水平的工厂。钢这种材料便是这样的产品。它需要巨额投资，美国的利润率低，所以钢的生产在美国面临非常严重的危机，致使美国变成这一产品的潜在大买主。还有其他种类的产品，如纺织品、鞋、速溶咖啡等，这些产品的原料加工水准较低，并且需要半手工劳动力，而这种劳动力的工资在美国很高。

另一个因素是市场的刻意要求所造成的这些产品的特异性。这要求生产规模小、设计特殊、制作精良和在发达经济中促使成本提高的其他因素。

因此，存在着另一个主要为了向美国市场出口的工业投资天地；对多国公司的投资来说，这个天地无疑是开放的和广阔的。多国公司从一种高水平的新的国际分工中发现了新的国际互补性。如果这种新的国际分工最后能广泛地建立起来，它将具有相对的历史稳定性，从而将使世界资本主义有一个比形成目前经济结构——自1967年起处于深刻的国际危机——中的时期更长的生存时期。

最近一个时期，多国公司力图通过下列办法来适应新的趋向：进行内部改造，在社会上层和广大群众中制造有利于那些变革的舆论，研究各种发展选择以及这些选择所要求的相应战略，预测各种严重问题和这些问题带来的矛盾。我们将在下一章研究这种趋向的某些比较特殊的方面。

七　新的国际分工的困难和矛盾

确立这种新的国际分工意味着需要解决许多初步性问题。首先是这一政策在统治国资产阶级内引起的内部分裂。解决这个问题意味着牺牲统治国的中小资产阶级的利益，这有利于多国公司和国际资产阶级的扩展，使它们进而通过对其他国家生产系统的控制，令人惊异地掌握大部分统治国的经济。

这一矛盾是严重的，而且难于解决，因为统治国内部的资产阶级还很强大，还有政治影响和抵抗国际大资本的能力，特别是当它们对居民中其他阶层产生影响，在政治上使之行动起来的时候。如果我们考虑到拥有巨大实力的公司基本是与美国国内市场联系在一起的，我们就能得出结论：这是巨人之间的对抗，而不是简单地反映为大资产阶级反对中等资产阶级的斗争。从长远看，当地资产阶级无力抵抗，主要因为它们不能向国内、国际提供另一种发展经济的选择，只有落后、瘫痪、停滞这种选择，但这种选择今天明显地不能成为一种具有国际意义的经济政策的现实基础。

为了在思想上对付这种反抗，国际资产阶级试图把多国公司描绘成一种不同类型的企业，一种代表着国际新观念和人类历史新阶段的企业。国际资产阶级的思想家们企图把多国公司同传统的公司明确地区分开来，力图把它从垄断在自由主义运动——扎根于中间阶层——和美国工人运动中留下的消极印象中解放出来，把政治斗争引向边缘问题或引向攻击旧式公司。

目前的情况非常复杂，因为工会领导人反对美国增加进口，这种进口损害本国的生产并不可避免地导致大部分美国工人失业。在工团主义的驱使下，美国工人倾向于同最保守的派别组成阵线，而不是举起能使那些矛盾真正得以克服的社会主义性质的独立旗帜。

从美国整个经济的前景看，这种国际新分工的发展意味着寄生性经济的加强，因为扩大了为靠租金利息生活的人服务的部门，这对国际收支平衡产生着消极的影响，因为资本项目收入不管多么高，也不能完全填补由于世界经济的这种发展而造成的日益严重的贸易逆差这个窟窿。由于民族大资产阶级集团、中小资产阶级的重要阶层和工人运动的反抗，以及国际收支问题直接造成的困难，国际大资产阶级还须经过一段较长的时间才能解决由向国际新分工过渡所产生的种种矛盾。这一新分工或许能拯救资本主义制度，使它能继续生存于一个不长不短的历史时期。

这一发展模式的胜利将意味着强化和深化经济的集中和垄断进程，把它提高到远远超过我们可能想象的水平。由此加深了小资产阶级的危机，以及小资产阶级地方实力或地区实力的最后表现形式的危机，从而加强了资本主义国家内部不同地区之间的冲突及其民族的和宗教的表现形式。伴随着这些阶层的危机而出现的是千百万依靠保存这类小企业而生活的城乡劳动者的贫困化和边际化。我们将在第四章中对特别是在美国产生的这一集中进程的后果做一概括性分析。

这些矛盾在依附国表现得十分尖锐。近年来反对非国有化进程的少数民族资产阶级阶层，即中小资产阶级清楚地看到，这种发展模式使它们失去了作为阶级生存下去的一切希望，因而从左的或右的方面反对此种模式，并把它们的反对极端化和理想化。

在这种新的秩序中，工人、一般劳动者和广大失业与半失业群众没有任何重要的地位。相反，这种秩序使他们进一步贫困化和远离生产系统，还使这些国家的巨大劳动力转向满足世界上业已形成的、今天正在获取最大收益的那些市场的需要。因为这一发展模式在拼命地确保支撑着世界上目前收入分配结构的社会经济制度的生存，所以它的趋向就是野蛮地强化这种分配结构。

显然，国际垄断资本提出的国际增长模式所具有的极不合理性和反动性，促使遭受它损害或破坏的社会势力组成一个反对它的广泛阵线。正如我们所看到的，除了居民中尤其是失业和半失业人口中那些最贫穷因而不能不受右的激进纲领——表面上反对大资本确立的这种秩序——吸引的阶层外，阵线中还包括一个特别保守的集团，它由面向本国国内市场的资本家、中间阶层和小资产阶级中的右派以及也受到深入到农村的国际资本扩张损害的寡头阶层组成。

此外，形成了一个无产者势力集团，它得到了半无产者群众和城乡小资产阶级的支持。他们在一个反帝反垄断的纲领下统一起来，这一纲领可能提供一种具有社会主义性质的革命选择。

作为 1929 年总危机的结果，在历史上形成的上述两大势力集团，它们在 1967 年开始的世界资本主义新危机中趋于重新成为一种历史现实。

国际范围内日益加强的集中和垄断，从处于廉价劳动力中心的生产基地出发对美国和其余发达国家市场的开发，基于新的国际分工之上的世界贸易的兴起，由于存在着在这一进程中被压下去的强大利益集团而产生的政治危机，在政治形势持续不断的激化中一个法西斯集团和另一个社会主义性质的反帝反垄断集团的形成，双方为促进或阻止这一集中、垄断和国际化进程而进行的地区内斗争和国际斗争的加剧：这些是在以多国公司为其组织细胞的资本主义世界新经济中发展的各种倾向。

这样，新的国际分工非但不能把资本主义从其最后危机中解救出来，反而加深了这一危机并导致它的细胞形式——多国公司在其内部，在其计划、战略及其组织形式上反映出资本主义不能解决的种种矛盾。

最后，可能还应指出，在这一新格局中，正在兴起的新公司具有下列一些目前已开始显露的特点。

第一，它的战略活动开始越来越少地注意国家的利益，却越来越多地考虑企业本身的总体利益；第二，在它整个增长战略中，投机和金融成了逐步起主导作用的方面；第三，公司逐步变成一个总的金融领导机构和投资机构，而不是生产过程的领导机构，生产活动逐渐与公司总的领导活动分开；第四，这些新情况反映在产品和活动的无政府增长上。这种无政府增长导致国际范围内生产活动的饱和化进程，而这又必然加快正在美国迅速发展的饱和化进程。

因此，接着我们必须对多国公司与国际经济的关系以及与美国的经济集中之间的关系进行分析，哪怕是概括的分析。

第三章
多国公司与世界经济

　　多国公司的发展极大地缩小了自由贸易的领域，以致几乎把它完全排斥于国际交换之外，从而使世界经济发生了质变。

　　多国公司在国际上决定性地扩大了公司内部贸易。今天，不少公司拥有生产某种具体产品的多国工厂系统。①

　　但是，这些公司不可能取代国家成为世界贸易集中的主因素。相反，它们谋求通过扩大国家在下列诸方面的参与来控制这一新阶段的集中：保护由这些公司掌握的当地生产；给它们免税，提供贷款或援助；调节和保证对某些产品的购买。世界贸易的增长大部分就是这样——仅仅表面上是矛盾的——通过扩大国家的干预而实现的。

　　因此，自由贸易的消除不单单靠一个日益缩小的公司集团对世界贸易垄断性控制的扩大，而且还靠国家越来越多地对这种贸易的干预。双边的和地区性的协定超越了纯贸易关系。公开确定价格，给国家和地区规定配额，这些代替了公司之间的书面协定。国家保

---

　　① 1971 年 5 月乔治·米尼在美国参议院财政委员会听证会上的讲话："一家多国公司可能在相距遥远的朝鲜、中国台湾和美国等地的工厂里生产某种产品的零件，在墨西哥组装，并按美国的价格，往往还使用美国的某一商标在美国销售。"

持着战略商品和黄金的大量库存，为大部分世界贸易提供资金，确定世界贸易的总方针，对一些产品给予保护和补贴，对另一些产品增加赋税等。国际货币基金组织、世界银行、关税和贸易总协定以及其他国际机构安排了大部分商品、服务和资本的流动。这样，国家资本主义转而在世界经济中起着越来越具决定性的作用。

通过多国公司推动的资本大流动，对国际分工产生了巨大影响，促进了某些地区的经济发展，扩大了一些国家的工业生产以及它们对机器和原料的进口。正如我们已经分析的，国际资本试图把国际分工推向一个新阶段。在此阶段中，相对使用较多劳动力的工业产品大部分将蜂拥转移到所谓的第三世界国家去生产，并从那里向美国和其他高收入国家出口。①

由于受害部门的美国企业及其工人反对增加进口，上述目标尚未充分实现。另外，美国的贸易平衡，在整个战后时期一直是顺差，但从 1971 年起变成了逆差（30 亿美元）。美国出口的增加直接同多国公司向其分公司销售的能力有关。根据税则委员会的研究报告，美国的出口额中大约 65% 是直接与多国公司对其分公司的销售额相联系的。但是，美国的进口中只有 36% 与那些以美国为基地的多国

---

① 在彼得·G. 彼得森领导下，由美国商务部完成的关于美国在世界经济中的地位的最重要论著《正在变革的世界经济中的美国》中，有下列一些论述："美国在国际分工中拥有许多比较优势，但最显著的优势在于农业、资本货物和先进技术。"（第 34 页）由于（这些部门）出口程度高的优势以及国家对进口的需求，应该把投资集中于这些最富有竞争力的部门，给这一调整提供援助并了解这一巨大贸易所开辟的国外投资前景。"发达国家都在注意保持或加强其贸易地位，发展水平较低的国家——其中一些具有令人吃惊的工业潜力（尤其是当对目前资本和技术流动性做出合乎逻辑的推断时）——正在筹划，谋求参与；在这样的世界中，应该做哪些必要的变革，才能保证完全地、平静地、可接受地使贸易与资本流动脱离？"（第 48 页）国家提出一系列旨在确保产品、服务和资本自由流动的措施，为确保实际利润几乎从不停止干预。

公司有关。①

这表明，只是部分地仍处在新的国际分工的初级阶段。在此阶段中，多国公司对外投资的主要目的在于控制当地市场和确保机器和材料的出口。这可用上述研究报告中的资料加以说明。

（1）1961 年至 1970 年，美国工业公司国外分公司的销售额从 250 亿美元增至 900 亿美元，但美国制成品的出口只从 150 亿美元增加到 350 亿美元。

（2）很大一部分也从事出口的多国公司设在化学部门和与化学相关的产品部门、原生金属和加工金属部门以及机器设备部门，就是说，设在原料加工部门和基础工业部门。

国际分工在对世界新经济产生如此深刻影响的同时，也改变着国际范围内劳动力的分配情况。国际分工依靠节省劳动力的技术使经济获得发展，同时摧毁旧式的农业经济，从而使失业在不发达国家不可控制地增加。旧式农业经济的破坏造成大量剩余劳动力，他们转入城市，找不到生产性工作，只能向寡头集团、资产阶级和中间阶层提供个人劳务。

在发达国家尤其是美国，服务性劳动者人数的增长远比生产性劳动者人数的增长快。造成这一现象的原因在于越来越大量节省劳动力的技术、特别是自动化技术的普遍发展，但是，这一趋向还由于经济趋于专门化生产和出口高技术产品而得到加强。作为这些总趋向的结果，失业状况也趋于恶化。

于是我们看到重新出现了 19 世纪末在帝国主义体系中占中心地位的英国所经历的那种寄生现象，这种现象因为目前时期高水平的技术发展——它造成日益增加的结构性失业——而变得更加严重。

---

① 这些数据引自美国参议院财政委员会国际贸易小组顾问处的研究文章《多国公司与世界经济》，1973 年 2 月，美国政府印刷局。

与英国相反，美国不是一个优秀的出口国。1960 年，美国产品的出口占全国生产的 11.1%，1970 年上升到 14.2%。同期，产品的出口和生产之间的比例在那些基本上从事出口的国家要比美国高得多，如加拿大（1960 年为 45.1%，1969 年为 66.8%），英国（1960 年为 38.5%，1970 年为 48.5%），日本（1960 年是 27.9%，1970 年是 31.1%），联邦德国（1960 年和 1970 年分别为 31.3% 和 37.9%）。然而，美国明显地在增加它对进口产品的依赖，并因此需要扩大它的出口。如果把大批劳动密集型制成品计算进去，那么对原料和某些农产品进口的依赖便更加严重。

新自由主义理论家们坚持这样的论点：必须使按国家和地区的生产专业化倾向更加明显，提高国际经济的总生产率。因此，他们主张把扩大世界贸易作为有效目标，而贸易的扩大将与资本流动的增加相联系。

围绕着这些想法，于 20 世纪 50 年代和 60 年代前 5 年在美国掀起了一场支持自由贸易的强大运动，该运动得到普遍信赖其高水平生产率的农业生产者的支持，相信加强出口是新就业机会之源泉的劳动者的支持，以及热衷于出口那些代表最新技术和极高生产率的产品的工业资产阶级的支持。

但是，随着自由贸易的局限性渐趋明显，这一阵线逐渐变弱。欧洲和日本已从战争中恢复过来，建立了具有高生产率和使用比较廉价劳动力的新工业。

依附国由于同样的原因不断增加着它们的竞争实力。美国资本大量冲向国外，越来越热衷于寻找那些新的利润潜力。

新自由主义阵线的裂口就这样产生了。

首先打破这个阵线的是工人。美国工会为捍卫就业而进行反抗，这对只保卫自己的眼前利益、无力向社会提出一种阶级选择的行会式工团主义来说是自然的事。过去强有力地支持自由贸易的劳联 –

产联开始要求普遍限制进口工业品和输出美国资本，它们把输出资本称为输出就业和技术。

加入此阵线的是其利益直接受到损害的那些部门，如纺织、钢铁等。因此，早在1962年，美国就签订了《棉织品长期协定》，给向美国输出纺织品的国家规定了"自愿"配额。里卡德·N. 库珀评论道：[1]

> 1972年美国有70多个这样的工业产品协定，而1962年只有7个。这些协定包括多种多样的产品，如钢、牛肉、蘑菇、合成纤维织品和羊毛等。

作者在其论文的第一部分接着说：

> 支持自由贸易的美国旧联盟的解体以及没有一个替代它的新联盟，这不仅会导致明确的无保留的更大的保护主义，还会使外贸问题进一步侵入一般对外关系。

当已获得恢复的欧洲和日本的竞争变得不可阻挡时，美国强加给被战争搞得精疲力竭的盟国和处在军事占领下的前敌国的虚假的自由世界便这样寿终正寝了。另一方面，对"自由"贸易的"限制"乃是在很大程度上由《布雷顿森林协定》推动的经济集中化、集权化和国际化的必然结果。该协定尽管仍对衰落的英镑及其黄金保值表示了敬意，却接受美元为最佳硬通货，从而确认了美国的霸主地位。

---

[1] 《贸易政策是贸易政治》，原载1972年《外交政策》季刊，后又在《经济展望》第3期刊载。

　　美国资本就这样连同它的公司、产品、生产技术，尤其是"市场管理"技术一起侵入欧洲。这一进程的后果到 20 世纪 60 年代中期开始显露出来。

　　一方面，多国公司在国外对美元的控制越来越大，这一现象越发清晰。在各主要机构所掌握的短期资本总额中，多国公司的分公司占 41%（1100 亿美元），美国银行的分行占 23%（610 亿美元），外国银行占 20%（530 亿美元），包括外国政府、中央银行和国际组织在内的"其他"仅占 16%（187 亿美元）。[①]

　　这使世界金融市场的结构发生了巨大变化。（美国参议院财政委员会）国际贸易小组顾问处对此做了如下评论：

　　　　但不管主要原因是哪些，清楚的是大量美元充塞着欧洲和日本。投机者不仅能使某一国家货币政策破产，而且完全还能迫使一些国家的货币贬值或升值。〔……〕总之，美国各公司和美国银行在国外的分行所掌握的美元可以造成众多货币危机。[②]

　　于是我们看到，巩固美元地位的金融统治是怎样造成了美元膨胀，最后导致美元贬值和危机的。

　　当然，美元危机还有其他一些同美国政府为确保在战时获得的这种霸权所**必需**的开支有关的结构性原因。这种霸权不仅仅是经济方面的。为确保资本主义在意大利、法国、德国和日本生存下去，必须在这些国家集结大量兵力；为在冷战加剧的情况下确保这种霸权，需要把它扩大到全世界，包围苏联及其盟国。这种占领——人类历史上范围最广阔的占领——付出的代价很高。在整个战后时期，

---

　　① 数据引自税则委员会的《多国公司对世界贸易和投资以及美国行业劳动力的含义》一书，第 537 页。

　　② 《多国公司和世界经济》，第 30 页。

国际收支不断出现逆差，其根源是国外军事开支、经济"援助"和旅游支出。为保证资本和劳务账上的收入以及1970年前的贸易顺差，前两项开支是完全必要的。

各种统计数字是很能说明问题的。

1971年、1972年和1973年，美国的军援开支分别为57.05亿美元、62.36亿美元和59.32亿美元；经济及"人道主义"援助分别达30亿美元、34.79亿美元和41.91亿美元；进出口银行发放的贷款分别为28.80亿美元、77.31亿美元和71.31亿美元；为其公司的国外业务（武器和产品的销售、投资等）同期分别融资116亿美元、107.48亿美元和174.55亿美元。

上述各项支出总额非常接近于国际收支赤字总额。此外，还应把庞大的国防开支计算在内。据美国国际开发署统计，那几年美国的国防费用高达778.27亿美元，等于该国国民生产总值的8%。这项预算的一大部分用在国外，以便保卫"自由世界"并用美元灌溉这一世界。

虽然美国的许多阶层把对外投资看作一种资金输出，但统计数字证明它不是资金输出，而是一种财源。军援开支与经援费用之间没有什么差别，都是国家用全民的钱拨出的，但资本流动是为了装满少数资本家的腰包。这两种现象不是互相孤立的，而是相互密切关联的。为生产必需的资金（许多时候是通货膨胀性的）来鼓励工业品和非工业品的国际贸易、对外投资以及武力保卫那些反人民的、同在美军占领下的国家格格不入的利益集团，国家干预是完全必要的。

据美国商务部的统计，美国对外直接投资1964年为23.28亿美元，1970年为44亿美元，1971年达49.65亿美元。

但是，各分公司的利息、股息和利润净产出达到了非常高的数额。在这些项目下汇入美国的资金，1964年为36.74亿美元，1970年是60.01亿美元，1971年达72.86亿美元。这些数额中不包括在接受"慷慨"投资的国家进行的再投资。

但这不是全部。美国公司还通过收取专利权使用费（royalties）而获得大量收入，在 1964 年、1970 年和 1971 年分别达到 10.13 亿美元、19.19 亿美元和 21.69 亿美元。这样，1971 年私人投资输出 50 亿美元，却获得 95 亿美元的进账，大约结余 90%，即 45 亿美元。

于是，美国人民通过其被少数资本家控制的政府为这些公司有利可图的活动提供资金的机制就一目了然了。

在霸权中心产生的结构性后果也很清楚。这些后果是：

——国内生产活动被弃置，失业增加，服务特别是金融服务活动加强，出现寄生趋向。

——国家的通货膨胀趋向，对劳工和资产阶级下层的课税增加。考虑到国内没落的工业部门所施加的强大保护主义压力，通货膨胀还由于世界贸易中垄断的极端僵硬化而加剧。

——强烈的军国主义，生产系统日益依赖于军事投资。

——对暴力文化的鼓励，这是被其严重的黩武式表现所激化的资本主义竞争关系的一种表现形式。

——大资本在国内同面向国内市场的中小资产阶级，以及同普遍关心充分就业的劳工之间矛盾的增加。

另一方面，上述各种事实和趋向对国际关系的结构造成了——概括地说——如下结果：

——垄断性交换方式的强化和国家参与的增加。

——开创世界贸易新的发展时期的努力遇到困难。为开创这一新时期，一方面需要深化新的国际分工，另一方面需要通过产品经销方式或签订企业建设合同来扩大与社会主义国家的贸易。

但必须指出，为了广泛地同社会主义国家发展贸易，需要大大加强国家的干预，对这种贸易作长期的规划，使成本保持相对稳定。这要求对资本主义目前的运行方式进行非常重大的质的变革。

——美国霸权的丧失。其表现是：

（1）美国的出口在世界贸易中的参与比例从 1950 年的 16% 降至 1970 年的 4%；欧洲共同体的参与在同期从 15% 增加到 28%；日本从 1% 增至 6%；英国和其他一些发达水平较低的国家，同美国一起呈现出一种丧失其在世界出口中相对地位的趋向。1950 年，英国在世界出口中占 10%，至 1970 年仅占 6%；那些发展水平较低的国家的参与比例，同期则从 33% 降为 19%。①

（2）美国国民生产总值占世界国民生产总值的比例从 1950 年的 39.3% 降至 1970 年的 30.2%。同期，欧洲共同体所占的比例从 11.1% 增加到 14.8%；日本从 1.5% 增至 6.2%；苏联从 13.5% 增加到 16.5%。发展水平较低的国家及其他发达国家和社会主义国家基本上保持了它们原来所占的比例，只有英国同美国一样，它在世界国民生产总值中的参与比例由 5% 降为 3.6%。②

此外，在美国国民生产总值的组成中，服务项目越来越大，产品项目越来越小。1950 年，服务项目占国民生产总值的 30.6%，至 1970 年增加到 42.1%。

这些趋向一定会继续下去，因为美国国民生产总值中用于投资的比例比其他资本主义国家低得多，造成低增长率。1968～1970 年，美国用于投资的资金占国民生产总值的百分比平均每年为 18%，而英国为 19%，法国为 27%，联邦德国为 27%，日本为 39%。③ 另外，美国投资中一大部分用于军事部门，而联邦德国和日本并非如此。

这种趋向没有妨碍各公司的利润稳步上升。1966 年，它们的利润总额等于美国国民生产总值的 5.8%。虽然一度呈下降趋势（1970 年降至仅占国民生产总值的 3.3%），但 1971～1973 年重新上升。

---

① 数据来源：前面援引的彼得·G. 彼得森的报告，第 2 卷，图表 12。
② 数据来源：前面援引的彼得·G. 彼得森的报告，第 2 卷，图表 1。
③ 数据来源：前面援引的彼得·G. 彼得森的报告，第 2 卷，图表 4。

（3）美国在国际货币储备总额中所占的比重从 1950 年的 49.8%
降至 1971 年 8 月的 10.6%。

同期内，欧洲共同体所占的比重由 6.1% 增至 32.9%，日本由
1.2% 增加到 10.9%。由于这个原因，美元可以兑换黄金一事已变得
不可忍受，并于 1971 年不得不取消了这种可兑性，从而使战后营造
的国际金融关系大厦——其中美元起中心作用——全部倒塌。

（4）增加了美国对进口产品的依赖。1970 年在下列产品的消费
中进口产品所占的比例是：[①]

纺织品：12%；

钢：15%；

缝纫机：49%；

电视机：52%；

电影剪辑机：66%；

收音机：70%；

计算机：75%；

录音录像磁带：96%；

35 毫米摄影机：100%。

对原料的依赖趋于成为越来越大的窒息性问题，所以美国报纸
大叫大嚷能源和原料匮乏是不无道理的。资料表明，1970 年美国进
口的矿产品占其需求量的 15%。至 2000 年，矿产品的进口将会占其
全部进口的 30%～50%。正因如此，美国在其战略库存政策下继续
冻结着巨额资金。[②]

---

① 数据来源：前面援引的彼得·G. 彼得森的报告，第 2 卷，图表 26。

② "战略库存总值——1972 年 12 月 31 日达 64 亿美元——意味着大量资金的冻
结，但至少产生两个不同方面的结果：一方面，表明美国公民为获得在战略供应上的
活动自由所付出的代价；另一方面，给华盛顿提供了一个应付世界市场的强大行动
手段。"——引自 M. 德诺拉伊上校的文章：《美国的战略库存》（1973 年 12 月发表
于《国际》杂志，1974 年 3 月 6 日转载于法国《经济问题》）。

概括地说，自战后时期结束以来，国际经济关系的趋向是：国家资本主义垄断的加强、美国霸权的相对衰落以及欧洲诸国、日本和苏联的地位上升。

对依附国来说，它们的出口产品价格在第二次世界大战和朝鲜战争期间得到了一定的提高，但它们最终在这一时期失去了在国际经济中的地位，加重了它们千百年来面临的种种问题。1950～1970年，在"发展程度较低"的国家，它们的国民生产总值的增长率与发达国家的增长率相似（平均每年5.4%），但它们的人口增长率很高，所以人均收入的增加要比发达国家慢得多（年均增长前者为3%，后者为4%），从而扩大了发展程度较低的国家和发展程度较高的国家之间在人均收入方面的差距。当依附性资本主义不可能试图达到更高的经济增长率时，就必须坚持减少其人口增长的必要性；如果考虑到问题的战略和地缘政治方面，情况更是如此。1970年，在世界人口中社会主义国家占了40%，富裕的资本主义国家占了20%，不稳定的依附性资本主义国家占了其余的40%。

于是，对在美国霸权下世界资本主义一体化时代的国际经济关系的分析，证实了我们在第一章中提出的论点。一体化导致分裂，导致帝国主义内部矛盾，以及帝国主义国家或统治国同外围国家或依附国之间矛盾的加深。由于社会主义阵营以及工人运动和民族解放运动的力量不断增长，已无法用武力解决冲突，于是贸易战就在这一时期起着决定性的作用。

我们将在本书后面的几部分较详细地讨论国际局势中的这些政治问题，首先要深入讨论这些结构性变革对世界霸权大国——美国内部的影响。

第四章
在美国的集中和垄断

19 世纪末，一场广泛的人民运动终于使美国制订了第一批反托拉斯法。1890 年颁布的一项法律，即《谢尔曼法》宣布：

> 任何旨在限制各州之间或与外国进行贸易的契约、托拉斯或其他形式的联合或图谋均由本法宣布为非法。①

虽然有这一法律规定以及后来颁布的无数条例，但垄断行动和企业之间的联合继续以巨大的规模进行着。第一次世界大战前夕，反托拉斯运动在美国得到加强，随后在 1914 年 9 月成立了联邦贸易委员会并于同年 10 月 15 日通过了《克莱顿反托拉斯法》，对《谢尔曼法》做了补充。《克莱顿反托拉斯法》不仅关注阻止购买者之间的歧视性做法——为确保垄断状态或以垄断为目的的定价，而且禁止成立得以控制在同一竞争领域活动的其他公司股票的控股公司，还禁止银行经理和姻亲公司经理之间的内部连结。虽然这项立法部分地被《韦布－波默伦法》抵消——此法由于最高法院做出了有利于

---

① 《反托拉斯法及其修正 1890～1966》，政府印刷所，1966。关于各种反托拉斯法的总结，见拉蒙·塔马雷斯《反垄断集团的斗争》。

托拉斯的裁决以及 20 世纪 20 年代共和党政府对托拉斯的支持而把外贸排除在反托拉斯法之外——但寄希望于《克莱顿反托拉斯法》（最后于 1918 年得到调整）能阻止垄断在美国的加强。另外，1911年标准石油公司的分裂以及反托拉斯思想被引入民主党的纲领使得有可能产生这样的结果。

但是，事实很不相同。美国经济中强大的集中化和集权化进程在继续，至 20 世纪 20 年代末达到了前所未有的极端程度。这种情况的明显化，以及 20 世纪 30 年代危机时期辛迪加和自由派组织的加强，使罗斯福在其执政时期对集中化现象采取另一种态度。罗斯福政府不谋求实行彻底的贸易和商业活动自由化，因为彻底的自由化不但不能加强竞争，反而会加强垄断；相反，1934 年实施的"新政"和《国家工业复兴法》思想是根据具有一定社会内容的具体原则（获得合理的利润和足够的工资，切实消除不诚实的竞争，促进产业的恢复）通过国家对买卖进行管制的思想。[1] 但是，这种管制明显地变得有利于垄断，从而面对集中的扩大，引起了普遍的不满。由此产生的反应是：不仅终止了《国家工业复兴法》，还出现了一场要求对经济的集中化进行控制和研究的运动。[2] 国家临时经济委员会花费了 3 年时间（1938~1941 年）对美国经济所达到的经济金融集中的极高程度做了详细研究，但未能提出一项解决问题的政策。司法部反托拉斯处稍稍增加了它的活动，但这不能保证对垄断集团采取任何实际行动。随着美国参加第二次世界大战，国家与垄断集团之间的联系大大加强。战争结束后，围绕工业的疯狂发展，这种联系变得更加密切。麦卡锡主义思潮和保守派对美国社会的统治——部分地借助战后整个资本主义世界的经济增长而得势——给大资本

---

① 见拉蒙·塔马雷斯：《反垄断集团的斗争》，第 106~112 页。埃利斯·W. 霍利在他的《新政和垄断问题》一书中对"新政"的经济政策做了出色的总结。

② 见拉蒙·塔马雷斯：《反垄断集团的斗争》，第 106~112 页。

开了绿灯。经过 1958 ~ 1961 年的危机之后，在约翰·肯尼迪的"魔法"保护下以及后来越南战争的推动下，美国资本主义冒险掀起了一股自疯狂的 1918 ~ 1929 年以来最广阔的投机浪潮。

当军事失败已成定局，大商业活动得到加强，经济衰退和由于这种冒险活动而引起的剧烈通货膨胀明显出现时，这一投机新浪潮的社会代价便在青年人身上，后又在工人和全体美国人民身上强烈地反映出来。在这些现象的影响下，20 世纪 60 年代美国出现了一场批评大资本和与大资本合伙的军事扩张主义政策的强大运动。这一运动在很大程度上重新采用了美国旧民众主义反对经济集中、捍卫自由竞争的观点，其主要堡垒是美国参议院反托拉斯小组，同时得到参议院小企业委员会的支持和联邦商务委员会及由众议员帕特曼领导的众议院银行和货币委员会等部门的支持。聚集在拉尔夫·纳德周围的私人集团开始了一场反对大公司的游击战；最后，丘奇参议员终于建立了一个多国公司研究小组，该小组目前正主张各大石油公司分成较小的公司。劳联－产联只是部分地参加了这一运动，它们的一些集团特别强调了多国公司作为就业输出者的作用，但并不攻击国境内的垄断。

这一系列的调查研究、反叛行为、立法建议、对管制机构施加的压力以及反对大公司的舆论动员，形成了一场真正的社会政治运动。随着美国资本主义目前危机的加剧，这一运动将应该达到更加广泛的规模。损害大部分消费者利益的通货膨胀，在广大劳动者阶层中造成令人不安的失业率的增加，以及损害中小企业重大利益的美国对外贸易所面临的困难，所有这些都是与近 20 年来巨大的经济集中化进程非常直接地互相结合、互相联系的。如果在这些社会经济事实中加上通过"水门事件"对国内政治腐败的种种揭露以及大资本内部表现出来的派别斗争，那么就可看出目前反垄断运动所具有的潜力。

但是，在美国，反垄断集团的斗争具有清晰的自由主义内容，反映了中小资本家反对大资本权力的要求。他们的愿望是恢复全面竞争的条件，哪怕是通过国家的管制行动来达此目的也在所不惜。他们对垄断和集中的批评丝毫不触及容许和产生垄断的竞争制度。许多情况下，这种批评采取了为中小企业辩护的形式，企图证明它们具有更大的活力、更大的生产和技术发展能力，同时还力图证明经济权力集中与政治权力集中之间的联系，但从这一证明中得出了必须重建所谓的政治自由条件的结论。他们憎恨官僚阶层和政府，这使得他们反对税收和社会福利政策，他们仇视工会官僚集团，这使得他们脱离有组织的工人运动。所有这些离散的感情，这些愿望和失意，产生了一种模糊的思想混合体，它包括无政府主义、自由主义、保守主义、民族主义等，并能为最广泛的不同目的服务。

英顿·明茨和杰里·S. 科恩合著的一部新书，教学式地总结了这种反垄断的民众主义思想。此书还搜集了反垄断运动产生的各种论文和文件，具有很大的知识性。还应指出，两位作者是参与近些年来该运动发展进程的重要角色（明茨通过他在《华盛顿邮报》当记者的生涯，科恩通过他作为律师和参议院反托拉斯和垄断集团小组的首席顾问和组长的活动）。因此，我们可以把他们的书《美洲公司，谁在统治美国？》作为有关这一运动的思想和论述的典范，作为理解该运动所做的各种研究、它的目的和可能的行动纲领的基础。

一　技术和公司的规模

关于当前美国民众主义思想的实质，可以用下面一段话加以概括：

> 我们可以学而懂得——以最痛苦的方式，并且太迟了——

自由社会与经济权力的大量集中不能长期共存。这种权力可能被肢解，它的发展可能被阻止。这些是可以达到的目标。①

然而，事实是固执的。尽管有反托拉斯的法律，集中依然在美国和整个资本主义世界大踏步地前进。反垄断人士的各种论著本身充分证明了这一点。②

难道集中不像自 19 世纪以来马克思主义者一直提出的那样是资本主义发展的必然结果吗？难道集中和垄断不是竞争本身的高级形式（尽管是没落的形式）及其合乎逻辑的必然结果吗？我们两位作者的大部分论据是用来否定这种论点的，而这一论点今天已被越来越反映大资本利益的资产阶级经济理论所吸收（在辩护的方式下）。

第一个重大问题是证明技术的发展不一定导致产生大生产单位。他们认为，大规模和高效率之间没有机械的必然的关系。相反，企业联合问题专家们的论著已表明这种联合与建立较大的企业单位无任何关系。进行联合的企业一般都毫无变化地保存了它们原来的工厂。这表明，支持集中的理由同建立合适的规模经济没有关系。③

两位作者根据乔·S. 贝恩教授的论著指出：

> 经济超越工厂的一定规模是不可能的。此外，在大部分集中化的工业中，工厂的规模同公司的规模之间的分离是很大的。换句话说，大公司的生产效率不是通过建立一个统一的大工厂获得的，而是通过一批工厂——其中每个厂对市场而言可能是

---

① 《美洲公司，谁在统治美国?》，第 65 页。

② 在明茨和科恩的书的后面，有一份近 10 年来发表的这类论著的目录。约翰·M. 布莱尔的著作《经济的集中：结构、行为和公共政策》是对以前所有这类论著的杰出概括。

③ 作者没有像马克思主义的传统做法那样将经济集中与资本集中明确区分开，这里无疑是指单纯的财政集中。

小厂——的活动取得的。这意味着一大批公司可能会解体，但丝毫不会降低每个工厂的效率。

我们的作者还走得更远。他们依靠国际商用机器公司和霍尼韦尔公司的见证人向参议院反垄断小组提供的证据，提出计算机的发展不仅使小生产单位变得更加可行，而且更加可取。[1] 有意思的是，这些论点在欧洲被安德烈·戈尔兹捡去捍卫企业自治，在中国被用来捍卫具有独立法人地位和产业的公社权利。但是，支持这些论点的材料是贫乏的。企业规模的缩小很多情况下是由超级专业化造成的。资本主义生产已把同一产品分阶段制造，而每个阶段都采取不同的工厂形式。汽车工业的情况就是一个例子，它分成数百个零件生产厂。正是由于这种情况，苏联技术人员愿意与美国的麦克公司签订合同，生产大吨位卡车。这是卡车生产中实现高度工业一体化的唯一一家公司。苏联的那些工厂，在汽车工业实现了高度一体化之后，将会大大节省运输和设备，并将提高其汽车工业的生产效率和自动化程度。

反托拉斯运动的技术人员和经济学家们研究较多较深的方面是关于大公司的技术革新能力。在《关于经济集中听证会报告汇编》第 3 卷上发表的那些论文[2]被两位作者大量引用，特别是约翰·M.布莱尔博士关于某些高度垄断化的美国工业部门（钢、食品、啤酒、一般消费品部门）的证明材料表明，在这些部门中，不仅技术进步微不足道，而且强烈抵制引进由国外更有竞争力的企业所实现的革新成果。一项关于近 50 年最重大发明的广泛研究也表明，这些大部

---

① 《美洲公司，谁在统治美国?》，第 193 页。前面援引的布莱尔的著作对此论点做了充分的阐释。

② 见《经济集中》第 3 卷《集中、发明和革新》，以及第 4 卷《新技术和集中》。

分发明是在各大公司以外实现的，尽管后来被它们采用了。那么如何解释大部分研究费用是由大公司出的呢？因为这些支出主要用在所谓的开发上，而不是用在基础研究上，基本上是为了使产品适合市场的需要。与深受大公司富有迷惑力的宣传影响的舆论可能产生的感觉相反，这方面的材料既是大量的，也是很有说服力的。

因此可以认为，明茨和科恩在总结马歇尔的思想时提出的如下论断，总的来看是正确的。

> 技术变革是推动（企业迅速增长、退步、停滞和骤然滑坡）这种（基本）循环的催化剂，是一种促使更大竞争和非集中化的力量，而不是垄断资本家扩大其领地的杠杆。

上述论断的错误在于没有考虑到一个部门的科学技术革新会很快老化并因此能保持部门垄断的稳定性。这样的认识可能更合乎逻辑：整个经济逐步走向垄断和停滞并回避革新；与此同时，在整个生产系统中地位越来越低的某些部门，由于引进了重大革新，在其内部掀起了竞争的浪涛，打破了平静。这正是战后年代在电子、化学，特别是石化部门出现了重要的新公司、推动了规模较小的新企业兴起的情况。这些新公司拥有的有利形势使它们很快获得发展并向新部门扩展，其中许多公司成了那些使反托拉斯的思想家们十分害怕和恼怒的投机怪物——目前多行业联合企业的核心。这是从他们的论文（如《关于经济集中听证会报告汇编》第 8 卷）中得出的认识。[①]

全部讨论最后自然地落在一个总问题上：既然那些发明产生于

[①] 《多行业企业合并问题》附件：联邦贸易委员会的报告：《关于公司合并的经济报告》，1969。

小公司或富有想象力的个人，既然垄断企业抑制进行技术革新，为什么它们继续统治着经济舞台并继续不停地扩大？遗憾的是，答案与我们在这里援引的有意思的论述相距甚远：

> 联合在继续进行着，这自然有其原因，尽管其中许多联合在过去对联合的公司并不有利，若说有什么贡献的话，那就是对效率做出了消极的贡献，使技术倒退而不是进步。
>
> 在我们的自由企业制度的经济理性下，一个企业的主要动机大概是尽可能地多赚钱，但大企业不总是只有经济性的动机。
>
> 例如，一些总经理贪求领导大企业以获得比领导小企业所能享有的更大的权力。为增长而增长，为声誉、为报复而增长，所有这些人所固有的动机应凌驾于经济之上。有时可能是纯粹的贪欲。〔但是贪欲和利润是在一起的，都是"合法的"经济性动机。——T. 多斯桑托斯〕
>
> 寡头企业主们发现了一种获利的新尺度。利益不一定只能从制造的产品中取得；可以从联合进程本身获得。华尔街的金融操纵和心理学在这里同样起作用。〔但是，除了利润心理学，自由企业心理学，经济动机心理学外，还能是别的心理学吗？——T. 多斯桑托斯〕

明茨和科恩非常质朴地在这里揭示了反托拉斯立场的全部矛盾性："多行业合并运动发展的秘密集中在'利润'上。"随后他们又说："它的力量并不来自内部结构，而来自大投资者怎样看待它。"他们继续坚持使金融资本只要剪剪息票就可增加其利润的会计技巧方面的论点。然而，从资本家的观点看，从企业内部获得的利润与通过投机获得的利润之间有什么区别呢？只有一方面的区别：数量；投机赚得更多。如果"我们的"自由企业制度是在利润的基础上运行的，则没有理由谴责垄断者和投机者。他们的行为是好资本家、好"自由"企业家所应有的行为。毫无疑问，由人民、总的来说由人类的进步承受后果。正因为如此，从长远看，自由企业制度必然是反人民的，并注定要被一种高级的、建立在有计划地安排社会需要基础上的生产制度所战胜。

二 新的集中形式

近些年来通过上述各种研究而确定的另一类问题涉及集中进程的新的方式及其主要方面。

这些研究相当详细地讨论了代表近 20 年美国企业发展特点的多行业合并进程。联合运动（联邦贸易委员会和参议院反托拉斯小组对它做了相当详尽的研究）本身证明，它在最近 10 年不仅以几何级数迅速发展，还采取了不加区别地购买那些在生产或贸易上无任何关系的企业这一形式。多行业联合企业被许多人说成是经济组织的高级形式，而有关的各种论著广泛地不同意这种说法。它的发展基本上是投机性的，建立在经营可计数的有价证券基础上。这种经营可在短期内轻易地获得利润，但在长期内导致组织上的高度低效率。

帕特曼的报告[1]分析了金融集中形式目前演变的另一重要方面，即所谓的机构投资者的巨大发展。尽管反托拉斯法禁止建立控股公司，却让银行、保险公司、金融公司等自由活动，以便在它们的信托下掌管个人的和金融团体的股票，特别是近些年来还掌管企业职工的保险基金。这些巨额金融资金——占美国各交易所股票总值的一大部分——集中在一小批金融机构的手中。帕特曼的研究不仅揭

---

① 美国众议院银行和货币委员会：《商业银行及其托拉斯活动，对美国经济的影响》，华盛顿，政府印刷所，1968。

示了这些信托公司的发展情况和它们建立的巨大势力网，还揭示了美国银行系统高度金融集中的水平，总之，揭示了银行领导和大企业领导之间广阔的交织网络。这种倾向还由于强大的银行合并运动和建立银行界控股公司而变得更加显著。1970 年颁布的一项法律制止了后一类公司的扩展。

如果在上述情况中再加上这些公司和银行同学校尤其是大学系统、武装部队及政府（泛指）之间的关系——已被不少论著、国会的听证报告以及众多的丑闻充分证实（在明茨和科恩的书中对这一切有大量的阐述），那么我们就能理解两位作者在做如下论述时所表露出的懊丧心情：

> 有无数例子说明政府是怎样偏爱大公司的。公共政府和私人政府早已紧紧拥抱在一起。这是既成权力结构。权力平衡的概念完全是另一个展景。权力不会平衡，它没有配衡体；只有吸引力。在有权势者之间，互助契约比长期争斗更少病苦。〔……〕

《美洲公司，谁在统治美国?》第 112 页上写道：

> 面对这样的权力，在像 X 射线那样的明知存在而又不能辨别的力量面前，如果公民个人感到恐惧，则应予以原谅。

这种结构对经济的运行有哪些影响?

自 1958 年危机开始，垄断集团甚至在需求下降的情况下仍企图保持或提高价格的倾向变得明显了。这一倾向——在理论上是相当清楚的——被实践所证实，表明了目前情况下货币财政政策面临着困难。

　　处理价格高昂的传统办法，在高度集中的经济中将不起作用。相反，这些办法实际上可能导致更多的失业、更高的赋税、更高的利率和更高的价格；而这一切都在反通货膨胀斗争的旗号下进行。（同上，第 171 页）

　　价格在很大程度上是由企业领导管理的，而企业总是要抑制任何下降的倾向，"当然，除非产生了严重的衰退"。但是，这些企业对成本的增加非常敏感，并立即以提价作为回答。这样，通货膨胀趋势进一步加强并变得不可控制。

　　在这种情况下，利润率成了大公司权力作用的产物，而不是它们的竞争能力的产物，可以在不降低价格的情况下大量增加利润。实际上，恰恰由于价格的提高大于成本的增加，利润才得以扩大。此外，成本的增加是广告费、广泛的和费钱的产品多样化以及调节性销售（利息和服务方面费用大的分期销售）造成的。所有这些因素大大增加了产品的价格，却没有改善其质量，反而降低了质量。竞争的消失和托拉斯势力对政府的影响，使各种控制产品质量的法规成为一纸空文，便于企业攫取利润。消费者再次受害。这种情况对收入分配的影响也是显而易见的，因为种种计算表明，消费者的损失之大足以推测出他们收入的实际亏损数额。因此，就消费水平而言，国家财富的再分配有利于大公司，却损害着靠工资、租金或非垄断性利润等其他收入来源过活的人。

　　但是，反托拉斯思潮的追随者们认为，大资本对经济的统治不是它的"资本"身份的结果，而是它的"大"的结果。对他们来说，规模和极广泛意义上的不道德之间有直接的联系。

　　一个规模小的组织不会自动地具有善的特性。一个规模大的组织不会自动地具有恶的特性。但在规模中存在着某种可能应使我们警惕的东西，某种趋于把在买卖中、在官场上或在军事上的个人责任心撕成碎片，甚至碾成粉末的东西。

像常见的那样，这又是对小集体的怀念，是美国中间阶层的平均地权思想。如果《美洲公司，谁在统治美国？》的作者们在明确利润的原则——经济活动的指挥者与无社会责任心之间的关系时能从这些明显的事实中推断出全部结果，那么他们将变得更加客观，不那么怀古。他们自己在做如下论述时表明了这一点。

> 企业情况的好坏传统上是根据公共财政状况确定的。正如伯纳德·D. 诺西特所说，"在集中化工业的逻辑或实践中，没有任何指导或鼓励根据社会责任心进行决策的东西"。粗俗地说，法律得以施行是因为雇用了一个企业的良心，如果这种举动生利的话；良心也会被搁置一边，如果这样做生利的话。（同上，第 308 页）

认为竞争是一种能抵消资本主义上述固有特性的法则，就是不懂得利润原则与竞争之间的关系，以及竞争与垄断之间的关系。

上述作者主要根据拉尔夫·纳德的揭露而举的例子是十分骇人听闻的。那些众所周知的汽车事故和造成严重危害的药物说明了所谓"白领犯罪"的严重性。这些罪行对千百万人来说具有致命的后果，但除了知道是有钱的、享有很高社会声誉的人干的外，一般都是无具体人犯的罪行。与之相反的是那些暴力罪行，这些罪行一般是由穷人干的，并清楚地被揭露出来。

作者们如此大量列举了关于企业和政府官僚腐败的一大串例子。解释这种腐败现象的应是资本的腐蚀力，而不是企业的规模。正是这种腐败说明了为什么政府不但允许制造危害性明显的产品，而且还给这些产品以独家经销权并在国家采购中给予专卖性待遇。也正是这种腐败解释了为什么那些起来与这类罪行做斗争的人被停职或被迫辞职。

没落社会所引起的道德败坏可能被捍卫消费者和小产业主事业的斗士们以发现这样一些问题的相同方式所察觉。

> 重要的是，在区别有组织的罪犯所造成的手臂骨折和烧伤与安置在地上的洗衣机和煤气炉灶造成的骨折和烧伤（每年有6万儿童被一种危险的煤气炉灶烧伤）时，应该小心和准确。有组织的犯罪是蓄意的和系统的；受害者是精心挑选的。对于对手或可能成为对手的人应该予以消灭，应该予以报复，应该予以惩戒。不管技术怎样原始，其危害者是由一种理性过程指派的，这些受害者同其拷打者或谋杀者——如果达到了这一步——一样清楚地了解（犯罪的）方法。这种理智的方法不是企业在其不道德行为中采用的方法。这些企业谋求生存和繁荣，不想犯罪。受害者是偶然遭此厄运的。人们不想予以惩戒。我们可以这样说，一切像在五角大楼或白宫做出的某种决定一样是"无人称的"，而这一决定可能带来的结果是向越南的市镇投下大量的炸弹。（同上，第322页）

无须强调反托拉斯运动一直关心的是集中进程的国际影响。这一运动把那些即将成为多国性新型企业的公司的国际扩张看作一种威胁。把反托拉斯委员会对此问题进行的各种研究的成果与最近进行的暴露这类公司运行情况的其他许多研究成果汇集在一起，[①] 就可清楚地看见这类公司对美国对外政策的控制情况，而且它们对其他

---

① 见《反托拉斯的国际方面》第2卷以及《经济的集中》第2卷。

国家政府的控制也一目了然了。同时，这些公司正趋于加深前面表述的集中化进程。卡特尔式的活动是国际性的，它规定生产配额，操纵国内市场价格和出口价格，拥有一套对不守纪律者严加惩处的制度。国内集中的技巧，以越来越先进的形式在国际上应用。因此，《美洲公司，谁在统治美国?》的作者们感叹道：

> 集中的顶峰是以在集中化的国内市场上活动的方式在国际市场上活动。国际铝工业已达到这个顶峰〔……〕

但不只是铝，还有铜、锌、锡和石油也达到了这一程度。这些巨大的国际私人利益集团已超越单纯的卡特尔协定，实现了无数的国际性合并，在国际上形成了一个极端复杂的资本关系网。国际银行资本的发展在这方面起了特殊的作用，两位作者在我们所讨论的书中对此是这样描述的：

> 向参议院反托拉斯和垄断集团小组提供的一份1966年的证明材料表明，一小批银行控制了美国机构所实现的国际贷款。例如，仅仅16家银行就掌握了全部外国信贷的80%。1966年3月，13家美国银行在国外的分行共有213个支行。一位〔这方面的〕行家见证人说："外国最广泛的银行服务是由本国3家最大的银行进行的，这些系统完全包围了地球"〔……〕。银行和其他美国公司之间的联合遍及多国公司活动的整个世界。（同上，第363页）

这些银行吸收外国的储蓄，供设在这些国家的美国公司使用。它们尤其掌握了欧洲美元和亚洲美元。

明茨和科恩试图驳斥塞万·施赖伯在他《美国的挑战》一书中

提出的著名论点。施赖伯在书中号召欧洲企业走美国的集中化和集权化道路。明茨和科恩重新捡起中型企业比大型企业优越的那些论点。1970 年 6 月《幸福》月刊上登载的资料表明，大企业的效率是一种大神话：

> 包括在第二批 500 家公司中的美国公司赢利更高，因此比500 家最大的一批公司更有效率。实际上，1970 年 8 月出版的《幸福》月刊上的第二篇论文证明，100 家外国主要公司 1969年在销售和收益两方面都比 500 家美国最大的公司要好，尽管规模不同。（同上，第 374 页）

那么美国公司在国外得以扩展的原因是什么呢?

> 毫无疑问，美国的大公司能获得本国和外国的资金，它们在这种支持下才得以打入外国市场。但这是一种权力的标志，不是效率的标志。（同上，第 375 页）

这一论断很大程度上概括了两位作者和反垄断运动对垄断和资本的批评的实质。资本不是靠它的能力和效率，而是靠它的实力，很多情况下依靠国家的支持以及它所能支配的整个金融、广告等系统的支持，才在经济中起到主导的作用。从静止的和分析的观点看，这一论断并不荒谬。其论据部分是真实的，巨人症本身不是效率的保证，垄断尤其会降低效率和可能的技术发展速度。但是，由于作者从中得出了中小企业的活动效率可能更高这样一种形式逻辑结论，所以他们的逻辑并不完整。

首先，两位作者没有考虑垄断所实施的全面规划。谁也不能保证，没有全面计划并根据狭隘的利润目的活动的中型企业可能造成的经济综合浪费会比垄断企业的小（尽管就个体而言，中型企业的效率较高）。

其次，具体的资本主义社会和经济是建立在拥有较大财力去市场采购的人的资本积累和金钱权力之上的。我们的作者以及托拉斯运动的其他成员不能理解竞争和垄断之间存在着必然的内在联系。垄断是竞争的必然产物。

三　反托拉斯运动和社会主义运动

因此，对这个难以忍受的、已进行大量阐述的现实，反托拉斯运动提出的解决办法是非常可怜的。它对垄断和集中的分析和表述实质上是错误的，是依据孤立的、没有用一种关系结构使之联系起来的事实做出的。但是，这些分析和表述给我们提供了大量的资料，所以不能否定其重要意义，然而无论如何，这一运动对事件所做的理论解释和预见完全错了。正如我们所看到的，垄断不是少数人的恶行、野心等的产物。此外，垄断并不导致作者们所不敢想象的怪诞现象，而是导致其内部产生激烈的矛盾。矛盾之一涉及小资产阶级甚至中产阶级，它们的发展已被压了下去。但是，这一矛盾并不导致对抗，只能导致为减缓不可逆转的进程而进行毫无意义的绝望挣扎。

仇视有组织的无产阶级和彻底否认它是一种抗衡力量，显示了对反托拉斯运动的批评的阶级性。在其他一些国家，那里的无产阶级已在政治上组织起来并向小资产阶级提供了一种使它在社会主义社会内部有计划地、缓慢地消亡的模式。在这样的国家内，小资产阶级对（无产阶级）这一社会阶级及其思想采取不同的立场，寻求一些中间模式的战术联盟。

很遗憾，美国无产阶级未能表现出足够的阶级自主性，因而不能向这个邪恶的垄断社会提出社会主义的选择。相反，它沉溺于最苛啬的法人式工团主义，以反共产主义为说教，谋求只以工会组织的力量去反对大资本并把斗争局限于维护权利方面。它在政治上惶惑地追随大资本的主张。当经济即使不能造成充分就业形势（顺便说一下，外国人、黑人、奇卡诺人①和波多黎各人承受了失业的大部分压力）却呈现出大体上持续增长的情况时，这种态度是有效的。1958 年和 1976 年以后，这种道路的局限性暴露了，自那以后，在美国工人阶级、特别是在最年轻的阶层（他们受失业的影响特别大）中（也在"有色"劳工中）出现了巨大的不安情绪。

这些最近出现的事实使我们相信，美国无产阶级已不再完全置身于近些年来在美国出现的激进运动之外。但是，在这一运动的内部繁衍着种种无政府倾向，它们在许多方面与反托拉斯运动对大资本的有限批评相一致。这些倾向可能引起思想大混乱。一方面，由于它的悠久传统，反托拉斯运动在引导其成员走向新的失望时，可给激进运动提供干部和民众支持，这是积极的。另一方面，如果思想上的混乱保持下去并扩散开来，就可能导致整个运动的失败。同时，美国工人阶级未能针对垄断资本主义提出自己的社会主义性质的选择，它在思想上的混乱使它无力把失望引向革命运动。这是悲剧性的情况。

就纲领而言，美国社会必将越来越倾向于在下列纲领之间发生分化，一是带有专制倾向的巩固垄断的纲领；二是在没有效率的自由主义名义下分解和限制垄断的纲领；第三种选择可能是以彻底改造社会为基础的产业民主制的主张，它基本上依靠改良的工会运动和广泛的反帝、反垄断（把垄断和资本主义等同起来）和民主主义

---

① 指美籍墨西哥人，大部分是居住在 1848 年被并入美国的原墨西哥领土上的居民的后裔。——作者注

的思想运动，这后一种运动的目的是把美国和世界引向社会主义社会。

按什么方向才能把反托拉斯运动提出的批评及解决办法变为有利于同人民民主运动结成战术联盟的批评和办法呢?

首先，应在辩证唯物主义的分析中把该运动所提供的广博知识与对当代资本主义的研究结合起来，而这种研究应毫不含糊地突出目前经济和社会的性质及职能。

其次，应分析该运动所提出的各种解决办法，这些办法明显地受其阶级和思想局限性的制约，而这种局限性就表现在它的批评和分析活动中。

《美洲公司，谁在统治美国?》的作者认为，他们的论据证明存在着将大公司分割成小公司的可能性，以便重建他们认为可以促进效率、民主和进步的竞争条件。他们在第 380 页中写道:

> 对一个希望满足自由公民们合理的社会经济要求的社会来说，确定经济权力是必不可少的。这并不意味着要回到设在后院的铁匠铺去，政权的扩散也并不表示要回到城邦去并把它作为理想的统治单位。但这的确意味着应分解大公司。不管是大公司，还是大政府，都不应成为该经济的管理者;必须有竞争，永远需要竞争。

我们已经看到了导致这一天真提法的阶级基础以及理论上和分析上的偏差，这种提法与民众性纲领是绝对不相容的。民众性纲领坚决维护大企业的国有化，并谋求通过工人控制企业和改变国家的性质，建立一种真正的民主。小资产阶级和无产阶级本能地反对垄断的最新例子是针对各个石油托拉斯在阿拉伯国家封锁石油销售时的投机活动而做出的反应。在这些托拉斯所进行的投机活动及其获得的巨额利润被证实之后，劳联－产联的领导，尽管奉行彻底的投降主义路线，却威胁着将要求把石油托拉斯收归国有，与此同时，参议员丘奇在参议院要求把这些托拉斯肢解成小公司（好像1912年标准石油公司的肢解还不够。想达到什么样的目的?）。

作者提出了一些管制和监督措施，如必须制订一项联邦企业登记法，成立有竞争能力的国有企业，在刑罚和惩戒方面增加董事和经理们的个人责任，在扩大消费者监督的情况下改善管理机制，制订产品安全法等。在上述各点中，有许多无疑包含了经济改革的内容，这种改革将促使反对垄断集团、维护群众购买力的斗争的发展。在这些问题的许多方面，存在着在美国可能出现的社会主义性质的民众运动和自由主义的反托拉斯运动之间达成战术协议的基础。

战术协议可能起较大作用的地方也许是在为限制垄断集团对传播媒介和选举机器及一般权力机器的控制而进行的斗争方面。有助于限制竞选费用，确保较大的新闻报道自由和较少地依赖广告宣传的措施是完全必要的，尽管这样的措施不足以促使在美国实现思想革新并为工人和民众运动得以再生开辟道路。

这样一来，一种自觉的工人运动和与此运动相结合的革命的知识阶层将有可能为一场美国社会改革运动的产生开辟道路。如今大资本各集团之间围绕自身生存的重大问题展开的弑兄杀弟般的斗争，以及为使资本主义经济免遭20世纪30年代那样的危机历届政府被迫采取的反周期措施的反人民性质，正在加深的经济和种族方面的无政府状态，广大无产者群众和小资产阶级被迫遭受的痛苦，所有这些为社会主义运动在美国的兴起创造了有利条件。这一运动的基础是无产阶级中广大贫穷、失业的群众（黑人、奇卡诺人、波多黎各人和青年人），无产阶级中比较富裕的阶层（受通货膨胀和危机的威胁），小资产阶级中沦为无产者的阶层，激进的学生，因其理想主义计划的失败而痛苦的自由主义知识分子阶层。在这样的情况下，反托拉斯运动收集的大量信息资料和它所做的批评应该被加以利用和疏导，以便对美国的经济和社会进行正确的批判，为美国这个巨人制定一项社会主义的革命纲领。今天，美国是大资本进行统治的非常坚固的基地。

如果美国年轻的左派能克服基于惶惑的思想摇摆（不过是其小资产阶级根源的一种掩饰）之上的内部分歧，克服在很大程度上由其唯心主义和空谈理论（因其阶级根源和没有经验）所决定的疏远群众的状况，并走向具有社会主义倾向的广泛群众运动，那么先进国家的无产阶级和第三世界各国的人民将感到这是对他们斗争的巨大鼓舞，而大资本的统治将遭到有力的彻底的打击，并将开辟一个为争取新的博爱而斗争的新纪元。

持续的通货膨胀，长期的衰退、失业，霸权危机，统治阶级的内部斗争，小资产阶级的不满，垄断集团在经济和政治（"水门事件"）方面活动的广泛削弱，越南战争的后果，沦为殖民地国家内部人民的起义，以及资本主义的世界危机：在这一历史性危机格局中，上述希望不可能是没有根据的。我们将在下面分析这一危机。

第二部分

帝国主义的危机

一　对问题的一般看法

经济危机确实是一种非常古老的现象。然而，在各种资本主义经济中，经济危机具有一种完全不同的性质。在以前的生产方式中，危机基本上是生产下降的结果，这是因为人类不能充分控制大自然，自然因素或政治因素影响了生产。在资本主义生产方式中，危机是从人类生产能力的发展本身中出现的，就是说，危机是一种生产过剩现象：社会不能吸收它所能生产的产品。这种"不能"是一种典型的社会现象，即有些需要没有得到满足，因此，还存在着对这些产品的实际需求。实际上，消费需要大大高于找不到市场的"过剩"产品；所缺少的是有支付能力的需求，即购买力。

说明这一点非常重要，它是形成正确的经济危机理论的主要因素。它向我们表明，现代的危机是一种与市场经济的存在有联系的现象，就是说，只有在市场经济中才有可能发生生产过剩性质的经济危机。不管是在各个前资本主义社会中，还是在各个社会主义社会中（实际上苏联 50 年历史的经验，就从实践上证实了这一点），都不存在带有上述特点的经济危机。

在说明生产过剩性危机是资本主义经济一种特有的现象后，就提出了这样一个理论问题：从哪种意义上说危机的起因是由资本主义经济决定的？由此又引申出这样的问题：危机是资本主义制度一种固有的现象呢，还是由这个制度运行中的某些缺陷造成的，而这些缺陷是可以通过改善制度来克服的吗？就是说，它是由偶然影响资本主义制度的外源因素造成的吗？

紧接着我们又遇到了第二个问题：为什么其他经济形态对外部刺激做出不同的反应呢？资本主义制度肯定有其内在的特点，才使它对"外源"因素做出特殊的、周期性的反应。

危机是由资本主义制度以外的因素造成的，这样的回答已广泛地为事实所驳斥。迄今为止，危机总是呈现周期性的趋势，表现出循环往复的形式。如果不是可以找到周期性地影响这一制度的某些外源现象（实际上，有人一直企图渲染某些这类现象），上述论点就不能成立。这里必须明确说明被认为是"外源"现象的东西究竟是什么，这取决于用来说明"制度"特点的那些术语。经济学家轻易地规定制度的模式，同样轻易地把一些变量排除在制度的内部运行之外，诸如技术革新、对外贸易和经济政策等。排除这些变量的做法是大可怀疑的，因为资本主义生产方式的一个固有因素就是需要不断改变其生产基础，需要形成一种世界性经济，并需要对经济的运行进行干预（最后一点是垄断形态最具代表性的特点）。

正统派经济思想就是企图按照下述思路解答问题的。它使用了这样的假设（有时候还变成了"理论"）：危机是可以用制度的某些"失调"解释清楚的；由于对制度的运行认识不清而出现了某些"失调"，导致实行错误的经济政策，这样的政策不可能克服危机，而只能加深危机。这种说法看来是当前最不容置疑的说法，因为正如我们将要分析的，战后资本主义制度的运行已经确立了一种直到不久之前仍然有效的一致看法，即危机从历史上说已被克服。

为了贬低危机作为制度运行的一种本质因素而具有的重要意义，还存在着另一种看法：认为危机特别具有货币危机的性质。在这种情况下，这种理论并不否认制度的周期性，而是确认这种性质；但把它"局限"在少数部门，因此可以通过货币政策、财政政策，或有时是更广泛的政策对其进行控制。

无须进行十分深入的分析就可以理解，这个表面看来带有如此深刻的"理论""抽象"和"科学"色彩的问题，内中却包含着高度的意识形态内容。危机是高度爆炸性的现象。同时，危机又是高度"不合理的"现象。一方面存在着有人挨饿、有人失业、设备闲置等情况，另一方面却有大量产品不能消费，大量生产资源不能利用。从这一事实来看，危机毫无社会合理性可言。而意识形态机构却为私人企业辩护，称它是"自由"企业，是市场制度提倡的生产"合理性"的最高成就等。如果离开这种意识形态机构的范围来分析上述现实，从社会集体利益的观点来看，危机现象绝对是"不合理的"。

于是，提出的理论问题是危机是否"必要"。但我们已经看到，资本主义制度以外并不发生危机，这个事实是一个无法回避的历史性说明。承认这个事实，并说明危机是为保持资本主义所保障的"自由"所付出的"必要的"代价，便是一个不容置疑的意识形态式回答。这样的理论答案在意识形态上是极其脆弱的。必须证明危机不仅不是这种制度所"必要的"，而且是完全可以控制的，因为它们是极为有限的现象。有人曾利用资产阶级经济思想来证明这一点。这种经济思想一方面积累了对认识这种现象大有用处的资料和专题研究论文。另一方面，它提供了大量的理论模式，试图说明可采取经济政策对周期现象进行干预。

正如我们将在后面看到的那样，或者是由于制度的运行发生了重大变化，或者是由于对周期特点的认识取得了重大进展，或者是两方面原因兼而有之，现在已经比较能够控制危机现象了。这一事实或许已使更广泛的理论讨论显得陈旧过时。但这种态度未免过于经验主义和过于天真。这是因为：第一，正如我们将会看到的那样，事实并不等于结论；第二，观察的时期很短（只是总的来说发展相对顺利的 23 年时间，虽然其中也不乏周期现象）；第三，放弃对这个问题的理论交锋会使我们认可一种不严格的科学态度，这种态度反映了一种有利于愚弄人民的利益集团的实用主义；第四，1967 年、1970 ~ 1971 年和 1974 ~ 1975 年经济萧条的再次出现表明，经济周期现象又成了争论的中心。

这样泛泛地提出问题后，或许应该非常概括地分析一下迄今在经济危机研究方面提出的理论答案。

二 危机理论

首先必须提出一个关于术语的问题。现在，危机这个术语不太常用。人们更喜欢用经济周期这个术语，因为它在很大程度上限定了这种现象的社会含义。阿瑟·F. 伯恩斯建议，危机这个术语只用来指称金融危机，因为在那种危机中，它的心理 - 社会含义才是不容置疑的。经济周期这个术语则可以使人从它的纯技术方面去研究这种现象，而不必研究似乎与经济运行毫无联系的那些方面。这里有一个重要的社会感受因素：可以认为股市行情暴跌是一场"危机"，但是如果认为存在着 600 万 ~ 800 万失业人口——在资本主义经济发生"小的"衰退性变化时经常有这种情况——是一场"危机"，便会被说成是不正确的看法。必须指出这类语言陷阱，以便说明为什么我们不接受这些关于术语的"精确用法"。出于这种理由，我们绝对不想把经济方面与社会 - 政治方面隔绝开来。在本书中，作者恰恰试图把它们互相联系起来，以便强调它们之间的相互关联和相互依存关系，但同时也不否认经济方面的相对自主性。

我们认为，正确的做法是指出在非马克思主义思想中，对经济危机的解释存在着三大模式：第一种模式把经济危机与货币机制联系在一起；第二种模式把经济危机与技术革新联系在一起；第三种模式则通过投资与消费之间的关系来解释经济危机。这三种模式的分歧并不表现在如何描绘经济周期的现象方面，因为在这一方面它们是相当一致的。它们的分歧来源于对与周期有关的各种现象所起的作用有着不同的看法。就是说，对经济周期的原因的看法存在分歧。

下面我们对解释周期的这三种模式做一个非常概括的介绍和评论，然后再试图从马克思主义观点说明周期的概念。

货币说把经济周期与经济中存在着通货膨胀表现联系在一起，而通货膨胀越积越重，造成人为的经济增长；这种经济增长不合理地占用了各种生产要素，造成收入分配方面的严重扭曲，鼓励纯投机性投资，最后当货币单位更加恶化①时就会崩溃，因此就出现危机；危机基本上是一个经济重新调整的时期，通过调整制度从前一个时期出现的扭曲中得到恢复。

经济高涨时期的特点是产品的供给低于现有需求；危机时期的特点是产品的供给高于现有需求。如果用人为的金融机制（不管是政府资金、信贷资金还是投机资金）刺激需求的增加，即依靠通货膨胀政策实现经济高涨，那就欠下了一笔债务，必须在将来某个时期偿还（公共债务，银行没有清偿能力，投机活动达到极限），因此，就必须紧缩通货，纠正前期造成的过量需求。此外，这样做还会造成需求低于生产的局面，并带来失业、生产过剩等各种后果。

---

①　E. C. 哈伍德：《经济周期的原因与控制》，第46页。哈伍德先生是一位激烈反对凯恩斯的货币主义学者，是战后依然健在的为数不多的这一派人物之一。现代用货币主义解释周期现象的大师是哈伯勒，其著有《繁荣与萧条》。

现在，货币主义的周期理论在学术界已经不再适用。只是在不久以前，由于米尔顿·弗里德曼对它进行了一些改造，而且美国最近的通货膨胀又提供了一些实际证据，它才重新受到尊重。应该指出，过去它曾一直存在于金融界。至今依然控制着大量资金的最强大的银行和最保守的阶层，对于通货膨胀极端敏感，一直怀疑凯恩斯对于用公共债务作为对付周期的一种机制所抱的乐观态度。①

货币主义学者认为金融机制对于解释危机有意义，这显然是错误的。但他们认为经济危机与这些金融机制有联系，这是绝对正确的。而他们提出紧缩通货政策是控制危机的唯一途径，则更是正确的。在实践中，各国政府一直是用这样的政策作为摆脱危机的唯一办法。20 世纪 60 年代主导美国经济政策的极端新凯恩斯派学者，通过一项极其大胆的（甚至是冒险的）财政政策，并在越南战争的帮助下，成功地把经济高涨保持了 6 年，这是美国前所未有的情况。然而在高涨过后，至 60 年代末便遇到了可怕的通货膨胀，在当时的美国统治阶级中，没有一个阶层不呼吁实行稳定政策和减少公共开支。②

现在在统治阶级中确实有一个新的冒险阶层，它依靠战后特别是 60 年代的金融投机扩充了实力，并曾大力鼓吹不惜任何代价实行经济高涨政策。这个阶层的经济"科学"及其理论家们一般都像它

---

① 有些凯恩斯派学者对金融问题比较小心。R. C. O. 马修斯在他关于经济周期的教科书中首先指出，重点已从货币和金融问题转向分析真正的经济实力，然后说道："即使是真正的实力发生波动，也应使货币保持一种能使实力顺利发展的状态"（第 18 页）。但他仍然相信公共债务是反萧条的手段。"那些意味着在税收或财政支出方面收入发生变化的措施，在即将出现萧条时期会引发预算赤字（或至少是盈余减少），而在即将出现通货膨胀时会造成预算盈余（或至少是赤字减少）"（第 159 页）。

② 我们将在本书另一部分详细讨论这些情况。应该指出，统治阶级中很大一部分人呼吁冻结军费开支，认为这是造成通货膨胀、国际收支赤字和全面危机的罪魁祸首。

一样冒险。然而，即便这样的阶层在目前也很害怕。大型联合体总是最先走向破产！那么它们会因此变得谨慎和保守吗？

这并不是说货币主义学者就是对的。今天，对均衡增长和回到稳定市场规律的空想已经没有意义。下面我们就会看到，资本主义发展的规律导向经济集中，导向垄断，导向国家必须干预。因此，金融机制不管在实践中与货币主义学者提出的模式多么相似，也不过是反周期政策中一个有限的方面。

把经济周期与技术革新联系起来进行解释的主要代表是熊彼特的著作。[①] 熊彼特的出发点是把新古典派的均衡概念作为一种情况，在这种情况下，每家公司、工厂或店铺都得不到进行任何革新的刺激。在这种情况下，虽然不进行革新，但由于人口增加和资本集约化的影响，可能会实现增长。当企业主在提高了对增加利润的认识和/或欲望，被迫进行革新，并借钱建设厂房和添置设备时，就会打破均衡。这种情况迫使其他人起而效仿，于是就形成一个积累机制，导致制度发生波动，最后，或者由于革新的推动力已经耗尽，或者由于均衡的打破引来失调，要求有一个时期进行新的调整，增长就会达到其自然限度。熊彼特指出两类浪潮，先是最初的革新浪潮，后是由积累机制引起的二期浪潮，因此，可以看出多种不同周期在同时运动：

> 这里我们有许多周期，每个周期都是一个独立的单位。我们这里的周期是一系列同一类型的周期，更高层次的周期只是这些周期的产物或复合体，它本身并不存在。（第 167～168 页）

---

① 约瑟夫·A. 熊彼特：《经济周期》。我们的介绍基本上是根据伦迪戈斯·费尔斯在该书结尾对熊彼特理论所做的概述。

为了便于分析，熊彼特使用了一个包括三种周期的图表：基钦周期，40 个月；朱格拉周期，10 年；康德拉季耶夫周期，60 年。"每个康德拉季耶夫周期应该包括一个朱格拉周期的积分数，每个朱格拉周期包括一个基钦周期的积分数"。所有周期都是由革新引起的，图表上不一定画出萧条和恢复。

必须指出，熊彼特的周期并不必然地意味着总生产下降。特别是在康德拉季耶夫周期的情况下，消费资料的生产在萧条和恢复时期一般都是在增加。生产资料的生产在恢复和繁荣时期可能会增加，在衰退和萧条时期可能会减少或增加较少。只有在出现严重萧条的情况下（由于恐惧心理和互为因果的关系，一般才会在短时期内），国民生产总值才会出现下降。

熊彼特是在对美国的周期现象进行广泛而深入的历史研究后提出这个模式的。还应该指出他在分析技术革新与经济周期的关系时关于方法论的考虑。他认为"技术进步是资本主义企业的本质，因此它不可能与资本主义企业分离"，这与马克思的见解是一致的。因此，他也考虑到了资本主义制度的体制框架，认为它是不断变化的，而且会直接地或者通过商业活动来改变经济活动及其系统的关系。总之，只有在外部因素以经济制度的形式表现出来时，他才用它们来解释自己的模式。

说明这几点后，我们便可以看到熊彼特的贡献和他的基本局限。

首先，他认为主要贡献与对技术革新的经济作用的研究有关，就是说，认为一次重要的技术变革会引起一次补充投资浪潮，从而形成一个基本限定的经济周期。而这样的周期是在限定的时期内由一些不同的周期联合组成的这一假设，已为对历史的观察所证明。这一切把我们的研究引向了一种实在的和具体的经济，它比某些形式的模式可行得多，因为这些模式是根据武断的假设提出的，毫无推论的严谨性，却带有太多的技术局限性。

熊彼特的缺点在于，他的出发点是一种新古典派的均衡概念，即一种没有剥削、没有不平等发展等的资本主义经济概念。这样一来，周期就是一种围绕均衡的波动，而不是资本主义制度内在特征的产物。这就否定了他所接受的论点，即技术进步是制度的内在因素。既然技术进步是制度的内在因素，就不应该把它看作是打破均衡的因素，而应该对制度的均衡提出一种更加具有动态性的，并应把波动现象包括在内的概念。

其次，熊彼特的模式对积累过程中的内部矛盾没有给予充分重视，因此，工资与利润的关系在他的模式中只占次要地位。

最后，他没有总结集中化和垄断化过程对经济周期的影响，特别是资本的有机构成中的变化对周期表现的影响，尽管他对这些问题也有所认识。

由于所有这些原因，熊彼特的模式只停留在意识形态方面，使人得出这样的错误结论：只要新的技术革新可使周期一个接一个地出现，制度不断从中得到动力，它就可以处于持续上升的状态。结果，技术革新成了一个制约经济活动的独立的变数，而不是在一种社会经济结构中起制约作用的、对其他成分产生影响的因素。

现在我们来看第三种解释经济周期的模式，它是由凯恩斯学派提出的。

以投资与消费之间的比例为出发点的模式，是由凯恩斯学派和新凯恩斯学派提出来的。既然国民收入等于消费加储蓄，既然储蓄等于投资，那么经济持续增长的可能性就基本上取决于新投资，就是说，要使新投资保持足以能使新生产的产品消费掉的同步增长速度。为此，必须实现一种自然的发展，在这种发展中，劳动力的增长速度应与中性的技术进步速度并行不悖，技术进步速度应使希望中的资本－产值比例在利润率不变的情况下保持不变。

应该认识到，资本是根据某些预期或预见来进行投资的，这包括对保持他们认为是最佳的资本－产值比例的预期。如果按一定比例预计储蓄与投资二者相等，就会实现一种经需求状况证明是正确的均匀发展。用几个表现这种均衡关系的等式表示的哈罗德的这些假定，① 成了新凯恩斯学派解释经济周期的基础。

可以说，存在着围绕一种自然发展而运动的波动，这种发展与技术变革及其对投资和对资本－产值比例的影响有关。另一方面，也可以以围绕着一种正当发展而运动的波动为基点来确定经济周期。最后，还可以以正当发展与自然发展之间的调整作为周期现象的基点。

这些出发点揭示，周期性经济很难克服投资与消费之间的不平衡。凯恩斯学派的出发点仅仅为动态平衡状况提出了"技能性"的条件。但这一派中更为现代的经济学家把这些出发点推进了一步，他们坚持认为，需求不足引起的问题是有可能克服的。尼古拉斯·卡尔多认为，这些模式具有以下一些从现实中归纳出来的特征：

——生产总量和劳动生产率持续和均匀增长。

——受雇人员人均占有资本数量持续增加。

——资本的利润率在长时期内相当稳定，而且大大高于公债券的"纯"利率。

——资本与生产的总体比例长期稳定，这意味着积累方式与国内生产方式的长期统一。

——利润占收入的总比例与投资占国内生产的总比例之间密切相关，当投资占国内生产的比例保持稳定时，利润（因此还有利润的余数，即工资）在收入中所占的比例保持稳定，这意味着实际工资长期随着平均劳动生产率的提高而增加。②

----

① 罗伊·F. 哈罗德：《动力学论文》，见《关于发展的经济理论读物》。路易斯·A. 罗霍·杜克在为该书写的引言中，对新凯恩斯学派的理论做了有趣的概括。

② 罗霍·杜克，前引书，第23页。

这些直接由凯恩斯学派或后凯恩斯学派提出的模式已朝着正确的经济周期和经济增长理论迈出了重要的几步：第一，注意到了资本积累过程的重要性（尽管认为资本积累过程是一种纯宏观经济形式，在这个过程中不产生价值和剩余价值，因此也不存在资本与劳动之间那种相互依存的或确切地说剥削的关系，而是储蓄与消费的关系）；第二，考虑到了积累与需求之间的依存关系，尽管认为需求不是生产过程的直接产物，而是一种自然的消费活动；第三，可以使人确立某些动态均衡概念，根据这些概念，经济增长和波动取决于某些生产活动，而在这些活动中，劳动与资本之间存在着某种相互依存关系（尽管把这种关系的根源——存在于生产价值的过程中——说得模糊不清）。

这样的模式引导人们采取极其精密的经济政策，其弱点就是必须不断扩大公共赤字，助长通货膨胀，把必须调整投资与需求之间的比例，使之达到同资本与工资之间比例相应的水平这件事，无限期地推迟到将来。由于资本主义积累过程（它来源于生产，因此就是来源于可变资本与剩余价值的关系）被掩盖在投资与消费之间的宏观经济关系后面（消费中既包括劳动者的消费，也包括国家、资本家和企业等的消费），也就掩盖了劳动与资本之间、利润与劳动者的工资之间，以及企业和资本家消费的增长与劳动者最终消费的增长之间的矛盾。这一切使人推断，资本主义制度对于发展的限制实质上是技术性的（是一个用各种方式在投资与消费之间进行调整的问题）。

或者由于排除了货币问题——这些学派不能解释货币问题，或者由于回避了生产过程和生产关系（通过宏观经济手段实行回避），凯恩斯学派和新凯恩斯学派的模式没有触及关键性的经济问题。尽管这些模式可使国家在短期内采取非常有效的行动，然而会导致制度在经过一段表面上无限的、但实际上已遇到非常严格限制的增长时期后，陷入极为尖锐的危机。

最后，应该强调指出，这些模式只具有纯形式上的意义。这是因为它们所假设的条件实际上是不可能出现的，让经济政策依据极其空泛的假定和通过刻意求工的行动手段发挥作用（凯恩斯学派的分析模式完全适用于目前的经济现实），因此这些模式几乎是不可能实行的。空泛的、很不严密的假定与极其精细的、经验主义的和严密的分析和研究手段之间存在着矛盾，这就产生一种奇怪的脱节现象，其表现就是凯恩斯学派在经济高涨时期很有指导能力，但在危机时期就成了典型的保守派而显得无能为力。在另一类情况下，每当古典的货币稳定模式在危机时期大行其道时，凯恩斯学派就必然与其达成妥协。

三　马克思主义的危机理论

关于非马克思主义模式的讨论，未免带有过多的经济主义色彩。应该把社会方面作为外源因素引入这些模式。这样做的理由是，非马克思主义经济学认为，经济关系是人与物的关系，是生产者与他们的产品或商品，投资与作为一种生产功能的技术进步，消费者与他们消费的商品、工资与消费单位，以及货币的收入（一种物）、土地的收入（另一种物）、资本的收入（又是一种物）等之间的关系。

马克思主义政治经济学是唯一研究作为经济生活主体的人与人之间关系的经济学。马克思认为，工资、资本、利润、货币等术语，只是为了掩盖人与人之间的关系而已，因为这些关系是通过物表现出来的。工资掩盖着出卖自己劳动力的商品生产者与购买劳动力的生产资料所有者之间的关系；资本掩盖着劳动资料占有者与其他不占有劳动手段的人之间的关系；利润掩盖着价值生产者与这些生产者的劳动的占有者之间的关系；货币掩盖着价值生产者，即按照社会所需劳动时间衡量的商品生产者之间的关系，这些商品的价值是通过一种一般等物表现的，等价物可以发挥总是由上述基本功能派生出来的其他多种辅助功能。

因此，马克思主义的政治经济学本质上是社会经济学。这就是马克思主义的分析不把经济方面与社会方面分开，而把它们看作一个矛盾的整体的原因。在这个整体中，经济内容表现为人与人的关系即社会关系的物化；同时社会关系在意识形态上从它们的经济基础中"纯化"出来，就是说，脱离了它们在成为其基础的生产过程中必然形成的多层重叠，从而使各种关系统统物化，只能从整体范围内才能解释清楚。以纯粹个人之间关系出现的权力和统治关系、亲缘关系、阶级关系、社会性关系、社会角色和文化形式等，本质上都是作为生产者的人与人之间的关系，也就是在通过劳动征服和控制自然过程中内部的关系。

这并不是要否认人类各种活动范围的相对自主性，而是要把这些范围纳入一个特定的历史整体中。整体的基础就是人类通过最多样的劳动方式占有自然这个过程。

只有形成这样的概念，我们才能分析出经济危机是一种社会现象，就是说，是一种特定生产方式的运行方式，因此也就是这种生产方式的阶级关系、它的政治和意识形态上层建筑的运行方式。这样我们就可以从一个方面过渡到另一个方面，而无须引进任何外源变量。

马克思认为，从个体生产者在一个发达的市场，通过一种货币或一般等价物的中间作用互相交换其劳动产品时起，危机就可能出现。生产者甲把自己的商品卖给生产者乙，得到一笔钱，用它购买其他商品。生产者之间的关系分为两个阶段。第一阶段是商品与金钱交换；第二阶段是金钱与新商品交换。如果生产者甲不进行第二阶段的交换，就会有生产者不能卖掉自己的产品。不进行第二阶段交换的理由可能很多（存钱，等待更好的价格或不同的产品），这种情况只有在很大一部分产品投放市场的条件下，才会对经济产生严重影响。然而，这样的条件意味着存在一个非常发达的商品经济，而这个条件只有现代资本主义经济才具备，因为在这种经济中，所有产品全部投放市场，个体劳动者自己的劳动工具已被剥夺，只能在自由劳动者市场上出卖自己的劳动力。

在这种情况下，还应假定与危机有关的另一些因素。应该假定只有有偿付能力的消费。就是说，市场只是由以某种方式从制度那里得到报酬的个人构成的。在纯粹的资本主义制度中，组成生产过程的两个社会阶层是资本家和雇佣劳动者。但这两个阶层在生产过程中的地位完全相反：资本家拥有生产资料；雇佣劳动者拥有劳动力，向资本家出卖劳动力以换取工资。在劳动者为资本家劳动期间，后者拥有前者生产的产品。这种产品所表现出的价值必然要高于劳动力的价值，就是说，资本家必然拥有他需要投入市场的剩余产品。如果假定消费者仅是资本家和工人，我们就会看到，这些产品能否投入市场基本上取决于这些消费者之间是否存在着均衡的比例关系。无论是在经济的简单再生产中，还是在扩大再生产，即实现资本积累的再生产中，都可能存在这样的比例关系。应该考虑到，有许多资本家，他们经营着互不相知的不同企业。由于企业之间也互相消费对方的生产资料，所以只要市场不能使企业主正确预见各种消费，就有可能在各企业的相互消费之间，在资本家的消费与劳动者的消费之间出现比例失调。

这样，就具备了引起第二种危机，即比例失调危机的理论条件。

但是，生产是根据某些技术条件进行的，这些条件意味着不变资本、可变资本与剩余价值之间存在着某种特定的比例（资本的有机构成）。这种情况向我们表明，由生产资料的生产与资本家和劳动者的消费资料的生产构成的比例关系，在技术上是受到限制的。① 我们应该假定，在制度的具体实践中，这些理论上的条件根本没有出现过，从而引起一场实现剩余价值的长期危机，剩余价值的增加总想超过最终消费允许的限度。因此，制度就必须到比较落后的经济、到本国单位的外部（它们彼此之间的外部性越来越小）去寻找市场，或者通过非直接生产部门（国家、非生产性劳动者等）的消费来寻找市场。

这个理论观点已为对制度的历史研究充分证实，因为制度一直是在不断谋求扩大市场中得到发展的。这就是第三种危机，由制度内部生产过剩或消费不足引起的危机（长期的变卖危机）。

然而，必须深入到积累过程的内部，并研究积累与劳动市场之间的关系。应该假定，为了进行资本积累，对劳动力的需求就要不断增加，这意味着要有失业的劳动者，即马克思所称的随着新投资的进行，要有可以被吸收的产业后备大军。② 但是，如果吸收了大量劳动力并因此减少了产业后备大军的人数，劳动力就改善了自己的谈判条件，从而可以得到更高的报酬。其后果是成本增加，利润率降低，对资本家进行投资的刺激也随之消失。这样就形成了第四种危机的条件，我们姑且称之为积累过程危机。这类危机也会具有周期的性质，它是与新投资的成熟时期有关的。

上述 4 种危机有什么共同之处呢？我们可以把它们重新分成 3 种危机：变卖危机、比例失调危机（也表现为变卖危机）和与利润

---

①　实际上，这是罗莎·卢森堡对马克思的扩大再生产模式的重大贡献。尽管她对马克思的理论目标有些模糊不清，但她表明，马克思为资本主义扩大再生产所假定的条件在实践中是不可能出现的，因为制度的发展意味着资本的有机构成发生变化，从而无法达到为完善的扩大再生产所必需的比例关系。参见《资本积累》。

②　当然，我们假定的是一种封闭的资本主义制度；即使有些为劳动者在前资本主义部门就业，也可剥夺他们的劳动资料，使他们加入资本主义生产。但这些并没有改变论证的实质。

率有关的危机。① 所有这些危机都表现了资本主义生产方式的内在矛盾。

变卖危机表现了制度在交换价值的生产和使用价值的生产之间所经历的矛盾。对于资本家来说，只有当商品的使用价值成为商品进入市场的条件时，这种价值才有意义。因此，资本主义制度的生产结构，必将反映出劳动者的消费与资本家和企业的消费之间的必然差异：前者总是不足，后者不断增加；而为了在制度内部保持这种矛盾，它必然趋向于非理性的挥霍浪费。制度的这种不合理运行的社会后果是显而易见的。

比例失调危机反映了制度的无政府倾向，因为在这种制度中，为了能够在竞争中获胜，各生产单位必须对自己的计划和目标相对保密，此外还需要在每个特定的市场和一般的市场上互相排斥（在特定市场上，由于垄断集团的发展，它们控制了市场，确定了竞争规则，所以相互排斥的竞争关系正趋于消失；在一般的市场上，由于需求不能完全得到控制，各垄断集团便互相为需求总量展开竞争，所以在资本主义的垄断阶段，这种竞争依然存在）。

前面讲到，与利润率有关的危机表现出具有周期性的趋势。这种危机同劳资矛盾有非常直接的关系。制度倾向于通过加紧进行资本集约度高的投资，从而减少产品成本中工资部分的比例，以摆脱这种危机。由于近年来集中表现在基础工业中的技术进步和技术革新的发展及生产率的提高使机器和原料价格下跌，这种趋势正在部分地受到削弱。

在马克思主义的危机模式中，这些危机首先反映的是资本主义生产方式中的阶级矛盾，无论是危机的发生还是仅仅是发生的可能

---

① 还有一种因利润率趋于降低而出现的危机，因它具有百年才出现一次的特点，而且在垄断资本主义条件下这种趋势是大可怀疑的，故而此处不予讨论。参见斯威齐、巴兰的《垄断资本》。

性，以及制度为克服危机所被迫采取的措施，都对社会、政治和意识形态结构有着直接影响。制度必须连续不断地实行变革，才能防止危机。然而，制度的"解决办法"总是促使人们回避矛盾而不是解决矛盾，因为矛盾的解决就会导致制度的灭亡。正因为如此，"解决办法"就会产生新的矛盾或原有矛盾的新形式。在本书的这个部分，我们要提出一个问题：制度能够在多大程度上克服经济危机？答案是制度可以部分地减少某些危机的影响。

①变卖危机，可以通过创造国家、特别是军事需求和非生产性劳动者的需求，进行向消费倾斜的收入再分配来予以缓解。但如果这样做，利润就会下降。因此，表面上最好的短期解决办法是通过公共债务创造额外需求。然而，这种办法会引发通货膨胀，只能使变卖危机推迟到将来，待到货币学派所说的通货膨胀魔法达到极限之时发生。

②变卖危机也可以通过扩大外部需求来缩小，但是，如果它要求以进口等值的产品作为补偿，这种办法就没有意义。因此，表面上的解决办法是资助产品的出口，创造国际收支赤字。从长期来看，这会导致本国货币地位疲软并因此会导致金融危机。

③比例失调危机，可以通过企业集中化和垄断化进程予以缓解，因为这样便可根据对市场的详细了解并通过控制市场来计划投资。

但是，这样的"解决办法"会导致制度的竞争力削弱，使制度的活力减少，同时还会极大地加深生产的社会性与产品的私人占有性之间的矛盾；最后，导致作为交换关系尺度的价值逐步消失。从长期来看，会引起经济计划失控，进而引起资本主义经济活动的混乱。

④通过资本集约度高的投资来减少劳动力在生产成本中的相对价值，可以部分地缓解与利润率运行有关的危机。这种做法极大地增加了经济盈余和资本的有机构成，同时增加了资本货物和材料的

生产能力的过剩，但消费资料市场不会成比例地扩大，因而会导致变卖危机的加剧。缓解与利润率有关的危机的另一个办法，是通过黄色工会控制工人力量，把其权利要求限定在狭小的范围内。从长期来看，这种政策会导致工会丧失领导能力，为在劳动者之中进行激进的宣传活动开辟道路。此外，在危机时期，基层的压力会迫使工会领导层采取对抗性行动，以便不致丧失对组织的控制。①

所有这些手段都已被当代资本主义付诸实施。资本家、国家、占统治地位的政治势力和经济理论界都已自觉或不自觉地把（制度）引向了上述解决办法和上述矛盾。

这些看法为研究经济周期在目前资本主义中的变化这一课题开辟了道路。

四　战后的变化对周期的影响

尖锐的和周期性的经济危机消失了吗？

学院派经济学家曾一度做出几乎完全一致的肯定回答，但到了20 世纪 70 年代，美国的危机开始打破了因战后资本主义的经历而颇为牢固的乐观情绪。这段经历曾表明资本主义制度具有极强的生命力，其表现就是世界贸易和某些国家的国内生产不断扩大。那一时期出现的周期性起伏被认为是次要的，因为很快就得到恢复，并进而说，这种恢复无疑表明反周期政策已经取得进展，表明制度有能力防止尖锐的危机。

取得非常有效果的反周期手段有哪些呢？

反周期政策的内容基本上是充分就业和国家干预。

---

①　我们在另外场合再来讨论工人贵族和对第三世界的剥削在工人运动中的作用。这里的论述只限于非常一般的范围，即只论述黄色工会的谈判能力。

充分就业政策的表现，是通过国家的直接作用，通过国家购买大部分私人部门的产品来不断地刺激投资。国家大量购买产品，以非常有利的条件保障私人资本有适度稳定的市场。此外，国家还注意不从事通常只由私营部门进行的有利可图的活动，而只从事有利于资本自身发展的那些活动。确实有不少理论上的理由表明，国家应该这样做。军事投资、航天投资、提供廉价服务的基础设施的建设、民房的建设（或更确切地说，只是为私营部门提供资金）以及医院和学校的建设，所有这些投资一般都是亏损的或不太获利的，但都帮了私人资本的忙，减少了它的成本，或增加了它的利润。

此外，国家雇用了大批劳力，从而对一部分国民收入实行再分配，创造了更大需求。确实，制度很注意不让国家收入引起利润率的下降。国家收入应来自增收工资税和消费税；来自资本家收益的只应占极小部分。用于再分配的基本上是不能再投资的收入，从而保证利润率的增加。

然而，这些措施是极度通货膨胀性的，因为收回的钱不足以应付国家承担的庞大开支。但社会得到了国家开支的钱，这些钱成为提高生产和避免危机的资金。在这里，社会控制机制采取了一种极端不合理的方式。必须说服人民，使他们相信要求他们做出牺牲对于提高生产和避免危机是必要的。同时还必须使人民相信，要求他们做出这些牺牲的制度是好的，因为它可以既获得增长又没有严重的危机。再者，既然它是好的，不会造成危机，就应该拼命维护它，因此有助于防止危机的军事开支是正确的。

一方面，国家通过失业保险干预劳动市场，培训劳动力，提供医疗补助和自有住房，以及所谓社会福利国家的其他一些措施，承担了养活工人的部分费用，从而减少了劳动力的成本。另一方面，即使在衰退时期也保障了私人消费持续不降。如果考虑到这些支出是很有伸缩性的，劳动者可以在一定程度上不受收入的周期性变化的影响得到它们，那么私人消费保持稳定的现象就很容易理解了。这些就是另一类反衰退措施，它们帮助制度避免了剧烈的波动，避免了因失业和工资下降而可能引起的冲突性社会后果。

关于周期性波动的减弱，还必须考虑到大企业发挥的稳定作用。① 大企业的行动一般不会缩手缩脚，它们拥有雄厚的金融实力，完全可以抵抗危机，不会大幅度削减预算。人们认为，破产和恐慌一般仅仅限于中、小企业。如今它们在工业生产总值中所占的比例还不到40%。大企业控制着市场，这使它们能够将其销售额保持在高于消费下降趋势的水平上。

政府还采取了其他一些财政性措施，以便非常灵活地对需求或对利润率采取行动。一种颇为实际的措施就是肯尼迪－约翰逊政府实行的，并且立即收到很大效果。那就是减免对用于再投资的利润的税收，这种做法可以刺激投资。其基本理由是，只要增加投资就能增加国民收入，增加国民收入就能增加税收，因减免再投资利润的税收而造成的损失也就得到了补偿。这种理由显然是站不住脚的，因为减少了国家收入的一个来源，新的收入总是相对低于国内生产的增长。因此不容掩盖的是，这些措施加重了收入在工资与利润之间分配的不合理性，并且加重了公共预算的赤字趋势。

不容否认，所有这些反衰退政策都会引起通货膨胀。这些政策导致公共开支超过公共收入，并通过私人出资创造更大的总需求。一方面，这些政策，只是因为能够避免因消费不足趋势而可能出现的变卖危机，才刺激了投资。另一方面，这些政策十分明显地提高了利润率，从而助长经济盈余的不适度增长，久而久之，就会导致更加严重的变卖危机。

---

① 为了维护经济危机已经被克服的观点，加尔布雷思特别强调制度的这种结构性变化。参见《新工业国》。

因此，反衰退措施导致经济陷入慢性通货膨胀状态。就美国而言，因它在战后有大量的黄金储备，国家可以在国外保持巨额国际收支逆差，同时又保持美元作为世界货币的威势，并因此保持对外贸易的高速扩大，所以这种状况能够延续很长时间。这种政策的国内后果是：第一，保持了国外需求的扩张，从而减弱变卖危机；第二，开辟了国外投资市场，从而可以用极高的价格（因为在多国公司的内部关系中，价格都偏高）出口机器和材料；第三，尽管有通货膨胀的压力，但保持了美元在国外依然是稳定的货币。

如果黄金储备耗尽，国际收支逆差依然存在，国外通货膨胀压力加大，美国产品在世界市场的竞争能力减弱，这位世界巨人所采用的魔法的催眠作用就会开始消失。魔法师的魔法被戳穿之后，不仅自己垂头丧气，原来相信他的人也会对他冷嘲热讽。美国这个国家就像这样的魔法师一样，等待它的是一场猛烈的世界风暴，而且由于它在战后经济最为高涨的时期，在越南这个主要战线上遭到了政治和军事失败，那将是一场更加猛烈的风暴。

制度拥有大量的储备，但是，在不进行深刻的结构变革的情况下，能够在多大程度上自由地动用这些储备呢？事实上，与人们根据1962～1966年经济高涨（它通过极其人为的手法一直延续到1968年）不断创造的神话相反，美国在战后已经显示出经济停滞的广泛迹象。

1947～1962年，美国的工业生产增长了将近一倍。这种增长很大程度上是靠朝鲜战争取得的。美国商务部一份工业生产指数表显示，以1957～1959年的工业产值为100，1948年的工业产值为69，朝鲜战争结束时（1953年中期）为93，这说明5年内增加了将近50%。从那时起到1962年的9年之中，工业生产仅增加20%。

战后美国国民生产的年平均增长率是：1947～1950年为4.5%；1950～1953年（朝鲜战争时期）为5.1%；1953～1960年（和平时

期）为 2.4%；1960～1966 年（越南战争时期）为 5.1%。数据表明，只是在战争时期才取得了适度增长（大大低于日本和德国，比社会主义国家也低很多）。①

以上情况还没有把下述事实考虑在内，即美国国民生产的增加主要是在军事生产和服务业等非生产性部门。

1947～1967 年，在美国国民收入中国家占有的比例从 9.4% 增加到 14.7%。其中，军事消费占公共开支总数（联邦政府、州政府和地方政府）的 27.9%，占联邦政府消费总额的 44.2%。应该指出，政府用于保健和福利的开支大幅度增加，从朝鲜战争时期（1952 年）占联邦消费的 14.4% 增加到 26.6%，几乎与军事消费相等。同期内，教育占公共开支的比例从 8.9% 增加到 16.5%，社会保险从 8.3% 增加到 18.7%。这表明，美国做出了极大努力要在发展战时经济的同时发展福利国家，最近一个时期的分析家们却没有充分强调这一事实（福利和教育消费基本上是在黑人运动和苏联发射人造地球卫星后，从 1960 年到现在增加的）。然而，这些努力仍然大大落后于实际需要，这就揭示了美国形势的严重性。

美国的经济停滞使就业问题变得更加严重。就业结构中的扭曲现象增加了非生产性部门与军事生产和服务部门雇用的人数，但好像这些扭曲现象还不够似的，又出现了结构性失业问题。

1968 年，在就业的美国劳动者中，农业占 4.5%，矿业占 0.8%，制造业占 25.8%，建筑业占 5.8%，交通业占 3.4%，通信

---

① 下述各国 1950～1964 年国民生产总值的年均增长率是很能说明问题的：美国，2.6%；加拿大，4.8%；日本，9.9%；联邦德国，7%；英国，3%；法国，4.8%；意大利，5.3%。关于每个劳动者生产（生产率）增长的数据对美国也并不有利，同期年均增长率如下：美国，2.4%；加拿大，2.2%；日本，7.8%；联邦德国，5.4%；英国，2.2%；法国，4.6%；意大利，5.2%。至于人均国民生产总值，同期年均增长率是：美国，1.9%；加拿大，1.8%；日本，8.7%；联邦德国，5.9%；英国，2.4%；法国，3.8%；意大利，5.2%。资料来源：美国商务部。

业占 1.2%，供电、煤气和医疗服务业占 0.9%。因此，从非常广泛的标准来看，在生产性和生产所需的服务性部门中就业的人数，共占全部就业劳动者的 42.9%。其余的 57.1% 中，商业占 18.3%，金融和保险服务业占 4.3%，其他服务业占 16.9%，政府部门（包括军人）占 18.2%。

可见这种就业结构的扭曲性是很明显的。结构中的大部分由非生产性劳动者和政府部门就职人员组成。这类就业或者是寻求安置多余的劳动力（例如军人职业），或者是寻求解决经济结构本身造成的问题（例如广大的官僚从事社会和福利服务工作，正如某些黑人领袖指出的，这是在给官僚们谋职业，而不是在解决贫穷问题）。

尽管就业结构已经非常膨胀，但并没有解决长期存在的失业问题。在战后经济最高涨时期，美国在朝鲜战争高潮时（1953 年）失业率达 2.7%，在越南战争高潮时（1968 年）失业率达 3.4%。可以说，结构性失业率将近 3%，今天这就意味着有 300 万带家属的失业者。这样的比例不包括已经不再谋求就业的劳动者，如家庭主妇、婿妇和已经退休的成年男子等，由于失业的影响，这些阶层认为自己已不适于生产活动，其实在充分就业的经济环境中他们应当还在工作。这样的比例也不包括现役军人，他们占劳动力的将近 4%。

下列事实可使我们更好地认识形势的严重性：1954～1965 年，失业率在 4%（1956 年）和 6.7%（1961 年）之间摆动，这就意味着有将近 500 万名家长失业！数据表明，制度吸收劳动力的极限是非常之低的，正在形成一个广泛的失业、半失业和就业不足的人口阶层，此外还有一部分人口的工作是由就业制度的扭曲造成的。据此我们便可以解释美国为什么存在着严重的社会紧张局势，世界上这个最富有国家的贫穷状况的统计数字为什么如此令人吃惊。

让我们稍微仔细看一看关于美国贫穷状况的统计数字以便评断这个社会需要进行多么深刻的结构变革。这个社会已被巨大的没有利用的生产能力与大量的社会需要之间，以及表面的富裕与多少是被掩盖着的贫困之间的严重对立所撕裂。

根据社会保险局的估计，1967 年美国有 527 万个家庭（按平均每个家庭 4 口人估算，将近有 2120 万人）靠每年不到 3355 美元的预算生活。[①] 在这当中，320 万个家庭的生活预算低于 2000 美元。1966 年还有 490 万没有家属的人生活在贫穷之中（年收入不到 1635 美元）。这样加起来，在 1.979 亿总人口中，处于贫困状态的共有 2600 万人（占总人口的将近 13.2%），接近于阿根廷的人口总数。

不过，还应该将被认为处于困难状态的家庭和个人计算在内。这类家庭的收入为 3355～5999 美元，这类个人的收入为 1635～2999 美元。在这个消费段中，有 1100 万个家庭即 4400 万人，和 240 万个没有家庭关系的个人。就是说，在堂堂的富有社会中，共有 4640 万人处于困难状态。将这些人与 2600 万穷人加在一起，共计有 7240 万人处于困难与贫穷之中（占美国人口的将近 37%）。

这些事实充分反映了收入分配极端不合理的情况。如果按在国民收入中所占的比例把美国家庭分成数量相等的 5 个部分，那么收入最低的第一、第二和第三部分家庭分别占收入的 5%、12% 和 18%，第四部分占 24%，第五部分即占 20% 的美国最富有家庭占收入的 41%。至于个人收入，情况就更不平等，第一部分，即收入最高的那 20% 的人占 52%，第二部分占 24%，第三部分占 13%，第四部分占 8%，第五部分即占 20% 的无家可归的人仅占这个阶层收入的 2%。

这些数据的意义足以说明，在美国经济持续增长和富裕的外表下，潜伏着一场严重的经济危机，美国不可能在没有严重紧张形势

---

① 关于贫穷状况的数据引自利昂·H. 凯泽林的《1969 年总统的经济报告》，华盛顿，1969 年。凯泽林现任争取经济进步会议主席，曾任美国国会联合经济委员会所辖经济顾问委员会主席。

的情况下经受住一次较长的经济衰退。

如何看待一种稳定的、没有危机的经济的表象呢？这种连充分就业都未能实现的经济，难道能够实现战后的持续增长吗？在这方面，数据是骗人的。如果看它每年的数字，似乎没有发生过严重危机。但是如果看一看它按月统计的数据，我们就会看到那是一种周期性经济，它在 1947 年后至少出现了 4 次严重的衰退（这里还不包括第二次世界大战刚结束时的那次衰退）。全国工业会商委员会的一份研究报告列举了战后经济周期的 25 个标志，[①] 并划分出了 4 个周期：

第一个周期从 1948 年 11 月到 1953 年 7 月（衰退期：1948 年 11 月到 1949 年 10 月；恢复期：1949 年 10 月到 1953 年 7 月），即朝鲜战争时期。

第二个周期从 1953 年 7 月到 1957 年 7 月（衰退期：1953 年 7 月到 1954 年 8 月；恢复期：1954 年 8 月到 1957 年 7 月，净出口增长，军事开支重新增加）。

第三个周期从 1957 年 7 月到 1960 年 5 月（衰退期：1957 年 7 月到 1958 年 4 月；恢复期：1958 年 4 月到 1960 年 5 月）。

第四个周期于 1961 年 2 月开始，可以说一直延续到 1969 年下半年，不过其中 1966 年 7 月有一次小的衰退，但为了轰炸北越，进行了新的军事投资，很快即被克服。1970～1971 年衰退的最为独特之处是，它发生于战争时期。

虽然这些年的几次衰退来势缓慢而且恢复得相当迅速，但还是应该引用阿尔文·H. 汉森的话说明一点：

　　然而现在，经验毫无疑义地表明，生产、收入和就业的周

————————

① 威廉·B. 弗兰克林：《战后周期：会商委员会的图解研究报告》，纽约。

期仍不容乐观。①

还应指出：由于 1961 年 2 月开始的恢复期很长，因而出现了一个乐观时期，但在上述结构性条件下，接踵而来的很可能是一个同样很长的经济危机时期，并在国际上和美国国内引起深刻的政治变化。

五　战后的高涨及其局限

我们在上一节中看到，在 1947～1966 年这个时期，国际资本主义经济出现了一个经济持续增长的周期，其间虽然也有小的周期性危机，但并没有出现生产下降现象，而只是出现了经济增长率下降现象。除去美国和英国每隔 4 年出现一次严重衰退外，资本主义集团其他国家的经济虽然也有起伏，但始终保持增长。

这个持续增长时期是由一系列因素造成的。稍微仔细地分析一下这些因素，不仅可以使我们理解前一个时期的情况，而且可以使我们理解现在这个时期的性质。

在造成这个顺利周期的原因中，我们首先应该指出，1921～1948 年出现的那种经济衰退周期已经得到克服。② 那些年间，虽然有些时期经济高速增长，如美国从 20 年代中期到 1929 年间发生的

---

① 阿尔文·H. 汉森：《战后美国经济》。

② 如果我们认为长期性的（50 年）康德拉季耶夫周期是事实，那就应该得出杰弗里·巴勒克拉夫那样的结论：1921 年开始的周期已于 1971 年结束。指出他的下述看法是重要的，我们也同意这个看法："如果可以做个比较的话，就以 1971 年与 1896 年开始的那次繁荣结束时的 1921 年进行比较。现在我们在这个周期中进行比较的立足点是 1924 年而不是 1934 年。显然，只要政府还在掠夺，通货膨胀还在上升，就会出现另一个希特勒，或更加糟糕的事情。"见杰弗里·巴勒克拉夫的翻译文章《一个时代的结束》，《舆论》杂志，1974 年 7 月 15 日，原载《纽约书刊评论》。

情况，但总的形势是经济停滞，有些时期特别是 1929～1933 年，生产严重下降，失业大量增加，那是整个周期中危机最尖锐的几年。①

持续将近 30 年的萧条局面之所以能够结束，是由于一系列重要因素的作用：技术发明促使对新产品的生产进行大量投资；第二次世界大战最后时期加重的前期危机后果，即工资普遍下降，因此利润率提高，刺激了投资；战时工业的发展；国家大规模干预起的特殊作用——这种干预因危机发生已成为经常现象；危机引起的通货紧缩使因投机活动而膨胀起来的有价证券贬值，促使大量购置工业设备；最后，财政和经济效率较差的中小企业甚至大企业破产，其结果是生产体系的生产率得到提高。

另一方面，由于战争的结果，美国确立了它对所有资本主义国家的霸权地位。德国曾用军事手段争夺这一霸权，结果导致了第二次世界大战。德国企图通过实力和军事干预建立对欧洲的霸权，但失败了，因为它未能保持对苏联的占领，未能占领英国，未能取得美国的中立；另外它指望通过与意大利和日本结盟在非洲和亚洲建立自己的统治，但也未能取得最终胜利。

德国及其盟国在第二次世界大战中失败以后，资本主义世界便处在美国无可争议的霸权统治之下。美国的地位超过了英国，它不仅能够在整个欧洲，而且也在亚洲、地中海以及非洲和拉丁美洲的部分地区驻扎军队。这样，美国便得以建立足够的军事基地，在国际范围内建立起自己绝对无可争议的霸权。这种霸权表面上只是针对当时所谓的"共产主义威胁"，但是显然，它在确保美国的扩张和它在整个资本主义集团中的经济主导地位方面也起到了决定性作用。

在解决了这些政治－军事问题，并通过《布雷顿森林协定》确

① 莫里斯·弗拉曼特和珍妮·辛格－克雷尔在其著作《经济危机与经济衰退》中，对 20 世纪的经济衰退进行了概括的讨论。

立了美元作为国际货币的霸权地位之后，资本主义经济便开始了一个恢复和持续增长的时期，并且一直持续到 20 世纪 60 年代。如前所述，这个经济上升周期的主要特点是：

——保持持续增长，只有不太严重的危机。

——为了确保运作条件，国家干预越来越多。

——国际贸易持续扩大。

——主要依靠美国资本的输入，被战争破坏的经济（特别是联邦德国和日本）得到发展。美国资本也在殖民地和半殖民地国家找到重要的投资场所，因为这些国家在战争时期为经济的发展奠定了重要基础。

——作为美国经济主要投资场所的战时工业获得发展，美国经济扩张的积极影响扩及整个国际资本主义经济。

最直接从这种扩张中受益的是日本和德国两国的经济，它们因军事失败而受到严重打击，便将其经济恢复的命运紧紧与国际贸易，特别是美国市场的扩大联系在一起。但是，在宣传上被称为"经济奇迹"的这两国的成就，不仅未能在其他国家同样出现，而且不久也暴露出它们的局限性。早在 50 年代末，这种奇迹般增长的问题便开始显现。

第一点，美国在全世界的扩张，开始时促使美国的技术、经济资源和资金向欧洲国家、日本和加拿大转移。10 年后，欧洲经济表现出比美国经济还要有力的发展势头。欧洲国家生产率提高得更快，增长周期更为持久，这就导致欧洲经济和日本经济与美国经济的相对实力发生了变化。我们将在下一章中更为详细地分析这种情况。

如果从生产潜力和金融潜力的角度来看，上述情况看得更加清楚。大量资本向欧洲和日本流动，一方面确实使美国资本占据了主导地位，但另一方面也使美国丧失了它在世界经济中的相对地位。过去一直是顺差的美国的贸易结算，逐渐变成了逆差：美国商品逐渐丧失了竞争力，造成贸易顺差减少，终于在 1970 年变成逆差。此外，也正如我们在下一章将要分析的，劳务结算一直对美国不利，造成自 1950 年以来总的国际收支一直是逆差。造成国际收支逆差的原因是相当明显的。

如前所述，资本差额是由于美国不断把资本输往欧洲和日本造成的。只是对殖民地国家进行高度剥削才弥补了美国资本交换中的逆差，甚至使这项交换变成顺差。

维持殖民帝国所需的开支显然落在了美国人民的头上，他们必须做出牺牲，出钱维护耗资高昂的国际军事机器，支付用于大型企业为在第三世界投资筹集资金的国际贷款，和养活开销很大的国际官僚机构（情报局、"发展"银行、贸易使团和贸易处、"援助"机构等），这个官僚机构过去和现在都是直接为美国大资本的扩张利益服务的。

由于美元购买力很高，人们在国外旅游的开支和其他费用也造成了严重问题。

如前所述，我们在第三章中用数字分析的所有这些因素，造成了美国国际收支的巨额逆差，美国或者用自己的黄金储备，或者用在国际上越来越多的借贷来弥补这笔逆差。由此我们看到，美国霸权以及使用这一霸权作为大型国际垄断集团扩张工具的结果，从辩证法的角度来看，正在使它自己日益虚弱。

这个世界第一帝国只受到新生的社会主义集团和民族解放运动的挑战，它内部的矛盾正在加深。而欧洲则不得不寻求它的经济联合，以此作为实现其经济机构集中化和集权化，对抗美国企业的巨大发展和对其各国经济日益加强控制的唯一出路。20 世纪 60 年代，在戴高乐的引导下，欧洲就已表现出自己的民族主义。当时，"戴高乐主义"把法国小资产阶级以及垄断集团中一些具有反美倾向的强有力的利益集团联合在一起。虽然戴高乐主义没有在欧洲其他地区得到集中的表现，但它的主要立场通过某些天主教民主党人在意大利部分地表现出来，并且通过把工人运动与小资产阶级的利益调和起来，在一般具有较强左翼倾向的社会民主党中也偶尔得到了反响。

在增长过后的一个时期中，欧洲国家和日本将会重新向外输出资本并争夺国际市场。因此，美国资本会强烈地感受到在第三世界中其他资本的竞争。现在，不同国家的资本正在聚合，然而至少到目前为止，这种重要的聚合运动还没有消除其本国基地的作用。

因此我们可以看到，在增长周期结束后（而且正是这个周期本身造成的结果），美国的霸权（它是保持国际经济稳定的条件之一）已经开始出现裂痕，而且不得不与恰恰是前一时期的增长所孕育出的势力相抗衡。世界资本主义体系中帝国主义之间斗争的重新出现，正开始打破保持前一时期均衡的条件——以后几章我会讲到这种情况。

第二点，直接与这些现象有关的是，由于美国经济相对变弱，美国国际收支逆差引起的问题日益严重，美元作为国际交换货币的地位正在削弱。我们在前面已经讲到，到 60 年代末，这些逆差也使这个霸权中心的黄金储备大大减少，以致无法偿还它那大量的外债。

所以，美国国内已不可能有充足的流动资金来弥补它在国际收支项目上的逆差。[①]

因军事开支、经济"援助"和新的教育与"福利"要求而背着沉重负担的美国预算，必然被迫进行某些削减，或至少要限制它的高速增加。

这样一来，能使这一时期经济高涨的那些条件便开始动摇：美元危机与国际经济危机是直接联系在一起的；美国已不能保持其长

---

① 埃内斯特·曼德尔在《美国与帝国主义的危机》中，非常详细地研究了美元贬值的多方面状况。

期扩张；这还意味着大幅度削减军事开支，而军事开支是前一时期经济增长的主要因素之一；同时也影响到国家干预，而在前一个时期，正是国家通过对大大超过其再生产可能性的开支膨胀政策进行干预，才得以保持经济的运行。

第三点，自60年代末开始的目前这场全面危机也是由在前一时期进入经济领域的那些主要产品的潜力已经耗尽造成的，尽管这些产品现在还发挥着次要作用。30年代至40年代发明的家用电器（如电视机、家用制冷设备等）、新型化学产品（石化产品、药品等）以及与科技革命的发展最直接有关的其他发明（例如原子工业、计算机、航天工业等），开始失去了它们的增值能力而且已在全世界普及。资本垄断了发现的新技术并利用这种垄断赋予它向外扩张的能力，扩张的势头在战争时期尤其强烈。这些产品就是在大量资本输出的支持下，曾在国际范围内取得重大发展。但到50年代末，在技术领域内逐渐出现了限制资本主义增长的情况。这种限制的根源并不在于技术的局限性，而在于制度的局限性，因为它不能在不改变结构的情况下，吸收像自动化这样的技术新飞跃。

第四点，它对国际形势的政治方面具有重大影响，因而必须予以考虑，那就是充分就业政策对工人群众的影响。由于经济持续增长，资本主义国家才保持了比较低的失业率，特别是欧洲和日本；不过与30年代相比，美国的失业率也在不高之列。

在欧洲，甚至一度把发达程度较低国家（西班牙、葡萄牙、南斯拉夫、土耳其等）的劳动力大量吸引到经济发达的国家。这种做法部分地缓解了"充分就业"对劳动力的影响，因此从来没有出现公开缺少劳动力的情况。

因此到50年代末期出现经济高涨时，高涨的局面才得以延续到60年代。在整个这一时期，劳动者阶级增强了自己要求经济权益的能力，并在现行制度内大大改善了自己的经济状况。从政治角度来看，这种改善还意味着工人运动与资产阶级达成协议，协议甚至表现为一些强大的工人派别支持反共政策，特别是在 1947~1958 年的冷战时期。

由于政治上没有经验，战后的工人运动造成了眼前利益高于阶级总体利益的局面。在对经历过 20 世纪 30 年代大萧条的无产阶级实行相对改善政策的同时，资产阶级还进行了旨在把共产主义与法西斯主义混为一谈的"反对极权"的宣传，而且自 1947 年起又在国际范围内对共产主义运动进行了骇人听闻的镇压。凭借以上这些手段，资产阶级分裂了工人阶级，打破了他们的国际联系，这种联系在 30 年代已经大大加强，并且形成了一股民主声援的强大洪流。这样一来，资产阶级便打破了工人阶级培养自己阶级觉悟的连续性。

依靠一个经济顺利发展的长周期，又采取了把镇压政策与明显的经济让步结合起来的惯用手法，资产阶级就这样分裂了工人和民众运动，削弱了他们的力量，从而扼杀了他们的社会主义政治觉悟。

但是，随着经济高涨形势逐步结束，资本主义为劳动者在制度范围内提供福利，以扼杀其阶级觉悟的能力已经削弱。一方面，由于出现了危机，就必须保持工资的低水平以保障受到威胁的利润率。另一方面，由于帝国主义之间竞争加剧，各国资产阶级就更加需要保持低水平的生产成本，以便能在世界贸易中开展竞争。

所有这些因素必然导致资产阶级与民众运动的矛盾日益激化，促使广大劳动者阶层拥护资产阶级和小资产阶级的改良主义主张的那些条件便逐渐被打破。因此，激进的和革命的工人运动开始重新兴起，并随着国际资本主义体系危机的加深，在组织和觉悟上逐渐成熟。

第五点，必须指出，任何经济高涨时期都会产生旨在最大限度地延长这一时期的投机倾向。由于拼命要在高涨时期内取得最大限度的利润，毫无实际基础、只表示虚拟财富的金融证券便应运而生。

当普遍增长的气氛已经不能保持时，这些虚拟财富就会非常猛烈地爆炸。于是就会出现股市暴跌、银行倒闭、挤兑等现象，这是萧条时期最重要的社会经济现象之一。

1960～1970 年是这些金融投机方式的高涨时期，到 60 年代结束时，高涨也随之结束。这种投机活动带有国际性，人们利用流散在美国境外的美元作为建立银行货币的基础（金融投机使欧洲美元和亚洲美元的价格大涨特涨）。此外，许多依附国欠下了大笔国际债务，它们螺旋式上升的债台越来越高，根本不可能偿还。还有，那些最重要的资本主义国家都在建立虚拟货币，并且鼓励实行信用膨胀制度以维持人为的消费。如果把上述所有情况放在一起考察，就可以认识到整个国际资本主义金融体系的虚弱性。

因此，伴随经济高涨结束而来的，必然是严重的世界金融危机，在这种危机中，通货膨胀，证券价格普遍下跌，许多金融机构破产，这些必然构成要求对体系进行调整的一个因素，所以到 60 年代末，战后时期的资本主义已在其最得意之时开始陷入灭顶之灾。

六　资本主义的新危机与国际形势的诸因素

在下一章中，我们试图非常概括地说明现在这场资本主义总危机的特点。我们的目的在于说明，1967 年和 1969～1971 年的两次衰退以及 1974～1975 年的萧条都不是偶然现象。它们是自 1967 年开始的一场资本主义全面危机的初期表现。这场危机的特点将是长时期的萧条，其间有几次短暂的经济恢复。这场危机是继 1949～1966 年那次漫长的经济高涨周期之后出现的，当时资本主义呈现出经济普遍增长的形势，其间只有个别年份出现衰退或增长率下降。这个增长周期对工人和民众运动造成非常严重的意识形态和政治后果，使它在那一时期内表现出分裂和在意识形态上受资产阶级改良思想控制的趋向。这个经济周期的结束开辟了一个新的历史时期，其特点是，一方面，工人和民众运动团结一致，社会主义思想得到发展并有成为主导思想之势。而另一方面，资产阶级则表现出内部分裂和斗争加剧的趋势。

然而，客观条件还不足以对社会进行一场革命性的改造。能够确保成功地利用这些历史情况的，是群众和群众领袖的政治能力，是作出科学的分析并把它运用于具体的历史形势。但遗憾的是，正如我们在类似的其他几个时期中所看到的，延续时间长的经济周期并不是资本主义的新现象，经济高涨阶段在意识形态和政治上造成了许多严重的投降现象，使整个民众运动和运动的能力深受其害，以致不能革命地利用这种形势。1926～1945年，以马列主义为指导的国际工人运动，从把社会民主主义说成"社会法西斯主义"的第三时期左倾路线（它的灾难性后果，特别是德国在希特勒面前遭受的失败已众所周知），摇摆到了由资产阶级或小资产阶级领导的人民阵线或国民阵线（它的灾难性后果，特别是共和国时期的西班牙和战后意大利和法国的情况，也已众所周知）。

为了搞清自1967年开始的政治斗争新阶段的前景，我们首先要完成分析国际总形势的任务，而为了完成这项任务，我们应该分辨出构成目前国际形势的那些因素或力量，并进而个别地或通过它们与总形势的关系做一分析。

首先应该强调的是经济危机，它构成了形势的总格局，各种因素都在这个总格局中发展。这场危机不是孤立地出现在个别国家，而是带有国际性，波及整个世界资本主义体系。这就要求我们必须把各国的不同现象放在这个总格局内进行考察。

在这场资本主义危机的总结构内，我们辨别出了到目前为止的3个时期：1967～1971年（这是危机初现时期）；1972～1973年（第一次试图复苏时期）；1974～1975年（战后第一次大萧条）。

危机本身并没有造成新情况或新因素，但它加重了原来的趋势，使原来处于第二位的因素凸显出来，并从整体上造成一种全然不同的经济、社会和政治形势。在分析了主要经济状况之后，就需要说明阶级斗争的情况及其政治表现方式。帝国主义的政策和不同倾向的各工人政党的政策是应予研究的主要方面。

在当代世界中，必须分析作为国际形势基本因素的社会主义国家的立场。这些国家没有像西方那样出现经济危机。它们确立了一种以生产资料集体所有制、计划化和共产党的政治领导为基础的经济，已经成功地克服了经济周期并解决了它所造成的问题。这并不是说，社会主义集团没有受到资本主义世界出现的经济和政治危机的影响，这场危机迫使这些国家以政府和国际政治运动的身份做出反应。因此，必须在分析社会主义集团的态度和倾向的同时，分析各国共产党的立场，因为它们已把自己的政治命运与维护社会主义国家特别是第一个社会主义国家苏联联系在一起。

接着，应该说明在国际形势中具有非常重要作用的另一个因素。这就是工业国的社会民主主义和依附国的新民众主义。新的基督教民主派和美国自由派这两者中的某些阶层，与其他集团一起（如原来的激进党）形成了一股势力，构成了人们所称的中－左派。这些势力的目的是要在经济危机阶段发挥更加有力、更加重要得多的作用。在这样的时机下，这些运动正在有力地开展活动，它们在国际形势中的表现正在成为一个很重要的因素。

还必须予以考虑的另一股国际政治思潮是保守派运动。在危机极为尖锐的情况下，保守派受到中－左派和极右派的双重压力，而极右派现在也正在国际形势中发挥着非常重要的作用。

由此可见，准法西斯主义和法西斯主义倾向正在成为国际形势中的一个决定性因素。在过去很长一段时期内，法西斯主义一直处于冬眠状态，不是国际形势中一股实在的势力。但是，由于存在着动摇制度整个结构的经济、社会和政治危机，法西斯主义又重新出现并得到了发展。

最后，在国际政治格局中还有称为新左派、极左派或议会外左派的势力。这股势力代表着许多派别和集团，它们之间经常进行公开争论。然而就其总体而言，它们构成一股激进的意识形态势力，在很多方面左右着国际形势的某些方向。

左翼激进派初露苗头后，在 60 年代重新出现，但奇怪的是到 70 年代经济危机达到顶峰时，它却陷入政治上一蹶不振的境地。

我们相信，如果能够对这一系列经济、政治和意识形态状况做一番深入的研究，就能够确定——尽管只是非常笼统地——目前这场资本主义总危机的主要趋势和前景。

第六章
1967～1975年：资本主义的总危机及其特点

经济危机的最初迹象出现于 1967 年，后来在 1969～1971 年和 1974～1975 年又进一步明显：

——联邦德国的生产下降0.2%；

——美国和英国等国的增长率明显下降（美国降低到 2.6%；英国 1966 年下降到 2.6%，1967 年下降到 3.6%）。

面对这种威胁性的形势，美国立刻以增加军事开支为对策，于是在 1968 年和 1969 年的一段时间内出现了新的经济高涨。

这样一来，通过用极端人为的手法危险地延长经济高涨，资本主义国家解决了困难；这种做法在 1968 年造成了经济和政治上非常尖锐的紧张形势。这一年资本主义开始表明，只有加重经济困难方能维持战后的增长周期。也就是在这时，英国发生了第一次英镑贬值。全面经济危机的局势开始形成。总之，在这些年间，通货膨胀进程开始表现出脱离经济控制的势头。

1969 年，这种企图人为地保持不可能实现的经济增长的努力开始显示出它的限度。于是资本主义世界开始出现经济萧条，萧条在美国一直持续到 1971 年，在欧洲和日本持续到 1972 年初。衰退在美国表现得更为严重，其经济尽管没有出现公开的萧条，但生产下降相当明显。

1970年，美国经济根本没有增长（下降0.5%），这是危机造成的最低点；但在1969年（增长2.7%）至1971年（增长3.1%）间，形成了一个历时3年的萧条时期。

战后时期内，只在1958～1961年出现过如此消极的形势，有一年多的时间持续衰退。但很快出现了恢复。肯尼迪－约翰逊时期，美国经济恢复了相当可观的增长。

但是1967～1971年出现的小规模萧条，似乎不可能同样容易地被克服。为了搞清它与前一时期的衰退有哪些不同之处，应该从这些年间美国经济总的运行情况的背景对它进行分析。

增长率的下降首先出现于越南战争期间战时经济达到顶峰的时候。

说明当时已初露苗头的萧条的严重性的另一个重要表现，可以从失业情况中看到。失业率在1969年上升到3.5%，1971年又上升到6%，引起人们的严重忧虑。

危机的第三个表现是，尽管增长率下降，但在那一时期通货膨胀率却相当高。这种情况表明，增长率下降并不反映已进行充分的经济调整，而是仍然在人为地干预经济，以阻止通货紧缩现象充分发挥作用，从而妨碍了对经济进行全面调整。这就意味着，扩大通货膨胀将妨碍经济大幅度增长。

如果从正确的角度去理解，数据是很能说明问题的，1970～1971年的数据就已证明，恢复经济的任何尝试都将是短命的，只能使已经很突出的问题更加严重。

第四个重要表现是这次衰退带有国际性，至少在1971年是这样，而在整个前一时期却没有发生这种情况。这个事实可能是制度的一场普遍危机的信号，1974～1975年人们已经可以部分地看到这场危机。

1967～1971年的危机不仅出现在美国，同时也出现在欧洲、加拿大、日本和澳大利亚等国家和地区。在这些国家，多年来第一次出现了增长率下降、失业增加、投资率降低等严重问题。在这个时期内，世界贸易势头减弱，还爆发了严重的金融危机，这从下面一些先兆中可以看到。

对美元和英镑实行贬值，从而结束了美元对黄金的平价制度，这就决定了作为战后扩张的金融手段的《布雷顿森林协定》已经失去效力。为了给这种局面寻找解决办法，帝国主义之间的斗争明显加剧。

尼克松的"新经济政策"一反尼克松所代表的美国保守派人士的经济思想，适应了这种新情况。"新经济政策"规定，控制物价和工资，并增收 10% 的附加税以限制进口，企图恢复在世界贸易中被排挤的美国商品的竞争能力。

于是，美国便开始了与其国际竞争者的尖锐斗争，并把危机转嫁国外，特别是联邦德国和日本。根据我们迄今看到的情况，这两国的经济增长与美国国内市场有着非常直接的关系。美国这种做法的后果很快就显现出来。战后日本国民生产总值的平均增长率一直超过 10%～12%，这时国民生产总值的增长率便逐步下降：1968 年为 14.2%，1969 年为 12.1%，1970 年为 10.3%，1971 年降为 6.2%。战后联邦德国的增长率一直在 8% 左右（在 1966 年和 1967 年出现偶然不利的情况，增长率分别为 2.9% 和 -0.2%），这时国民生产总值的增长率也开始下降：1969 年为 8.3%，1970 年为 5.8%，1971 年为 2.7%，1972 年为 3%。

作为这项保护主义政策（及其他一些旨在刺激国内的投资和生产，对物价和工资实行相对控制，以减少通货膨胀，改善美元的国际地位的措施）的结果，1972 年和 1973 年美国经济出现了明显的但是短暂的恢复，并对这两年的国际经济产生了积极影响。

国际收支逆差逐步减少，通货膨胀相对得到抑制，美元对其他

货币的比价得以维持，美国国民生产总值在 1972 年增长将近 6%，
1973 年增长 5.9%，失业率下降到 4.6%。

总目标基本达到，但大大低于原来想要达到的程度。例如通货
膨胀率有所下降，但没有降到足以令人以为通货膨胀现象已经消除
的水平。

在这方面，考察一下总统经济顾问委员会每年年初所做的对美
国通货膨胀率的预测与每年年终实际存在的通货膨胀率之间的差别，
是很有意义的。1968 年，该委员会预测通货膨胀率为 3.1%，实际
为 3.9%；1969 年年初估计通货膨胀率为 3%，实际为 4.8%；增长
最低（等于零）的 1970 年，估计数为 4.8%，实际为 5%；1971 年，
作为反通货膨胀措施的结果，预测数为 3%，实际为 4.5%；1972 年
在经济已经得到某种恢复的情况下，预测数与最后结果相当接近，
预测约为 3.2%，实际为 3.4%；然而到 1973 年，委员会考虑到通货
膨胀形势已经得到控制，预测通货膨胀率为 3%，但实际上却是
5.5%；到 1974 年，委员会已经认识到不可能控制通货膨胀进程，
因此根据前几年的经验，预测通货膨胀率接近 7%，但实际上却超过
了 12%。

这些数据表明，带有通货膨胀内容的经济恢复政策软弱无力，
是不可能解决引起目前危机的那些真正问题的。这种形势的最严重
之处是，已经形成人们所称的"滞胀"或"萧条膨胀"，即停滞或
萧条与通货膨胀混合在一起，它已不像 1958 年出现的通货膨胀那样
是一种偶然现象（当时很快就得到了控制），而是一种趋于变为持久
的、具有连贯特点的现象，一种几乎成为经济的运行模式的现象。

因此可以说，虽然尼克松总统的所谓"新经济政策"（在美国大
资本的支持下）在 1972～1973 年确实实现了经济的大幅度增长（这
使某些人产生了一种印象，以为恢复对经济的控制、重新出现一个
相对增长时期是可能的），但在一开始就出现了一些明显信号，表明

对这种乐观情绪的种种限制。

　　下面我们将会更加详细地讲到，一个信号是 1973 年爆发的通货膨胀，另一个信号是没有能够大幅度降低失业率。在正常的经济模式中，由于 1972~1973 年实现了大幅度增长，那么本应大力减少失业。然而作为增长政策的成果，1972 年的失业率从 1971 年的 6% 下降到 5.5%，1973 年降到 5.3%，年中达到最低点 4.6%。

　　这些数据表明，对增长政策的阻力非常大，经济需要进行非常重大的调整，才能出现大幅度的增长。这些数据还表明，这次经济萧条或者在中期内应是很严重的，或者在长期内才会得到相对控制。因此，1974 年开始的经济萧条时期已经不像 1949~1953 年，1958~1960 年，1961 年的历次危机那样仅仅是一个小周期，是经济增长总周期中的一个短暂时刻。相反，我们的一系列分析似乎已经清楚地说明，自 1967 年起，国际资本主义经济的总模式正在从带有小危机的普遍增长模式，向一种带有小高涨的普遍萧条模式转化。

　　在以下的篇章中，我们试图对这个萧条周期的最初 9 年做一个比较详细的分析；根据从其他相似情况得出的推断，这个萧条周期大概会持续 20~25 年。这样长的时期属于康德拉季耶夫周期，在这类周期中，甚至在出现总曲线是萧条的情况下，也有增长时期。无论是康德拉季耶夫还是任何其他经济学家，都没有能够令人信服地说明长周期的这种周期性的原因。因此，我们为尊重历史证据而指出的关于 20~25 年的估计是不太科学的。

　　由于我们已经强调指出的那些干预经济的机制，还由于国际经济局势中存在着社会主义国家，由于最发达的资本主义国家中存在着工人运动的组织力量（虽然它在意识形态方面的能力不太相称），这个周期不可能表现出过分剧烈波动的情况。可以预见，由于民众压力的影响，资产阶级本身会努力防止萧条达到太低的程度。恢复阶段也不会出现很高的高涨，除非资本中最年轻、最外行阶层的冒

险和投机精神压倒传统寡头的势力，因为传统寡头们深知，很高的
高涨过后，接踵而来的便是非常严重的萧条。

现在让我们来研究资本主义新萧条周期中 3 个重要的时期，这
就是 1967～1971 年的衰退，1972～1973 年的恢复和 1974～1975 年
的萧条。

第七章
资本主义总危机第一时期：1967～1971 年

一　承认危机

美国商业界人士中的先锋派被迫承认了危机的性质。1970 年 5
月，面向一个卓越的商业界人士读者群的《商业周刊》指出：

> 华盛顿制定政策的人士还没有使用这个词，但是对于越来
> 越多的经济学家、投资者和商业界人士来说，一方面，经济下
> 降已经变成了一次衰退。另一方面，经济统计数字中没有任何
> 迹象暗示衰退或通货膨胀会很快结束。

但是，《商业周刊》是在正面攻击共和党政府，因此它的立场可
能是令人怀疑的。我们还是以当时支持政府政策的曼哈顿银行财团
来说明问题吧。同年 8 月 3 日的《国际金融》杂志指出：

> 美国经济可能是接近或处于一场微型 - 小型衰退（原文如
> 此）的边缘，但今年结算的增长率很可能是极低的。去年那些
> 限制货币和财政的政策在继续降低着通货膨胀的百分比。如能

放松一下这些政策，可望在 1971 年恢复比较正常的增长，但目前还预见不到有任何会恢复到高涨状况的迹象（原文如此）。

所以，我们的出发点是承认衰退（不管是小型的还是微型的，或者是微型－小型的），承认不会立即恢复（当时有人估计 1971 年会开始出现小的恢复）。最使分析家们注意的是，衰退突然与极高的通货膨胀和受战争开支高度刺激的经济结合在一起。

二　战时经济及其限度

最后一种情况确实很重要。美国 1938 年的危机因战时经济而得到克服。1949 年的危机亦然。从 1954 年和 1958 年的危机中恢复过来的部分原因，是在和平时期增加军事开支的政策。1966 年 7 月那次小的危机威胁，也是通过轰炸北越和随之扩大战争，从而刺激投资才得到了克服。另一方面，战后的这几次危机和衰退，都和那几次局部战争的结束时期联系在一起。而 1970～1971 年的危机是在大搞战时经济的背景下发生的，不能再依靠前几次危机的主要出路，大力扩张军事消费了。

但是，是什么原因造成在战事正酣的时候出现了衰退呢？答案是多种因素起了作用。我们要着重分析其中的 4 个因素。

第一个因素，维持和扩大战时经济意味着大大增加政府开支。政府开支必须通过税收筹措，而在这个时候税收已对经济活动造成了严重影响。为了成功地刺激投资，肯尼迪政府和约翰逊政府曾采用了对再投资利润免税的办法，这种做法显示出税收政策在经济增长进程中的战略意义。税收的巨大影响促使小资产阶级和雇佣劳动者起而反对任何再次增税的做法，这甚至成了唯一的无党派候选人乔治·华莱士的旗帜，使他在美国获得了大量选票。

放弃了针对大企业增加税收的做法（因为要对它们免税以便刺激它们进行再投资）后，还有一个做法，那就是对雇佣劳动者和中小企业主施加压力。这在政治和经济上都不是妥善的办法，因为会引起消费再次大幅度下降。而间接税又会影响物价，加重通货膨胀趋势。最后，只剩下采用赤字预算一种手段，求助于发行政府债券，但这也会引起通货膨胀。政府很难冒险进一步推行通货膨胀政策，这种政策是肯尼迪－约翰逊时期的特点，造成了严重通货膨胀的后果。关于这种通货膨胀形势在政治和经济方面的影响，我们以后再谈。

第二个因素，如今战争只是防止衰退的一个有限的机制，因为很大一部分军事开支严重影响着美国的国际收支。在国外保留大量的军事基地和军人，对许多国家的军事援助，用于战争的国外开支，这些项目在国际收支中都无法得到直接补偿。美元拿出去就回不来，美国统治阶级中的很多人已经提请人们注意这个现实。国外军事开支是造成美国国际收支赤字的主要原因。在美国拥有黄金储备、其货币在国外享有强有力地位时，这些赤字对资本家来说是件好事，还构不成一个问题。自 20 世纪 70 年代起，当黄金储备大大低于外债，美元抵挡不住国际通货膨胀的压力时，形势就发生了变化。在国际金融非常敏感的时期，美国这种国际收支赤字的状况再也不能继续下去了。

因此，军事开支受到两方面的压力：国内方面，必须实现预算平衡；国外方面，必须减少国际收支赤字。

但是应该考虑到，还有两个因素也对大量增加军事开支起着反作用，即美国的政治问题和军事投资的增值效应。

第三个因素是从 60 年代起，美国进入了一个国内大冲突的时期。这类冲突越积越多而且没有找到有效的对策，战争和所谓"军事－工业联合集团"已经变成冲突的中心。贫困问题，连同它对黑人、波多黎各人与墨西哥人居住区的影响和对种族问题的影响，无论从经济角度还是从政治角度来看，都直接冲击着美国经济的军国主义方向。

在经济方面，人们越来越意识到，没有钱解决贫困问题而同时保持如此巨大的军事预算，这种状况是多么荒唐无理。由于出现衰退，形势变得更加严重，衰退迫使政府削减教育和福利预算，同时却不采取任何根本措施减少军事开支（甚至在自由派中也存在着这方面的强大压力）。

在政治方面，越南战争不仅唤起了国内自由派的反对——这些人认为，让他们的青年为了一场显然是毫无意义的战争到遥远的土地上去送死，这种做法毫无意义；而且唤起了一个革命的反对派——这些人认为，越南战争是垄断集团挑起的，是美国对有色人种的帝国主义政策的体现。越南战争激起了国内的种族仇恨，并促使它与被压迫人民的反帝斗争结合起来。这种情绪不仅表现在少数民族聚居区，而且也表现在大学校园、某些工会阶层和兵营，在美国社会中的影响越来越广。逐一列举美国左派的各个派别未免过于累赘，它们中的大部分是从自由派运动的激进化中崛起的，但似乎还是应该提一下军队中反叛运动的发展。在军队中，美国士兵不仅办了许多反战报纸，而且还举行游行示威甚至进行破坏活动，官方报纸基本上对此秘而不宣，但这些情况却在美国左派报纸上得到传播。可见战争变成了政治上的一个大问题和一个孕育着社会动荡的危险中心。

但是还有第四个因素，它削弱了军事开支在克服消费不足危机和提供就业方面，总之在刺激商业方面的能力。军事技术越来越尖端，这必然减少了它在经济中的增值效应。战时经济受到军事战略转向洲际战略的冲击，因为洲际战略的基础是洲际弹道火箭，最轻型武器只限于在局部战争中使用。这些变化导致军事开支的增值效应被削弱。

军事技术的使用减少了对征兵的需要，而征兵原来可以占用大批闲散劳动力。军事消费正在转向由节省劳动力的技术所生产的高度专门化产品。满足这种如此高度集中的需求的工作，正趋向于只限由少量的大企业来承担，这些企业则日益依附于军事消费，因此对这种消费的可能波动高度敏感。必须强调指出，操纵军事需求的能力已成为使美国数家新型大联合企业得到发展的战略性手段，它们很快跃居到最大企业名单上的前几名，并威胁着传统公司和在原来统治者家族基础上形成的寡头阶级。

军事开支正在丧失它以就业机会和稳定的需求浇灌整个经济的能力。这曾是一个关键性因素，曾使美国在战后获得增长，并使制度掌握了采取反周期政策的主要手段，所以，1970～1971 年的衰退便把投资政策必须转向其他部门一事提上了议事日程。应该考虑到，许多人认为在某个时期内可成为一种解决办法的航天工业，自 20 世纪 70 年代起进入了公开的危机阶段，从而第一次在科学家和高度熟练的技术工人范围内造成了严重的失业问题。

改变投资方向的另一个可能的选择，是转向社会福利和教育部门，这两个部门也处于危机之中，但它们的需求仍非常之高，而由于科技革命的关系，教育的需求更是特别高涨。迫于社会冲突加剧和军事消费限度现已很明显的进一步增强的压力，统治阶级中有不少人呼吁把政策转向教育部门。但是应该考虑的是，把公共消费大规模地转向福利和教育的政策要求同时转变政治方向，这就可能使美国出现某种形式的社会民主党，随之引起工会和少数人种的地方性运动组织展开更加激烈的斗争活动。统治阶级的政治大员们能够在多大程度上应付这样的局面并在思想上改变方向来担负这样的重任呢？这是一个难以回答的问题。然而毫无疑问，美国的自由主义处于明显的危机之中，麦卡锡、麦戈文成为总统候选人，越南战争的结束，"水门事件"，特别是 1975 年的议会选举等现象，就表明了这一点。

三　通货膨胀与衰退并发

由此我们看到，经济危机不论其程度如何，都暴露了美国资本主义经历着一场体制和政治危机。但还需要说明美国的危机自 1970 ~ 1971 年表现为衰退与高度通货膨胀并发的原因和方式。

这种现象的原因在很大程度上与前面讲的有关：1970 ~ 1971 年的通货膨胀在很大程度上是由战时经济造成的，但还有其他因素影响经济，造成通货膨胀后果。我们只有首先分析这些因素，才能在最后就危机可能出现的发展状况做出结论。

美国通货膨胀的起因在于以下几个因素：

①必须创造国家需求，而这种需求并非总是与可支配的收入相适应，因此造成预算赤字。

②必须实行能够使购买者通过借债提高其消费能力的信贷政策。

③由于对市场实行垄断性控制，价格结构表现为刚性。

④国际收支上的赤字。

就是我们已分析的军事开支，加上这 4 个因素，导致持久的通货膨胀状况，虽然 20 年来一直在遏制这种状况，但它最终还是造成了一种通货膨胀气氛和物价与工资的交替上升。现在让我们来逐一分析这些因素。

我们已经看到，军事开支是怎样引起通货膨胀和导致预算赤字的。如果国家能够限制它在其他项目上的开支，是可以减少预算赤字的。然而由于多种原因，这是不可能做到的。应该考虑到，由于技术的发展，生产具有越来越大的集中性，而且生产过程、商品流通和科技研究具有越来越大的社会性；还应考虑到，对于经营范围日益广泛的企业的管理,以及必须对日益广泛的部门进行干预的国家,都需要社会化。就是所有这些因素都在起作用,要求国家越来越多地参与经济和社会生活。

作为这种情况的结果并由于这种结果的反作用,国家作为需求的调节者就越来越重要,对于许多企业和整个经济的正常运行来说,国家变成了一个必要的购买者。

由于这些和其他一些原因,国家的活动趋于扩大,国家机构作为购买者、调节者、计划者,有时甚至是生产者,在经济中的作用正在增强,这就要求筹集越来越多的资金。在社会压力下,国家的开支会越来越多。但如果这些开支是再生产性的,则不会引起通货膨胀。然而在资本主义制度中,很大一部分国家开支的目的是提高资本家企业的利润率,无论是以适当价格维持稳定的消费,无论是以低廉价格提供公共服务(企业利用这些服务,因而减少了生产成本),无论是以低于私营利率的利率扶助信贷系统,也无论是负责培训劳动力和为研究成果的开发利用提供资金使其成为私人专利,等等。在垄断资本主义制度中,国家在几乎所有这些活动中的功能,都是提高大企业利润率的关键性手段。国家的开支通常不是再生产性的,相反是亏欠性的。正如前面讲到的,军事开支造成的亏欠规模更大。

应该考虑到,只要减少国家开支,就会造成整个经济特别是利润率下降的后果。既然如此,统治阶级就总要推动国家进行赤字开支。被统治的社会阶层也推动国家这样做,以求经济盈余的再分配对他们有利。但国家必须对社会当事人的部分收入征税,才能得到收入。如果资本家和大企业按照与之分享国民收入同样的比例负担这些国家开支,这些开支就会对他们大大不利。因此,制度总是把大部分国家税收强加在雇佣劳动者和一般消费者头上,所以国家进行的收入再分配总在递减。于是,就必须或是通过预算赤字,或是通过发行债券，求助于创造高于可能得到的税收的额外资金。

但是任何借债手段都有一定的限度，因此每当扩大开支或用财政刺激私人投资的政策达到其极限时，国家赤字的做法在某个时期也不得不停止，被迫采取稳定政策。1970 年就出现了这种情况。肯尼迪政府和约翰逊政府大力推行战后规模空前的通货膨胀政策，刺激国民收入高速增长了 4 年，但逐渐被迫停止或减少了对投资的刺激，到约翰逊政府后期采取了更为谨慎的政策，最后，尼克松政府不得不制定了一项稳定政策。[①]

至于信贷政策，它在很大程度上也属于上面讲到的国家活动的总情况。只要企业增加压力以获得充足的高额周转资金，就可利用社会资金进行新的投资。另一方面，要求为私人消费提供资金，从而可以创造高于居民近期购买力的需求的压力非常之大。这是解决眼前变卖问题的一种方式，却给将来留下了变卖问题。但是等到"将来"到来时，可能会发生严重危机，使得许多这类债务无法偿还，从而加速许多部门的破产。1970～1971 年的衰退就发生在一个高度金融投机时期之后，那是美国历史上最大的一次动荡，充满了购买企业、股票投机等活动。[②] 宾夕法尼亚州中央运输公司等极其重要的公司和股票管理（确切地说是投机）公司的破产，以及清偿能

---

① "从 1956 年年中起，美国政府增加了非军事的经济投入，与此同时继续投身于越南战争，很快发现需要削减其他投入，增加税收或继续实行合理的货币紧缩政策。当然即使不采取这些手段，也无法让我们摆脱实行紧缩政策的需要。这只能说明，紧缩政策是由于通货膨胀而推行的，推行时没有经过深思熟虑，方式也不公平，不正当。"1970 年 2 月总统提交国会的经济报告，美国政府印制，华盛顿，1970，p. 5。

② 美国联邦贸易委员会顾问办公室发布了一篇 753 页的公告，公告内容是关于企业联合，并分析了美国三次大规模的公司联合运动，同时指出"目前的运动是三次运动中历时最久的，说明企业合并处于上升阶段。此次运动周期大大超过前两次运动的周期。"《经济聚焦》8A 册，提交参议院立法委员会下属反垄断委员会的公告，美国政府印制，华盛顿，1969。

力和股票市场的危机都表明，这场危机的广度和剧烈程度反映了前一时期投机活动的程度。

但是若想理解萧条与通货膨胀并发的现象，还要考虑一个非常重要的结构性因素，那就是大公司对市场的垄断所造成的后果。对受控价格的研究显示，垄断化的经济部门总是对制度的周期性波动表现出较大的刚性，而保持着价格上涨的总趋向。这种刚性表现在制度的扩张时期，即当仍处于竞争状态的部门趋于大幅度抬高价格时，垄断化部门却保持着基本稳定的涨价幅度。但在经济萧条时期也同样表现出这种刚性，即在仍处于竞争状态的部门的价格趋于下降时，垄断化部门的价格却在继续上升。

做出这种经验主义论断的理由，就在于垄断企业总要实行的垄断结构和价格战略。垄断集团不可能根据眼前利益来提高价格，因为它们考虑的是越来越长的时期。只要能够使涨价与它们的利润率和对市场的占领和控制协调起来，它们就提高价格。无论是在需求扩张的周期性情况下，还是在需求压缩的情况下，都可能这样做，因为在总需求压缩时，就必须用提价来维护利润率。竞争性企业不能这样做，因为会失去市场，但垄断性企业可以无所顾忌地采取这样的决策。

所以，为数众多的垄断化部门在经济中的存在会造成长期通货膨胀，这种通货膨胀虽然减轻了周期性波动，但同时使执行反通货膨胀政策变得相当困难，因此萧条便与价格膨胀并发。

造成通货膨胀局面的第四个因素是国际收支赤字。我们已经看到，这些赤字在称霸的资本主义国家中发挥着一项重要作用。它们可以成为扩大对外贸易的手段，可以为资本流动和这个帝国的军事需要提供资金。应该指出，在这种情况下，如同前面已经研究过的情况一样，国家承担了为私人部门开辟市场的责任，以及维护私人部门经营的稳定性的责任。所以，是一般的纳税人在为私人企业的经营提供资金。

但是，美国的国际收支赤字是一项损害其他资本主义国家的政策。其他资本主义国家被迫用美元进行储备，而不能把美元兑换成黄金，因为美国不能用它现有很少的黄金储备买回这些美元。然而赤字在继续增加，便出现了无法忍受的情况，因为显然美元已在国际和国内贬值，它的黄金平价也因此完全是虚假的。这样一来，其他资本主义国家拥有的美元储备，便在1970年成了几乎没有保障的废纸，因为美元随时都会贬值，而由于通货膨胀的关系，这些美元买到的商品少于前些年。随后美元几次贬值并取消美元对黄金的平价，这样，便开创了一个比较明确的局面。但是，甚至在对进口课以重税的时候，也未能像人们想象的那样消除国际收支赤字。1972年和1973年国际收支赤字略有减少，到1974年和1975年再次上升，又一次把美元贬值提上日程。

国际收支赤字是一个引起通货膨胀的因素，它迫使国家弥补赤字，使美元这种国际货币贬值；同时由于国内的通货膨胀限制了美国在国外的金融实力，增加了国外对美元的压力，所以赤字呈增加趋势。国内问题与国外问题结合在一起，迫使美国政府立即应付国内的通货膨胀和国际收支赤字，以及国外对美元的压力。所以，在出现国际收支赤字和通货膨胀并伴有衰退的时期，不能指望实行进攻性政策。在这样的时期（如1970～1971年和1974～1975年），行动上主要处于守势，尽可能地防止出现爆炸性形势。

四 危机对美国对外政策的影响

进攻性立场是20世纪60年代前半期民主党政府对外政策的特点，它反映了民主党政府相信，能够实行国内的改良政策并确保会出现一个经济不间断增长的周期。从经济角度上说，美国若能达到

5% 的年均增长率，似乎就可确保其国内生产的绝对值达到这样的高度，足以令人认为美国是唯一的世界性强国，而苏联则是与日本、联邦德国和英国一样的中等强国。

在美国历史上经济最繁荣的时期，经济曾得到不间断的增长，这一事实使有些人宣布：周期性资本主义已经结束，富足社会的时代已经到来；在这个时代中，有关经济政策（特别是财政政策）的实践知识可以确保经济的不间断增长。

经济上的乐观情绪可在国内和国际上使人产生极大的政治乐观情绪。"古巴导弹危机"是一场军事和外交攻势的开端，它使美国立刻从"入侵猪湾"夭折的失败中恢复过来，并很快发动了一系列反人民的军事政变，最明显的表现是在巴西和印度尼西亚。军事进攻越南和入侵多米尼加共和国显示，美国相信自己有能力使小型冲突扩大化，把它们变成更广泛的战争威胁，以此取得左右局势的军事霸权。

在拉丁美洲，使用训练有素的军队来推行反游击战和国家安全的政策，组建反游击战和反暴动特种部队，援助各国当地警察，为这一新的战略方针提供军事援助，这些办法终于消灭或孤立了游击中心。在实行这一镇压政策时，还树立了一个实行改革政策的形象：在美国国内，努力促进民权和消除贫穷；同时根据一些表面上带有改良主义味道的计划——如"争取进步联盟"——实行对外"援助"的政策，支持温和的社会改革，支持智利基督教民主党的"自由革命"，扩大与社会主义集团的经济关系。

这是一项全面进攻性的政策，它似乎为美国开创了一个拥有无可争议的世界政治主导权的时代。

然而，还是让我们看看这场攻势的结果吧。

在国内经济方面，高速增长政策暴露了美国经济的局限性。在经济充分高涨时期，失业率不曾低于占劳动力的 3.4%（不少著述者认为，实际失业率是官方数字的两倍，如果情况如此，则实际百分比应为6.8%），必须认识到，就业劳动力，大部分是在那些为军事经济服务的工业、商业和服务部门工作的人，以及由于战争而从军入伍的人。

此外，面对1966年危机的威胁，美国采取了这样的对策：在轰炸北越的刺激下大力增加军事消费，和以大大超过需求的可能规模扩大军事投资。显然，唯一能够刺激投资、遏制衰退的手段，就是军界购货。经济的军事化已经达到极大高潮，国内外的军事开支分别使预算赤字和国际收支赤字越来越多。即使如此，这些措施也未能消除衰退的威胁。1969年下半年，衰退终于变成现实。1970年，出现了生产、投资和需求的绝对下降，失业率达到5.6%。

形势的全貌中还包括出现了极难控制的通货膨胀，这表明在实行后周期政策6年之后，经济繁荣已告结束。

这种严重恶化的局势正是由造成经济繁荣的那些现象造成的。有利于利润和大规模再投资的战争和收入再分配，不仅没能使国内符合实际的改良政策付诸实施，反而使广泛的反抗运动得以壮大：黑人争取民权的斗争（马丁·路德·金的南方基督教领袖大会）变成了争取黑人权利的斗争（卡迈克尔的学生非暴力协调委员会），后来又变成了黑种人和白种人社会中被压迫阶级争取解放的斗争（黑豹党）；反对扩大越南战争和反对征兵的斗争变成了反对美帝国主义干涉亚洲的斗争；反对贫困的斗争促使黑人、波多黎各人、墨西哥人和贫困的白人组成一个强大的阵线；出现了反对可与对黑人的压迫相比拟的"制度的压迫"的妇女解放运动；由于底特律出现了革命黑人工会，通货膨胀又在某种程度上促使争取增加工资的斗争和罢工斗争进一步扩大（据劳工局称，1969年是美国战后劳资冲突最多的一年），所以工会阵线开始破裂；出现了反对"不负责任的"企业造成污染的运动，现在这些运动已与保护环境、反对资本主义的破坏联系在一起；最后，社会聚力达到登峰造极的程度，继在街头杀害黑人的事件后，出现了直接杀害黑人领袖的事件，继暴力镇压在芝加哥举行的民主党代表大会的事件后，又发生了人民公园屠杀事件和杀害肯特大学学生的事件，出现了袭击与战争有联系的企业、军事机关和警察的恐怖主义运动；士兵运动也掀起高潮。

由此可见，1970年美国的国内战线，不像是肯尼迪吹嘘的"新时代"和约翰逊宣称的"伟大的社会"，倒像如美国报刊大量报道的大分化和大危机。

在国际战线上，形势也同样严重。美国在世界贸易中地位的不断削弱和美元危机，在经济方面极大地影响了美国称霸世界的愿望。

美国资本在国外的扩张，受到资本本身机能迅猛发育的威胁，并引起盟国的强烈反抗。对外投资也表明了国内经济停滞，资本更愿意寻求其他市场，除此之外，美国的出口也相对低于欧洲和日本的出口。

可见，经济方面的结果与乐观的预见所期望的情况大相径庭。到20世纪70年代末，美国已不再像其国民生产总值年增长量等于法国国民收入的独一无二的世界性强国。联邦德国和日本成了美国有威胁性的竞争者，尽管资本主义国家增长率普遍下降，但当时它们的经济形势并不像美国那样严重（形势自1972年发生了变化，当时美国开始恢复，而欧洲自1971年开始的相当严重的衰退还在继续）。

苏联的经济一直持续增长，虽然在60年代失去了一点活力，但仍大大高于美国的增长率。在军事方面，苏联在60年代末实现了与美国的战略平衡，并有超过美国之势。美国本想利用在空间征服方面的进展来加强自己的优势，但面对苏联采取的不同方针，已经取得的成就也显得不那么大，苏联的做法虽然不太壮观，但相当有实效。另一方面，美国的航天工业陷入了严重危机，政府用于航天工业的开支明显下降。

苏联的军事存在开始在亚洲、非洲、地中海和拉丁美洲，总之在各处增强。

更为严重的是，美国军队在越南的败局已经公开显现。为了证明能够打败游击队，把越南变成了一个反游击战的悲剧性的实验场。结果是灾难性的：国内战线破裂，在越南也没有取得胜利，战争扩大到整个印度支那。

1965～1966年，美国威胁要入侵中国，这是它的如意算盘。中国的"文化大革命"和全民备战，中国共产党那时在国际上的革命立场和中国进入原子时代，这些情况不仅震慑了任何入侵企图，而且改变了亚洲的力量对比，并使中国在经历了1965～1968年外交政策的失败之后，恢复了与好几个国家的关系，接待了好几个国家的代表团，从而在亚洲甚至非洲重新采取了政治攻势。中国的这一政策以恢复与美国的关系和以全权加入联合国而达到顶峰，这样就打破了多年的孤立状态。关于中国外交政策的向右转及其造成的后果，我们留待后面再来讨论。

在地中海，美国政府鼓励和支持以色列在1967年发动闪电战并取得胜利，结果使自己面临与其阿拉伯盟友难打交道的局面，并促使巴勒斯坦革命得到发展，使阿拉伯人民的反帝政治立场激进化；同时还使苏联得以加强它在该地区甚至在地中海的存在。其必然后果就是阿拉伯世界在1973年的反攻和石油禁运。

欧洲阵线也同样脆弱。先是应付戴高乐的攻势，企图奚落它并把他的观点说成是违背他自己的利益。之后，美国在1970年看到，维利·勃兰特的联邦德国社会民主党通过问东方开放接过了戴高乐的部分旗帜。美国还看到，欧洲的垄断集团正在实行迅速向社会主义国家市场扩张的政策，而且它也无法阻止日本和加拿大走上同样的道路。为了确保资本主义世界的团结，美国别无他法，只好实行在体系内部划分势力范围的政策。同时，由于国内军费开支在美元遭受更加沉重压力的时候，造成国际收支赤字，必须予以削减，所以从那个时期起，推行这项政策变得更为迫切。

美国在欧洲的主要盟友英国继续经历着严重的内外危机，英镑地位前途难卜，当时欧洲经济共同体紧闭大门不让它加入；在这种情况下对美元的压力变得更为严重。

在拉丁美洲，对"主张现代化和改良主义"的军人政权予以鼓励的政策引起了严重危机。一方面，军人没有能完全消除社会不公正：正如 1967～1969 年巴西和阿根廷表明的那样，他们坚持政府镇压人民的性质，而且实行的改良政策非常有限。另一方面，军人坚持要作为国家的军事力量来加强自己，而不愿仅仅充当进行国内镇压的警察部队的角色，因此他们反对美国的意图，而寻求使自己的正规部队现代化。

还有一些军人集团企图加速实行改良政策，迫使美国做出让步，并迫使外国资本接受国家为改变其投资方向而实行的监护。秘鲁、J. J. 托雷斯执政时期的玻利维亚（在某种程度上），还有巴西和阿根廷的军人集团，以及其他一些国家的军人（不过没有掌权）都属于这种情况。

最后，文人改良主义运动的尝试，如智利的"自由革命"和哥伦比亚的"国家改造"，它们或者是在竞选中失败（智利）或者是取得了一种大可怀疑的胜利（哥伦比亚），因为罗哈斯·皮尼利亚获得了令人极其吃惊的异常之多的选票。

此外还可以举出许多事例。所有这些事例都表明，肯尼迪－约翰逊政府的经济、政治和军事攻势不仅已经彻底失败，而且已使那套为乐观情绪辩护的严密的意识形态说词成了陈腐的滥调，最终迫使美国不得不在国内国外采取守势。

应该清楚地说明这种守势的特点：主要是政策和战略不明确，

采取极其实用主义的决策，被迫接受丧失了好几个阵地的局面，在其他阵地则表现出一种非理性、暴力和反动的行为倾向。另一方面，不能说没有清楚地意识到那些年间发生的变化。有人做出了"诊断"，同时从那时起就提出了修正全球战略的基础。然而这项战略非常有限，而且直到现在还有待进行多方调整和说明。

五　新战略及其难题

理查德·尼克松总统向国会所做的题为《70 年代美国的外交政策：争取和平的新战略》的报告（1970 年 2 月 18 口），无疑是最清楚地表明了我们前面指出的情况。

现在就来看看报告对当时美国国际地位所做的"诊断"：

> 在国际关系方面，战后时期已经结束。在战后时期，我们曾是唯一的最大强国，它的社会和经济均没有遭到第二次世界大战的大规模破坏。今天，那场战争造成的废墟已经消失。西欧和日本已经恢复了它们的经济稳固、它们的政治生命力和它们的民族自信。它们曾经接受过美国的援助，现在它们已经开始与发展中世界共同使用它们越来越多的资金。我们的这些盟国，在一段时期内曾几乎完全依靠美国的军事威力，现在在我们共同的政策中，它们发挥着更大的、与其增长着的威力相称的作用。

> 战后时期诞生了许多新国家，当时它们常常处于动乱和前途未卜之中。今天这些国家有了一种新精神和一种日益强烈的独立势头。过去，许多人担心它们会一下子变成冷战角逐的战场和可供共产主义渗透的沃土。但是，这种担心低估了它们对于本民族特性的自豪感和它们维护其刚刚获得的主权的决心。

那个时候，我们面临的是一个铁板一块的共产主义世界。今天这个世界的性质已经发生了变化，共产主义国家个体的实力已经加强。但国际共产主义的团结已被打破。过去它曾是个团结一致的集团，现在它的团结一致已被强大的民族主义力量所打破〔指中－苏关系以及对匈牙利和捷克斯洛伐克的入侵〕。

在那个时候，美国独享着核武器方面的压倒性优势。今天，一场技术革命已经改变了军事力量平衡的性质。新式武器意味着新的危险。共产党中国已经取得了热核武器。不管是谁首先发动攻击，苏联和美国都有能力给对方造成无法接受的损失。①

尼克松在下面的段落中承认：

〔……〕70 年代一个无法回避的现实是，苏联拥有强大的和尖端的战略力量，它们在数量和威力上接近我们的力量，甚至在某些种类上超过我们的力量（原文如此）。②

虽然"诊断"得很清楚，但并没有导致立即采取进攻性政策。相反，对于形势的正确认识只能导致采取能再次调整和重建国际格局、使之有利于美国的防守性政策。但这是一项长期任务，意味着在近期内相对无所作为，丧失主动行动，并进行长期谈判以便建立必要的世界新结构。因此，指导这项政策的原则实质上是防守性的。尼克松称这些原则是一项为实现积极的和平的政策。"和平应该提供

---

① 《70 年代美国的外交政策：争取和平的新战略》，理查德·尼克松向国会所做的报告，1970 年 2 月 18 日。《国务院简报》，第 63 卷。第 1602 期，1970 年 3 月 9 日，第 274~275 页。

② 《70 年代美国的外交政策：争取和平的新战略》，理查德·尼克松向国会所做的报告，1970 年 2 月 18 日。《国务院简报》，第 63 卷。第 1602 期，1970 年 3 月 9 日，第 274~275 页。

一种抑制和消除战争原因的持久的国际关系结构。"① 指导这种积极的和平的原则应该有 3 个：参与、实力和谈判的意愿。

具体来讲，就是盟国在与它们有关的事务上参与美国的决策，用来瓦解对手进犯的实力，与对手（共产党人）谈判的意愿。但不要被这套自由派辞令欺骗。这不是唯心主义的原则，这是一项现实可行的政策。尼克松在其报告的下面一段文字中大概就承认了这一点：

> 另一方面，如此广泛地在承诺方面提出根本问题是骗人的。我们的目标从一开始就是用强有力的对外政策维护我们的长期利益。对我们的利益和其他人的利益估计得越现实，我们在世界上的作用就可能越有效。

接着，他便提出了一种著名的唯物主义分析的模式，这种模式否定了美国政策声明中的所有自由派辞令，这些声明在自由派哲学唯心主义意识形态的外衣下掩盖了活生生的、具体的历史现实。他说：

> 我们不是因为有义务才对世界做出承诺；我们是因为做出了承诺才有义务。我们的利益应该使我们的义务具体化，而不是相反。②

这项政策在实践上意味着什么呢？与欧洲盟国谈判，增加它们

---

① 同上。
② 马克思关于费尔巴哈的论断就曾表达过这个意思。但在这种场合，紧接着是一段有着内在联系的论述，而不是空乏的辞令。马克思在《资本论》中说，说不定哪一天辩证法会进入普鲁士国王那贫乏的大脑，而在当代世界还有比这更大的奇迹。

的防务责任，承认它们在政治决策上有越来越多的相对自主权。创建多边和双边的互相协商机构。不要忘记，还要强迫英国加入这种多边机构！

在西半球，制订一项承认越来越多的改善待遇要求和旨在遏制革命危机的"争取进步行动"计划。

在亚洲，密切"与日本的联系"，强化地区发展机构。还有正如后来看到的，鼓励中国坚持在该地区抗衡苏联的政策。

在越南，强化南越政府并谋求实现一种能导致建立一个接受美国援助的非共产党和解政府的和平。

在中东，促使以色列与阿拉伯国家之间达成协议，虽然这样做的代价是"牺牲和限制"美国的利益。

在非洲，宣称要结束种族主义（然而却在支持南非和罗得西亚），因为"该大陆南部地区的种族问题不会很快解决"（！），"帮助建立新国家，使它们摆脱外来干扰，并帮助非洲利用其巨大潜力，鼓励地区合作"。

对于非洲，表现出了明显的干涉企图。在表示"我们绝不干涉非洲国家的内部事务"后，紧接着便说："但是，我们将把政治上的不干涉与救助〔……〕人类苦难的人道主义义务区别开来"；这样可保护它们"免受威胁它们的外部势力的损害"（！）。

这套辞令还包括：执行商品和资本自由流动和稳定货币的国际经济政策，努力在私人资本和与所有国家"合作"的基础上发展经济，以及发展通信和科学知识交流，以便解决"人口增长"造成的严重问题。

从以上概述中，可以看出这项政策的长处和弱点。最大的长处在于，能够看到国际力量对比的变化，并且提出了一项改变政治、军事和经济关系结构的计划，以便能使美国政府处于改变结构的中心。特别重要的是，美国感觉到了资本主义内部国际关系大陆化和地区化的进程，并且提出了一项适应这个进程的计划，计划强调建立地区性领导，以便它能够通过某几个基本中心领导整个资本主义世界。在这样做时，它只不过是承认了资本主义发展的不平等性和联合性，因此必然在每个地区集团内部形成剥削最不发达国家的中心。

这项政策的最大弱点在于，它需要一个比较长的重组联盟的进程。在新方针未能确定之时，这个过程可使各民族单位享有相对的行动自主权，从而使重组结构进程朝着更加有利于本民族利益的方向发展。这样一来，在过渡时期必然出现的各种危机就可能获得大大超过美国控制能力的动力，从而导致非常进步的甚至激进的解决办法。

另一个弱点与制度（不管在短期内还是长期内）难以提出根本的解决办法有关。尼克松关于重新确定国际关系的那些主张，都是为了在新的力量对比基础上巩固美国的统治和美国的利益。这就说明了为什么宣布的意图与具体政策之间存在着巨大差距；同样，重新确定关系进程可能引起激进事态，而谋求遏制这种事态的发生也是这项政策的组成部分。

1970 年宣布的尼克松（或确切地说是基辛格，甚至更确切地说是洛克菲勒家族）的这项国际政策，除了其目标外还有一系列措施，这些措施后来体现在 1971 年年中开始实行的"新经济政策"中。美国就是企图通过这项政策恢复自己在国际上的经济和政治地位，并在国内恢复经济增长。到 1971 年末美国便开始看到了政策的结果，除了经济明显恢复外，还有明确的迹象表明美国要在国际范围内发起一场政治和军事攻势。

第八章
1972～1973 年：经济恢复及其限度

一　美国的经济恢复

可以说，自 1971 年下半年起美国经济开始恢复。但是必须对它评论一番，并认识到它的限度。

1972～1973 年，美国从 1969～1971 年的经济危机中恢复过来。但在恢复过程中，困扰着美国并构成危机真正原因的那些结构性问题，却一个也没有触及。主要原因是，建立在当代大型多国公司基础上的资本主义生产方式依然存在。显然，不能指望美国现行结构中的政治势力会主张根本改变支撑它们的制度，但是资本主义制度的那些基本问题又表现出具有迫在眉睫的性质，要求采取某种形式的行动。其中包括：美国经济中出现的结构性失业问题，这个问题不会获得彻底解决。虽然从绝对数字看，受其影响的多数人是白人，但从相对角度看，受影响最严重的是少数民族（黑人、奇卡诺人和波多黎各人）；工业的军事化问题，从它已达到的水平看，不仅极大地牺牲了纳税人的利益，而且开始形成对统治阶级本身是危险的军人官僚阶层和寄生生活方式；国内市场不能吸收大企业中大量剩余资本的问题；最后还有世界贸易的结构性趋向问题，这种趋向不利于美国劳动密集度较高的行业。

正因为不能解决这些问题，所以就不可能有彻底克服危机的办法。

仔细研究一下关于 1971 年下半年至 1973 年 10 月出现的恢复的数据，我们就可以认识到这些问题的严重程度，正由于不能解决这些问题，所以出现了 1974～1975 年的萧条——关于萧条的情况，我们从下一章起再做研究。

首先应该着重谈一下经济恢复增长的情况。在经历了 1967 年、1969 年和 1971 年的 3 次严重下降后，出现了两年相对高涨。1972 年和 1973 年，美国国民生产总值每年增长 5.9%。重要的是要指出，这次增长率的恢复在发达的资本主义国家带有普遍性。

例如，日本在 1970～1971 年增长率连续下降后，1972 年国民生产总值恢复了高速增长，当年增长 8.9%，1973 年达 11%。

法国受 1970～1971 年衰退的影响较小，1972 年增长 5.4%，1971 年增长 6.7%。

意大利在萧条的 1971 年增长率下降到 1.2%，1972 年部分地得到恢复（3.4%），1973 年明显地恢复（5%）。

英国的增长率最能反映出资本主义危机的严重性，1971 年它的国民生产总值增长率下降到 2.3%，1972 年部分地恢复（3.8%），1973 年明显地恢复（5.8%）。

联邦德国在 1971 年从高速增长变为低速增长（3.1%），1972 年增长率仍然很低（3.7%），但 1973 年已表现出明显的恢复迹象（5.3%）。

这些数据使得工业国的乐观情绪再次抬头，并自以为是地肯定资本主义的优点。早在 1974 年年初，《美国总统的国际经济报告》就反映了这一点。[①] 报告说："去年，各工业大国自 1951 年以来第一

---

① 《总统的国际经济报告》（《暨国际经济政策委员会年度报告》），1974 午 2 月提交国会，华盛顿。

次出现了经济同时高涨的情况。"

高涨特别表现在世界贸易上，其交易额达到了很高水平。国际购买额的增长对美国的贸易结算造成了非常有利的影响，1971 年有 9.17 亿美元逆差，至 1973 年第三季度时就有 7.14 亿美元顺差。自第四季度起，由于石油价格上涨和世界贸易下降，这个结果便被逐渐抵消。

这些数据似乎证实了理查德·尼克松总统 1974 年 2 月提交国会的关于经济状况的报告中的乐观看法：

> 进入 1974 年时，美国在国际经济中居于领导地位。美元坚挺，我们在全世界有着建设性的经济关系，而且由于我们巨大的生产能力，我们享有更大的行动自由。我们必须负起这种领导地位赋予我们的责任并抓住机会 ［原文如此］。①

由于这些喜人的结果是依靠尼克松总统在 1971 年年中开始实行的 "新经济政策" 取得的，他的自豪感似乎更加有道理。这项政策的主要目标是增加国内生产，增加国内就业，减少国际收支中的长期赤字和遏制通货膨胀。前三项目标似乎已经达到，只是第四个目标引起了问题，因为通货膨胀率一直高于 5%，因此仍高于 1971 年的指数。

但是，能够孤立地看待这些数据吗？美国总统本人也不得不承认：

> 显然，前三个目标的进展是与对第四个目标的沮丧相连的。

---

① 《总统在国会上所做关于经济状况报告的全文》，载《纽约时报》，1974 年 2 月 2 日，第 10 页及以下各页。

向着充分就业快速迈进［失业者还占 4.6%！］，净出口扩大和为了使美国更有竞争力而使美元贬值，所有这些都促使通货膨胀重新出现。

那么能有什么办法呢？

要有"耐心"，因为要制止通货膨胀，就得引发一场生产降低、就业下降的衰退；而要扩大生产和就业，就得接受通货膨胀。总统评论说："我们需要一项非常精细的政策。"

必然会激化另一个矛盾，这个矛盾在尼克松的解释中更为隐蔽。为了扩大出口，就必然要削弱美元，削弱了美元，就削弱了美国在国外军事开支的购买力和它在国外企业的扩张能力，反之亦然。

可见那种乐观情绪是没有根据的。1972～1973 年的经济高涨，比任何事实都清楚地暴露了当代资本主义的局限性以及它所面临的严重危机。现在让我们稍微仔细地分析一下这些数据。

世界市场的扩大和美国地位的相对加强，与两种现象有着非常明显的联系，即原料价格的上升和农产品价格的上升，尤其是后者，它是由 1973 年的歉收和苏联及其他社会主义国家在西方市场大量采购造成的。这类情况不会是长久的，如果是长久的，那就会成为使美国政府担忧的一种因素。同时，这次相对短缺造成的价格暴涨，必然会引起以后的产量增加，如 1974～1975 年那样。

世界经济中这种相对价格战只会打破美国买主们的"谅解"。美国曾两次使美元贬值，提高黄金的官方价格，后来又在 1971 年宣布结束美元对黄金的平价制度，从而最终完成了这次进攻性行动，强迫它的买主们表示了"谅解"。面对这种攻势，美国的竞争者没有什么选择余地，因为无论日本还是联邦德国都握有大量美元。它们的唯一选择就是支持它们咄咄逼人的美国伙伴。

反映经济恢复的结构性弱点的另一个因素，是令人忧虑的失业数据。尽管两年间生产增长率达到 5.9% ——战后最高的增长率之一，但失业率却下降得非常缓慢，在最顺利的月份仅降至 4.6%。

这种情况显示，美国经济中充分就业的情况隐含着 4%～5% 的失业率。就是说，比 60 年代高出 1.2%！伯克利大学教授 R·A. 戈登在国会联合经济委员会上就 1972 年总统的经济报告作证时指出：

> 4% 的目标［指失业人口占全体劳动力的比例，这是肯尼迪政府规定要达到的理想目标］仅被看作在选择更低界线之前的临时目标。现在我们听到现政府提出，直到最广泛的劳动力计划和其他政策再次使更低的界线成为可能之前，临时比例为 4.5%～5%。

关于其他资本主义国家的经济，我们可以提出同样的看法。1972～1973 年的恢复，并没有使最富裕国家的失业率明显下降。更为严重的是，由于我们正在研究的这场资本主义总危机的影响，平均失业率近年来一直是在上升。[1]

因此，就失业方面的数据来说，1972～1973 年资本主义的恢复只能说明，所谓"结构性失业"呈上升趋势，这种失业是由于经济不能吸收被技术进步解放了的劳动力而造成的。

---

[1] 一直到不久前，还有人认为美国的高失业率是不正常的、病态的，并企图说明欧洲各国和日本的低失业率是正常的，充分就业的后周期资本主义正在向这样的低失业率迈进。这些乐观的看法没有考虑到美国和欧洲采取的是不同的计算方法，在统计上进行校正后，就大大提高了这些国家的记录。另一方面，索门蒂诺和莫伊发表在《劳工月刊》上关于 8 个国家失业情况的年度研究论文可以证实，1968～1973 年，澳大利亚的失业率从 1.5% 上升到 2.2%，加拿大从 4.8% 上升到 6.3%，法国从 2.7% 上升到 2.9%，英国从 3.7% 上升到 6.2%；意大利、日本、瑞典和德国的失业率保持基本稳定，似乎是例外。然而 1974～1975 年出现的萧条一下子就打破了这种稳定。

最后要讲的是通货膨胀越来越大的作用。如果不是大力刺激投资和国家资助——不管是通过支援出口,还是通过豁免税收,或是通过再次降低贴现率以降低利率,就不会出现 1972～1973 年的恢复。

关于美国机构和私人欠债的数据足以令人震惊。美国公共和私人债务的总额,1950 年为 4862 亿美元,到 1973 年 12 月 31 日增长到 25258 亿美元。1960～1973 年,公司债务增加了 267%,私人债务增加了 212%,(联邦、地方和州)政府债务增加了 93%。[1]

高额债务暴露了要求不断增加信贷的那种经济增长的限度和经济对长期萧条的敏感性(在长期萧条中,欠债人大批走向破产)。如果想到平均每个美国人每得到 4 美元(在纳税以后),就要偿还 1 美元,我们也就可以认识到,通过增加信贷来促使需求增加的困难是越来越大了。

还必须考虑通货膨胀的社会后果。如果说失业引起美国刑事犯罪不可遏制地上升,从而使美国动乱和冲突不断发生的话,通货膨胀则对群众消费造成非常严重的后果。

根据《美国新闻与世界报道》[2]杂志估算,1973 年 6 月,一个典型的工人(养活妻子和两个孩子)一年收入 7350 美元,纳税之后还剩 6457 美元。到 1974 年 6 月,还是这位典型的工人一年收入 7680 美元,但由于生活费用上涨了 10.2%,纳税之后他的**实际工资**就剩 6095 美元,因此他的实际消费一年减少了 362 美元。

1973 年 6 月,一个典型的公司经理(养活妻子和两个孩子)一年收入为 25000 美元,到 1974 年 6 月为 27500 美元,到年终时他的

---

① 《美国债台高筑——为什么令人惊恐?》,载《美国新闻与世界报道》1974 年 7 月 1 日,第 58～59 页。

② 《甚至富人都开始感到通货膨胀在咬人了》,载《美国新闻与世界报道》1974 年 6 月 3 日,第 33 页。

购买力下降了 424 美元（由于大肆吹嘘的美国"累进"税制为他提供的有利条件，其下降比例明显低于工人）。

一个典型的领取社会保险金的人（一个人生活），在 1973 年 6 月一年可拿到 2000 美元，1974 年 6 月可拿到 2140 美元，到年底其购买力失去 58 美元。

由此可见，通货膨胀是如何无情地打击着收入最低的阶层以及一般工薪阶层。

数据证明，尼克松总统的乐观情绪是毫无根据的。1972～1973 年的恢复只能表明，资本主义的危机十分严重。不进行深刻的结构改造，就无法克服；我们不能指望资本主义制度在能够解决它的问题之前，会出现一个可观的积累周期。

然而，这并没有阻止美国资产阶级在他们那位敢于冒险的总统和那位领导着其外交部的大名鼎鼎的政治"科学"教授的指引下，从作为其特点的经验主义出发，力图最大限度地利用 1972～1973 年的有利形势——不管是多么短暂，在国内国际发起一场攻势，他们越过一切道义障碍甚至抛弃了起码的政治谨慎，四面出击，干犯众怒。

二　欧洲和日本的形势

欧洲和日本曾想利用美国的危机，但毫无疑问，它们不会这样做过之后就万事大吉。显然，美国的危机直接影响着向美国出口、看到美国市场因衰退而收缩的那些国家。

但是，当美国在资本主义经历着全面危机的背景下逐步恢复自己的经济并处于较稳固的地位时，它便毫不迟疑地狠狠打击它的盟国。

联邦德国、其他欧洲国家和日本拥有大量的美元资金储备，因此在美元危机时便深受其害。此外，当美国决定解决其国际收支问题时，它的办法不是限制自己的消费，也不是遏制影响自己产品出口并使美元贬值的通货膨胀。若想遏制资本主义的通货膨胀，政府必然要降低工资，从而与工人阶级发生严重冲突。因为降低工资是资本主义遏制物价上涨而又不会降低利润率的唯一便捷的方式；而若降低利润率，就会引起萧条。那么，不太棘手的办法就是**输出**危机。美国谋求通过增加出口、减少进口来恢复国际收支平稳，这一咄咄逼人的政策使欧洲和日本受到损害。还有，它通过一项使外国货币（马克、日元和法郎）升值的政策来实现美元贬值，这样便同时使这些国家的美元储备贬值，并由于提高了这些国家产品对美元的价格而给它们向美国出口制造了困难。

这些国家的危机本来已很严重。只是由于在很长一段时期内能向美国出口才得以略有缓解，但当美国采取这些进攻性措施时，便又加深了它们的危机。欧洲和日本非常明显地尝到了危机的后果。1971 年和 1972 年给我们的印象是，欧洲和日本都陷入了经济危机。这两年内，没有一个欧洲国家获得较大的经济增长。

只有英国经济因与美国经济联系密切而呈现较好的形势，它的最严重危机发生在 1969～1970 年，但即使如此，直到 1972 年英国也未能解决其严重的失业问题——失业人数达 100 万。英国经济表现出与美国相似的特点，尤其在失业问题上比其余欧洲国家严重得多。

就在 1971～1972 年欧洲和日本处于这种形势时，美国企图趁机强迫这些国家接受那些措施，以便能够恢复霸权强国的相对实力。美国人民从这些措施中获得的实惠很少，国内形势仍然很不乐观。

美元多次贬值，美元与对黄金的平价制度脱钩，对多种产品征收 10% 的进口税，强迫抽回投放在欧洲的美国资本和要求欧洲国家分担驻在其国土上的美军的开支，这是迫使欧洲和日本就范的一整套措施。

三　危机期间的社会主义集团

毫无疑问，1967～1971 年资本主义的危机，极大地有利于社会主义国家和全世界民众运动的发展。

总的来说，这些进展没有引起革命的结果，但毫无疑问，这个时期的拉丁美洲，不仅在智利出现了"人民团结阵线"政府——它对世界社会主义运动是一个巨大的支持，而且 1968 年秘鲁建立了进步的军人政府，玻利维亚也建立了以 J. J. 托雷斯为首的进步的军人政府——它为出现一个"人民代表大会"创造了条件。在亚洲，锡兰组成了一个进步政府，但它在国内遇到极大困难，所有迹象表明没有取得多大进展；印度组成了一个进步政府，它与苏联结成紧密的联盟；还建立了孟加拉共和国，当时也与苏联结盟。在欧洲，正如我们以后要讲的，社会民主党在好几个国家上台执政，后来几年发生了重大变化。

在非洲，非殖民化进程取得重大进展。无疑，苏联最巧妙地利用了美国的危机，力图从国际范围权力关系的角度扩大它的影响。不管对许多非洲政府动摇不定的政策可能提出多少批评，这些政府成了帝国主义的难题却是明显的事实。

就在这个时期，苏联以强大势头打进中东，并成为阿拉伯世界不可缺少的堡垒；同时它的军舰开进地中海、印度洋和加勒比海，从而在世界范围内形成全新的军事形势。此外还有一个事实：（正如美国总统正式承认的那样）苏联在 60 年代末和 70 年代初变成了世界上最大的军事强国。甚至在经济方面，苏联在某些项目上成了主要生产国，例如其钢铁部门就是这样，产量超过了美国。

从贸易关系角度看，苏联同几乎全世界开始或加深了这种关系。

还必须看到，中国在 60 年代失去了很多政治阵地（印度尼西亚的政变，与好几个共产党特别是日本共产党决裂等），在"文化大革命"结束时处于非常严重的外交孤立，但到1969~1970年也恢复了很大一部分失去的阵地，加入了联合国。同时还扩大了与非洲、亚洲和拉丁美洲国家的关系。

总之，至少作为民族国家和从强权政治来说，形势对社会主义国家相当有利。至于东南亚（美国被迫承认了在那里的失败），战争扩大到整个印度支那，不得不签署和约，这种情况削弱了该地区亲美政府的力量。

因此可以说，虽然在1969~1971年连一次革命也没有发生，但到那个时期的衰退结束时，总的形势对社会主义集团极为有利。

尤其是1968~1969年在世界各国掀起的引人注目、意义重大的群众运动，虽然都具有激进倾向，但都没有形成革命，即便如此，也标志着在培养广大群众的革命觉悟方面有了意义深远的进展。

四　对拉丁美洲有什么影响

可以说，经济恢复的后果恰好是危机和萧条的反面。美国资本纷纷回到本国，在前个时期或许已流向拉美特别是巴西的一点点资本也随之抽回。就是说，资本流动变得更加不利，经济压力大大增加，美国在经济上有了更大的实力，可以把自己的意志强加于人。

国际货币基金组织、美洲开发银行和其他机构转而采取了更加严厉的政策；政治上，特别是随着美国适度地建立起世界势力范围的新格局，美国政府也进而采取了更具进攻性的立场。前一时期组成的多少带有改良主义性质的政府，在萧条期间能够以比较有利的地位与美国谈判，可以一面抨击它，一面与它谈判，现在则受到压力，活动能力大大缩小，陷入要么与美国对抗要么屈从于它的窘境。这在以后的事情上会更加明显，特别是如果美国新的国际分工计划得以实现的话，就会迫使各国依附性资产阶级比较自然地接受美国的统治，只有我们认为以某种方式脱离了它的势力范围的某些国家是例外，具体来说就是拉美唯一的社会主义国家古巴。

在智利，美国进行了巨大的冒险。尼克松政府认为智利的榜样在国际范围内是危险的，所以决定支持拉美那次最血腥、最不得人心的政变。美帝国主义已经而且还将继续为它在 1973 年经济高涨尾声时期发动的这次残酷攻势付出极大的政治代价。

必须指出，在智利的政变之前，就发生过 1971 年玻利维亚的军人政变和 1973 年乌拉圭的"改头换面"的政变。在所有这些事件中，巴西是主要的挑动者，它充当了重要的中间人、意识形态影响中心（通过宣传巴西模式）和经济后台的角色。

政变在许多地方采取了武装方式，冒险行动一直持续到帝国主义已无法再支持时才告结束。伴有希腊的干涉，随后又发生了土耳其入侵的塞浦路斯政变尝试，具有同样的残酷性，但遭到彻底失败。美国对埃及和叙利亚为收复自己领土而发动的进攻的态度，大有表面上在智利获得成功时那种趾高气扬的意味。它在根本没有通告欧洲盟国的情况下威胁要与苏联开战，这使它与欧洲发生了强烈冲突。后来基辛格对埃及政府的许诺也暴露了这种冒险精神，这种冒险精神最终使基辛格和萨达特丧失了权势。

因此，压力在各处都或多或少地增加了。应该清楚地看到，美国统治阶级是在为最大限度地恢复失去的地盘而非常紧张地做准备。

虽然声称不想建立一个新越南，但美国正在训练一支新型的职业军队，这支军队不必采用强制征兵办法，而只招收有思想的、政治上活跃的、军事上只是"业余爱好"的公民。这就是要建立一支（像法国"外籍军团"那样，但规模更大的）有效的殖民军队，这支军队要善于学习海军陆战队的榜样，要有类似于美国国民警卫队那样的效力。国民警卫队如同其他特种警察一样，完全学会了尤其是在 60 年代得到完善的反暴动策略，并在宗主国成功地遏制了黑人、波多黎各人、奇卡诺人和学生的暴动。可想而知，这支新的职业军队将在殖民地担当同样的职责。

1972～1973 年美国的攻势显示了帝国主义在现时期的能力，同时也暴露了它的弱点。

一方面，帝国主义显示了它的联合、组织和腐蚀能力，它政治上的大胆以及它那无限度的进攻性。

另一方面，也表明帝国主义不得不为它的这些成功付出非常高昂的代价。美国资产阶级在推翻了像巴西古拉特和印度尼西亚苏加诺领导的这样一些颇有威望的政府并发动了许多其他小型政变后，又不得不摧毁了乌拉圭和智利的"典范式"民主制度。在智利问题上，它在选举中明显遭到失败后，不得不对冷战时期的老盟友——欧洲的社会民主党、印度的英迪拉·甘地政府和许多潜在的盟友大声叫嚷，声称它不能接受任何社会主义的改革进程，即使这种进程是在尊重资产阶级自由派民主准则的前提下发展的。这些行动和宣告对直到不久前还是强大反共盟友的这些政党的基层会产生什么样的意识形态后果呢？

这个代价特别高昂，因为世界资本主义不久便开始进入自 1929 年以来最严重的萧条。但是，这些行动的政治代价也特别高昂，因为美国人民比任何时候都更加清楚地看到，美国式民主的形象在自己的国家摇摇欲坠，同时美国正在忍受着伴有通货膨胀的大萧条，又刚刚在遥远的印度支那的可耻战争中惨遭失败。

下面我们要研究一场新危机，这场危机自 1973 年末就已显出征兆，在 1974 年和 1975 年进一步加深，直到 1975 年末和 1976 年初才重新恢复。在分析这场危机现在和将来的影响时，我们应该记住我们对 1972～1973 年的恢复所做的小结，它所暴露的限度以及它所引起的冒险性的政治攻势。

第九章
1974～1975 年：大萧条

一　萧条的原因及其影响

如果说标志着战后经济高涨已经结束的 1967 年和 1969～1971 年的数据还只是指示性的，那么 1974～1975 年的经济现实则可以使人得出明确的结论。那些年间，大资本的所有"理论家"、分析家和意识形态专家普遍地齐声惊呼"萧条"。回忆起 1929～1933 年那可怕的岁月并宣称将出现同样日子的也大有人在。周期后资本主义的理论家们，怎么会突然被迫承认经济周期是资本主义运行的中心呢？只有事实的力量可以解释这一点，当然也还会有那么一些人，他们在恢复的年代里，试图把这些危机的日子说成是由于指导和政策失误而出现的但已经克服了的周期后资本主义的一场噩梦和"反常现象"。

但是这样乐观的日子并不是期期在望，也不会是很长的。正如我们将要分析的那样，虽说 1976 年确实有所恢复，那也是人为的和短暂的，不足以引起那样的乐观情绪，以致可以发动为制度进行辩护的大规模的意识形态冒险。目前的大萧条时期，比一两次人为的经济恢复更多地接近于未来年代里资本主义的运行模式。资本主义只有经过极为深刻的结构改革，才能克服这种局面。

因此，目前危机的原因就是引起资本主义总危机的那些原因。关于总危机最突出的表现，已在前几章做过分析。

就是造成经济增长周期的那些机制，现在导致了长期的通货膨胀——只有经过一个漫长的萧条时期后才可能得到控制。国家有利于垄断集团和促使总消费迅速膨胀的巨大开支，引起了长期的预算赤字；为了给资本流动、出口和维持庞大的镇压性军事机器提供资金而有很高赤字的国际经济关系，已经达到极限，而且必然会打破靠巨额国际债务提供资金的国际贸易的基础；垄断的作用造成价格对降价表现出刚性（另一方面，日益强大的工会组织也造成工人对降低工资表现出相对刚性），这就加重了通货膨胀的后果。

除了具有某种限度的通货膨胀机制外，我们看到，经济增长周期的结束还有另一个原因，即一系列技术革新的采用和国际化所引起的副效应已经耗尽——这些技术革新是 20 世纪 30 年代至 40 年代积累起来的，在第二次世界大战期间才问世。

我们还看到，曾经是另一个表面上永不枯竭的新投资场所的战争工业也经历了技术上的变化，这些变化极大地减少了它对经济产生副效应的能力。

最后我们要指出，这类通货膨胀政策的累积性效应，表现为就业和生产的人为增加，它又刺激了以投机为基础的新投资。在消费者的乐观情绪（它认为市场会无限地扩大）和不负责任的意识形态的论证（这类论证预告超级富足的新阶段已经到来，资本主义内部的危机已告结束）的刺激下，统治阶级及其轮流执政的政治家们便强化通货膨胀和投机措施，导致各种问题的解决一再被拖延，从而使已显露征兆的危机周期更加严重。投机最终必将引起来势凶猛的破产，用相反的即衰退和萧条性的机制代替积累机制——这是完全符合投机逻辑的。

如果说，从比较广泛的角度看，就是引起于 1967 年开始的资本主义总危机的那些原因，引起了 1974~1975 年的危机，那么这场危机的很多形式和表现则是由一些特殊原因决定的。造成 1974~1975 年萧条的最直接原因，应该从 1972~1973 年取得的小规模经济高涨中去寻找。

如前所述，这次高涨的出现，在很大程度上是因为美国采取了人为地刺激生产和充分就业的措施，以及为了恢复自己的国际竞争能力而采取了损害其盟友的有力行动。因此，采取的措施创造了对农产品和原料的人为需求，从而引起了强大的通货膨胀压力。这种需求由于苏联和其他社会主义国家向资本主义国家特别是美国大量购买而进一步增加，并由于 1973 年农业普遍减产而更加膨胀。

最后，还有一个新因素使形势变得更加复杂。阿拉伯国家在强大的国际通货膨胀趋势下，在原料生产国在经济繁荣形势下谈判能力得到加强，以及在必须遏制以色列经常性军事挑衅的三重压力下，同时也是在占有它们油田的历史可能性的刺激下，于 1973 年 10 月对向支持以色列的国家实行了相当温和的石油出口禁运，并且实行了相当严厉的提价，提价幅度大大超过其他原料产品。

据《经济学家》①杂志估计，从 1960 年石油输出国组织成立到 1973 年第三季度，即实行石油禁运和提价时止，制成品的国际价格指数从 100 上升到 170，以美元计算总的商品价格指数上升到 270，黄金的价格指数上升到 300。直到 1973 年 10 月以前，石油价格一直相对稳定，而其他价格指数已大幅度提高。必须指出，实行禁运以后，石油价格指数上升到 830，而制成品的价格指数超过 200，总的商品价格指数达到 300，黄金价格指数达到 550。由此可见，石油生产国是在极其艰难地寻求保住它们通过团结才得到的有利条件。

---

① 《经济学家》（周刊），1974 年 1 月 4 日。

　　石油提价不仅影响了工业化国家，特别是缺乏石油的欧洲和日本（美国只进口其所需消费的一小部分），同时也严重影响到许多缺乏石油的不发达国家。在本书最后部分，我们将要比较详细地谈到石油提价对拉美国家的影响。由于无法平衡其国际收支，许多国家很久以来就处于借债越来越多的境地，从根本上说，这类国家的贸易结算出现了大量赤字或赤字更加严重。由于这个原因，石油提价产生的收入有很大一部分必将而且正在回流或"再循环"，为这些国家提供支付其进口所需的资金。

　　资金盈余转向不久前还被认为是无足轻重的国家这一现象，在国际经济关系中引起的不平衡是显而易见的。因此，帝国主义为减少资金盈余，或为使资金盈余重新回到它们的企业和银行而进行的斗争，便成了经济、政治和军事格局的决定性因素。

　　这些引人注目的事件的出现，在某种程度上恰恰是资本主义总危机造成的后果，没有这场危机，就不可能出现这些反叛事件。但同时，这些事件又引起危机机制出现新变化，使某些表现更为尖锐，同时强化了某些趋势，消除了另一些趋势。

　　别的姑且不论，这些引人注目的事件使许多有关人士极力掩盖危机的真正深刻性，并把危机归咎于石油涨价或任何其他偶然现象。众所周知，早在 1973 年，好几种美国计量经济模式在根本没有考虑石油涨价的情况下，就已预测到 1974 年会出现萧条。[1] 而且

---

　　① 《沃顿计量经济预测》——一直保持着令人满意的预测记录——在 1973 年年中预测，1974 年年中美国国民生产总值年下降率为 1%。后来的数据表明，在此之前即 1974 年初就已出现下降，而且幅度大得多。《沃顿计量经济预测》的下列预测也不充分：通货膨胀 1974 年下降到 4% ~ 5%；工业部门生产能力利用率 1973 年将达94%，1974 年降至 87%；失业率上升到 6%。下面很快即可看到，这些数据表明预测的衰退比实际衰退轻得多。但像其他计量经济模式那样，它对衰退的预测非常准确。参见《1973 年半年经济回顾》，美国国会第九十一届大会第一次会议联合经济委员会的听证会。1973 年 7 ~ 10 月，政府出版局，华盛顿，1974。

据石油输出国组织估计，国际通货膨胀中只有将近 1% 是由石油引起的。

二　1974～1975 年萧条的特点

1973 年底，美国、欧洲和日本的经济增长率开始下降。最初，许多人把下降归因于石油造成的困难。但人们非常清楚，几乎所有资本主义国家都在当年年中就采取了遏制通货膨胀的重大措施——因为通货膨胀当时已经接近无法控制的限度，这些措施必然会影响增长率。

（一）危机的深刻性

因此，1973 年开始时，美国按实际价格计算的国民生产总值调整后的年增长率为 9%，到第一季度末下降到 2%，第二季度末保持在 1.8% 的高度，第三季度末略有回升，稍高于 2%，但到 1974 年第一季度末猛降到 -7%。1974 年第二季度末相对恢复，增长率为 -1.5%，第三季度保持在 -2%，但第四季度国民生产总值再次剧降，调整后年增长率为 -9%。[1]

这些数据揭示了 1974～1975 年萧条的第一个特点：这是整个战后时期**最深刻**的危机。由于这场危机，到 1974 年底，美国的工业生产比 1973 年下降 6.5%。在工业生产中，应该特别指出汽车工业，因为美国工业的繁荣很大程度上是依靠汽车工业。1974 年，美国汽车销售额比 1973 年下降 23%，产量下降 25%，该部门将近 40% 的工人被解雇。[2]

建筑工业是美国繁荣所依靠的第二个支柱。其情况是，1970 年

---

① 《新闻周刊》1975 年 1 月 27 日，第 26 页。
② 《美国新闻与世界报道》1975 年 2 月 3 日。

初美国开工建筑的房屋有 123.6 万套。1972 年初达到 250 万套。1974 年底，已开工仍在建筑中的房屋数目猛降到 98.9 万套，比 4 年前减少 20% 以上，将近两年前的三分之一。①

因此，1975 年初失业率达到 7.1% 这一令人难以置信的数字是毫不奇怪的。《美国新闻与世界报道》称，这个失业率是 13 年多以来最高的。650 万美国人找不到工作。现在仍有工作的人为 8500 多万，这个数字比就业率最高的 9 月份的在职人数少了 140 万。②

1975 年 2 月，失业率更高，失业者占全部劳动力的 8.6%。除非国家采取措施促进某种特殊消费，否则，这种状况对消费的影响以及消费对生产的影响都是非常直接的。这些影响表明，1974 年年底实际平均工资比 1973 年降低 5%，在每个工作日中工人工作的时数更少。除了工资下降以外，经济的生产率也出现类似的下降。美国的人均小时生产率，在 1973 年第一季度提高 5%，第二季度降低 0.8%，第三季度回升 1%，第四季度再次降低 2%，1974 年第一季度继续降低 3%。③ 由此可见，与其他工业化国家相比，美国平均生产率日益下降的势头更加明显。如前所述，这是造成美国出口的相对地位丧失的原因之一。于是，单位劳动力成本以及每小时人均工资报酬都增加了。④ 工人的工资与其他不利因素结合在一起，便在战后第一次开始影响到利润率。

可以预计，危机会严重影响美国的平均利润率。但是必须指出，

---

① 《美国新闻与世界报道》1975 年 2 月 3 日。据这份杂志说（第 20 页），1974 年底房屋开工率比近 8 年任何季度都低，在近 30 年中是倒数第二位的低水平。

② 《美国新闻与世界报道》1975 年 2 月 3 日，第 14 页。

③ 《时代》（周刊）1974 年 1 月 3 日，第 40 页。

④ 据 1974 年 9 月 30 日《新闻周刊》的数据，1964 ~ 1974 年（第二季度），每小时人均产值增加 30%，而每小时人均工资报酬增加 100%。因此该时期内单位劳动成本提高 60%。鉴于 1973 ~ 1974 年第二季度之间每小时人均产值下降，因此可以感觉到，现在这场危机在产业部门引起的冲突变得尖锐了。

垄断集团或者通过提高物价，或者通过其他机制例如免除税务、国家提供便利和刺激等，已经制定了保护其利润率的措施。所以尽管出现危机，美国各股份公司在 1974 年年中仍然报告说，利润率比 1973 年同期提高 23% 。但事实上，如果不把通货膨胀率计算在内，那个时期的利润是下降的。根据《美国新闻与世界报道》的数据，由其经济部调查的 1065 家美国公司的**实际**利润情况是：名义总额为 856 亿美元，实际总额为 252 亿美元，而 1965 年这些公司所获利润实际总额为 440 亿美元。就是说利润下降了 43% （这些数据是按 1965 年的美元价格计算的）。[①] 如果以 1974 年第三季度时的数据计算，就可以证明这种趋势更加严重。[②]

关于利润率和利润量的现有数据，非常直接地影响到对投资率的预测。购买制造业新厂房和扩建旧厂房的情况，就非常直接地说明了投资率的情况。根据现有数据，购买新厂房在 1974 年下降了 31% ，1975 年可能会继续下降。

因此，数据帮助我们得出了非常充分的结论。[③] 从 1975 年初表现出的情况来看，1974～1975 年的萧条是战后最深刻的萧条，而且是自 1929～1932 年以来美国最严重、最深刻的萧条。

（二）萧条的国际性

由此我们可以考察 1974～1975 年萧条的第二个特点。它肯定是

---

① 《美国新闻与世界报道》1974 年 9 月 4 日，第 55 页。
② 《美国新闻与世界报道》1975 年 2 月 3 日。
③ 《美国新闻与世界报道》1975 年初（2 月 3 日）记录的关于这次衰退的数据，充分证明了衰退的深刻性："工厂耐用产品的订货 12 月比 11 月下降了 11.1% ，是 20 年来最低的"。"9 月至 12 月，机床的销售额下降了 24.5% "。"成套房子购买量从 1973 年 12 月至 1974 年 12 月下降了 22% 。电视机销售量下降 28.6% "。"越来越多的企业宣告破产。在 1 月 11 日结束的一周时间内，有创纪录的 970200 人第一次寻求失业保险"。"上个季度，制造业生产能力的利用率下降至 75.9% ，这是自 1972 年第一季度以来的最低点"。

战后**最具国际性和最广泛的**萧条。前面曾经指出，在 1947 年开始的
经济高涨时期，只有美国表现出严重危机。1967～1971 年，美国、
欧洲和日本第一次同时出现了相对短暂的危机时期。1974～1975 年
这种国际性变得更加明显，已经没有多少人对此持怀疑态度。显然
可以说，萧条在占统治地位的各资本主义国家具有普遍性。

1974 年，除美国国民生产总值下降 2% 以外，日本国民生产总
值下降 3%，英国国民生产总值 1974 年 9 月比上一年 9 月下降
2.7%。

鉴于充分就业形势实际上是 1950～1973 年的主流（美国和英国
除外），关于失业的数据就更加清楚地说明了这场萧条的广泛的国际
性。据美国劳工部估计（这种估计已把所研究的国家的标准调整到
与美国标准相一致），如前所述，1975 年 1 月，各国失业人数占劳动
力的比例是：美国 7.1%，加拿大 6.1%，澳大利亚 5.5%，法国
5.0%，英国 4.2%，意大利 3.5%，联邦德国 2.8%，瑞典 1.7%，
日本 1.4%。这些数字意味着欧洲共同市场有将近 400 万人失业，总
之失业率普遍上升。还应指出，特别是在就业指数方面，欧洲各地
区之间存在着巨大差别。1974 年初，像意大利南部和爱尔兰这些地
区，失业率高达 9% 以上。[①]

地中海地区的数据同样令人震惊。例如土耳其，特别是由于出
现危机，劳动力从移居地区返回家园，估计其失业率高达 15%。希
腊失业率估计为 10%，这个国家的失业情况已成痼疾，只是由于劳
动力出口和半就业状况才部分地得到缓解。

反映危机国际性的另一个方面是通货膨胀。通货膨胀以前所未

---

① 《经济学家》，1975 年 1 月 25 日。根据这份杂志的标准，1974 年 8 月比利时
的失业率为 4%，当年 8～11 月英国为 2.8%，9～10 月丹麦为 7.9%，7～8 月法国为
2.3%，8～9 月德国为 2.4%，9 月荷兰为 4.2%，9～10 月爱尔兰为 9.9%，5～6 月
意大利为 5.1%。

有的规模遍及整个资本主义世界。据《经济学家》（1975 年 1 月 18
~24 日）报道，1974 年联邦德国的通货膨胀率为 7%，法国 15%，
英国 17.5%，意大利 22.5%，荷兰 10.5%，比利时 16%，丹麦
16.5%，爱尔兰 16.5%，美国 16.5%，日本 25%。因此可以说，停
滞加通货膨胀或萧条加通货膨胀，是当前资本主义的普遍现象。

还有许多其他数据可以证明关于当前这场资本主义危机具有世
界性特点的论断。当研究危机在金融方面的表现时，将对此做更为
详细的分析。但我们认为，上面提出的资料已经足以说明问题。

（三）滞胀

现在我们可以指出 1974~1975 年危机的第三个特点：通货膨胀
与萧条同时出现。如前所述，这种相互关系在 1958 年美国的危机中
首次出现。但自 1967 年起，它已成为国际经济形势中一个不变因
素。关于我们认为造成这种现象的原因，前面已经讲过。

可以预见，通货膨胀既已出现就不易消退，但像 1974~1975 年
那样严重的萧条也会以某种方式影响通货膨胀率。早在 1974 年年
中，原料和农产品的价格已开始急剧下降，再一次表明琴弦在最脆
弱的一端断裂——这一次是出口原料和农产品的不发达国家和发达
国家的农民。这种状况必将导致欧洲和美国最欠发达地区的经济进
一步萧条。

因此，总危机的演进证明了资本主义不平等和联合发展的规律。

（四）深刻的金融危机

如果考察一下当前萧条的第四个方面或第四个特点，那么我们
对这场危机的整体就会有一个更加清楚的看法。当前的萧条伴随着
一场深刻的金融危机，它影响到许多企业的生存，影响到信贷、证
券交易和国际外汇，并且创造了一种非常特殊的国际盈余，其表现

形式就是欧洲美元和石油美元。

高度通货膨胀对信贷造成强大压力，利率是调节信贷规模，因此理所当然也是调节货币供应量的最直接和最有效的机制。出于这个理由，遏制通货膨胀进程总是要通过限制信贷，换句话说，通过更为灵活的手段即通过提高利率来进行。紧缩信贷非常直接地影响着直接依靠抵押的建筑工业。

美国联邦储备委员会主席阿瑟·伯恩斯的行动，非常明确地是要制止1973年底和1974年初出现的伴以高度通货膨胀的经济繁荣。且看他是怎么说的：

> 正如我根据这一看法已经不止一次地说过，而且现在还要继续说并继续强调的那样，这个国家正面临着非常危险的通货膨胀问题；银行信贷的过快膨胀对我和对〔联邦储备〕系统来说是令人深刻不安的事，货币流通总量过快的增长率也是如此。
>
> 如果这种状况继续下去，我们就不能控制通货膨胀。如果我们控制不住通货膨胀，这个国家就会陷入巨大的困难。[1]

一方面由于通货膨胀的自然效应，另一方面由于联邦储备委员会确定的再贴现率的提高，利率从1973年1月的6%提高到1974年9月的12%。

遏制信贷非常直接地影响到没有大型金融机构支持的中小企业主，但大企业也同样感受到限制信贷以及同时出现的市场萎缩的沉重压力。在1967年和1969～1971年两次小规模衰退中，宾夕法尼亚州中央运输公司和罗克韦尔国际公司等一些大企业就已受到影响。

---

[1]　阿瑟·伯恩斯在一次记者招待会上的讲话，见《美国新闻与世界报道》1974年5月16日，第70页。

在 1974~1975 年的衰退中，很多企业受到影响。

由于销售额和利润急剧下降，美国几大汽车公司如通用、福特、克莱斯勒等遇到严重困难。最大的零售企业西尔斯·罗巴克公司的销售额下降 28.5%。最大的空运公司——泛美航空公司和环球航空公司处境艰难，或许会实行联营。已经有人提出，较好的措施是改组在 20 世纪 20 年代和 30 年代对破产企业起保护作用的复兴银公司。

在英国，英格兰银行通过一项通货膨胀政策，解决了名列第二十五位的伯马石油公司的困境，但这样的政策不能多次采用。英国莱兰汽车公司也处于困境。在日本、联邦德国以及整个资本主义世界，到处传来关于大、中型企业处境艰难的消息。

银行的危机尤其严重，这些危机部分是由于以外汇浮动进行投机而引起的，但普遍的金融困难也是重要原因。于是，联邦德国的赫施塔特银行（Banco I. Herstatt）、西德意志中央票据银行和另外几家较小的银行出现严重亏损。瑞士的瑞士联合银行与德国银行一样处境不妙。英国劳埃德银行和美国弗兰克林国民银行损失较小并被广泛宣扬，使人们产生了希望。鉴于外汇投机猖獗，越来越多的人呼吁国家干预银行部门，自由派社会民主党人赫尔穆特·施密特发起公开运动，要求各国中央银行控制欧洲的美元市场。

但是，表明银行系统在萧条面前处于严重危险境地的不仅是外汇市场，而是用客户的资金进行投机活动的一整套冒险制度。

　　　　银行提供了数十亿美元的长期贷款，而所用的钱是投资者在几天或几个月之内就可能要求返还的钱。①

---

① 《美国新闻与世界报道》1974 年 9 月 9 日，第 31 页。

存款与贷款的比例从 1958 年的 48.7%，上升到 1974 年 7 月 75.9%，这就暴露了整个银行系统的极大虚弱性。

私人、政府和公司的欠债，已经达到了金融机器正常运转所不能承受的限度。但是应该指出，尽管提出了现代公司享有金融自主的主张，这些公司却是在 1960～1973 年增加借款最多的。1960 年美国公司已从金融系统借款 3028 亿美元，到这一时期结束时欠债上升至 11111 亿美元，即上升了 267%。这种超出常规的增加造成了这样的局面：1960 年公司的债务还略低于公共债务，但到 1973 年已超过公共债务一倍多。1960 年，（联邦、州和地方）政府的债务为 3081 亿美元，1973 年上升到 5930 亿美元，增加了近 93%。既然我们知道，政府开支在没有财政后盾的情况下大量增加，国家预算一直出现巨额赤字，那么为什么政府债务增加比私人债务还要少呢？这是因为那个期间大大提高了财政税收——此举严重损害中等和低收入阶层。与此同时，公司却得到了有利于利润和投资的巨额税收刺激和其他刺激。还有，既然没有还债能力，为什么仍然需要那么多资金呢？原因是结构方面和经济形势方面的。

从结构上看，由于充分利用了科技革命，技术和经济的集中化在近 20 年间已经取得引人注目的发展。不管以私人企业形式出现的目前的管理组织多么显赫和庞大，由它们本身所决定的限制也不能适应这些变化。正如我们在分析多国公司时强调的，多国公司与联合体和金融的集中化一起，意味着要竭尽全力来适应当代生产力发展的状况。在自动化表明有可能把生产的整个的部门在技术上联成一体的时代，公司积累的大量的和大规模的资金都不足以打破下述因素决定的限制：竞争的无政府状态，由已经进行的投资所表现的间接费用，和为资助和组织一整套必要的研究来实现这一质的飞跃而需要的巨额资金。这还不算完整的自动化部门生产的产品的价值大幅度下降对资本主义生产意味着的根本限制，也没有考虑到这些变化带来的社会经济后果（如失业等）。

还必须指出，刺激人为消费的需要，使私人债务从 1960 年的 2633 亿美元上升到 1973 年的 8213 亿美元，增加了 212%。因此，像 1973 年联邦储备委员会规定的那种信贷紧缩，严重影响了 1974 年人们购买耐用品，就毫不奇怪了。

从经济形势上看，既然我们能够理解，为什么主要经济部门出现破产和不稳定，为什么银行系统会强烈地受到如此直接的冲击，那么也就不难理解危机是如何影响股票交易体系了。

1970 年开始、1974 年达到高潮的国际股票交易体系的颓势非常深刻、漫长和普通，这在资本主义历史上是很少出现的。

到 1974 年 12 月 31 日，伦敦股票市场的行情比 1973 年同期下跌 52.4%，比过去达到的最高点总计下跌 70.3%。

同期内，纽约股市比一年前下跌 28.0%，比过去达到的最高点下跌 41.4%。

还应该考虑到这只是指票面价值，必须减去同期内的通货膨胀率，才能了解仅仅在一年之内化为乌有的股票的实际损失有多大。

但是必须指出，除了法兰克福股市比前一年上扬 2.6% 以外——但不管怎么说，上扬幅度仍低于通货膨胀率——所有其他重要的股市全都急剧下跌。还应该指出，即使法兰克福股市在同期内也比它达到过的最高点下降 45.4%。

由于受到通货膨胀、国际外汇剧烈动荡和股市暴跌的夹击，金融市场自然呈现出一片破产和绝望的气氛。

根据 1974 年年中所做的估计，当年联邦德国破产的金融企业比 1973 年增加将近 80%。至于美国，我们还是引用 1974 年 8 月 1 日那一期《商业周刊》上的一段话来说明问题吧：

　　股票商们今天处于自 1930 年以来最糟糕的时刻。许多在华尔街工作的人担心，在股票市场上握有大量股票的商业银行会取代他们。形势是如此糟糕，以致在华尔街完全离开市场的人已经很多很多。有些银行和致力于出售股票的企业正在求助于证券与交易委员会——在此之前它们却一直把该委员会看作是对付投资者的法院的"看门狗"，建议它组成一个高级代理机构以拯救这个交易部门。它们不仅是在寻求修改章程，例如建立一个能够有利于股票交易后负债的中心市场，而且主要是在寻求一种拯救华尔街的巨大推动力。

菲利克斯·G. 罗哈廷在给该杂志所写的一篇文章中证实了这种忧虑。他指出：

> 金融市场的形势非常严重，足以表明正在一点一点地被毁灭的看法是正确的；因此必须立即进行重大的结构改革。①

与因险恶的国际经济形势而成为惊弓之鸟的广大中、小投资者相呼应，这位作者不仅呼吁人们注意政府干预的必要性，而且还特别强调指出，由于股票价格下跌，"作为产油国投放其新财富的较好方式，它们可能会把我们的工厂全部买去"。

同时我们还应该考虑到，股票市场受到大机构发展情况的深刻影响，它们正在取代个人：1961 年各大机构控制着 39% 的股票市场，个人控制着 61% 的股票市场，到 1971 年比例几乎正好相反，各大机构和个人分别控制着 68% 和 32% 的股票市场。

正如前引文章所指出的，当国内或国外需要大量融通资金，而

---

① 菲利克斯·G. 罗哈廷：《现实的金融问题》，《金融周刊》1974 年 8 月 10 日，第 36 页。

同时银行系统贷款短缺、资本市场运行不畅时，这些新投资者在市场上的存在和产油国干预的可能性就会共同发生作用，造成非常困难的局面。在这种普遍不稳定的情况下，证券、资本和储蓄自然就会大量转移到大银行，使中、小银行已经危急的形势愈发严重。①

从制度的一般运行的观点看，赶在金融体系出现大混乱之前压缩通货膨胀是绝对必要的。从这个意义上说，1974年开始出现的压力，有很大一部分是由为遏制通货膨胀而采取的措施形成的。

（五）国际贸易和金融危机加深

为了更清楚地理解1974～1975年萧条的特点以及它对以后时期的影响，必须深入地分析国际经济关系中的变化。首先必须认识到，1972～1973年的任何措施都没有对资本主义总危机的结构性原因造成重大冲击。因此，各种问题趋于严重化，但当石油卡特尔在复杂的国际舞台上采取行动时，问题就变得更加尖锐了。

首先，石油涨价使欧洲、日本和许多不发达国家的国际收支赤字明显加重，也在较小程度上影响到美国。但是，对于一直努力平衡其国际收支的世界资本主义领袖国家来说，1974年再出现50亿美元的贸易逆差，这确实是非常严峻的。出现逆差的原因主要是石油提价的影响，但1972年至1974年底实行的美元重新定值也是一个原因。

因此，1975年初，美元开始在国际外汇市场上贬值。这种状况

---

① 诸如曼哈顿银行董事长、洛克菲勒家族金融代言人戴维·洛克菲勒这样的大资本的代表，他们为什么会具有不同的标准和精神状态呢？这些事实做了回答。戴维·洛克菲勒在接受《美国新闻与世界报道》杂志的采访时，表示不必为此担心："首先，它们（产油国）目前还没有领导大工厂的能力，而且我们知道，这种能力不是一个早上就能具备的。此外，我不认为它们愿意处于这种地位，它们可能会满足于做个小股东的地位，在这种地位上看着自己可以从不断发展的、但是由其他人负责经营的工厂那里得到高额补偿。

严重威胁到联邦德国、日本和其他国家的大量金融储备，促使各国中央银行采取坚决行动以维护美元的地位。在出现新的强有力国际货币，恢复金本位制或接受诸如一揽子世界性标价等更有想象力的解决方案之前，我们也不能指望它们会采取其他方式的行动。

但是能够指望美元地位得到改善吗？结果很快就看出来了：1975 年和 1976 年，美国的贸易结算继续出现逆差。同时我们还看到，美元回升又损害了其他方面。美国产品提价导致了出口下降。

从金融方面来看，欧洲美元市场仍然令人忧虑，但石油美元却更加严重地威胁着国际金融体系的稳定。

正是由于这个原因，资本主义国家感到有必要尽可能达成一项协议，以强迫阿拉伯国家把它们的美元投向资本主义国家控制的国际金融体系。这叫作"资金再循环"，意思是把这些美元借贷给必须弥补因石油提价而出现高额逆差的那些国家。唯有在这方面达成一项适当的协议，数十亿流动美元造成的威胁才可能有所缓和。

> 为使你们对这个问题的严重性有个印象，须知在 1973 年，石油输出国组织国家创造了将近 30 亿美元的金融储备。今年（1974 年），估计这些储备为 650 多亿美元。①

面对急剧下跌的股票价格，这些美元形成的购买力也同样令人担心。前面已经讲到，戴维·洛克菲勒曾指出不会出现受控的威胁。但毫无疑义，产油国正在逐步打入西方的经济领域。在联邦德国，除伊朗购买了克虏伯康采恩 25% 的股票外，科威特也购买了属于匡特集团的戴姆勒–奔驰汽车公司 14% 的股票。与此同时，德意志银行也不得不把弗利克集团拥有的、伊朗国王准备购买的这家公

---

① 戴维·洛克菲勒在接受《美国新闻与世界报道》杂志一次采访中的讲话。

司 39% 的股票的大部分购买下来。① 商业银行不得不向古特霍夫农集团伸出援助之手。还有谣传说，阿拉伯人准备购买曼内斯曼康采恩、西门子公司、布雷默公司、伏尔肯材料公司、拜尔化学公司和其他德国著名大公司的股票。在美国，阿拉伯人利益集团购买了密歇根州一家银行，泛美航空公司企图与伊朗达成一项协议。好几个国家宣布正在进行研究，以预防这种情况的发生。

国际收支赤字、外汇投机和对石油美元的困惑情绪，便是一场持续的国际经济关系危机的表现形式。根据对黄金价格迟疑不决的态度，便可确定这场危机的深度。按正常情况判断，在如此严重萧条的形势下黄金本可攀升到很高价格，但自从 1969～1973 年末那次升值浪潮后，却停滞了好几个月之久。

因此，国际金融界存在着极大的怀疑情绪，对危机的蔓延不知所措，各国政府为挽救各自受到威胁的利益而互相对抗。此外，整个形势一片消极：美国为自己国际收支的巨大赤字感到绝望，而德国却为自己基本上因马克升值而在危机期间形成的盈余而忧心忡忡。在一种普遍危机的形势下，没有什么是清楚明朗的，没有人对自己主要是在敏感的金融领域的能力有把握。

（六）一场漫长的危机

现在我们可以就这场危机会延续多久做一番推测了。首先我们看到，1974～1975 年的这次萧条，不能脱离自 1967 年开始的资本主义长时期的总危机这个背景去认识。我们也看到，这场危机现为长时期的萧条，但在这个长时期内也会出现几个像 1972～1973 年那样

---

① 证实下述情况是很有意义的：阿拉伯人通过购买德国寡头阶级中传统金融财团，如弗利克财团、匡特财团和哈尼尔财团的股票而打进这些国家，这是德国金融家族没落进程的一部分。参见《德国工业帝国的出售》，载于《经济学家》，1975 年 1 月 25 日，第 62 页。

的恢复时期。同时我们还看到，这样的恢复时期将是微弱的，不能解决导致危机的那些基本问题，恢复期过后接踵而至的仍是萧条时期。而且靠人为手段取得的经济高涨越明显，萧条就会越发严重。最后我们看到，大资产阶级会利用它所拥有的经济政策机制，试图缓和萧条与高涨之间的波动，从而使总的萧条周期延长。

我们就是应该把 1974 ~ 1975 年的大萧条置于这样的背景之下。我们看到，事实上可以把萧条的开始时间定在 1973 年第四季度。萧条的深化一直延续到 1975 年第一季度。但在 1974 年最后一个季度，已经可以看到下一次恢复的征兆。这些征兆是：各交易所有价证券增加，通货膨胀率趋于下降，各国政府越来越明显地准备从反通货膨胀阶段转向克服衰退阶段。

所以，虽然萧条的后果在 1975 年第一季度仍在增加，但到第二季度便开始了缓慢的恢复。这样，一场持续两年或更长时间的严重衰退便在美国结束了，这是资本主义第四次国际性的大萧条。美国南北战争后的萧条从 1873 年 11 月到 1879 年 3 月持续了六年半，[①]另一次大萧条是从 1882 年 4 月到 1885 年 5 月，而 1929 ~ 1933 年那次萧条持续了三年零七个月。[②]

然而必须指出，一切迹象表明，事实上从 1976 年开始的恢复仍将有许多严重问题。[③] 如同 1972 ~ 1973 年一样，作为这次恢复的起

① 原文如此。——译者注

② 莫里斯·弗拉曼特、珍妮·辛格 - 克雷尔：《经济危机与恢复》，前引书，第 31 页。似乎还应加上 1910 ~ 1914 年那次萧条，但那次只持续一年就终止了。

③ 例如，据总统经济顾问委员会估计，国内生产总值在 1975 年下降 3.3% 后，1976 年将提高 4.8%。同时零售价格可能比 1974 年上升 11.3%。失业率在 1975 年可能上升到 8.1%。1976 年只能下降到 7.9%，此后将保持在 6% 左右，直至 1979 年或 1980 年！尽管目标很有限，但公共预算赤字 1975 年仍将占国民生产总值的 2.4%，1976 年将占 3.3%。因此必须实行强大的经济刺激，才能达到这些可怜的结果！尤其我们知道，这些计划就预见来说是"乐观的"，但国会不会接受，在这样的情况下，未来的前景该是怎样的呢！

点的通货膨胀率仍将很高，失业率不会下降多少，新投资绝对不会具有再生产的性质，而很可能是投机性和短期性的。因此一切迹象表明，这次恢复将预示着一次比现在这一次更加严重的萧条，所以我们将会看到：对这种制度的信任将会大大降低；而且由于认识到必须解决各种根本问题，这就必将使各个阶级、各个强国、各种社会经济制度和各个政治集团之间的社会对抗比现在激烈得多。

正在延续的资本主义总危机，非常尖锐地暴露了一种处于没落中的生产方式所不能解决的那些结构性问题。某些地区时疫、瘟疫和传染病猖獗，就与破坏环境、饥饿和其他类似现象有关。

从某种意义上说，能源危机与环境危机是相辅相成的。在经济高涨时期，资本主义刺激了对自然资源非生产性的和不负责任的消费，这样经过多年之后，人类正面临着资源短缺的实际情况。这就提出了必须合理和有计划地利用资源的问题。还有，汽车、工厂和城市里大量的能源消费以及大量的废物，都预示着会使环境遭到不可挽回的破坏。

面对穷国和富国都缺乏资源的形势，面对不可能出现一种能帮助渡过难关的经济增长的前景，面对占统治地位的资本主义国家的失业率上升和社会冲突加剧的局面，资本主义又重新发现了人口过剩这个早年的幽灵。当工业革命在 18 世纪打破人口平衡时，就出现了许多像马尔萨斯那样大谈人口过剩的理论家。现在，当正在进行的科技革命急剧降低了不发达国家的死亡率时，这幽灵又再度出现，便有人提出了主要是针对"劣等"民族的控制生育政策。

能源、食品、健康和人口诸种危机，不过是一种长期性局势的最尖锐表现，只不过战后持续的经济增长掩盖了这种局势。增长的奇迹和说明这种奇迹的乐观情绪消失之后，那些被遗忘的问题又显示出了悲剧的形式。

三 制度内部有解决办法吗?

衰退使社会经济和政治问题尖锐化,这就对现有的解决办法提出了极大的疑问。首先必须把正在延续的这场危机的两种状况区别开来:制度危机的全面性、结构性和长期性,与目前这次萧条的近况。

我们先来看后一种状况。迄今为止,我们知道资本主义只有一种克服经济萧条的方式,那就是实行反衰退政策,其内容是扩大需求和提高利润率,以刺激投资。

但这样说还过于笼统,因为能否实行这种政策还取决于与各国国内力量对比有关的许多具体的政治和意识形态现象。

例如,一般来说必须扩大国家对经济的干预,由国家接管在财政上不太赢利和行将破产、但在经济上不可缺少的部门;为了调节现有存货特别是原料和农产品的存货,并在不增加通货膨胀因素的条件下根据投资和消费需要调节信贷,也要求国家采取行动;还有,为了减少失业的社会影响,也需要国家进行干预。

但是在国家干预的每一个方面,都可能根据相互对抗的阶级利益而提出不同的干预方式。例如干预主义思想流派可以提出这样的观点:国家不应该仅仅干预获利低的企业,而应该干预所有在经济的关键部门经营的企业。这种国家干预超出了国家资本主义为垄断集团服务的阶级目的。

总而言之,这种干预有很大的局限性,而推动这种观点的社会民主党中最先进的派别经常认识不到这一点。实行不利于利润率的国家干预就会与私人投资发生矛盾,使私人投资减弱,把它驱向其他国家,从而导致经济停滞。因此,国家资本主义如此强有力的发展必然被看作是在向社会主义经济过渡,或者相反,会成为经济混乱和停滞的源泉，久而久之就会导致反革命取得胜利。

所以我们可以推测，存在着要求扩大国家干预的普遍倾向：保守派要求这样做，目的是挽救奄奄一息的经济部门和恢复利润率；左翼社会民主党人要求这样做，目的是扩大国家控制的经济范围，并对这部分经济实行更加民主的管理；革命阶层要求这样做，因为它们认为扩大国家干预是加深制度各种矛盾的重要因素。

除了国家资本主义在国内范围内得到发展外，为了更加直接地调节贸易和金融活动，调节原料和农产品存货及其价格本身，还需要国家在国际范围进行干预。这里，关于国家应在多大程度上进行调节和干预，才能有利于大资本或有利于更广泛的社会利益特别是劳动者的利益，同样是含糊不清的。

例如，应该面对必须实行新的国际分工问题。虽然表面看来新的国际分工可能有利于依附国的技术开发和工业发展，但在实践上却导致它们在新阶段中的生产和技术专门化程度永远低于国际水平，而且只能利用纯粹进口的技术，只能更加紧开发自己的劳动力和自然资源。

19世纪中叶加入现代出口贸易的结果，只是加深了我们各国经济的依附性，为与前资本主义世界彻底决裂制造了极大障碍；各国自19世纪末建立了自己的工业基础，并在1914～1919年得到加强，在1930～1940年得到巩固，但这并没有能够形成足以打破依附地位和消除原来前资本主义残余的本国工业结构；出口部门的发展不管可以带来多大的眼前利益，结果也只是使标志着我们现实的相对落后和依附地位的那些特点更加突出。

此外，资本主义必须为整个制度创造新的投资领域，其特点应该是采用一种并非全自动化的技术（现在已经出现了这样的前景），这样的技术不会打破以价值为基础的生产，而且既能继续利用国家这个最大的消费者和资金提供者，又可刺激私人部门和就业。

在目前这个时期，有 4 个大的吸引投资的领域能够实现上述目标。

①法律规定的用于保护环境的投资。这意味着现有的和将要建立的企业将要支出一笔高额辅助费用。同时这类投资会引起产品更新和提高产品价格。因此，大力开发保护环境的措施将在未来年代形成一个具有较大前途的工业部门。

②在民众交通工具和具有未来主义色彩的城市化运动方面投资。建筑业和机器制造业（如汽车、飞机、现代铁路和其他交通工具）仍然是一个重要的就业源泉，而且会对修配行业产生重要的副效应。此外，如果对新的城市面貌进行大胆的设计，对整座城市进行彻底改造，提出建设新城市和进行地区性开发，这除了可使人们相信大城市会一展新颜以外，还可以恢复人们对资本的进步作用的乐观看法。

③社会福利设施方面的投资，特别是建设庞大的私人医院和防治疾病活动等的网络，将使建筑业和奄奄一息的制药业恢复生机，还可显示自 1967 年以来似乎与资本主义毫不相干的进步性。

④由此我们看到，这些"新的"投资领域只不过是引起投资的那些旧机制的延伸。如果再加上第四个领域，即为克服能源危机、为超音速航空的新发展、为航天工业的新进步和新型国际通信等花费的基础设施开支，我们就可以知道，资本主义可以找到重要的投资场所，而不必仅仅依靠过去和现在紧紧抓住不放的战争工业。我们已经看到，由于军事技术本身的发展，军事投资的局限性是越来越大了。

为了实现上述目标，资本必须达成更大的国际一致，必须用实力，因此也就是通过建立美国的霸权地位来超越目前资本主义一体化的程度，从而进入一个新阶段，其基础是各个强大的地区权力或小地区权力在美国的领导下联合起来。

同时，在这个有矛盾的一体化新阶段中，国际资本主义体系必须采取一种与社会主义国家减少对抗的态度。现在，社会主义国家是一个重要的贸易源泉和与资本主义国家势均力敌——如果不是更强的话——的权力中心。

但是，必须考察一下资本主义这些结构性调整的具体前景，因为资本主义能否在一个新的经济增长阶段渡过难关就取决于这些调整。

如前所述，1967 年开始的资本主义总危机可能还会持续很多年。1976 年出现的恢复必然是人为的、短暂的和微弱的，而且必将伴随着通货膨胀、失业、不稳定和冲突。由此可见，一次新的甚至可能比 1974～1975 年那一次更为严重的萧条是不可避免的。

在这个时期，社会冲突将会明显加剧。关于罢工次数的统计显示，罢工次数自 1968 年至今已大大增多。[①] 随着这些冲突，整个资本主义世界工人的战斗性和激进态度也有所加强。法国工人参加1968 年的五月运动，意大利群众的罢工，意大利工人为控制劳动场所进行的斗争，以及 1974 年英国矿工最后击败了保守党政府的罢工，就是工人普遍表现出新姿态的例证。

由于激烈的社会冲突和群众的激进主义倾向，资产阶级只好采取守势，把权力交给运动中的改良主义阶层执掌，同时限制小资产阶级和无产阶级改良运动的过激行动，以此作为反击。除此别无其他解决办法。进攻性的铁腕政策只有在经济恢复时期才能运用和奏效。1972～1973 年，帝国主义就曾给民众运动以沉重打击，突出的例子就是智利的法西斯政变。

---

① 《社会主义：理论与实践》杂志（莫斯科，1973 年 8 月）根据"外国报刊"的数据说："在美国、日本、法国、意大利和英国，1962～1966 年罢工次数为 64000次，1967～1971 年增加到 83000 次，参加人数同期从 4700 万增加到 7800 万"（第 121页）。

正如历史所证明的，改良主义的基本局限之一就是：危机时期过后，由于它既不能解决制度的问题，又不能公开为资本效劳，弄得自己威信扫地，最后，或者以法西斯主义的极端形式，或者通过较少极权色彩的独裁政府，甚至通过镇压性的和保守的合法政府，为反革命开辟通路。

在这种背景下，必须永远牢记依附国的情况：萧条的寒风严霜总是更无情地摧残着它们。但是，各帝国主义中心的同时衰弱及其内部对抗的增加，有利于依附国采取提出更高要求和争取更好的政治谈判条件的政策；然而，在重新出现经济高涨阶段（不管是长是短），帝国主义暂时地解决了内部冲突之后，便会放心大胆地重新对付它的殖民地，以图恢复失去的地盘，这时依附国的地位立刻就会被削弱。

因此，只有在政治上有利的时期实行深刻的变革，同时大力提高人民的觉悟和壮大人民的组织，才能通过深化革命的变革有效地回击帝国主义的进攻。

依附国虽然能从中期内可能实行的新的国际分工中得到一些好处，但它们不能指望通过建立几个大型企业来解决自己的基本问题，因为相对来说这类企业只利用很少的劳动力，却要把大量利润汇寄给帝国主义企业主。如果不利用大萧条周期创造的时机最终断绝与奄奄一息的资本主义的联系，上述做法充其量也只是把饥饿、失业和半失业、贫穷和苦难重新掩盖起来。关于这些问题，本书第三部分还要做更为详细的分析。

现在必须把我们的分析推向一个新阶段，把政治方面作为主要分析对象。记得我们曾指出，社会民主党的改良派、社会主义国家的政府和共产党、法西斯主义与极左派是构成国际形势动力的主要因素，现在就来对它们进行分析。

第十章
政治危机与社会民主主义的发展

　　在发生上一章分析的经济危机的同时，出现了一场世界范围的严重政治危机。不能说经济危机与政治危机有着非常直接的关系，但是可以指出，这两种现象之间存在着相互关系。经济危机总会限制政治选择，并改变政治生活的节奏。

　　在传统的马克思主义思想中，历来认为经济危机与革命、积累阶段与反革命之间有着密切关系。1851 年，马克思和恩格斯鉴于当时经济处于恢复时期，而这种恢复预示着将会有一个很长的反革命阶段，于是放弃了关于欧洲会立刻发生革命的看法，第一次提出了这种相互关系。后来在政治 – 策略讨论中，再次确立了在这些现象之间，即在 1864 年的危机与第一国际蒸蒸日上之间，在欧洲的经济困难与巴黎公社之间必然有的相互关系。

　　还有，马克思在《资本论》中原则上提出了资本积累、给予工人经济上的好处与改良主义运动之间存在着相互关系。恩格斯也提出，在殖民掠夺与很大一部分英国无产阶级的贵族化趋向之间存在着相互关系。

　　后来在第二国际中，有人把"经济崩溃"理论与能不能出现改良运动或发生革命直接联系起来。伯恩斯坦支持这种论调，拥护实行促进发展的改良，从而歪曲了关于资本主义危机的论断。

　　然而，正是由于第三国际特别注意清楚地阐明和制定统一的国际战略和策略，才确定了危机与革命、恢复与反革命之间日益紧密的联系。1919～1921 年的世界革命路线，1921～1927 年的统一战线路线（在 1924～1927 年具有了更为现代和更为广泛的形式）和 1928～1934 年的第三时期路线，这些政治路线就是建立在对 1921 年结束的那次资本主义危机以及随后开始的资本主义的恢复和相对巩固的分析，和对后来 1929 年出现的一场新危机即第三时期的预见的基础上的。

　　提出不仅在那些经济长周期之间，而且在较短的经济活跃时期与政治路线之间存在着更加密切的联系的看法，是资本主义更加国际化的结果，是对经济形势认识更加清楚，工人运动更能在国际上协调一致的结果。19 世纪波及欧洲的革命和反革命浪潮今天确实已遍及全世界，从而把地球上最遥远的地区联系在一起。

　　至于像 1967 年开始的、可能延续很长时期的这样一场更为严重的危机，其影响就更为持久，不仅会引起政府或要人倒台，而且会促使政治制度发生革命的或非革命的变化。因此，在政治和意识形态方面正在出现深刻变化。

　　在我们正在研究的资本主义这个阶段中，应该指出一些重要的变化。

　　在战后增长周期中变成资本主义意识形态附庸的社会民主主义，现在已经重新吸收了激进思潮，并有提出新的政治主张的趋势。

　　曾经采取守势的领导着社会主义国家的共产党政府和共产党，现在处于经济、政治和军事活动特别有利的形势。同时，没有执政的共产党在逐步改变其路线，试图从资本主义危机和民族解放运动的现实出发，把自己的战略和策略与本国建设社会主义的需要结合起来。这种路线曾在经济高涨年代里变得"温和"，但在 1968 年以后开始采取了比较具有进攻性的表现方式。

　　总之，一方面，政治上向右和向左的激进化增加了法西斯主义在国际形势中的影响力，法西斯主义运动的活动可能会越来越广泛，并且会吸引保守派甚至中－右派。另一方面，所谓的极左派（它是一个非常广泛的范畴，包括无政府主义、毛主义、格瓦拉主义、托洛茨基主义和国际上定义不太明确的其他思潮）正在扩大其对国际生活的参与并具有影响力，但其影响力的大小则取决于社会民主党和共产党在各国的演变情况。

　　20 世纪 60 年代人为地迫使经济增长的尝试（主要在美国），不仅没有消除制度的总危机，反而加深了这场危机。这项政策激起了更大规模的群众运动，非常清楚地暴露了制度的局限性。现已证明，运用越南战争这种手段，决定继续推行极端大胆和挑战性的军事政策以保持和扩大军事消费，进而促进经济增长的做法，只会在长期内造成经济乏力，在短期内引发强大的群众运动。1962～1966 年的经济高涨在 1967 年变成了衰退，1968 年又不牢靠地得到回升，这种情况清楚地表明，群众必须动员起来，利用制度的困难阶段和随时出现的具体可能性。

　　很有意义的是：从政治角度上讲，危机在 1967～1969 年的表现形式相当混乱。那是群众运动极为激烈的年代，但其内容却一直非常模糊。1968 年 5 月的巴黎事件就是这样，它采取了群众自发总罢工的形式，除了导致戴高乐主义政治模式与大规模的武装镇压"调情"以外，从某种程度上说，这场罢工是被左派力量自己（特别是共产党）平息的。

　　意大利炎热的夏季显示了群众具有提出新的政治问题的巨大能力，他们提出了企业方面的、工人领导方面的，特别是文化方面的政治问题。在这个时期，没有出现与整个秩序明显对抗的形势，但毫无疑问，这些运动促使意大利中－左派在天主教民主党危机加深的情况下再次兴起。

美国反战运动以向华盛顿进军和在大学生占领哥伦比亚市的行动中取得进展而达到顶峰；黑人、奇卡诺人和波多黎各人的运动形成浩大的声势，1967～1969 年的美国社会出现了全民总动员的形势。

拉丁美洲也爆发了大规模的群众运动：在墨西哥，1968 年的学生运动造成了悲剧性的特拉特洛尔科事件；同年在巴西，为抗议暗杀一名学生而在里约热内卢爆发的 10 万人大游行使巴西独裁政府大为惊恐，也表现了群众对民主斗争的强有力支持；在阿根廷，有工人和小企业主参加的、反对独裁统治的 1969 年"科尔多瓦事件"和其他激烈行动，也表现了群众运动的新方式，说明群众是阿根廷政治历史中的决定性力量，并为庇隆的回国开辟了道路。至于 1969 年欧洲爆发的"野蛮罢工"和许多国家的其他多次罢工运动就不必多说了，这些行动虽然并没有提出新的政治立场，但预示着群众将以整个战后时期前所未有的规模重新登上政治舞台。在非洲、中东和远东也爆发了同样的事件。它们形成了一股国际浪潮，甚至波及社会主义阵营的波兰、捷克斯洛伐克，特别是中国。

由于工人委员会的建立，西班牙也于 1968 年重新出现了工人运动，表明反对派势力走上舞台。因国际力量对比而受益最多的两个资本主义国家德国和日本也毫无例外地发生了这类运动。

虽然工人阶级积极地参加了几乎所有这些活动，但就这场运动的总体而言，无论从它掌握的主要理论观点，还是从它表现出的反抗性来看，它首先是无政府主义的，没有能形成组织一场革命所需要的纪律，因此是小资产阶级性质的。

就在这些年间，社会主义制度内部也出现了严重危机，其集中表现是 1968 年的波兰学生运动，随后是 1969～1970 年的工人运动，这些反常现象使该国发生了引人注目的变化。这一时期，匈牙利也发生了严重动乱。但最严重的无疑是捷克斯洛伐克，在那里一场内部批评的反常现象变成了一场普遍的批判行动，甚至影响到该国共产党和政府，导致共产党对政治相对失去控制，迫使党内的一派向苏联求援，试图通过华沙条约国部队入侵的支持，以武力解决国内问题。

在中国，"文化大革命"这场大规模的反常现象在这些年间达到高潮；后来政治当局和政府自己称它为极左。因此确切地说，那些年是抨击和危机的年代，在那个年代中，资本主义世界内部对旧的经济－社会模式提出了疑问，社会主义阵营内部也提出了新的要求。

但重要的是指出，这场运动不管是采取了无政府主义群众骚乱的形式，还是采取了恐怖主义活动和游击中心的形式，或是像"野蛮罢工"那样较小规模的反抗运动以及其他形式，它的高潮也就意味着它的危机。

自 1969 年后，群众的精力转向了比较温和的形式，其原因一方面是无政府主义和恐怖主义抨击的局限性已经暴露无遗，另一方面是共产党和社会党对总形势神经过敏，并开始改变它们的政治立场，以适应渗入工人运动的新的激进主义思潮。工人阶级这种新的激进主义最初表现为工人参加法国五月的学生运动，后来表现为"野蛮罢工"和全民总罢市。20 世纪 70 年代又发生了许多事件，其中值得提出的是英国的矿工罢工，它推翻了希思的保守党政府，开创了工党执政的新时期。

激进主义之所以出现，一方面是战后资本主义的高涨时期已经结束，另一方面是 60 年代提出了新的政治思想，这些思想是资本主义的内部困难在它于国际上结成一体的垄断阶段中的最初表现。

自 1958～1961 年的危机起，社会民主主义和民族主义自由派运动内部在 60 年代发生了严重分裂，这是那场危机姗姗来迟的后果，而且特别是在古巴革命和阿尔及利亚革命非常直接的影响下发生的，尤其是因为古巴革命，它本身就是一场民主和反帝运动的演变和激进化的产物。在这种意识形态背景下，民众主义政党、自由党和社会民主党内的少壮派在 60 年代初开展了大规模的运动，成为一场新的革命运动的主力军。这场运动对资本主义秩序提出了疑问，并提出必须采取更好的社会主义的解决办法。

他们的论断往往是由不系统的、乌托邦式的和半无政府主义的思想决定的，但都以这种或那种方式表现了一种抗议态度，就是这种态度最终打破了资本主义（作为经济、政治制度和思想体系）在 50 年代造成的那种政治和社会控制气氛。

然而，这些反抗运动实质上是小资产阶级的。在任何一个地方，它们都没有影响到工人运动中的多数。但当 1967 年制度发生总危机时，它们的影响便开始扩大并影响到工人阶级，这时工人阶级虽然还不具备新型的意识形态和组织手段，但也开始参与反抗进程。同时，总的来说，工人阶级对 60 年代形成的新左派的思想和斗争方式有反感。

因此，工人阶级把自己的反抗精神寄托在它历来认为与自己的阶级利益相一致的社会党、共产党和民族主义－民众主义政党身上。此外，在这个时候，工人阶级空前地认识到，唯有实现阶级的团结才能反抗一种目前仍很强大、但已感到其危机即将来临的制度。

一　社会民主主义的发展及其激进化

因此，自 1967 年至今，欧洲社会民主主义运动取得了多次大选胜利。指出如下事实是很有意义的：作为 1967 年开始的危机的产物，欧洲现已变成社会民主党的欧洲，除去很少几个例外情况，已经是社会民主党与自由党或共产党势力组成的联合政府的一统天下。此外，尚存的为数不多的几个自由党政府也受到左派的强大压力，采纳了在 50 年代可能是社会民主党所特有的观点。现在让我们对欧洲形势作一简要的概述。

联邦德国：自第二次世界大战末期受基督教民主党长期控制之后，社会民主党终于与自由党一起形成多数。在 1972 年大选中，社会民主党获得 45.9% 的选票，自由党获得 8.4%，这就保证了它们可以稳定地控制政局。1976 年的大选表明社会民主党势力明显削弱，但并没有根本改变局势。

奥地利：在 1971 年 10 月的议会选举中，社会党获得 93 席，人民党 80 席，自由党 10 席；共产党仅获得 1.36% 的选票，没有能够进入议会。以 93 个席位的绝对多数和 50.2% 的选票，社会民主党得以组成一党政府，这个在中欧政治形势中占有相当重要地位的国家中，有 15 名部长是社会党人。

比利时：在 1974 年 3 月的议会选举中，基督教社会党获得 71 席，自由党 31 席，瓦隆大会党 13 席，社会党 60 席，区域性政党 32 席，共产党 4 席。社会党人在此以前领导着一个由基督教社会党、社会党和自由党组成的联合政府，但这次选举中形势发生右转，成立了由一位弗拉芒基督教社会党人领导的由社会民主党和自由党组成的联合政府，形成一种相当脆弱的平衡，被迫处于战斗的在野党地位的社会党的压力可能不久会改变这种局面。

丹麦：在 1974 年大选中，社会民主党多年来第一次丧失了多数地位，现在是由激进党领导着政府，它有时依靠左派——社会民主党，有时依靠右派——进步党。但指出下面一点是很重要的：共产党占有 6 个议席，社会主义人民党占有 11 个议席。社会主义人民党是社会民主党的左派分支。但最有意义的现象无疑是进步党（主张取消所得税）的壮大。然而一切迹象表明，仍然处于多数地位的社会党迟早会在丹麦重新组成执政力量，领导新政府。

芬兰：在 1972 年 1 月的议会选举中，中间党获得 72 个席位，自由党获得 64 个席位。保守党人获得 34 个席位，社会民主党人获得 55 个席位，共产党人（以人民民主联盟的名义）获 37 个席位。由此可见，左派力量削弱了，因为共产党曾在 1966～1971 年参加政府，而在最近这次大选中，却组成了由社会党人领导的中间党 – 社会民主党人的联合政府。但是，共产党现在无疑是最重要的政治力量之一，它与中间党在争夺第二大党的地位。

英国：工党在 1974 年 10 月 10 日恢复多数地位，获得 635 个席位中的 319 席，这样英国就出现了工党占绝对多数的局面。由于矿工罢工，工党在 1974 年 3 月以少数党地位上台，但它提出了一项在其战后时期最先进的改革计划，因而在同年 10 月便确立了多数党地位。然而，工党内部激进的左翼与右翼之间不可避免的斗争似乎不会立刻消除，这就加强了保守党的在野党地位。

荷兰：在 1972 年 12 月的议会选举中，社会党获 43 席，共产党获 7 席，天主教党获 27 席，反对革命党获 14 席，基督教历史同盟获 7 席，自由党获 22 席。因为有许多政党参加选举，结果是社会党领袖登厄伊尔赢得首相职位，并形成一个以左派在野党为首的"影子内阁"，因此他领导的是一个少数派政府——社会党在 150 席中仅占 43 席，所得选票仅占 27.4%。尽管如此，由于石油供应量减少，首相曾要求并得到了特别权力，从而可以与财政舞弊做斗争，但同时也暂时停止了罢工权利并冻结了工资。

爱尔兰：在 1973 年 2 月的议会选举中，原来处于多数党地位的共和党获得 69 席，以强有力的少数党地位成为统一党（54 席）和工党（18 席）联合政府的反对派。

卢森堡：1974 年进行的选举产生了一个中 – 左派政府。

挪威：在 1973 年 9 月的议会选举中，工党获 62 席，保守党获 29 席，中央党获 21 席，基督教人民党获 20 席，安德史·兰格党（主张大幅度削减税收）获 4 席，竞选联盟（共产党、社会党和独立人民党）获 16 席。这样，中 – 左派以 78 席对右派 77 席勉强形成多数。

瑞典：在 1973 年 9 月的议会选举中，保守党获 51 席，中央党获 89 席，自由党获 34 席，社会民主党获 156 席，共产党获 19 席。自 1932 年以来瑞典一直由社会党人执政，但这次选举却极为艰难，社会民主党人奥拉夫·帕尔梅依靠共产党人领导一个联合政府，两党共占 175 席，与右派席数相等，而右派政党又通过一项"联合协议"联合起来，这使帕尔梅的回旋余地很小。由于这个任期的执政的基础如此薄弱，社会民主党在 1976 年大选中遭到失败，但它依然是处于多数的政治势力。

瑞士：在 1971 年 10 月的选举中，社会党获 46 席，激进党获 49 席，基督教民主党获 44 席，农民党获 13 席，独立联盟获 3 席，劳动党（共产党）获 5 席，极右派获 11 席。由 7 名成员组成的联邦委员会现在有 2 名社会党部长，2 名激进党部长，2 名基督教民主党代表，1 名农民党部长。没有政府首脑，只有 1 名一致选出的联邦主席。

欧洲地中海地区值得进行比较详细的分析。这个地区是阿拉伯石油的运输通道，是通往欧洲、非洲和亚洲的海上枢纽，具有特殊的战略意义，因此它的形势引起了各个世界权力中心的极大关注。美国海军一直反对苏联舰只进驻地中海。北大西洋公约组织已经失去对希腊的控制，特别关注葡萄牙能否参加。意大利的形势非常复杂，土耳其又不是最坚定的盟国。由于所有这些原因，地中海成了世界形势的关键。

意大利是危机最严重的国家。天主教民主党的统治在战后曾是不可战胜的，但在 1972 年 5 月的选举中，天主教民主党获得 38.8% 的选票，它的主要对手共产党获得 27.2% 的选票，从而对它的统治提出了疑问。这 11% 的差额表现为天主教民主党获 267 席，共产党获 129 席，同时共产党人还统治着 21 个市。社会党获得 61 席，社会民主党（萨拉盖特的右翼）获 29 席，共和党获 15 席，自由党获

20席。由天主教民主党、社会党和社会民主党组成的联合政府受到两种严重纠纷的困扰：（1）社会党与社会民主常在经济政策上存在分歧，这种分歧完全暴露了天主教民主党内部的矛盾；（2）在离婚法问题上存在着冲突，在1974年5月公民投票中绝大多数人赞成离婚，这使天主教民主党右翼和中间派、梵蒂冈和整个右派惨遭失败。

这样，由于天主教民主党、社会党和社会民主党的中－左阵线破裂，天主教民主党不仅陷于孤立，而且内部矛盾更加严重。共产党提出实行"历史性妥协"，把国内两大势力联合起来，支持一个进步的政府。由于天主教民主党内部存在着矛盾，而且这类协议很可能在左派内部引起不信任，这种前景很难实现。

但是，由于危机加深，而且担心发生对抗，特别是担心右派崛起（右派早在1970年就策划政变，甚至连情报部门的首脑和高级军官也卷入其中），这将导致组成某种形式的反法西斯政治阵线，1976年的选举结果就证明了这一点。共产党获得的票数明显增加，并且加入议会和省市政府。共产党可能进入政府无疑会在欧洲和地中海引起力量对比的变化。从军事角度来看，可能组成的联合政府是否加入北大西洋公约组织不仅仅取决于共产党人。在葡萄牙，共产党就从来没有提出葡萄牙退出北约的问题。是北约要求不要让共产党加入葡萄牙政府，并拒绝向葡萄牙政府提供军事机密。如果意大利和法国出现类似情况，这个军事联盟就会发生严重危机。

现在我们该谈葡萄牙的情况了。葡萄牙是通往地中海的入口，战略地位非常重要。法西斯独裁政府的垮台和由进步军人、社会党、共产党和民主势力组成的联合政府的执政，形成了一种全新的力量对比，并对西班牙的独裁政权、西班牙加入北约以及地中海的军事形势有着深刻影响。

另外，军人政治运动与左派政党结盟的先例，打破了原先形成的关于军人参政的思想框框。在这方面，军人过去一直是一个如果不是公开反共和反对左派，也是寻求与左、右两派保持等距离的技术官僚派别。但武装力量运动中的军人不仅不隐瞒他们对左派政党的同情，而且在很多场合提出了明确的社会主义的意识形态选择。因此，帝国主义的主要头面人物把这种形势看作是对他们1974~1976年反革命行动的主要中心的一种威胁，这绝不是毫无缘故的。帝国主义在葡萄牙的行动成功地分裂了社会党人和共产党人，它利用社会党人和支持社会党人的军人为急先锋，发起了一场使葡萄牙革命进程温和化的运动，从而为一场反革命攻势敞开了葡萄牙政治制度的大门。但是，葡萄牙的形势尚不是最后定局。

同时，葡萄牙革命政府领导的非殖民化进程的迅速发展，为非洲最先发展的社会主义势力开辟了广阔的活动余地。在所有的前殖民地中，最进步和最先进的力量控制了政治局面。

在希腊，虽有美国坚决支持，但军人独裁政府终于下台了，希腊还退出了北大西洋公约组织，因此尽管康斯坦丁诺·卡拉曼利斯领导的激进联盟取得压倒多数的胜利，但不能认为那里的局势是稳定的。必须指出，卡拉曼利斯之所以获得选票的比例很高，很大程度上是他与北约决裂并在反对独裁政府方面发挥了作用。虽然左派由于目前的分裂而削弱了其对人民的影响，但在希腊目前这种人民激愤和军事危机的形势下，不能认为左派是一股已经死亡或正在衰落的力量。帕潘德里欧提议所有左派与中间派联盟组成一个阵线，这个可能形成的阵线代表着很大一部分选民。

在土耳其，形势也并非更加稳定。布伦特·埃杰维特企图通过一次选举组成多数政府，部分地执行他那民族主义色彩的现代化计划，干涉塞浦路斯，把自己变成新的"阿塔图尔克"。[①] 街头重新出

---

①　"阿塔图尔克"是土耳其国民议会1934年11月24日授予凯末尔的，意思是"土耳其之父"。——译者注

现社会动乱，传统政党拒绝给现代官僚让位，这就迫使现代官僚寻求得人心的盟友。

再加上塞浦路斯和马耳他，整个北地中海地区便形成了向中－左倾向转变的格局。

法国的情况比较特殊。从地理上说，法国是个内陆国家而不是地中海沿岸国家。但由于政治、经济和军事斗争转向这一地区，近几年它与地中海的联系加强了。左派联盟以1%的微弱之差竟选失败，加剧了戴高乐主义派－自由派－保守派阵线的内部分裂，并使吉斯卡尔·德斯坦的政府变成了在野党的囚徒。因此一切迹象表明，这届政府寿命不会很长。由塞尔旺－施赖贝尔及其《快报》杂志发起的拼命要分裂社会党人和共产党人的帝国主义尝试，至今没有成功，而且现在看来也不会得手。同时，法国必不可免地要与苏联和阿拉伯国家建立联系，它在北约中的地位明显不稳，与美国存在着非常实在的冲突。它对施密特的德国的接近，似乎不能确保它的政治稳定。因此，在这个不仅有着重要的文化遗产，而且是欧洲最强大经济之一的重要国家里，很可能会组成一个社会党－共产党政府。

这样看来，欧洲的政治格局已经相当明晰：一方面，社会民主党正明显地占据主导地位；另一方面，共产党在法国、意大利和葡萄牙成为决定性力量，并且在北欧诸国取得了一定的活动地盘，在这个地区共产党的作用通常是不太大的。

然而，这些政府的特点是，它们一般都是由严重依赖于中间派的少数左派组成，因此都是相当软弱的政府；它们在政治上之所以有力量，很大程度上在于它们是自1967年以来群众中爆发的不满情绪和旺盛的政治战斗精神的发泄渠道。在这种格局中起特殊作用的是智利人民团结阵线，它于1970年上台执政，并在1970～1973年实行了引起全世界关注的激进改革。同时，亚洲的斯里兰卡和印度组成了中－左政府，印度政府在经济和军事上奉行接近苏联的政策。

在日本，东京和大阪的市政府处在社会党人和共产党人的联合领导之下，1974 年和 1976 年这两次选举表明保守政党非常软弱。

观察一下美国的情况是很有意义的。在 1968 年和 1972 年群众运动高涨时，在候选人问题上实现了中 - 左派联合，提出的竞选纲领比自由派运动还要进步得多。麦卡锡和麦戈文成为候选人在某种形式上表明了美国自由派运动的激进化，虽然它还不能构成多数，但确实在美国社会和政治中发挥着越来越有影响的作用。

美国自由派运动高涨的最重要表现是 1974 年 11 月的选举。这次选举是在前总统尼克松因企图掩盖"水门事件"（即由他下令对水门大厦民主党总部进行间谍活动的事件）的真相而被迫下台的案件中暴露了美国的政治秩序之后举行的；是在越南战争失败、五角大楼在美国公共生活中的权力被揭露之后举行的；是在揭露了中央情报局在推翻萨尔瓦多·阿连德的宪法政府中的罪责的背景下举行的；尤其是在出现极为严重的经济危机，由于国际电话电报公司丑闻等事件，大企业和跨国公司的作用明显突出（拉尔夫·纳德和国会反托拉斯小组近些年来大量详述了它们的不道德经营活动）的背景下举行的。总之，这次选举是在人们对垄断资本主义秩序失去信任的背景下举行的，因此表明美国的力量对比发生了重要变化。

关于这次历史性的选举，应该强调 3 个因素。

（1）拒绝投票的比例很高，抵制美国选举制度的程度高于正常情况（只有 38% 的选民投票，正常情况为 43%）。

（2）选举中民主党人以绝对优势战胜共和党人，从而使民主党人在两院和国内人口最多的州中均占有绝对优势。

（3）工会支持的自由派候选人取得优势。劳联 - 产联在选举中投入大笔资金，支持 318 人竞选众议员，结果有 270 人获胜。如果再加上被认为是朋友的 9 名共和党众议员的支持，劳联 - 产联在有 435 票的众议院中拥有 279 票。劳联 - 产联支持 33 人竞选参议员，结果有 25 人获胜。如果再加上被认为是朋友的 36 名参议员的支持，劳联－产联在有 100 票的参议院中拥有 61 票。

1976 年的总统选举最终形成了民主党占据压倒性优势的格局，这反映了人民反对保守派的情绪。

"新政"的幽灵开始在美国人的头脑里游荡。一位观察家对保守的《美国新闻与世界报道》（1974 年 11 月 18 日）说："你必须退回到'新政'时代，才能找到这么乐于支持劳工运动的议会。"民主党全国委员会主席罗伯特·施特劳斯对同一份杂志说："无疑，我们得到了军人的票，我们有男工和女工的票，有农业工人、小商人和少数民族的票，就是我们在罗斯福的'新政'时期组成的旧的联盟里所拥有的那些选票。"但是还有 62% 感到失望而没有投票的人，他们说明了什么呢？因此乔治·米尼的看法是对的，他认为选举表明对共和党人的否定，但不是对民主党人的支持。

在这种形势下，可望美国会出现意识形态明朗化的必然趋势，可望大肆宣扬的保守派联合能够实现，而争取建立工人政党的斗争最终会进入决定性阶段。如果美国当真出现意识形态和阶级阵线明朗化的局面，那就可以大大改变国际政治格局。

但是，必须提请人们注意实现这些变化所遇到的阻力。第一，乔治·米尼领导的工人运动中保守的、反动的和反苏的一翼仍然掌握着劳联－产联的方向；第二，自由派中的中间派仍然能够控制民主党；第三，美国自由派运动中最先进的力量还没有充分地联合起来，而分帮结派、混乱一团的左派还没有能够把它们吸引到一项共同的政治计划上来。但是经济、政治和社会危机的刺激会使罗伯特·施特劳斯谈到的这个民主的和改良的联合的立场有所前进，并为在美国实行中－左的选择开辟道路。

1968～1974 年，在拉丁美洲民族主义运动激进化方面，也出现了一些颇有意义的新现象。

在玻利维亚，托雷斯将军组成了一届政府，称为民族主义革命政府，并为在人民代表大会周围形成非常强大的左派联盟创造了民主条件，但后来在1971年政变中被镇压了下去。

在秘鲁，1968年组成了一个民族主义革命性质的政府，该政府采取了一系列收回国家财富的措施，并在整个那段时期寻求与人民运动结成一体，但迄今没有积极完成这一步骤。但在秘鲁军人领导革命政府的数年期间，采取了许多使国家现代化的进步措施（土地改革、教育改革和所有制改革，以及银行、矿业部门和外贸部门国有化等），实行了接近古巴和其余社会主义国家的政策，总的来说，一直保持着进步的趋向。只是到1976年，由于政治－军人势力内部更为激进，而最进步的派别遭到失败，秘鲁军人政府才明确地向右转。从那时起。巴拿马和洪都拉斯有民族主义抱负的政府，也加入了在拉美环境中创造不同气氛的行列。

庇隆返回阿根廷也是新民众主义势力在拉美重新出现的重要一步。但当时庇隆主义运动已深刻分裂，右翼控制了庇隆政府，左翼则公开主张阿根廷走社会主义道路。这种形势导致1976年发生军事政变的结局，使阿根廷资产阶级在中期内松了一口气。

自1967年起中－左势力在国际范围内普遍上升，其势头仅在1971年底至1973年10月这段时间内被政变攻势中断。这种上升气氛已促使许多早年的民众主义领袖再露头角。这些人依然处于在野地位，但在当前情况下相当活跃。例如，胡安·博什在多米尼加共和国组建了多米尼加解放党，主张实行"人民支持的专政"，并提出一项激进的纲领，这一纲领比他原来所属的自由运动的纲领还要激进。罗哈斯·皮尼利亚在哥伦比亚复出，并提出一项"社会主义"纲领，尽管其性质极为模糊。这是哥伦比亚无产阶级和其他民众阶层已动员起来的重要表现，而他们的动员使哥伦比亚的政治格局激进化，为洛佩斯·米切尔森的当选开辟了道路，而且至今仍在继续，形成持续的社会动荡。洛佩斯·米切尔森代表着社会民主主义流派，由于民主行动党和奥杜维尔分别在委内瑞拉和哥斯达黎加取得胜利，这一流派已于1973～1974年在拉丁美洲重新兴起。

埃切维里亚在墨西哥的出现，也是这种格局中的一个情况。埃切维里亚采取了支持拉美进步运动的政策，甚至试图把这些运动联合成一股民族主义性质的潮流，并在国内实行更大程度的政治开放。埃切维里亚的意图在很大程度上代表了国家机器（构成墨西哥权力的势力都集中在这里）内部对1968年事件的对策，那次事件表明，墨西哥社会上存在着强大的、潜在的反对派势力。因此，他的形象在墨西哥和拉美政治格局中的出现，便使墨西哥站到了新民众主义潮流一边，从而极大地改变了这个次大陆政治斗争的面貌。

智利人民政府的进展本来会使这场民众主义运动变得更加激进。正是这个原因，帝国主义才集中力量，拼命要除掉阿连德。阿连德的失败无疑使新民众主义呈现比较保守的性质，而且没有最终形成一股潜在的革命力量——尽管它加强了在拉美大陆的动员并极力保护自己，因为在普遍激进化进程中的社会主义锋芒受挫之后，新民众主义者便成了右派势力最直接的敌人。

我们将在最后一章说明拉美新民众主义的性质、它的局限性、再次兴起的原因及其历史机遇。毫无疑问，拉美的新民众主义（不管是军人的还是社会民主党人的），是我们正在勾画的社会民主主义运动复兴这个国际政治格局中的表现。如前所述，这次复兴应当看作是：民众力量试图利用现在的国际经济危机和各传统权力中心（特别是美帝国主义）受到削弱之机，根据当地不同的条件，实现不同程度的革命变化。

在这一总格局中指出下面一点是非常重要的：社会民主主义运动如何演变，它们是否更乐于组成独立的政府并提出改良性的纲领，这在很大程度上取决于这些党的左翼对各党施加的压力有多大，这些左翼派别主要是从 1968 年开始发展起来的。现在我们就对这些派别做简要概述，这是很有意义的。

在联邦德国社会民主党内，出现了"社会主义青年联盟"，成为该党——自 50 年代初正式放弃了马克思主义意识形态——内部一支马克思主义力量。近年来，联邦社会民主党在群众和党内左派的压力下，提出了包括向社会主义阵营开放、工人参与企业管理、趋于实行国有化等内容的纲领。允许党内存在一个公开宣布为马克思主义的派别的做法，打破了 50 年代反动的意识形态统一和冷战政策。虽然社会主义青年联盟在与党发生了一些内部冲突后采取了温和立场，但可以预见其激进化进程将继续下去。

法国社会党内也出现了左翼。作为这一激进化进程的结果，60 年代在无产阶级团结社会党周围形成的左派重新加入了原来的党。法国社会党在 50 年代和 60 年代是一座反共和冷战的桥头堡，现在不仅同意与共产党结盟，而且还修改了自己的纲领，采取了进行社会主义改造的路线，虽然是温和的与和平方式的。①

在英国，团结在《论坛报》周围的工党左翼在工会运动中得到了很大发展。共产党人已取得重要地位，而且作为工党内部的马克思主义力量，正在为其相应的发言权而斗争。左翼终于促使工党纲领中写入了关于国有化的一些措施，并在关于工人参与英国社会方面进行了修改。

然而，尽管左翼在某些情况下偶尔获得多数，但还不能完全左右工党的政策。

---

①　在 1975 年 1 月 31 日至 2 月 2 日的法国社会党代表大会上，居伊·摩勒和其他反共的社会民主党派别提出的动议，仅获得党内不到 5% 的支持。另一方面社会主义学习与研究中心的动议得到 25% 的支持，而密特朗的动议得到 68% 的支持。另据估计，争取工人自治的左派团体（前统一社会党和其他派别）可能得到党内 10% ~ 15% 的支持。社会主义学习与研究中心和争取工人自治派组成的集团可能占法国社会党的 35% ~40% 。

在荷兰，如前所述，现在是一个社会民主主义的左翼以少数地位领导着国家，但不想实行激进变革。瑞典社会党也有一个重要的左翼派别，对奥拉夫·帕尔梅有着非常直接的影响。

意大利社会党内已形成一个占有重要地位的左派。最后，西班牙工人社会党近些年恢复了马克思主义传统。还应指出，亚洲的社会党也在向左演变，特别是日本社会党和印度国民大会党。

所有这些向左转的变化无疑对第二国际总的立场有着重要影响。第二国际采取了相当鲜明地支持智利人民运动，反对在该国发动政变和建立独裁政权的立场。

这里需要讲点历史。我们知道，由德国马克思主义者创建并受到马克思和恩格斯强有力影响的第二国际，由于其成员支持本国的资产阶级，在第一次大战期间解散。它在战后又以自由民主派的名义组织起来，反对坚持共产主义方向的第三国际。第二国际拒绝与把三个国际重新联合起来的尝试合作——这一尝试得到第三国际的支持，由第二半国际（由独立的社会主义力量组成）领导。经过几次联合代表大会，做了几次尝试后，第二国际的右派反对与共产党人重新联合，在内部制定了一条改良主义路线，逐步彻底地抛弃了马克思主义传统。20 世纪 30 年代，由于纳粹在德国的胜利，右派受到沉重打击，但它战后又一度出现，再次执行反共使命。它为破坏抵抗运动期间组成的、战后依然存在的广泛民主阵线——共产主义者和社会主义者阵线效犬马之力，再次打起"民主派"的旗号，完全站在美国的冷战政策一边，反对"共产主义恐怖"。

60 年代，资本主义在欧洲和日本的巩固，从意识形态上加强了所谓"民主社会主义"的势力，促使第二国际作为一个组织消失了。但是，最近十年间政治的激进化极大地影响了这些派别。冷战气氛的结束和工人运动的联合趋势，实际上使得国际自由工会联合会（"自由工联"）和基督教工会这股反共势力归于解体。尽管（以米尼为首的）美国老牌领袖集团和孤立的老牌反动分子（如萨拉盖特、居伊·摩勒）负隅顽抗，但共产主义工会、社会主义工会和基督教工会的联合，今天在欧洲和世界其他地区已成为正在巩固的现实。20世纪60年代末新左派的削弱，迫使许多左翼激进分子到社会民主党内部寻找出路。这些政党在结构上无政府主义盛行，极易为组织起来的积极分子的活动所渗透。这些政党犹如受到企图以某种方式表达基层人民愿望的领袖和集团自上而下控制的广泛的群众运动的影响。因此，它们也极易为这些愿望所渗透，并且可能有时会急骤地转向激进，但可能不会明显地激进。这就是这些年间出现的情况。

于是提出了这样的问题：趁1967年开始的资本主义危机之机发展起来的社会民主党和其他改良主义运动，能够变成根除资本主义世界性危机最终后果的真正的革命领导吗？正在形成的社会党－共产党左派阵线能够变成这样的领导吗？这个进程能够因国际力量对比发生了变化而走进化论的和平道路吗？

在任何危机的情况下，统治阶级总是撤出第一线，把政权交给改良主义势力，让它们牢固地控制群众。由于基层的压力，这些改良主义势力有时采取比较激进的立场，并实行许多与资本主义的充分运行不相容的变革。所以在尖锐的危机时期过后并开始出现某种恢复时，资产阶级便得到了更大的抗争能力，在社会控制没有超越改良主义限度的地方需要建立一个保守的右派政府，在情况可能超越改良主义限度的地方需要建立一个像法西斯主义那样的武力政权。建立这类政府的理由是清除前一时期出现的"越轨"现象，削弱工人的战斗精神，发动意识形态攻势以恢复对群众的控制等。

1967年，危机突然出现在资产阶级面前。危机似乎是可以克服的，因为1968年就恢复了增长，但1969～1971年再次陷入萧条。这个时期，许多国家组成了社会民主党政府。1972～1973年，在人为的高度经济繁荣的刺激下，发动了一场政治、军事和外交攻势，其最重大的成功是智利的军事政变。如前所述。从 1973 年底开始，可能到 1975 年下半年结束的严重萧条，迫使保守派的进攻转入退却，并促使英国工党在矿工罢工浪潮中重新上台，那次罢工的激进性是那一时期的主要特征。

1975 年下半年和 1976 年初开始的经济恢复，引起了一场针对已经得到的成果的更加强大的攻势，其表现是保守派在瑞典和德国得势，保守派在英国重新集结，阿根廷发生军事政变等。

由此可见，目前这场改良主义运动的局限性是非常明显的。它的作用基本上是过渡性的，即从建立"缓冲政府"开始，至右派复归告终。但是，也有某些政治平局的情况，这种情况可以产生一些不稳定的政权，但多少会持久一些。

这类"缓冲政府"都是这样，一般都不太稳定。它们缺少力量、内聚力和意志，因此它们虽然不是那种迫于形势而随时准备扮演极左派角色的坚定的右派政府，却也只是以无实际主权的合法政权形式表现了日益强烈的社会不安而已。

一般来说，这些中－左派别没有能够构成可使自己执行深刻社会改造纲领的坚强多数；同时，在它们内部逐步形成的左派力量在行动上又受到限制，因为虽然左派的政策在党内得到加强并取得了重要地位，但尚未获得多数支持。还有，这些左派力量不能与自己的党决裂，构成单纯的少数派，这样做就会脱离群众，因为一般来说，群众赞成社会民主党的主要观点，感到社会民主党代表了他们的愿望。

既然形成的联盟和政府相对软弱，那么当前资本主义危机的加深无疑会造成对它们来说是相当严重的形势，它们无疑会经历非常激烈的政治冲突。在这场危机的形势中，还可能形成像在英国矿工总罢工中表现出来的那种更加积极的工人阶级战斗精神，这次罢工推翻了希思的保守党政府，并以某种方式迫使现在的工党政府接受与基层工会妥协的局面。

在其他国家，例如美国，将会发生大规模的罢工运动。煤矿罢工就是仍很温和的工会左翼新派别在全国范围内的第一个明显表现，这些新派别终于赢得了一部分美国劳动者的支持。

正是根据这条思路，也可预见法国会出现严重的对抗时期。那里的社会党－共产党联盟在大选之后并没有停止行动，表示要对执政的保守派稳定货币的企图采取强硬政策。在意大利，在建立起有共产党参加的政府以前，也不能指望会有"社会和平"。

这种预见的形势必然会导致非常尖锐的社会危机，导致政府不能运转，这样就为右派激进化开辟了道路，使其在这些国家未来的政治中发挥决定性作用。但在分析右翼派别和向法西斯主义发展的趋势之前，应该考察一下帝国主义、社会主义国家和各个共产党总政策中正在出现的变化，它们是国际局势中的主要因素。

二　帝国主义的政策

帝国主义的政策一直在企图适应这种新的国际局势，但迄今在立场上尚未达到统一。相反在国际资本的主要政治派别之间倒存在着相当明显的分化趋势。一方面，由自由派和保守派大资本中最传统的阶层构成的一派，企图不借助极端办法来解决当前的问题，而试图以某种方式与新崛起的势力达成协议，以便防止政治上的激进化。某些阶层甚至提出了一些重要看法，例如：应该深化社会和政治改良的某些主张，以便由大资本通过其直接代表来领导反对自由派旧的经济－社会秩序的斗争。这样，在国际经济结构中就会出现重大变化，即：

①确定新的国际分工；

②支持国家在国内和国际范围内发挥更大的作用；

③促进福利经济的更大发展——但必须坚持私人方向，把保护环境的斗争变成重要的投资场所，实施把城市规划作为半私营部门活动的政策，发展群众性交通工具使之与私人汽车配套；

④减少或部分地遏制军事开支和与社会主义国家的冲突；

⑤对社会主义国家市场实行大规模的经济渗透。

这个派别坚持的主张与中－左派社会民主党的政策有共同点，但它大概也会确信，存在着一个强大的、保守的反对派，这个反对派限制和控制着一个民主政府在群众的压力下所鼓励的激进化程度。问题是要自上而下地做出某种程度的让步，从而既能使国家机器现代化，又不要对小资产阶级改良主义的理想或无产阶级的社会主义愿望做出太多的妥协。关于这一派别的纲领，以后再做较为详细的分析。

另一方面，大资本中的另外一派，这些年来越来越拼命地要遏制人民运动的高涨，它不相信社会民主党和中－左政府能够使人民运动温和化。这个派别认为，只有动用武力才能有效地应付形势。因此，在大资本中便逐渐形成了一个亲法西斯派别，并且可能会成为支持军事政变和法西斯主义运动的活跃力量。总之，最直截了当地支持武力解决的，乃是最近出现的、最富于投机性的和最直接依靠国家军事消费的那些资本。传统资本比较老练，受危机影响较小，一般都想采用不太冒风险的解决办法。

至于纲领，这个独裁派别与前一个派别没有太大的区别。只有一点可能会引起较大的对抗，那就是军事开支。由于主张法西斯化的这个派别目前吸引的主要是大资本中最软弱的阶层，它严重依赖于国家消费，因此赞成与军事消费联系得特别紧密的国家资本主义，而不赞成传统寡头支持的那种资本主义。传统寡头拥有强大的金融支付能力和非常广阔的国际活动范围，可以谋求比较长期的经济解决办法，因此它对国家消费特别是军事消费的依赖不像前者那样严重。

迄今为止，两派中的任何一派都没有采取可能导致它们发生公开冲突的极端政策。它们都处在试探的态势，都在支持不同的政治模式，寻找能使它们在各处增强势力的机遇。

总之，与国际资本相联系的各种势力希望实施一种能确认国际范围内新的权力关系的政策。这种关系是由多中心体制、"缓和"、民族主义和各经济集团之间扩大贸易等趋势决定的。出于这种战略的考虑，它们不得不承认新的权力中心的出现，因为它们知道，一项只包括苏联和美国在内的政治协议不可能是牢固和持久的。由于中国的崛起和西欧一体化的趋势，由于日本的经济增长和印度、伊朗及巴西这些地区权力的加强，由于第三世界在联合国内更加团结一致和石油输出国组织的巩固，实行一项善于把所有这些新兴权力包括在内的灵活政策是至关重要的。在 1972 年 10 月提交给美国众议院外交委员会国家安全与科学发展政策委会关于"国家安全政策与世界权力的变化"的报告中，就提了这样的看法。[1] 就此报告接受咨询的人士一般都赞成上面概括的大致方针，在美国参议院和一些行政机构进行的辩论中，也再次确认了这个大政方针。

这种灵活和实用主义的倾向，这种寻求新的权力平衡的倾向，无疑与尼克松 - 基辛格时期实行的政策是一致的，而且还将在很长一段时期内继续指导美国的政策。然而，正如事实已经证明的那样，这项政策并不排除像在智利采取的那种非常大胆、非常残酷的暴力行动。智利一半以上的人民支持进行社会主义变革，但美国在显然知道在这样一个国家会造成什么样后果的情况下，在 3 年多时间里实行了政变政策。[2]

---

① 《国家安全政策与变化中的世界权力组合》，众议院外交委员会国家安全与科学发展分委会的报告，1972 年 10 月 25 日，美国政府印刷局，华盛顿，1972。

② 人民团结阵线在 1971 年市政选举中获得 50% 的选票，在 1973 年议会选举中获得 44% 的选票。基督教民主党曾一直表示，它把"多元的和民主的"社会主义作为自己实用主义的目标，至少有很大比例的政治基层组织认同这些理想。

因此，这种灵活性并不意味着在资本主义的前途和美国作为强国的国际统治地位处于危险的情况时，美国不采取诉诸武力的立场。例如，1973 年底阿拉伯－以色列冲突时就属于这种情况，当时美国背着它的欧洲盟国单独采取了军事行动，这显然可能导致一场世界战争。

这就相当清楚地表明，灵活和实用主义的政策并不意味着无限制地支持社会民主主义派和中－左派。这也不是一项自由和民主派的原则宣言，而是在形势的演变使世界某些地区的政局明显失控时进行的一种策略性调整。运用政变，甚至入侵或战争威胁等手段，才是帝国主义采取行动的决定性方式。

还有一些事实向我们表明，这种实用主义并不意味着要采取世界和平、不干涉和民主的政策，而是对某些相互配合的策略进行调整。

例如在军事政策方面，当前在美国资产阶级和政治－行政官僚特别是军事官僚中进行着一场激烈的内部争论。于是，在关于与苏联谈判裁军协议时采取什么政策问题上，国务卿基辛格与国防部长施莱辛格之间的分歧便暴露出来。[①] 施莱辛格坚持认为，必须采取大规模的但有区别的报复战略。据国防部长的看法，核武器可制导性的最新发展使其有可能攻击军事区和工业区等局部目标，这样便可防止核袭击不可避免地引起一场全面战争。

在进行大规模但有区别的袭击时，希望敌人做出相似的反应，

---

① 《基辛格与施莱辛格分歧何在?》，《美国新闻与世界报道》1974 年 7 月 22 日。这篇文章概述了这些分歧，后来由于现为基辛格最亲密的行政上司，原来曾支持这两人的纳尔逊·洛克菲勒的调解，分歧才大大缓和。据这篇文章说，基辛格的立场可以概括为：责怪国防部长以过时的"战略优势"观念为基点，阻止与苏联进行和平谈判。施莱辛格认为，基辛格过高地估计了美国的优势和美国做出让步的能力。此外他还认为，美国应该运用它较强的经济和技术威力，从苏联人那里得到更大的让步。

引起一场局部的核战争，与此同时即可进行和平谈判。走向核大国之间冲突的这个新阶段，要求在军事研究、生产和装备上花费大量钱财。

因此，五角大楼在美苏"缓和"时代要求大量的"防务"预算——将近 860 亿美元。施莱辛格的立场相当明确，那就是不削减军事开支，不从欧洲撤军，不减弱美国的军事威力。他认为"缓和"是暂时的实力平衡，这要求不断地增强军事力量以免被敌人超过。①

施莱辛格和五角大楼还认为，反击苏联海军影响的扩大并对海军进行大量投资是非常重要的。

然而，这不是前面引用的提交给美国国会的关于国家安全政策报告的意见，更不是 1975 年 1 月进入国会的自由派多数的意见。这两者都认为，为了在欧洲保持一种自然的和稳定的权力格局——这与美国的安全利益也是一致的，双方彼此从欧洲撤军是可能的。② 在它们的计划中，也有支持减少军事开支的主张。其实上届国会就已采取行动，意在部分削减现行军事预算，特别是对南越、韩国和智利等政府的援助，这些都是傀儡政府，没有大量的美国经援和军援，根本不能存在下去。

美国自由派力量的增强，就像它曾影响柬埔寨、南越和韩国的

————————

① 《俄国可以信赖吗？》，对国防部长施莱辛格的采访报道，《美国新闻与世界报道》，1974 年 5 月 13 日。该杂志这样概述施莱辛格的观点：①苏联，"关于缓和就可使我们解除武装的观念是一种幻想。缓和建立在武力均衡之上"。②新的军备竞赛，"现在该由苏联用削减战略导弹的规模和数量来表明它限制军备的愿望"。③欧洲驻军，"美国军队应该不仅暂时而且应该无限期地待下去，因为保持一个自由的欧洲对美国来说是至关重要的，而且东欧人不得自己建立适当的防卫力量"。中东"既向埃及也向以色列运送武器可能有助于缓和紧张局势。支持双方，美国便可拥有促进达成一致的影响力"。④防务开支，"只要美国公众不愿容忍我们的防务能力逐步受损害，由于成本提高，每年应增加防务开支 6%"。⑤志愿军，"他们正在发挥的作用比我预计的好得多，我们得到的劳动力比我们要求的还要多"，第 39 页。

② 前引《国家安全政策与变化中的世界权力组合》。

傀儡政权，促使这些国家的革命运动取得胜利一样，可能会促使西班牙、马来西亚和印度尼西亚发生变化。

因此，根据这样的政治格局，我们可以预计法西斯主义不久就会削弱，但不一定长期削弱！理由是所有这些模式都建立在一种国际和国内都非常软弱的政策上。这种政策为资本主义制度提出长期的一致出路的前景是微乎其微的。① 它唯一一致的目标，是防止激进化进程超越资本主义制度的范围。它造成真正的经济和政治稳定局面的能力是微乎其微的。所以，几乎不可避免的是，这些中－左尝试最终不能遏制制度全面的政治危机；也不能遏制它向右或向左激进化的趋势。如前所述，大资本在意识形态上根本不赞成这种政策。它之所以接受这种政策，纯粹是出于策略上的理由。正是由于这个原因，只要符合其长期经济恢复政策的需要，大资本一定会在策略上支持法西斯主义。

如前所述，从长期来看，大资本中最有觉悟的阶层，正在计划建立以新的国际分工为基础的国际经济新秩序，在福利、环境、城市规划和大众交通工具等部门开拓新的投资领域，部分地减少军事开支，并扩大与经济迅速增长的社会主义集团的经济关系。

在这些变化的同时，在政治方面出现了一个强化中央集权的国

---

① 自由派的胜利并不必然地意味着实现更大的缓和有了保障，因为"一方面，它希望最大限度地削减与军备有关的开支；另一方面，它又以犹太人移民和微不足道的信贷限额为条件，在贸易协议问题上把苏联人置于尴尬境地"。如果我们看一看迪特尔·施罗德这位《南德意志时报》评论员对基辛格的看法，那么他的上述见解就更加有趣："恰恰因为他是保守派，所以从某种意义上说，实质上基辛格非常接近于苏联人（关于和平共处）的观点。在他关于两种制度竞赛的观点中，对苏联的内部调整施加影响这一点只占很小的地位。"这篇文章载于《德国论坛报》，汉堡，1975 年 2 月 6 日。我们看到，自由派的理想主义是为非常反动、极富进攻性的势力效劳的，所以很可能成为国际舞台上冲突的策源地。我们应该永远牢记，正是民主党人将美国拖入了冷战、朝鲜战争、越南战争和其他许多严重冲突。另一方面，正是共和党人倡议了 1974 年的日内瓦协议和尼克松的缓和。

家决策和寻找越来越受到官僚机器约束的公民参政方式的进程。因此，自由派及其代表机构如人民代表大会表决权的丧失和有组织的压力集团的加强，必将导致更为极权的国家形式。

社会民主主义的意识形态目前大有压倒一切之势，并且在号召通过代表大会和理事委员会增加基层的代表权，但上述那些变化却完全与这种意识形态背道而驰。

自由派运动的和平和民主愿望与它的行动造成的对抗和极权后果之间的矛盾，证明它的活动范围很狭窄。这绝不是什么新奇事，《魏玛宪法》、三方企业理事会以及20年代高度的意识形态自由，恰恰全都走向了自己的反面：当经济危机在1929~1932年达到其最尖锐的顶点后为一次恢复创造了条件时，便导致了德国纳粹政权的建立。这次恢复的主要支柱是军事开支、半奴隶劳动（其最后表现形式是集中营）、经济的集权和集中和国家干预的强化，其实经济恢复并非总是必然地采取这种法西斯方式。国际政治条件，特别是社会主义国家的力量，工人运动在经济萧条的不利条件下组织起来，争取同盟者并且抓住经济恢复的性质初露端倪的时机发动进攻的能力，这些都可以削弱这种新的政治一致的性质，甚至导致性质上极好的出路。

在这种背景下，为了更完整地说明局势可能的演变情况，分析一下社会主义国家和共产党可能采取的行动就显得十分必要了。

第十一章
社会主义国家，它们的内部分歧与各国共产党

毫无疑问，苏联共产党和中国共产党之间的分歧是损害社会主义世界在国际范围内政治实力的主要问题之一。分歧引起了一场超越兄弟之间对立范围的相互批判。苏联人指责中国共产党特别是毛泽东建立了新型独裁，牺牲了中国社会主义的发展。[①] 而中国共产党则指责苏联共产党按照一个新的阶级——官僚资产阶级的利益发生了蜕变。根据这种论断，在这个阶层控制了党和国家并开始复辟资本主义的进程以后，苏联已不再是社会主义国家。[②]

但是，对立已经超出了意识形态分歧的范围，发展成为国家间的对抗，甚至引起了这样的看法，即两国之间可能即将爆发战争。苏联方面害怕中国庞大的人口对其人烟稀少的亚洲领土构成压力，而中国人则感觉受到了苏联军事和技术力量的威胁。

时至今日，一直很难确切地说明造成这些冲突的原因。根据所有迹象显示的情况来看，虽然它们都进行了社会主义改造，但分歧的根源是这两个大国的民族利益。意识形态问题似乎在论战中并不

---

① 关于苏联共产党最近与中国关系的立场，见于《社会主义：理论与实践》杂志第一号增刊，1975 年 1 月。

② 多种广为散发的文章和小册子表明了中国共产党的这种立场。

占主要地位，因为 1969～1974 年，两国在政治和意识形态领域都发生了重大变化。

确实无疑的是，特别是由于双方进行批判的机会主义性质缺乏理论根据，这场分歧给国际工人运动的发展带来了严重的消极影响。

论战始于中国共产党对南斯拉夫共产党进行的"左"的批判，后来这种批判又扩大到意大利共产党，最后矛头才对准苏联共产党。然而在 1974 年，毛泽东和铁托指出他们有许多一致之处。① 整个 60 年代，中国共产党指责苏联奉行与美国达成双边协议的政策，而 1971 年中国政府与美国建立了关系。由于中国的反苏立场，它邀请所有反对苏联的反动分子（如希思、杰克逊、施特劳斯等人）访华，以鼓动他们对抗"苏联帝国主义者"。② 在边界问题上与印度政府不合情理的对抗，导致中国共产党支持巴基斯坦反对孟加拉国，而这种机会主义的最集中表现，就是它使中国保持了驻皮诺切特的法西斯智利的使馆，出席了遭到国际民主运动抵制的皮诺切特政府的所有招待会，此外还给它提供经济援助。

按照官僚的机密和不予证实地指控这些斯大林主义的原则，中国共产党内发生了内部斗争。林彪就这样从毛泽东的"战友"和"接班人"变成了与苏联人站在一起谋害毛泽东的阴谋家。对官僚资产阶级的批判，也就这样开始忘记了直到 1960 年南斯拉夫还被中国共产党看作是向资本主义倒退的样板，并使双方开始找到了政治上

---

① 1974 年 10 月 23 日，中国接待了一个南斯拉夫军事代表团。副总参谋长李达接见了代表团成员，并提议为中－南友谊干杯，因为"我们两国人民一贯互相同情"。他还说："近些年来南斯拉夫支持不结盟政策（南斯拉夫是这一路线的创始人，而不是支持这条路线——作者注），反对帝国主义和霸权主义，反对超级大国的干涉、颠覆和侵略威胁，挫败了威胁南斯拉夫安全和独立的阴谋。"《北京周报》第 44 期，1974 年 11 月 6 日。
② 1 月 16 日毛泽东主席会见了德意志联邦共和国基督教民主联盟主席弗朗茨·约瑟夫·施特劳斯及其代表团成员沃尔夫冈·霍拉赫尔和弗里德里希·福斯。（……）

的共同利益之处。①

苏联方面，针对在 50 年代被苏联共产党看作是马克思主义主要理论家之一的斯大林的批判也不是前后一致的。它也没有对从中国突然撤走苏联技术人员做出自我批评；更没有放弃它企图强迫中国共产党接受它的观点作为重新接近的条件的态度。没有这些变化，很难希望中国发生变化，因为赫鲁晓夫的威胁和 1960～1964 年甚至后来的冲突迫使中国增加国防开支，明显地损害了中国的经济发展。

60 年代初表现在意识形态方面的斗争，到 70 年代变成了明显的国家对抗。在国际人民力量的政治光谱上，中国从左转向右，与此同时苏联则转向中间，偶尔转向左这种情况后面再讲。

尽管如此，社会主义国家间发生冲突的趋势却仍在继续。南斯拉夫和罗马尼亚坚持实行自己的路线，即不断扩大与资本主义国家的关系，坚持实行小地产制以及混合式和半私有式的所有制。罗马尼亚也拒绝与智利军人政府断绝关系，但它与中国相反，接收了流亡者并为救援被军政府逮捕的人民团结阵线的成员进行斡旋。

考察一下匈牙利、德意志民主共和国、波兰和捷克斯洛伐克诸国正在发生的变化，有着重要意义。在这个尚未结束的 10 年中，它们不仅实现了高速经济发展，而且扩大了与西欧国家的关系，从而扩大了它们在社会主义集团内部自主决策的余地，尽管它们与经济互助委员会的联系很紧密。这可能促进社会主义集团内部民族主义倾向的发展或民族立场的加强，而南斯拉夫从 1945 年起就支持这种情况。

一 共产党政治路线的演变

在其他共产党之间，近些年来同样也出现了明显的看法上的分

———————————

① 1971 年 11 月 6 日第 44 期《北京周报》报道了南斯拉夫人民军代表团对中国的访问。中国人民解放军副总参谋长在欢迎来访者时表示，"我们对此［他们敢于为维护国家主权和民族独立而斗争的意志和决心］感到敬佩并坚决支持你们的正义斗争"。

歧。意大利和另外一些国家的共产党不赞成入侵捷克斯洛伐克，却没有因此招来任何纪律惩罚，这是自共产国际成立至今共产党历史上没有先例的事。同时意大利共产党不仅没有失去它在社会主义集团中的代表性，反而进一步加强了这种代表性。

古巴共产党紧密地与国际性共产党会议连在一起，在各国共产党中形成了一个新的意识形态辐射中心，其影响超出了拉美范围。

还必须指出，智利人民团结阵线的经验使智利共产党在 1973 年政变前成为拉美的一个政治极，在乌拉圭、萨尔瓦多、委内瑞拉、哥伦比亚和阿根廷等国引起了建立人民阵线的种种尝试。

在亚洲，日本共产党奉行自己独特的路线，严厉批评苏联共产党和中国共产党；在北越、南越和民主朝鲜，那里的共产党也在世界共产主义运动中具有自主地位。于是我们看到，国际共产主义运动中出现了战略多样化的进程，虽然这影响了该运动的纪律和行动统一，但也增加了各共产党在当地发挥影响的能力。

另外，除了共产党内部这些方针和组织上的变化外，还有自 1969 年会议起提出的更加总体性的方针变化。这次会议是在 1968 年法国事件的巨大影响下举行的，因此会上确定了为近期社会主义目标而斗争的明确立场，通过了把各种左派力量团结在社会主义和民主目标周围组成政治阵线的意见，就像 1969 年智利发生的情况那样，那里在 1970 年促成了人民团结阵线政府的成立。①

---

① "为了适应 1969 年国际会议的路线，共产党提出了多项重要建议，旨在确定与真正愿意为反对帝国主义、为和平和劳动者利益而斗争的党派进行合作以采取共同行动的方式。此外，共产党人从工人运动内部存在着两种独立的政治倾向出发，认为两种倾向统一起来将使工人阶级完成自己的历史——世界使命。"

"共产党人已多次指出，共同行动就意味着在夺取政权和建设社会主义的斗争中进行合作——当然，工人阶级的这两种政党都是自主地存在的。"《共产党人与社会民主党人：合作的前景》，载于《社会主义：理论与实践》第 5 期，莫斯科，1973 年 12 月。

后来在法国，明确地与批评性地支持资产阶级阶层这种防御战略决裂，使工人政党围绕一项具有明确的社会主义目标的民主纲领团结起来。这样一来，"非资本主义"道路的主张便开始崩溃，这种主张在依附国是采取模糊的、投降主义政策的基础，在统治国则是采取防御性的、不起作用的政策的基础；多少有些怯生生地开始形成相反的观点，即主张在欧洲采取进攻性的政策。

这些战略变化不仅表现在法国的人民联盟上，也表现在其他许多事件上。例如，1974年1月在布鲁塞尔举行了欧洲资本主义国家共产党和工人党会议，会上就试图在如何利用当时已初露苗头的资本主义衰退方面统一政策。

这次会议的决议性文件①指出，存在着一场"今天波及欧洲资本主义国家生活各个领域的深刻危机。对于劳动者来说，帝国主义的总危机使社会和政治改造的必要性变得更为明显"。也就是出现了一种"新形势，这种形势除了可使社会主义国家及共产主义、工人和民族解放运动获得进展以外，还表明资本主义不能为社会上出现的事件和重大问题提出符合它们利益的对策"。

与以前只坚持纯民主性质的近期目标这种倾向相反，这次会议的《声明》文本说道：

> 社会主义日益成为为促进各民族的发展和为了世界的前途而要求在生活的各个方面取得进步的客观需要。[……]历史的经验证明，只有社会主义才能对资本主义国家人民群众面临的根本问题做出根本性的回答。

---

① 《欧洲资本主义国家共产党和工人党会议》，载于《国际评论》，1974年3月。

　　这样，欧洲资本主义国家的共产党不仅指出了制度的严重危机，而且号召发动一场攻势，旨在与社会党人、社会民主党人、基督教党人和"一切反法西斯进步势力"一道走向社会主义。

　　1974 年 1 月 22～23 日，举行了社会主义国家共产党和工人党中央委员会书记会议，会议主要讨论了与加强党的组织和教育干部有关的问题。

　　此后又举行了其他一些会议，主要是 1974 年 10 月华沙会议，会议的目的是筹备 1976 年举行的欧洲共产党国际会议（阿尔巴尼亚除外）和后来的一次国际会议（中国被排除在外）。

　　对关于资本主义危机和发动一场人民攻势的必要性的声明，一些社会民主党人做出了消极的反应。例如，维利·勃兰特表示反对这样的结论，认为有损于东西方和解的政策。

　　左派力量的团结，共同纲领的制订，在协调行动方面达成的一致和劳动者工会之间的团结，这些都使统治阶级大为恐慌。于是，发起了一场巧妙的、有时是公开的、企图分裂这两股工人力量的运动。而这种联盟是从人民群众最强烈的愿望中产生的，所以迄今很难打破。

　　因此，尽管有人企图打破它，但法国共产党与社会党的联盟仍很牢固；在意大利，社会党已向共产党靠拢，天主教民主党仍然受到"历史性妥协"这个选择的强大压力。在好几个市政当局中形成了共产党、社会党和天主教民主党结盟的局面。

　　联合进程在工人运动中尤为明显，这预示着政治上将会出现重大进展。在意大利，共产党、社会党和天主教民主党的总工会正在联合采取行动，在法国也可看到这种联合。在英国，共产党人已在工会斗争中有了重要影响。在北欧国家，出现了明显的合作意图。在亚洲的日本和斯里兰卡等国，劳动者的联合已初具雏形。

二　共产党和社会党联合的经历

这种联合运动产生的根源，就是迫使工人阶级进行自卫的经济危机。它的政治经历表明，在失业和贫困将要分化工人阶级的时期必须进行自卫。

自从 1919 年成立第三国际以后，第二国际和第三国际时分时合、持续不断。1921 年当苏俄共产党在经济上采取了"新经济政策"，在国际上采取了统一战线的战略时，严重的意识形态和战略分歧略有缓和。根据独立社会党人（他们组成了第二半国际）的倡议，在共产国际的有力支持下，曾试图重新联合，但遭到主要来自第二国际的抵制。

1927～1933 年，在苏联强制实行土地社会化政策，共产国际实行第三时期战略，分歧再次加深，一直持续到纳粹在德国取得胜利为止。从那时起，即在 1934～1939 年，围绕着建立人民阵线出现了一个联合起来的新时期，这时苏联通过了 1935 年的自由宪法。人民阵线的失败，特别是在西班牙和法国的失败，促使斯大林与希特勒达成协议，这项协议使共产党人与社会党人和社会民主党人重新分道扬镳，同时该协议在共产党内部也遭到强烈的抵制。

1941 年，纳粹入侵苏联为重新联合打下了基础，促使共产党人、社会党人、社会民主党人、基督教党人甚至保守派的自由党人在"抵抗运动"和战争结束后盟友们联合执政的问题上联合起来。这种联盟甚至在好几个国家组成了政府。

但自 1946 年起，"盟友"政策开始公开破产，被"冷战"时期取代。特别是自 1947 年后，西方对共产党进行迫害，社会民主党有的支持，有的袖手旁观；于是发生严重分裂，分裂一直持续到朝鲜战争结束和 1954 年《日内瓦协议》的签订，最后持续到和平共处以及后来"缓和"政策的开始。

在这个新时期中，共产党人、社会党人和社会民主党人的重新接近逐渐加强，最终打破了原来的敌视和意识形态分歧的局面。同时在基督教党人内部，其成员也逐渐开始与马克思主义者对话，最终克服了许多妨碍政治联合的阻力。

最后，60 年代出现了各种称为革命左派的派别（毛主义、格瓦拉主义、重新出现的托洛茨基主义以及其他马克思主义和无政府主义等派别），造成马克思主义的极大分裂，这股分裂之势最终与1947～1956年南斯拉夫采取的对立态度结为一体。

对于工人和人民运动中不同势力和意识形态派别有合有分的周期，这里不必进行详细分析。但必须指出，分裂时期总会导致以后新的联合，反之亦然。因此，政治分析家只有善于超越暂时的分歧，才能洞察事态的发展。正如我们前面看到的，不同阶层和部门的劳动者（体力劳动者、劳务部门劳动者、技术人员等），收入不等和意识形态不同的劳动者，当他们在资本主义经济上升时期比较容易地得到的成果受到威胁时，就本能地感到有必要统一他们的行动。

在这样的形势中，还会出现一般雇佣劳动者表现出更强的战斗性和提出激进要求的趋势，这样就使小资产阶级处于相对孤立的地位。

所以，工人运动的联合和激进化是经济危机——至少在它的初期阶段——造成的两种典型趋势，因为在萧条最严重的时期，由于普遍失业和贫困，必然会在下层造成极大混乱，助长个人主义和叛逆精神，因此也就助长各种形式的无政府主义。如果人民力量善于利用这些趋势，发起强大的革命运动，形势就可以向有利于对社会进行根本改造的方向转变；只有这样，共产党、社会党、社会民主党和基督教社会党左派才能对资本主义进行实质性的改造，为彻底消灭资本主义开辟道路。

在历史上，其他一些这样的形势没有导致革命性变革。情况常常是这样：这些力量在争取到赖以开展活动的民主形势之后，便在解决促使它们联合的经济问题的方式上发生严重对立，提不出解决方案。因为解决资本主义危机的方案只能是：或者加强国家对价格、利润和生产资料私有制的干预，最终摒弃市场规律，从而实行社会主义新型经济；或者降低工资，恢复利润，限制国家干预，最终完全恢复获取高利润率的条件，因此也就恢复了高比例投资的条件。这样一来，这个进程最终会引起工人运动和全体老板严重对抗的趋势。失业者、破产的小资产阶级和破产的农民组成摇摆不定和态度激进的庞大人群，时而倾向极右的方案，时而倾向极左的方案。在这样的情况下，中间派这一环节往往会被打破。

因此一切迹象表明，如果联合行动的政策仅仅停留在对大资本和法西斯威胁采取守势上，那么这种政策就会被事态发展所淹没。

然而，我们这个时代有一个新的因素，它可以对事态的发展方向发挥举足轻重的作用。那就是存在着为数众多的社会主义国家，特别是存在着一个世界级社会主义强国——苏联。这个因素曾在抗击德国纳粹的斗争中发挥了巨大作用。它将来能够构成遏制法西斯前进的决定性屏障，并且鼓舞如前所述的基本上趋于防守的人民阵线发起进攻吗？

三 作为大国的苏联与军事前景

苏联在国际范围内发挥的军事、经济和政治作用越来越大，所以必须对它的崛起做一分析。最近 10 年间，苏联经历了一个改造进程，从而从一个与中欧有密切联系的、基本上属于亚洲的强国，一跃而变成一个与整个欧洲、美国、亚洲、非洲和拉丁美洲有着决定性经济关系，并且成功地举行了一次全欧共同安全会议的国家。虽然它失去了与中国的友谊，但取得了对印度的重要影响，并与东南亚的解放运动建立了决定性联系；此外它还成为社会主义古巴的最亲密盟友，并与拉丁美洲和非洲所有国家开展了活跃的贸易。

但近 10 年间它实现的最引人注目的渗透是在中东，以致其从一个在该地区没有多大影响的国家，变成了支持阿拉伯人民抗击美帝国主义的决定性力量。如果强调指出这个地区所具有的——无论从石油生产，还是从它与地中海的联系来看——战略重要性，我们就可理解这种情况在世界力量对比上的重要意义。最近，由于塞浦路斯危机和希腊、葡萄牙独裁政权倒台，苏联已成为一个重要的地中海强国。由于联合国干预塞浦路斯问题，苏联在没有损害与土耳其的关系的情况下，加强了与希腊的联系，这是在削弱北大西洋公约组织在地中海的影响方面取得的重大进展。

还必须考虑到苏联作为生产国和顾主日益增强的经济地位，特别是在目前这个时期，因为目前，居于统治地位的资本主义国家所面临的经济衰退削弱了它们的生产能力，增加了它们对国际市场的依赖性。所以，分析一下扩大资本主义国家与社会主义国家的贸易可能产生的后果是很有意义的。

我们知道，自由经济在与社会主义国家发展大规模贸易方面有许多限制。只有对外贸实行强有力的中央统制，并大力加强国家对经济的干预，包括美国在内的资本主义国家才能按照危机的程度和社会主义国家经济日益增长的需求，与这些国家开展适当规模的贸易。

美国、欧洲和日本资产阶级中最清醒的阶层已经认识到，这种经济关系对于资本主义经济的生存具有重要意义。苏联不仅是机械工业和农产品的一个重要市场，同时也是一个重要的原料产地（如石油和西伯利亚的天然气等）。

在原料相对短缺的年代，如 20 世纪最后几年，资本主义制度将必须和平地占有原料，因为要采用武力办法似乎是不可能的。但这意味着，资产阶级必须在控制本国工人的反抗，不致引起可能最后造成资产阶级灭亡的冲突的范围内采取让步政策。英国和德国的资产阶级都有过改良主义政府的经历，这些政府最后还是把政权还给了它们。在北欧国家，资产阶级能够与执政的社会民主党达成多年的一致，而又保存了资本主义制度。因此，资产阶级在不致作为一个阶级而灭亡的情况下，是可以在一定程度上容忍工人阶级和小资产阶级的改良主义的。

然而，资产阶级不愿接受这是最后的定局，再说谁能向它保证，这些变革的限度就停留在保障它存在下去的范围以内呢？根据这一总的看法，苏联作为国际经济势力日益增强的影响，似乎可以变成一个在某种程度上——但只能在非常脆弱的势力平衡范围内——强化中－左政策的因素。

但是，必须进一步深入地分析苏联社会，才能知道前几段文字中指出的那种日益强大的经济实力的利用趋向。

在分析苏联及其影响下的社会主义国家时，应该采取辩证立场，才能理解它们正在经历的国内演变过程。不幸的是，在某些教条式和意识形态立场的影响下，存在着一种从极端僵化的观点评价这些社会的倾向。从社会主义在世界上的出现所造成的巨大冲击来说，这是可以理解的。由于一种新的生产方式的出现本身就包含着各种内部矛盾，所以必然在它的实际发展进程与小资产阶级知识分子头脑中形成的关于建设社会主义的唯心主义的、乌托邦的看法之间形成冲突。因此必须对这个问题采取科学的态度，把社会主义集团的社会和政治看作经济－社会的历史进程的一部分。

为了理解苏联在当代世界上的政治地位，考察一下这个国家特别是其战后发生的经济－社会变化是绝对必要的。战后，苏联提出必须把实现重建作为苏联社会的主要任务。因此在 1946～1954 年，逐步加强了一种据以恢复1927～1934年的大部分主张的方针（这种方针后来被称作"斯大林主义"）。斯大林当年就是凭借这些主张掌的权，他自己把这些主张概括为：强制实行农业社会化，建立基础工业，保卫社会主义国家和实行计划化。在这些原则的基础上，试图在各加盟共和国的内部确立一个共同的发展模式。这种模式的基点，是认为按照苏联的规范进行社会主义的原始积累是必不可少的一步。在这个积累时期，应该限制农民的消费，同时也要在很大程度上限制工人群众的消费，以便发展重工业，为以后的经济增长打下基础，也为能抵御强大的国际侵略、确保新生的社会经济制度的军事工业打下基础。国际侵略这个外部危险是个明显的现实，它迫使这些国家寻求经济上的自给自足。这要付出高昂的社会代价，但为了抵御外来威胁，做出不损害社会的社会主义性质的结构性让步，付出这样的代价是必要的。

在这种形势下，共产党与社会民主党之间也确实出现了相当深的鸿沟，这种状况引起了国际工人运动的混乱，而且无疑促使社会民主党加强了反对共产主义、靠拢资本主义的倾向，从而极大地削弱了工人运动的意识形态基础，为帝国主义在国际范围内对劳动者进行控制开了方便之门。这种控制也无疑是建立在生产总值长期增长这一物质基础之上的。这样一来，社会主义国家可以向欧洲、日本和美国的无产阶级显示的东西就少得可怜了，因为这些国家在不断提高其消费标准，而社会主义国家却在提高基础工业的投资率，保持低水平的群众消费——把这称作"体面的贫穷"，同时增加教育、保健和社会服务方面的开支，以弥补其他基本产品的匮乏。

所以，这样一个时期自然就加重了地方主义、主观主义、徒具形式的教条主义、消息闭塞和缺乏政治民主。

尽管有这些因素，苏联和各人民共和国的经济还是逐步发生了质的变化。从长期来看，这些表面上的牺牲必将显示出它的结果。

由于经历了一个面向横向消费（即普遍的、没有多大级差的消费）的工业化进程和大力关注教育和某些基本的社会服务，苏联社会大体上变成了一个非常现代化和非常平等的工业都市社会。农业部门逐渐降低了它在经济中的比重，农业人口也大大减少了。①

可以明显地看到，城市经济已有很大发展，城市人口成了居民中的主要部分。

这些年间，苏联社会中原来彼此差异很大的各个民族的一体化进程也已完成，明显的地区差别大部分已经消失。

此外，技术人员和知识分子的大量增加明显地改变了社会面貌，使社会结构变得更为复杂。

从国内角度看，可以说在最近 10 年中，已经最终清除了早年沙俄社会的所有弊端，完成了把苏联改变成现代化国家的进程。

从国际角度来看，苏联已经不再像 20 世纪初那样是个中等强国，也不再像第二次世界大战时期那样仅仅是个重要的亚－欧强国，甚至也不再像战后那样主要是个迅速恢复、正在发展的强国，它已变成世界第二强国。

确实，苏联的国民收入仍然只接近美国国民收入的一半。但应该指出，苏联的国民收入没有把劳务部门计算在内，而它却占美国收入的将近一半。很难对苏联的劳务部门做出估算，但可以认为，它是经济活动中一个非常重要的方面。虽然很大一部分劳务不用支付，但可以估计，只要偶尔计算一下，就会看到国民收入数目会大大增加。1974 年 2 月出版的《经济与人道主义》杂志有一篇试图分

---

① 但是必须指出，在我们研究苏联的农业人口时，必须认识到该国的农村社会比现代资本主义的农村社会复杂得多。那里的农业部门没有进行与现代类型的服务部门甚至工业部门配套成龙的十分明确的专业分工。倒不是再现了旧式的前资本主义农业，而是在更大程度上把严格的农业生产、工业生产和服务业结合在了一起，所以农村中还有很大一部分居民不仅仅从事农业生产。

析苏联社会潜力的文章就表明了这一点，文章作者名叫亨利·尚布尔。从国民收入的角度来看，苏联不能直接与美国经济竞争（美国的国民收入是日本和德国的将近4倍，是英国的将近5倍），但在物质生产数量方面苏联与美国经济非常接近。例如钢和军事工业的生产就是这样，而钢在当代经济中无疑具有非常重要的作用，军事工业则具有决定性的战略作用。

似乎应该从生产数量角度对军事平衡做几点分析。在促使1972年签署第一阶段限制战略武器会谈协议的谈判中，承认了苏联拥有的爆炸物当量与美国相比为3∶1，苏联占有优势。美国的优势表现在单个火箭的数量上。后来在1973年，苏联制造了4种新型导弹，其中3种均与美国最先进的型号相同，从而使苏联不仅在摧毁力上占有优势，而且掌握了更好、更精确的火箭技术。

由于这些变化，又不得不进行新的一轮谈判，因为就在这个时期，美国把火箭技术提高到一个新水平，据信可以把苏联仍停于地面的大部分导弹摧毁。然而，从多弹头分导重返大气层运载工具发展到可操纵回返飞行器，使美国在经济危机非常严重的时期耗费了数量极高的军事开支。苏联方面的军费数量也很高，妨碍了扩大消费计划的实施。由此我们可以得出结论，从一般军事角度来看，即从生产能力或技术进步来看，存在着一种相对均势。还应指出，近年间苏联在海军方面取得了重大进展。这些进展既表现在它的海军力量的相对威力上，也表现在它活动范围的扩大上。在活动能力上，五角大楼中的一派人企图证明，目前苏联已具有相对优势。[1] 对他们提出的数据应该仔细核查，因为那些数据所依据的是一系列未经证

---

① 施莱辛格部分地支持这个观点，他说："令我们的海军战略担心的一点是：自由世界依赖海上交通。如果苏联人有能力阻止我们利用海洋，那将是一场灾难。因此，不能仅仅考虑谁是最强大的一方，而应该考虑这样一个问题：西方有没有继续利用海洋的足够的海军能力？而不能眼睁睁地看着自己被人阻止利用海洋。"

实的猜测，其目的无疑是为增加海军军费的政策张目。

但是不管怎么说，我们可以接受力量显然平衡的看法。苏联海军力量无可置疑的进展，还表现在它行动范围的扩大方面。苏联军舰进驻地中海和印度洋已经大大改变了国际军事战略的态势。

苏联战略的关键是限制美国海军的行动范围，而美国海军无疑是地中海和亚洲亲美政权最强大的后盾之一，而且美国海军的潜艇可以从那里袭击苏联。海军上将史密斯·罗特在他对美国国会提出的证词中说，苏联阻止使用海上通道——这是他们的主要目标——的能力，大于我们保持这些海上通道开放——这是我们的目标——的能力。① 苏伊士运河的开放必将增加苏联迫使美国海军力量撤出波斯湾的可能性，因此把地中海变成和平区的口号变得日益具体。

由于塞浦路斯危机，这种情况变得更加明显。在那场危机中，苏联利用它在地中海的军事存在、美国的战略弱点和美国盟友的右倾冒险，在政治上孤立了帝国主义在该地区的活动，从而促成了民主制在希腊的恢复，并且成功地使联合国干预该地区的主张占了上风。这样一个一直处于北约绝对控制之下的地区，转而变得要由联合国，特别是苏联和中国有着决定性影响的安理会来讨论它的前途了。因此，这可能成为把地中海变成和平区的第一步。实现了这个目标，无疑就会为整个该地区的重大变化开辟道路，并会极大地促进人民力量的发展。

苏联军事力量的增强还表现在它与印度的接近上，无疑也表现在中东地区——在那里，它非常巧妙地变成了阿拉伯人抵抗以色列不断侵略的唯一有效的后盾。

印度的情况比较复杂。鉴于印度不断与中国发生边境纠纷，从

---

① 参见迈克尔·T. 克洛尔在一篇关于越南战争后美国海上战略的文章中引述的对记者的谈话，这篇文章载于《外交世界》，1974 年 8 月。

20 世纪 50 年代起，苏联就帮助该国建立强大的军备。20 世纪 60 年代末，它收获到了自己援助结出的果实，把军舰开进了印度洋。它付出的代价之一是疏远了中国，迫使中国共产党对印度和苏联政府一直采取敌视态度。

苏联除了在亚洲地区不断增强其势力外，在原来由美国绝对控制的西方的某些地区，它的影响也有了重大发展。拉美的情况就是这样。苏联曾企图在古巴安置火箭——这会极大地打破国际军事平衡，在换取美国做出允许社会主义古巴生存下去的妥协后，才退了回去。毫无疑问，苏联已加强了与古巴军队的联系，近些年来与拉美建立军事联系的可能性更大了。

后来，苏联扩大了与"人民团结"政府的关系，虽然没有签署任何军事协定。1974 年苏联向秘鲁出售武器，为与秘鲁发展关系开辟了一条新途径。这些情况表明，面对美国所采取的支持和组织智利军事政变这样的对抗政策，苏联觉得自己有权在拉美地区发动更大的攻势。这一切都向我们表明，苏联的军事能力已经大大增强——灵活性强，活动范围广，威力大，质量高。此外还应指出，苏联在刚解放的非洲诸国的影响也越来越大。

因此毫无疑问，苏联成功地冲破了第二次世界大战后美国及其盟国对它设置的军事包围圈。苏联作为第一个社会主义国家在 1949 年就打破了美国对原子弹的垄断，在 20 世纪 50 年代建立了某种程度的防务平衡，在 60 年代末取得了真正的平衡，甚至在某些方面具有了相对优势。它的活动范围正在逐渐扩大，因此正在出现它的军事力量与民族解放运动进行新型合作的形势。

但是，帝国主义的包围圈最后是在北大西洋公约组织被打破的。必须指出，北约在目前时期所遇到的内部问题，苏联于 20 世纪 70 年代试图通过举行欧洲安全与合作会议来削弱北约的力量，北约的问题与苏联此举有关。这次会议的初衷是开成一次纯欧洲的会议，它显然会最终打破欧洲亲美派的军事主导地位。

为了阻挠这次没有自己积极参加的会议，美国施展了种种伎俩。其中最引人注目的是恢复与中国的关系，从而开辟了一个对苏联大为不利的东方战线。苏联共产党和政府立即准备同意在会议召开之前先与美国谈判，从而同意了保持美国对欧洲资本主义国家的霸主地位，自动限制了欧安会的目标。从长期来看，仍在继续举行的欧安会会议表明资本主义的军事联合已经开始被打破；这些会议也与欧洲民众运动的高涨，与社会民主党在欧洲政治中的影响上升，特别是与社会民主党左翼的发展有关。

古巴军队支持的"安哥拉人民解放运动"在安哥拉的胜利，明显地改变了南大西洋的政治和军事平衡，使社会主义在南部非洲占据了主导地位。

因此，所有这些情况使我们可以勾画出国际生活中一种新的经济、政治和军事格局。社会主义国家与工人运动和民族解放运动联合在一起，成了决定世界历史的力量。自1917年即已转入战略守势的帝国主义，现在在策略方向也转入守势。它在1971年中期、1973年和1976年取得的局部胜利极为有限，而且更大地消耗了它的力量。

还必须指出苏联通过重要的双边协定、与政府要人的会晤和各种科学会议扩大与欧洲国家的贸易和文化关系的做法所具有的意义。冷战建立的反苏包围圈的破裂已是一个缓慢的但越来越不可逆转的进程。同时它已扩及美洲、非洲、亚洲和大洋洲，成为一个世界性进程。

这种新形势在文化领域也有重要的反映。随着苏联向世界上日益广大的地区开放，逐步为打破思想界的地方主义、主观主义和教条主义创造了条件。

同时，由于苏联购买资本主义国家技术的可能性不断增加，从而摆脱了在孤立和冷战时期，不得不重新开发别人已经开发成功并实用化的技术这种令人厌烦的不利处境。当苏联社会科学技术的发展正在加快，并大有使它跃居世界科技领先地位的势头。

最现代化消费品的使用也加快了苏联的生活节奏，增加了苏联发挥世界领袖作用的能力。它的新闻报道更加敏捷，消息更加广泛，而且旅游业的发展扩大了它对世界的直接了解。

所以，资本主义世界围绕苏联筑起的"铁幕"（后来它却说是这个社会主义国家筑起的）正在打破，这无疑会促使内部政治民主的扩大。

然而，关于这种经济开放的结果，却存在着尖锐的争论。许多人认为，开放对社会主义国家意味着意识形态的危险。这种论断是苏联和其他社会主义国家在政治、经济和文化上长期孤立的副产品。它只会加强社会主义只能局限于一个集团之内的看法，而损害了它的世界性和革命性。同时它没有充分考虑苏联在生产力和科学技术方面已达到的发展程度，须知在这些方面，苏联已处在与资本主义同等的水平上，甚至在某些方面处于优势，而不是像过去那样处于劣势——因为苏联的社会主义建设是在相对落后的状态下起步的。

当这种孤立主义观点占上风时，显然就会在社会主义国家加强军国主义、宗派主义和官僚主义，而在资本主义国家加强反共势力和法西斯势力。苏联内部这些不同观点的冲突尚没有结局，但到目前，各种观点和具体利益集团之间形成了一个折中方案。毫无疑问，由于资本主义不断支持法西斯暴力活动和军事威胁，也由于西方的社会进步运动不断遭到政治失败，支持扩大开放的势力集团（熟练工人、技术人员、科学家和知识分子）的影响总是不断削弱。

这些自由派举起了在社会主义国家颇得人心的旗帜，例如降低军费开支，提高消费和产品质量，扩大政治、文化和新闻自由等。由于采用多弹头分导重返大气层运载工具和可操纵回返飞行器，军备开支发生了质的飞跃，其数额是原来的 5 倍，在这种情况下，可能达成一项真正的裁军和国际缓和协议对于人类将意味着什么，是完全可以理解的。

苏联能够把为反击帝国主义威胁的战争准备与在国内扩大消费和扩大政治民主协调起来吗？

为了回答这个问题，必须记住苏联的国民收入仍然大大低于美国。苏联的投资率很高，但在 20 世纪 50 年代是通过严格限制群众消费才实现的。到 20 世纪 60 年代，群众消费的压力已经很大，几乎无法遏制。在这样的情况下，扩大群众消费作为社会需要被提了出来，但根据苏联的国民收入情况，必须牺牲一部分军事开支才能大规模地提高消费。

如前所述，围绕这个问题的争论日益尖锐。苏联共产党领导层中一部分人认为，有可能达成一项可促使大幅度压缩军费开支的国际协议，这会造成国内的宽松条件，并因此受到某种鼓舞。另一部分人则坚持原来的立场，认为帝国主义绝对没有失去它的军国主义和侵略本性，也没有放弃它消灭社会主义集团的目标，因此必须建立和确保对资本主义的明显军事优势。这种主张无疑是建立在不断为重大事件所证实的正确原则之上的。在缓和政策的背景下发生了智利那样的政变，这表明帝国主义不允许在法制范围内进行社会主义的改造。当 1973 年中东出现军事冲突而且战争可能会普遍化的形势时；当后来在塞浦路斯危机中，尽管美国由于 1973 年底开始萧条，经济实力已经削弱，但它仍然发动了希腊冒险，结果付出了希腊军事独裁政权倒台、该国退出北大西洋公约组织的代价时；当美国毫不犹豫地支持土耳其的军事占领行动时——这次行动超越了奋起自卫以抵抗希腊独裁政府的初衷，而变成了对民主希腊的军事侵略时；总之，当所有这些事件发生之时，战争威胁的存在是显而易见的。

　　面对总危机的后果，石油涨价，越南、老挝和柬埔寨为争取解放而发动的攻势，拉美民族主义立场的增强和第三世界集团在联合国的作用，美国政府的回答是：威胁要入侵中东，让北越人付出沉重代价，消灭联合国中的"多数独裁"，限制从组成卡特尔的国家购买产品等。在这样的时候能够相信帝国主义已经泯灭了其侵略本性吗？事实是目前看不出有实行较少侵略性政策的可能，因为美国自由党人不仅没有能够在一项共同纲领下统一起来，而且其内部还存在着一个以米尼和杰克逊为代表的极端反共派别。

　　因此一切情况说明，苏美之间的军备竞赛在近期内不会停止。相反，发生国际范围大规模对抗的趋势将会增强。但必须指出，在当前形势下，这种趋势因各种势力的作用而受到最大的遏制。第一，虽然美国战略家们坚持认为存在着进行有限的、逐步增强的原子弹报复的可能性，但一场军事对抗可能造成的灾难是显而易见的。第二，相当明显的是，公开对抗政策可能增强法西斯派别的势力。而种种事实表明，法西斯派别在像智利和塞浦路斯那样的事件中具有某种独立的动员能力，目前一些法西斯派别还在南部非洲和罗得西亚自由自在地活动着，并且无疑曾企图在安哥拉和葡萄牙大胆地动员起来。独立的、不受控制的极右活动可能在不太适宜的时刻使事态激化，这反而对帝国主义不利。第三，在帝国主义面临严重衰退的形势下，军事对抗必然对它不利。我们已经讲过，在目前，战争对经济的刺激能力越来越小，而它的代价却越来越大。帝国主义将不得不减少其威胁举动并承认自身的弱点。但为此，它必须摸清对方的战争准备状况和它想从对抗中得到的好处。

　　现在需要对我们上面展开的思路做一小结。我们认为，存在着一场资本主义经济危机，它始于1967年，预示着将表现为长时期的萧条，其间会有短期的经济恢复。前面讲到，这场危机正在削弱资本主义从意识形态上控制民众的能力。20世纪60年代的学生运动明显失败以后，自 1968 年起，激进主义重新抬头，工人阶级的战斗精神得以恢复，由于还不能找到独立的表现形式，便通过传统的工人政党——共产党、社会党和社会民主党表现出来，引起国际政治形势的剧烈变化。自 1968 年起，西方世界基本上是由社会民主党执政。共产党人与社会党人的联合，在采取了较先进方式的地方赢得了很大的政治力量，采取最纯粹的联合方式的是在智利，但最终在右派面前遭到暂时失败。在葡萄牙，除了这种联合外，还出现了一股民主派军人运动，从而使葡萄牙把所有的前殖民地交给了革命运动和革命政党，引起黑非洲力量对比的骤变。

为了适应当前的危机，共产党用建立在基本上由劳动者组成的阵线之上的争取社会主义和民主的新斗争路线，取代基于 1958～1967 年间建立的广泛阵线之上的民主和民族主义纲领。

苏联和社会主义国家的经济继续高速增长，而衰退却遍及资本主义世界。与此同时，苏联军舰开进了原来由美国独占的水域，如印度洋和地中海。苏联火箭已与美国持平，甚至有人说在质量和数量上还略占优势。世界力量对比的变化大大有利于社会主义一方，有利于保住中－左政权。

然而，这种形势稳定吗？能够表明会有一个逐步、持久的进步过程吗？根据我们上面提出的看法，并非如此。第一，从长期来看，资本主义危机有一条出路，这将使它有一个新的资本积累时期——它的基础是新的国际分工，在国内和国际范围内强化国家资本主义，在保护环境工业、福利服务业、发展大众性交通工具和城市、地区规划方面开辟新的投资领域。

同时，在像 1971 年下半年、1973 年第三季度和 1976 年那样的萧条周期内的短暂恢复时期，帝国主义可能会试图发起新的进攻行动，寻求恢复失去的地盘。智利事件就曾是这方面最明显的例子，但除此之外，上述时期内还有许多突袭行动和"破坏稳定的行动"。

这些行动的结果是出现了带有强烈法西斯主义倾向的暴力政权。

因此，我们应该分析一下作为这种形势中的一场运动和一股政治势力的法西斯主义，最后还应特别对在 20 世纪 60 年代出现的许多新的社会主义和革命力量——它们认为社会民主党、社会党和共产党是改良主义的传统政党，为了与它们区别开来，便把自己称为新左派或极左派、革命左派或议会外左派——的变化做一总结，只有这样，我们才能逐步对国际形势形成一个完整一致的看法。

第十二章
激进化倾向：法西斯主义与极左派

一　法西斯主义的重新出现

法西斯主义在 20 世纪 20 年代的出现，与第一次世界大战时开始并一直持续到 1923 年的资本主义普遍危机有着密切关系。1924～1929 年出现了相当明显的经济恢复，但这种复苏基本上是建立在投机活动之上的，从而引起了 1929～1933 年的大萧条；1933～1939 年萧条略有克服。但是，由于认识到新的资本积累基础不能使生产恢复到 1929 年的水平，资本主义便求助于战争手段。

法西斯主义就是在这样的背景下出现的，它的出现与 3 种情况有关：

（1）小资产阶级已经没落，但它拼命做出反应，企图摆脱破产、无产阶级化和失业从而幸存下来。

（2）大资本通过经济集中和集权化得到了加强，同时它也需要依靠小资产阶级，以便挽救受到工人阶级战斗性增强和政治激进化威胁的资本主义。

（3）为了使经济集中和资本积累的新阶段有一个基础，以克服普遍危机，在确保和扩大国外市场的同时，必须解决殖民地问题。

　　这 3 种情况都是在资本主义普遍危机的背景下产生的。但也是在世界社会主义运动高涨的背景下产生的。每当资本主义危机加剧，而又没有一种能够通过优越的生产制度来克服危机的革命群众运动时，就会形成法西斯主义的社会经济基础。我们对当前形势所做的分析揭示，我们这个时代就正在出现这些条件。不仅要看到当前资本主义危机具有我们所指出的那种广泛规模（特别是我们看到，在这一时期连一次全面的军事对抗也没有发生），还必须看到以下几种情况：尽管现代资本主义的国家拥有各种各样的控制手段，但还是发生了如此严重和漫长的危机；这次危机表现得如此剧烈，以致不可能用战争手段来解决利益冲突；这次危机是在与国内实力非常强大的社会主义对抗的背景下产生的。这些情况表现出了当前形势的新特点。

　　还有，法西斯主义的社会基础——小资产阶级也发生了重大变化。早在 20 世纪 30 年代，小资产阶级已是一个没落的阶级，但它依然保持着某种相对的自主性，可以提出一些自己的、重要的主张。到了 70 年代，不仅这个阶级的大部分在经济上已被消灭，而且残存的某些阶层对大资本和国家的自主性也越来越弱。小商人中的多数变成了垄断集团和国有企业及公司的产品销售代理人，他们已经没有自己的信誉，没有能力确定价格，而小厂主变成了仅仅是私人或国营垄断企业的"加工者"。最后，农民不仅在数量上已大大减少（或者几乎已完全消失，如美国那样），而且剩下的那部分也要服从欧洲共同市场或其他国际机构确定的价格。

　　可见，小资产阶级这个法西斯主义的社会基础已经大大缩小。但与此同时，流氓无产阶级已经相应扩大，它为法西斯主义提供了大量群众和巨大的突击力量。在经济高涨条件下，美国资本主义有4% 的失业率就算运转正常，但前面讲到，1974～1975 年萧条时期失业率已达9%；欧洲和日本由于依然保留着传统的半失业阶层，其失业率较低一些，但在某些地区有大量的失业者。在依附性和不发达国家，失业和半失业人群不论在比例和绝对数量上都已扩大。

文人和军人专家治国论者已经成了私营企业和国有企业以及一般官僚机器的直接代理人，那些贫困化的人群会成为以他们为首的一股法西斯主义的支柱吗？这股法西斯主义将不能像它的先行者那样依靠系统的群众动员，也不可能依靠强大的基层组织；它将基本上只能依靠控制通信工具，依靠本质上是官僚式的恐怖活动，依靠把国家机器扩大到前所未有的限度。由于没有社会基础，它将可能是一个其头硕大、其身弱小的怪物。

法西斯主义的主要模式，将是20世纪60年代和70年代建立的那种军人独裁政权。法西斯分子的思想越来越为社会精英和某些社会阶层所接受，因而其头脑膨胀，把巴西、希腊、印度尼西亚以及某种程度上伊朗等国的情况作为楷模。

最近的例子是智利，该国的政治结构与欧洲的相似，有人正在非常认真地分析它。这种盲目的、暴力的极权制度新形式的成败如何，将对正在积极进行国际联合的法西斯团体的心理产生重大影响。

这些法西斯团体是由什么人组成的呢？近年来关于它们的情报已明显增多。这些情报基本上来自两个方面：意大利司法机关在调查该国1970年12月策划的政变时得到的情报；葡萄牙革命政府没收的、现在由一个军官和文官委员会仔细研究的国防国际警察的档案。还有，对于美国中央情报局活动的指控，虽然在揭露其活动方面显得苍白无力，但也对其方法和野心提供了一些新情况。

有一些显而易见的普遍情况：

（1）众所周知，好几个（自由或专制）国家的情报机构彼此之间及与美国中央情报局都有着密切联系，最近与美军情报局，即国防部情报局也有了联系。同样明显的是，这些情报机构全都由强大的准法西斯团体控制，这些团体彼此联系在一起，活动时享有某种自主性，不受自由派政权甚至独裁政权的干涉。

某些事实可以证实这一论点。例如，可以指出国防国际警察（萨拉萨尔政权的政治警察）与法国警方有密切联系，法国警方向前者提供关于葡萄牙人在法国活动的情报。国防国际警察与中央情报局和巴西警方的联系已经相当直接。此外，意大利的法西斯政变阴谋，是由意大利情报局（SID）头子、陆军将军维托·米切利直接领导的。

在记述政变活动（这些活动又在 1974 年 2 月和 10 月引发了另外两次政变尝试）的文字中看到，阿根廷警方、西班牙警方、希腊独裁政权的保密局、德国的新纳粹团体、法国秘密部队组织的残余分子全都卷入其中，中央情报局更是一如既往地卷入其中，这些机构的谍报人员于 1970 年 9 月 27 日出席了一次筹备 1970 年 12 月政变行动的会议。

揭露中央情报局的种种材料表明，它也经常利用具有法西斯主义倾向的人充当间谍。这是好几个资本主义国家警方和情报机构的共同做法。

（2）这些法西斯团体不仅加入警察和情报机构进行活动，而且也自行开展日益频繁的活动。同时它们还成立了一些重要的恐怖主义小组，根据自己的兴趣，有时与警方，有时不与警方一起活动。巴西的"杀人团"、危地马拉的"白手党"和阿根廷的"阿根廷反共联盟"仅仅是右派恐怖主义与警察和情报机构之间有着紧密联系的几种极端表现形式。在意大利，这种联系曾有过非常清楚的表现，虽然有些法西斯分子属于镇压机构，但却常常宁愿与独立的政治军事团体一起活动。对国防国际警察的调查已经清楚地显示出这些团体的国际活动，例如为它们作掩护的两个机构已被揭露，即阿金特出版社（Aginter-Press）和勇士社（La Paladino），前者出版一种沟通各团体间联络的小册子，后者则致力于为不同目的招募雇佣人员和恐怖分子。①

　　同时，渗入左派组织和成立表面上是左派的恐怖主义团体的做法，在意大利和好几个拉美国家已得到广泛证实。中央情报局在关于它对美国公民进行间谍活动的听证会上承认，已让数十名特务打进和平主义运动。我们知道，这些特务的职能不仅是提供情报，而且主要是组织和煽动寻衅集团，以便为镇压提供借口。

　　在分析维护智利独裁政权利益的美国压力集团时，北美拉丁美洲问题研究会明确指出，其中有好几个法西斯、反共、保守派团体和在智利有其利益的重要经济团体联合采取行动。

　　这个压力集团或许很好地表达了能够在国际范围内组成一场强大的法西斯或新法西斯运动的那一系列利益集团和团体的意愿。②

　　（3）迄今不仅已揭露出通过阿金特出版社和勇士社建立个别国际联系的事例，而且最近人们在明确地谈论存在着一个国际法西斯总部。1975 年 1 月意大利警方揭露，它正在搜寻的法西斯分子参加了在法国里昂举行的一次国际会议。还有一些情况也证实这个国际性组织已经组成。它与情报机构和警方有什么联系呢？这还没有最后确定，因为涉及许多重要的利益集团。

　　（4）新法西斯政党早已在西方政治生活中重新出现，这是法西斯主义运动得到加强和它相信得到公众明显支持的一个标志。这类

---

　　①　关于国防国际警察的活动及其国际联系的情况，摘自雷内·巴克曼的文章《间谍活动：法西斯国际》，该文原载于《新观察家报》（法国），后转载于墨西哥《日报》1974 年 10 月 20 日。《新观察家报》还发表了其他许多关于意大利法西斯政变企图的有趣资料。其他一些法国报刊如《世界报》和《快报》（特别请参阅《意大利：大阴谋》，《快报》1974 年 9 月 9 ~ 15 日），收集和显著登载了对意大利阴谋和右派在欧洲进展的揭露。

　　②　北美拉丁美洲问题研究会：《军人执政委员会的"院外活动集团"》，载于北美拉丁美洲问题研究会的《拉丁美洲与帝国报道》，第 8 卷第 8 期，1974 年 10 月。该刊同一期还刊载了一篇题为《对军人执政委员会投资》的文章，并附有从军人执政委员会那里受益的企业的名单。

团体已在整个欧洲重新出现，但无疑是在意大利这个国家获得的支持率最高（1971 年获得选票 300 万张，在后来的选举中得票数下降，许多人转而支持天主教民主党）。不少前军人、自由职业者、企业家和商业界人士开始公开宣布支持新法西斯主义。这种现象揭示，法西斯主义有一定的社会基础并已开始组织起来，这个基础就是正在消失的中、小资产阶级的残余。虽然小资产阶级数量已经减少，经济地位越来越低，但它仍有某些政治影响，而且在危机形势下它会既支持左派又支持右派。这并不等于抹杀前面指出的一个事实，即它支持一场像 20 世纪 20 年代和 30 年代纳粹法西斯主义那样广泛的群众性意识形态运动的能力已经减弱。

在整个欧洲共同市场实现的资本集中，已使欧洲某些地区残存的中、小资产阶级中的许多人陷于绝望境地。由于萧条在某些地区造成严重后果，如引起失业、刑事犯罪等，这种反应总要在地区范围内有所表现。因此自 20 世纪 60 年代末，出现了具有小资产阶级特点的强大的地区性运动。少数民族斗争（特别是欧洲）和欧洲农民运动的重新出现说明，所有这些事件都表明，在由于经济危机而实现的急剧集中过程中，小资产阶级经历着重重困难。

在这些运动中，尽管有些偶尔带有左派和人民解放的色彩，但它们也是近些年来新法西斯政党和运动复活的基础，尤其在意大利是如此，在德国和其他欧洲国家也是如此。

在美国，这些派别不仅在巴里·戈德华特的总统竞选中有所表现，而且在乔治·华莱士和理查德·尼克松的竞选中，以及在罗纳德·里根在加利福尼亚的地方竞选和他后来谋求总统候选人提名的活动中都曾再次亮相。

在拉丁美洲，"巴西模式"在 1969～1973 年的巩固（如今已彻底衰败），不仅使得老牌法西斯分子公开复出，而且还在整个大陆重新出现了类似运动。巴西的帮忙对于在玻利维亚（1971 年）、乌拉圭（1973 年）和智利（1973 年）成功发动准法西斯政变起了决定性作用。

在欧洲，希腊、葡萄牙和西班牙是由政府支持法西斯分子的 3 个主要据点；对于意大利法西斯分子阴谋活动的最新研究表明，秘密部队组织和老牌法西斯运动的代表也在德国和法国积极活动。

还必须指出，这些法西斯运动已经表明，它们在美国政府内有强大的根据地，而且直接或间接地与军人势力（国防部情报局）或中央情报局联系在一起。1970 年 12 月许多团体在意大利策划政变（同月 7 日在跳伞运动员协会体育场发动），在其中一个团体的一次会议上，有一个老人说了这样一段话（据《快报》揭露）：

> 年轻的伙伴们，我是警察上校。共产党人就要在意大利夺权了，对此我毫不怀疑。我们要抢先行动，因为政府没有力量自卫。美国人同意这么干，还有尼克松。我们今晚要占领政府各部和电视台，你们什么也不用怕，除了电视台或许有点抵抗外，不会有别的抵抗，再说我们不是孤立无援，军队跟我们站在一边，他们会干预的。但必须由我们来发动。①

年轻人拿到了 300 支冲锋枪、步枪和自动手枪，但后来又被上校本人解散，这一插曲就此结束。尽管这个行动表面上看来滑稽，但应该指出，正如后来表明的，这些运动的背后隐藏着意大利军队和北约中的重要人物，它们就是受意大利情报机构头子本人的领导，并且得到金融界要人的支持——其中一人于 1974 年 8 月 23 日被捕，

---

① 《意大利：大阴谋》，前引《快报》。

据认为他是热那亚的首富。①

从新法西斯主义通过它的主要活动阵线——内政部、情报局和军队——得以渗入天主教民主党政府的程度来看，意大利是最能说明问题的例子之一。但这肯定不是仅在意大利才有的现象，只是法西斯运动在那里感到自己已十分强大，才敢于这样趾高气扬。那么其他欧洲国家怎么样呢？

二　向左激进化：极左派

俄国革命后，名不见经传的布尔什维克派跃上了国际政治的前台。无政府主义派或极左派把俄国革命看作是绝对自由主义革命的表现。他们由于不了解布尔什维克派（他们的名称来自于在 1902 年社会民主工党代表大会上获得的多数派地位）的历史，就把俄语词汇"bolche"译成"mas"，② 于是布尔什维克派便成了为最高纲领而斗争的人，即"最高纲领派"。从那时起，就用这个名称来称呼左派中的极端派。极左派在 20 世纪 20 年代初组成了左派共产主义派，为了反对国际内部的这些派别，列宁写了《共产主义运动中的"左派"幼稚病》这本小册子。

确定社会主义政治光谱中左派或右派的做法，一般来说是相当武断的。无论如何，革命领袖从来不介意是以最左还是最不左的面貌出现。政治立场的纠正与其极端程度的大小毫无关系，人和政党在不同历史形势下从左转向右或从右转向左是相当常见的事。

20 世纪 60 年代，国际政治光谱表现出 5 种重要现象：

---

① "安德雷阿·马里奥·皮亚焦先生，73 岁，名列欧洲 10 位最富有的企业主之中"，见《一个有强烈法西斯倾向的吃租人》，载《快报》，1974 年 9 月 2 ~ 8 日，第 39 页。

② 原文如此。——译注

（1）赫鲁晓夫路线在苏联和国际上的共产党内获得胜利。这条路线主张：国际上实行和平共处；社会主义在苏联和其他已成为社会主义的国家取得进展是主要的近期革命目标；与工业国的民主力量——即使是保守力量结成最广泛的联盟；在殖民地和外围世界实行与民族资产阶级结成广泛阵线的民族主义和民主纲领。提出这种立场的背景是，在社会主义国家社会经济成果的示范作用下，从长期来看向社会主义和平演变是可能的。

（2）中国共产党对这种立场的批判（批判矛头最初指向南斯拉夫共产党，后来指向意大利共产党，再后来指向"赫鲁晓夫集团"，最后指向社会帝国主义和官僚资产阶级），是构成左派意识形态格局的另一个因素。最初是左的批判，批判把国家间的和平共处与平息阶级斗争和殖民地革命混为一谈；还批评这些主张放弃了关于武装斗争作用的定义，放弃了摧毁资产阶级国家机器的必要性，散布改良主义的幻想。在殖民地问题上，中国共产党坚持民族解放和土地革命的路线，反对鼓吹在殖民地世界某些地区（如拉丁美洲）可以进行社会主义革命的那些人。他们也反对游击中心论和其他由先锋团体采取武装行动的倾向，号召特别应在农村准备人民战争。

（3）古巴革命的胜利和其在 1961 年最后选择社会主义，也对国际政治造成很大冲击。首先，它促使自由派运动和反帝运动激进化，以至于提出进行社会主义改造，并把游击战作为社会革命的必然方式。阿尔及利亚和 20 世纪 50 年代非洲和亚洲革命的例子，以及游击战在解放印度支那过程中曾经具有的重要作用使人们相信，不论引起游击战的社会条件如何，这种斗争方式是战无不胜的。于是便出现了"游击中心论"，即认为自动建立起来的一股游击队可以把它的行动和影响辐射到全国，最后变成一支革命军队。

（4）除了这些曲解武装斗争特别是游击战的作用的思想外，20世纪 60 年代最后几年还有无政府主义的影响，它恢复了俄国民粹派的传统，提出恐怖和暴力本身就是革命的因素。

此外，还有一股无政府主义流派，它在绝对自由主义运动的影响下，与对 1966～1969 年中国文化大革命的曲解同流合污。这个派别认为革命是人的解放的表现，并把群众（这些人早已习惯于认为经济危机已经克服，现在却意外地受到经济危机的损害）日益高涨的自发行动看作是必要的革命源泉。与毛泽东思想毫不相干的"毛主义"就是这种自发性的表现。

（5）最后，在政治局势普遍骚动的鼓舞下，这种远离群众和少数知识分子的思潮又重新出现。分化为多种流派的托洛茨基主义和活动范围较小的卢森堡主义等，都看到重新出现了表现自己的条件。这些派别都根据关于某些策略方面的僵化观点——例如不断革命的观点（它已变成理解 20 世纪革命进程的一般模式），或工人政权观点，甚至更明确地说工人自治是理解社会主义制度的关键，对马克思主义做出独特的解释，加入了 20 世纪 60 年代后半期的社会骚动进程。

列宁说，辩证法就是从各个角度观察现实的能力，而不要受单一现象的困扰。他那思想的灵活性与任何一种教条主义和策略上的单一主义总是不可调和的。

称为极左派的各个派别全都为对革命进程的单一的、狭隘的看法所左右，表现出没有能力领导任何全球革命运动。它们在法国 1968 年的示威行动中达到高潮，但在法国和其他几个地方均遭失败，这使它们的队伍纷纷溃散，意识形态上出现很大混乱，作为一个运动于 1970～1973 年消沉下去。

但是，能够说极左派已经死亡了吗？首先应该考察一下它的社会基础。任何建立在某一社会基础的愿望之上的主张，尽管会有起伏，但作为社会力量都会长期存在。这些运动——其形成和看法都是荒谬愚蠢的——的社会基础，基本上是小资产阶级知识分子。这个阶层的数量在当代资本主义社会已大大增加，变成一种新型雇佣劳动者（据他们的某些意识形态专家称是"新无产阶级"）。

由于战后以来进行的科技革命造成的需要，越来越迫切地需要培养科学家、技术专业人员、艺术家和教育家。大学和中学已经变成造就这类专业人员和技术人员的巨大中心。这个社会集团不仅构成了一个庞大的群体，而且把学校变成了组织一股维护权利的政治力量的中心。

同时，这股社会力量还趋于吸引其他社会阶层接受它们的观点，如最熟练工人阶层和无产阶级中最得不到保护的阶层——移民、非熟练工人和失业者。它对小资产阶级青年有特别的吸引力，并对资产阶级青年的叛逆精神起着诱导作用。

这些社会阶层仇视有组织的工人所极力赞扬的纪律和级别，倾向于把贫困看作革命的起因，企图把对资产阶级文化统治的批判当作他们发起行动和动员起来的主要手段，把英雄主义看作革命者最忠诚的表现形式，把暴力看作拯救失望者的表现形式。他们非常蔑视策略和务实方面的考虑；仇视达到较高消费水平、能够学习和试图有纪律地采取行动的无产者；也仇视这些无产者的领导人，称他们为腐败分子，因为他们与资产阶级进行谈判。

极左派革命运动的这些意识形态和心理特点，根据不同的历史条件，会在无产阶级中得到或多或少的社会接受。在制度发生危机的情况下，例如我们自1967年起看到的情况，被接受的程度趋于扩大。这是劳动者本身反抗在经济稳定时期形成的官僚主义、改良主义、投降行为、议会呆小病和腐败行为的一种无声的表现形式。

因此可以看到，极左派鼓吹的思想在工人运动内部得到了越来越广泛阶层的反响，并且经过改头换面——有时是质的改变——之后，写进了社会民主党、社会党和共产党某些派别的纲领。

历史进程从来不是仅仅一个社会阶层或仅仅一种政治力量活动

的结果。例如，只是在采纳了革命社会主义者的土地纲领后，布尔什维克才在俄国取得了胜利；20世纪20年代托洛茨基反对派的纲领，也只是在被由斯大林领导的老布尔什维克人和新生官僚阶层在1927～1933年吸收后才取得了胜利。

一个重要的社会阶层推动了这类极端运动，但刺激这个阶层的想象力的那些思想，只有在得到有组织的无产阶级的支持时才可能占据上风。但有组织的无产阶级不应当成为这些思想的尾巴，而应当把它们吸收进自己的纲领、自己的战略思想和自己的斗争节奏。当工人运动采取了进攻姿态并开辟出进行革命性改造（虽然是有限的）道路的前景时，就会缩小自己与这些社会阶层的分歧，使它们接受自己的纲领和自己的政治领导。法国实现的左派联合就是这种情况的证明。温和的无产阶级曾经被争取过去参加了被无政府主义运动煽动起来的总罢工，如今它正在争取这些阶层支持自己的选举政策——这项政策表现出劳动者阵线的特点，并克服了20世纪60年代无所作为的现象。

鉴于国家垄断资本主义的社会特点，知识界中无产阶级化的阶层在社会上发挥着重要作用，鉴于制度的危机造成的失业者越来越多，而且由于制度吸收劳动力越来越少这种结构性趋势，就业形势会更加严重，所以可以估计，这些社会力量将保持活跃状态，继续发起运动和提出政治主张，而它们的运动和主张，在当前的革命进程中必然会发挥重要作用。

社会主义生产制度是唯一能够使这些力量遵守纪律，组织它们的创造能力，并通过科技革命引导它们走向人类解放的制度。此外，只有社会主义才能消除失业现象，吸收这些广大的失业群众。因此，这些阶层自然比有组织的无产阶级更为激进、更为急迫；而有组织的无产阶级由于它在经济和社会方面的组织力量，在资本主义制度内则拥有更大的谈判余地。但有组织的无产阶级不能只顾自己而无视其他社会阶层的命运，因为这些阶层只有通过无产阶级的领导才能解决压抑着它们的那些紧迫问题。

在无产阶级的领导下，通过一个能消灭垄断集团的政权、深化国家资本主义、建立活跃的人民政权并为走向新社会开辟途径的人民政府，把当代资本主义各个民众阶层（服务、技术和专业部门的城乡雇佣劳动者和被大资本消灭了的城乡小资产所有者）联合起来，组成劳动者阵线的道路，是唯一能够减少这些阶层间的紧张关系，孤立大资本，引发受经济危机压抑的群众的革命激情，把他们潜在的反抗精神变成革命性社会改造因素的道路。

第三部分

依附与革命

第十三章
发展理论及其危机

　　拉丁美洲正经历一场深刻的危机,表现在经济、政治和制度、社会及意识形态等方面。经济危机的标志是经济增长率下降和外债与日俱增,这种情况使得 20 世纪 60 年代和 70 年代同 50 年代那些令人乐观的年份大不相同。政治和制度方面的危机,表现在随着越来越激进化的人民运动的发展,政变频频发生。社会危机的特点是对进行结构改革必要性的深刻认识。意识形态方面的危机,则表现在民众主义的失败和广泛的社会阶层明显地困惑犹豫的同时,出现了各种新的截然不同的立场和冲突。

　　现在还不是深入分析这场总危机的时候。[①] 对于本章来讲,重要的是分析这种形势给社会科学带来的影响。

　　在 20 世纪 50 年代,拉美的社会科学曾经洋溢着巨大的乐观主义情绪,这种乐观主义情绪是伴随着一支正在谋求确立自身地位的知识分子队伍自信心的增长而发展起来的。

　　实质上,形成了一种批判欧洲和美国科研成果的态度。这种批

---

　　① 关于分析巴西和拉美危机的尝试,见笔者所著《社会主义还是法西斯主义:依附的新特点和拉丁美洲的困境》。

判态度发展到极端时，曾幻想创建一个拉丁美洲社会科学学派。① 这种批判态度已经基本上形成了一种拉丁美洲自己的主题，这是其主要的，也是积极的方面。

　　但是，在对"殖民中心的未来"进行批判之后，却没有对内部发展倾向和这种发展的种种矛盾采取类似的批判态度。

──────────

　　① 关于社会科学家在拉美的作用曾经进行过、现在仍在进行着一场漫长的争论。争论的基本观点包含在下列著作中：格雷罗·拉莫斯继所著《社会学概论》后，以其《社会学学徒的巴西教程》挑起了社会学领域的这场辩论。可以归到这一类观点中的还有卡米洛·托雷斯·雷斯特雷波的《一种真正的拉丁美洲社会学的构成问题》，见《赫耳墨斯》杂志（智利大学经济系学生中心会刊），1966 年第 2 期，第33 ~ 40 页。与这类观点最针锋相对的论文有吉诺·赫尔马尼的《拉丁美洲的社会学》和约翰·高尔登的《拉丁美洲的社会文化因素和社会学的发展》，载于《拉丁美洲社会学杂志》1965 年 3 月第 1 卷第 1 期。

　　其他重要文章有：詹姆斯·彼得拉什的《利益调和：统治国的社会学》，载于《经济发展》，1966 年 7 ~ 12 月，第 6 卷第 22 ~ 23 期，第 433 ~ 466 页。这份杂志的同一期上还有托尔夸托·迪泰拉的《拉丁美洲一种民族意识的形成》和胡安·E. 马萨尔的《拉丁美洲的知识分子和社会变革》。还有裘尔赫·格拉夏雷纳的《拉丁美洲的社会学：关于拉丁美洲社会学研究方面的国际合作和最新发展的几点意见》，这是一篇看法很谨慎的文章，发表在布宜诺斯艾利斯出版的《拉丁美洲社会学杂志》，1965年 7 月第 1 卷第 2 期，第 231 ~ 242 页。还可参见阿尼瓦尔·基哈诺的《社会学家在秘鲁社会中的形象和任务》（《人文科学》专刊，第 74 ~ 75 期）。关于经济方面的文章有：奥斯瓦尔多·松克尔和阿尼瓦尔·平托合著的《在美国的拉美经济学家》，刊于《经济杂志》第 82 期，1964 年第 1 季度，智利圣地亚哥；塞尔索·富尔塔多的《不发达国家经济学家的培养》，见《赫耳墨斯》1966 年第 4 期，第 5 ~ 11 页。

　　其他重要文章有：奥克塔维奥·辛特拉的辩论文章《社会学与科学：对巴西社会学的评论》，还有特奥托尼奥·多斯桑托斯的《不发达与社会学》，见《赫耳墨斯》1966 年第 3 期，第 13 ~ 18 页。

　　有关这个题目最重要的文章之一是万德利·吉列尔梅的《方法论辩证初探》，见《巴西文化杂志》1966 年 3 月第 5 ~ 6 期，第 77 ~ 94 页，里约热内卢。还可参见科斯塔·平托所著《变革的社会学与社会学的变革》和弗洛雷斯坦·费尔南德斯所著《巴西的民族学与社会学》，在这场还包括许多其他论著的广泛论战中这两本书自成一派。

　　1974 年在哥斯达黎加举行的讨论"拉丁美洲社会学"的拉丁美洲社会学代表大会上，发表了几篇关于发展主义和依附理论的论文。我们将在后面对这些论文加以评述。

一　关于发展理论的假设

关于发展的理论，它作为一个独立的学科（在拉美或其他一些地方），在其诞生的整个过程中具有这样的特点：既分析旧结构给发展造成的障碍，又分析实现发展目标的手段。因此，在理论方面和经验方面，分析的主体基本集中在对所谓"传统结构"，即被认为是造成不发达的原因的研究方面。

当然，我们非常笼统地描述的这种分析，[①] 是基于一些曾阐述清楚的、在某些情况下是下意识的假设之上的。

关于发展的各种理论在对问题的分析方面有着明显的巨大差别，在 20 世纪 50 年代和 60 年代它们分别向新的形式演变。这种演变要么反映了参与促进或阻挠发展的各种力量利益上的变化，要么反映了在解释不发达和发达的多次尝试中提出的那些理论难题的变化。我们试图把所有这些理论都归纳在统一的模式之内，仅把我们认为是主要的内容提炼出来，这种做法可能会引起许多批评。尽管如此，作为对认识论原则——从其他角度来指导完全相反立场的原则——的讨论，这种做法是合理的。我们可以把这些假设归纳为以下几点：

（1）假设发展意味着向符合人类和社会进步的某一阶段的总体目标前进，这个社会模式是从当今世界最发达的社会抽象出来的，人们把它称为现代社会、工业社会、群众社会等。

（2）假设一旦消除了某些社会、政治、文化和制度方面的障碍，

---

① 较详细的总结见下列论文：安德烈·冈德·弗兰克的《关于发展的社会学与社会学的不发达》，载《催化剂》（布法罗大学）1967 年夏季第 3 期，第20～75 页；费尔南多·恩里克·卡尔多索的《经济发展的社会学分析》，见布宜诺斯艾利斯出版的《拉丁美洲社会学杂志》1965 年 7 月第 1 卷第 2 期，第 178～198 页；艾夫斯·拉科斯特的《不发达的地理学》。

不发达国家就会朝着这类社会前进。根据不同思想派系,这些障碍的代表就是"传统社会",或"封建制度"或者"封建残余"。

(3)假设可以找到一些能够比较合理地调动国家资源的经济、政治和心理方面的方法,[①] 且假设可以通过规划将这些资源分门别类并加以利用。

(4)此外,还必须对支持发展政策的某些社会和政治力量进行协调。同时还要强调各国必须拥有一种能形成全国统一意志,以便完成其发展"任务"的思想基础。

二 模式和形式

对上述假设可以进行批判,但这样做实质上也包含着对试图成为一种专门学科的发展理论的批判。

首先,发达社会模式是一种意识形态抽象的结果(因为它是形式上的,所以是反历史的)。

何谓发达社会?人们熟悉的模式是美国、欧洲、日本和苏联。据信,就是要"达到"这样的发展阶段。于是,力求重复这些国家的历史经验,[②] 或者至少确立同现存社会相似的社会模式。

一般说来,人们希望将发展变成一种形式模式,其内容则可随历史条件的不同而变化。例如,人们设想发展需要一个推动者,他既可以是企业家(如资本主义国家的情况),也可以是国家(如社会主义国家的情况)。无论在这一方面或是在其他方面,两种社会制度的差别便限于内容可以不同但作用相同这样的简单问题了。

然而,这种假设在科学上毫无实用性,因为它的基础是一些反

---

① 在许多情况下,人们认为这些因素中的某一种是起决定性作用的,由此产生了关于发展的研究的"社会学化""心理学化"等学派。

② 关于重复发达国家历史经验的困难,在不发达国家中是有一致认识的。

历史的原则。要建立一种能够达到今天已是发达国家所达到的那种发展阶段的社会，这在现在的历史条件下是绝不可能的。历史时间的运行不是呈直线形的。一个社会不可能向现存社会已经历过的阶段发展。自 16 世纪世界形成一个统一的经济体系以来，所有的社会都一起平行地向着一个新的社会发展。无论是从以开拓世界贸易为基础的私人资本积累的基本源泉来讲，还是从广大劳动群众参与工业生产来讲，或是从这些国家内部技术发展的重要意义来讲，发达的资本主义社会属于一个已被彻底超越了的历史阶段。那些特定的历史条件现今已不可能全部再现。

发达的社会主义社会属于"社会主义在单独一个国家"或"社会主义在单独一个集团"的历史实践，即在损害农业部门和农民的情况下，在完全依靠本国力量建立重工业的基础上，最后还在缺少对外贸易（由此产生了所谓"铁幕 U"）的条件下进行"社会主义的原始积累"的实践。

因此，各种现存的发展"模式"是不能重复的，而且发达社会的"模式"也不应成为争取实现的目标。

当代不发达国家的发展经验应作为在某些特定历史条件下的一种特殊经验来加以分析。由此，必须明确认识为一种发展进程确立可能框架的这些历史条件。发展学（社会学或经济学）只有当它不再为发展假设某种要达到的形式目标和通向这一目标的道路，而是把发展作为一种历史进程而努力去加以认识时，才能使其成为科学。

三　发展的障碍

研究工作中的另一个根本性错误是把研究集中在变革传统社会的阻力方面。殖民地－出口时期形成的结构确实具有强大的抗拒力和苟延残喘的能力。但是，主要原因并非在于这种结构，而在于我们这些依附国发展进程本身的特点。

如果继续把研究工作局限于传统社会在经济、社会、政治、文化和制度等方面的阻力上，就无法了解拉美经济危机的根本问题。

因此，不能集中分析两个阶段或两种制度（传统的与现代的，资本主义的与封建主义的）的抽象－形式关系，而应集中分析这些历史上形成的具体社会，即不发达社会，或更确切地说，就是我们后文提出的依附性社会的特点。

所以，关于发展的理论不把描绘从一个并没有真正认识的社会向一个不会存在的社会的过渡作为目标。也就是说，它的目标应是研究我们想要认识的社会的发展规律。要弄清楚这些规律在何种程度上是这些社会所特有的，在何种程度上又能和发达国家（不管是资本主义国家还是社会主义国家①）的发展规律相一致。

因此，发展不是一个技术问题，也不是在一批专家治国论者和官僚的领导下向一种或多或少地根据从以往经验的形式抽象中得出的模式而勾画的社会过渡。

发展是各国人民、是人类的一桩带有冒险性的事业。故而，在对它进行勾画和研究时，需要有一种超越技术专家、官僚和学者们的局限性的广阔视野和分析角度。

---

① 面对中国和古巴发展经验的特殊性，有些理论家感到十分困惑，随着朝鲜和北越，再加上罗马尼亚和阿尔巴尼亚，它们都像南斯拉夫以前所做的那样，宣称它们的社会主义道路具有自己的历史特殊性，这种困惑就更为严重了。波兰、捷克斯洛伐克、匈牙利和民主德国的特殊历史经验所提出的问题是很重大的，虽然对之评论较少。这些特殊情况导致出现了一些社会主义的特殊形式（尽管这并没有违背社会主义体系和社会主义国家的基本一致性）和与各国社会主义不同发展阶段相适应的特殊政策。必须打破社会主义国家政府之间关系的旧框框和摆脱无产阶级国际主义模式的束缚，建立起能照顾社会主义各国的特殊利益并根据这些根本性变化重新确定它们的总体利益的新型关系，只有这样社会主义阵营的内部矛盾才能获得解决。但是需要指出，每个社会主义国家内部同时也必须进行深刻的变革。

四　充分有效地利用资源

第三种假设与前两种密切相关。就是假设在一种发展理论指导下，能够充分有效地利用资源。这一假设的基础是前面两种假设，即：第一，具有可以被确定为目标的发展目标；第二，充分有效地利用资源取决于某些符合现代社会、理性社会、工业社会或群众社会等的特点的方法。

对资源的合理使用应当与特定的历史情况联系起来。所谓合理，这是由人来确定的，而人是有其历史属性的，属于历史上形成的某种社会的具体集团。这就是说，一项经济或政治措施合理与否，只有在对产生该项措施的社会制度的性质有所认识之后才能加以判断。

举几个例子可以说明这个问题：在发达的资本主义国家是"合理的"事情，如挥霍浪费和军事工业，[①] 在先进的社会主义国家则是不合理的。

对苏联来讲是合理的事（把主要资源用于发展重工业），对欧洲的社会主义国家却并不合理（这些国家爆发的反斯大林化运动已证明了这一点），如此等等。

关于计划化是现代社会（不管是社会主义的还是资本主义的）的普遍特点这一思想，应作专门评论。社会主义的计划化把盲目的市场法则、竞争法则等置于社会的政治控制之下。资本主义的计划化则力图把这些盲目性的力量朝着有利于那些造成资本主义社会的无政府主义状态这一根本特征的力量——私有制和利润的方向引导。只有通过一种形式推理把人与人之间外表上的相似与其实际利害关

---

① 参阅弗雷德·库克的《军事国家》，特别是斯威齐和巴兰的《垄断资本》，其中提出军事工业、挥霍浪费等是垄断资本主义所必需的。

系混淆起来，才有可能把人们基于其社会现实的两种行为方式掺和起来。

所有这些都表明，把那些本应根据具体情况采用或制定的方法正式汇编到一种"普遍的"理论之中是危险的，尤其表明做形式主义的抽象是危险的。

五　关于发展的观念

我们也同样认为不可能有一种普遍适用的发展观念。不同的社会利益集团，主要是不同的社会阶级有其不同的发展观念。我们这些国家的发展本身不会像这类研究可能使人猜测的那样，自然而然地解决阶级矛盾。同发展有利害关系的阶级各不相同，它们寻找的是不同的发展道路。因此，在确定何谓发展和哪些是获得发展的手段时，必然会有不同的甚至相互对立的方式。从分析各个社会阶级的总体利益出发正确地确定发展道路，这属于社会科学的范畴。社会科学应当研究这些不同道路的实际可行性。但是，如果拒绝以公正的态度对决定现实进程的这些对立的利益进行分析，那就必将导致错误。对表面现象作经验主义的描绘，会掩盖现实的本质方面。因此，在研究这些表面现象时，必须从理论上对整个社会加以分析。拒绝面对这一问题是意识形态方面的一种行为表现。

六　关于发展理论的几点结论

我们可以把这一讨论归纳成如下几点：

（1）发展理论应立足于对在不同的历史 – 具体情况下形成的发展进程进行分析的基础之上。

（2）这种理论应当总结在这些特定的历史条件下，根据研究而确定的各种具体社会发展的一般性规律。

（3）确定这些规律时，发展理论必须始终牢记发展进程的种种内部矛盾，丝毫不能有把这一进程看成由一种社会向另一种社会单线过渡的意念。更确切地说，发展理论一定要表明这些矛盾在多大程度上具有某种内在的、能把整个社会引向更高组织形式的力量，这种力量和有关的社会形式一般都作为某种倾向而不是作为我们将来应该实现的模式存在于当前的现实之中。

为了预先理解拉美在 20 世纪 50 年代那一乐观时期产生的发展模式的种种困难，从理论和方法论上作这样一番评论是很重要的。

现在我们应当指出多年来在社会科学领域一直居主导地位的拉美发展所固有的这种模式的一般因素。我们的目的是（正如我们对发展理论所作的假设那样），把有时属于对立立场的各种模式和观点归纳成一种统一的拉美模式，我们认为这种模式在很大程度上指导并继续指导着科学研究和政府的政策以及党派和政治组织的纲领。

第十四章
拉美发展模式发生危机

一 不发达的历史条件

直到最近一直在拉美国家居于主导地位的社会科学认为：拉丁美洲是一个不发达地区；造成本地区不发达的原因是单一作物的出口经济与封建经济和封建社会并存。这种单一作物的出口经济是从19世纪开始发展起来的，是一种"外向型"发展模式，即以出口初级产品、进口制成品为基础的发展模式。

封建的大庄园制农业经济残余造成了这样一种局面：社会和经济不平衡、贫穷、营养和健康条件恶劣等，这种情况突出表现为收入分配的不平衡。

此外，外向型发展使我们这些国家处于一种工业、技术和制度都落后的状态，从而使拉美各国的经济依赖于外贸。朝鲜战争之后，由于国际市场上初级产品的价格低下，这种形势便变得非常严峻。

初级产品的价格不断下降，制成品的价格却不断上涨，从而使贸易条件对不发达国家越来越不利。

解决这些国家经济问题的唯一办法是实现工业化，建立一种"内向型发展"的机制。也就是说，需要一种面向这些国家内部市场的发展。从第一次世界大战时起，特别是从 1929 年的危机时起，在第二次世界大战以及战后时期，这一工业化进程已经通过"替代进口"的机制得以实现。

当从国外进口制成品遇到困难时（如在两次世界大战和 1929 年经济危机时期），替代进口机制得到加强。这些国家创建了第一批民族工业，以满足现有市场对这些产品的需求（过去是由国外进口来满足）。

为了加速"替代进口"的进程，使它从发展轻工业的初级阶段转向发展基础工业的阶段，就需要完成各种基本设施工程，而这些工程通常应由国家来领导进行。由于存在着所有这些因素，再加上外国资本的帮助，以扩大国内市场为立足点的民族工业便可建立起来了。

实行这些发展政策的目的在于保护通过出口换得的外汇，鼓励和保护民族工业以及有计划地使用紧缺的资金（特别是外汇），对此无须详述。与此同时，必须坚持制定一项旨在维护出口产品的价格和引导外援的国际政策，以便缩小发达国家与不发达国家之间的差距。

最后，还应从社会学的角度就这种发展对社会结构的影响和必须使社会上层建筑适应其需要这一点提出看法，这样，我们才能完善这一总的表述。

二 发展的道路

可以根据我们在第一章中批评过的那种理论观点，把拉美的发展模式归纳为下列 5 个基本论点：

（1）由"外向型"发展向"内向型"发展的转变，将促使不发达国家摆脱对外贸易的依赖并建立一种从其国境线内进行控制的经济。

这种转变被称为不发达国家经济的"决策中心向内部转移"的进程，也有人说这是由无法控制的国际贸易形势"左右"的发展向由本国政府按计划进行的民族发展的转变进程。

（2）作为工业化的另一个预期后果，是从事出口商品生产的传统寡头集团（大庄园主、矿山主和出口商）遭到削弱，从而导致国内权力的再分配，使中间阶层和人民群众有更多的参与，也就是说，期望出现政治民主化。

（3）与政治民主化相关联的是扩大收入再分配趋向，或者最好是向着像当时有人认为（现在仍然这样认为）的美国这样一种大众消费社会①发展的趋势。也就是说，工业化将把城乡群众作为生产者和消费者一起纳入现代资本主义生产体系之内。

（4）通过向"内向型"经济转变建立国家经济决策中心，寡头统治的削弱和中间阶层的加强导致政治民主化，民众阶层在经济上被纳入一种大众消费社会，这些因素将促使形成一种独立的民族社会，其最终表现就是一种独立的民族国家。

这种国家不是自由主义国家，而是干预主义国家，但它始终尊

---

① 20世纪50年代，世界资本主义的繁荣产生一种非常乐观的想法，以至否定了已被1929年经济危机广为证实了的资本主义制度危机周期性的理论。这种经验主义甚至影响到马克思主义思想的斗志，因为它预言危机而危机并未发生。约翰·肯尼迪的顾问们也对这种理论深信不疑，认为资本主义正在发生质变，将能摆脱危机、消费不足等。资本主义的活力曾使这种乐观气氛有所增长，这在加尔布雷思、罗斯托、霍塞利兹等人的著作中都有明显的表现。

但是，这种政策却使资本主义繁荣的另外一面表现得更为强烈。黑人问题的突出，过去被遗忘的贫困问题，国家进一步军国主义化，交替采取的军人政变和改良主义的对外政策，对中央情报局的揭露，美国大学青年学生的叛乱行动等，这些问题在世界性美元危机和越战失败时达到了顶峰，所有这些问题在一些书籍、报道和文章中均有记载，它们使有关大众社会、分支社会、工业社会等理论摇摇欲坠。总之，正如我们本书第二部分所表明的那样，1967年开始、1969～1971年加重、1974～1975年深化了的资本主义总危机，完全粉碎了那种乐观主义的看法。

重私人部门的积极性。这就是"发展主义国家"。

（5）总之，在意识观念上期望着在为建立一个独立的社会奠定基础时，工业的发展还能使我们摆脱科学、技术和文化方面的落后状态。从根本上说，相信能够消除所谓拉美文化"异化"的基础。

所谓文化异化，就是拉美文化简单地模仿在殖民中心占统治地位的文化进程。拉美的知识分子从宗主国的角度，按照宗主国的利益、标准和价值观念看待自己的国家。

这种异化是不发达状态存留下来的关键，因此需要发展一种批判意识，以便把拉美从那种状态中解救出来。这种批判意识表现为一种"发展思想"，它能把民族的意识和利益统一到民族独立社会的目标上来。

当然，尽管这一模式占支配地位，但它并非是拉美的唯一模式。在我们想要概括的总框架内，可以区分出一些偏右或偏左的立场。最偏右的立场（如果可以这样说的话）企图缩小殖民地地位的重要性，而强调进行一些不太涉及结构方面的变革，诸如更加合理的行动，经济现代化，技术开发，外资援助，建立不破坏科学共性的关于发展的社会学和经济学。

最偏左的立场（我们武断地这样划分）则力图强调经济的殖民地性质和进行结构性变革的必要性，拒绝外国资本（除非予以严格控制），提出必须建立"反映"不发达国家观点的拉丁美洲的社会学和经济学。

正如我们在其他论著[①]中强调的那样，发展主义和民族主义思想已经在拉美，特别是在那些工业化速度较快的国家里占据了主导地位。

我们认为，这种主导地位是那种思想以其最直截了当的方式反

---

① 见《依附的新观点》一书中关于"外国资本与权力结构"的章节。

映阶级利益的结果。也就是说,利用因 1929 年经济危机和第二次世界大战外国资本在拉美和其他不发达国家遭到削弱的时机,在 20 世纪 30 年代形成的工业资产阶级已变成我们这些国家里的统治阶级(在工业化程度较高的国家里,这个过程完成于 40 年代;在其他国家,它是在 50 年代和 60 年代取得统治地位的,尽管是在外资控制之下)。

这样,不管是中间阶层(特别是技术人员和知识分子)运动还是工人运动(庇隆主义运动、瓦加斯主义运动、秘鲁人民党的一些派别等),甚至农民运动(墨西哥革命特别是卡德纳斯搞的石油国有化和土地改革,玻利维亚革命,危地马拉革命等),总之,一切社会阶级在文化上均在统治阶级的思想即发展主义和民族主义的框框内活动。

这就是现代拉丁美洲思想所确定的意识形态范畴,[1] 我们必须把发展模式置于这一范畴的框架之内,并力图从拉美社会科学不同的特殊立场中总结出构成这一模式的共同要素。

三 发展模式的危机

历史事实给拉美的社会科学造成了一场极为严重的危机。乐观的 10 年之后便是一个悲观的 10 年,其特点是经济停滞和发展政策的失败。让我们把发展政策主要负责人的证词作为序曲吧。

20 世纪 60 年代中期,更确切地讲是到 1967 年,官方的悲观情绪达到了顶点。

---

[1] 乔治·卢卡奇在《历史与阶级意识》中提出了我们这里引用的潜在的意识观念,我们在《社会阶级的观念》一文中对此作了阐述。

当时的美洲开发银行总裁费利佩·埃雷拉①在谈到联合国建议的
"十年发展"目标之后证实说：

　　但是，60年代已经过去多半，而一个世界同另一个世界之
间的"差距"不仅没有像预期的那样逐渐消除，反而更加扩大
了。

　　实际上，如果当前这种趋势继续下去，至1970年，经济合
作与发展组织的那些发达国家（即西欧国家、美国、加拿大和
日本）的财富，同1960年相比就将增加6000亿美元，年均增
长近5%，而它们的人均年收入将增加到2200美元以上。

　　与此同时，发展中国家的毛增长率仅为4%，而且还应考虑
到这些国家较高的人口增长率，这一切带来的后果是，在
1960~1970年这10年间，发达国家的财富将增加50%，而占
世界2/3的发展中国家却将继续在贫困和失望中挣扎。

　　我们提及的这种国际收入再分配状况，既非通过贸易途径，
也不是通过财政援助途径形成的，这在〔世界银行和国际货币
基金组织〕华盛顿会议的辩论中得到了反映。

除了这篇证词之外，还有在20世纪50年代时兴的发展模式的
另一个代表人物劳尔·普雷维什的论著②以及拉美经委会1967年的
年度报告。该报告描绘了一种全面萧条的形势：

　　1966年拉美经济发展过程中再次出现了几年来一直是拉美

①　费利佩·埃雷拉：《拉美共同体的可行性》，载于《国际研究》（圣地亚哥）
第1期，1967年4月。
②　特别是《寻求拉美发展的动力》一书，作者在此论著中第一次对自己形成
的理论进行了全面的阐述。

经济标志的两个特点：经济增长的缓慢性和不稳定性。就拉美整个地区而言，在几年萧条之后，连续两年增长率比较令人满意，此后，人均国民生产总值实际上停滞不前。①

自 20 世纪 60 年代末起至 1974 年，关于拉美生产总值增长的指数发生了变化。1970 ~ 1973 年，生产总值的增长大大加快，平均每年为 6.9%。这一指数在很大程度上受到"巴西奇迹"的影响，因为巴西的生产约占拉美地区的 30%。如果把巴西排除在外，整个地区的增长率就下降到 5.3%。②

此外，那段时期原料和农产品价格飞涨，使拉美的外贸比价提高了 13%，对国内生产总值的增长大有裨益。与此同时，进口也有巨大增长。在 1965 ~ 1972 年，国内生产总值的增长率一直低于进口的增长率。投资率也有明显增加。

1974 年，特别是 1975 年，这些指数将有所下降。首先，因为"巴西奇迹"已经达到极限，预计增长速度将明显减缓。其次，因为农产品和原料的价格在 1974 年下半年开始急剧下降。由于国际经济危机，投资率也必将下降。

这样，形成拉美（更准确地说是拉美的某些重要国家）相对经济高涨的那些有利的经济指数，不仅不能表明真正克服本地区的困难和相对落后，反而使整个经济进入一个低增长率的新时期。

正当拉美国家政府采取计划措施且发展主义理论的主要观点显然已被接受的时刻，面对这种失败，整个发展模式以及它所依据的

---

① 拉美经委会《拉丁美洲经济研究报告》（1966 年度）第一部分，1967 年 5 月油印件。1967 年年度报告摘要证实了这种倾向。1967 年年度报告又增加了一个增长率降低的年度。

② 这一段及以下几段引用的数据摘自《拉丁美洲经济研究报告》（1973 年度），拉美经委会，1974 年，智利圣地亚哥。

社会科学都不可避免地出现了危机。①

如果从对发展主义模式的主要期望来看，那么危机还要严重得多。

1. 由外向型发展转变为内向型发展，可能加强外贸的独立性，并使经济的决策中心从外部转向内部。

但是，现实情况却更为复杂：

（1）在外贸方面，期望替代进口能导致这样一种局面，即由于主要产品均在国内生产，制成品无须再严重地依赖进口，所以发展中国家在外贸上将获得高度的自由和独立。

然而，现实情况却完全是另外一回事。替代进口与外汇状况恶化——其原因前面已经指明②——结合在一起造成对外贸的更大依赖，造成拉美国家"进口标准的弹性"小的局面。

一般说来，在殖民地－出口时期进口的产品是一些为统治阶级

---

① 因巴西和其他一些国家的经济持续 5 年增长而产生的对改变依附模式的乐观主义气氛，还不足以完全恢复对发展主义理论的信赖。讨论主要集中在被 1961 年至 1966～1967 年的数据弄得惶惑不安的发展主义理论家们仓促提出的"经济停滞或停顿"的论点以及一些关于依附问题的论文所提出的依附性发展或依附性增加的论点。

拉美经委会 1973 年关于本地区社会状况的报告反映了对最近这种增长或发展的怀疑：

"那些最'现代的'活动以不同的发展速度和具有现代特点的较高生产率在投入可预见的资本和技术的条件下以可预见的速度发展，并预示着可以通过迄今不拥有资本和技术的大部分居民的参与，在克服结构上的不同一性方面取得巨大进展。实际上，无论在经济方面还是在政治方面，结构上的不同一性似乎在自我加强。"（《拉美经济研究》第 3 部分，第 645 页）

② 劳尔·普雷维什强调降低出口产品价格的作用（见《寻求拉美发展的动力》）。另外一些作者除了强调劳务、运费、保险、技术援助和特许权使用费等所起的突出作用外，还重视资本差额赤字的作用。参见安德烈·冈德·弗兰克的《外国劳务或本国发展》（《对外贸易》总字第 16 期，1966 年 2 月）以及特奥托尼奥·多斯桑托斯的《巴西的经济危机和政治危机》一文（该文收入《社会主义还是法西斯主义：依附的新特点与拉美的困境》一书）。奥兰多·卡普托和罗伯特·皮萨罗合著的《帝国主义、依附与国际经济关系》一书已成为这方面的经典著作。

消费的奢侈品,① 因此对经济的影响是非常次要的。在替代进口阶段,使用外汇购买的是民族工业所需的投入物,即机器和半加工的原料,这些东西对经济本身的生存日益重要。

由于外汇紧缺和始终存在着外汇减少的威胁,就可理解这种基本形势的严重性。各国经济之间的相互依存是以不发达国家的依附地位为其表现形式的,因为那是一种从属于控制着国际市场、最先进的技术和生产手段的国家的依赖关系。

这些产品(像石油、化工产品、精密仪器、机器等至关重要的物资)的进口问题与国际收支赤字紧密相关。而国际收支赤字乃是初级产品价格低廉和制成品价格高昂的结果,特别是支付劳务费、运费、特许权使用费、技术援助费用等的结果,是汇出资本和支付日益增加的外债本息的结果。在由这种赤字局面逐渐积累起来的能量的作用下,外债不断扩大。

(2)关于经济决策中心向国内转移问题,这方面也未产生预期的结果。一系列最近的论著和材料表明,这些年来工业化的特点就是外国资本对大工业的控制越来越紧。② 随着工业部门的集中化和垄断化的加强而产生的这种控制,逐渐破坏了国家独立发展的可能性,将社会、舆论、经济和国家一步步地置于外国资本的控制之下。

面对这种情况,对经济的控制进一步非本国化。也就是说,尽

---

① 这种情况并非一直如此。从殖民地开始阶段起,出口收益中用于购买奴隶和为出口生产购买机器的比重一直很大。

② 关于20世纪60年代的情况请参阅笔者论文:《依附的新特点》;何塞·路易斯·塞尼亚:《垄断资本与墨西哥经济》;海梅·富克思:《美国托拉斯对阿根廷的渗透》;塞尔索·富尔塔多:《美国经济权力的集中及其对拉美的影响》(《国际研究》第1年第2~4期,1967年10月,1968年3月,圣地亚哥);费尔南多·H. 卡多索:《巴西的工业企业家与国家的发展》(社会经济研究中心油印件);戴尔·约翰逊:《拉美进步的民族资产阶级:实例研究》(作者手稿);乔治·蔡尔德:《不发达与垄断利润》(《思想批判》第2~3期,1964年3~4月,哈瓦那)。关于这一问题的后来的研究材料,请参阅关于依附理论各章的书目。

管在不发达国家内部产生了一些与本国国内市场休戚相关的强大势力，但它们是国际性的，不是本国的。

显而易见，外国资本控制的日益加强也限制了建立独立的民族国家的可能性。处于外国垄断集团——由掌握技术、资本和管理技能的国际企业组成——权力之下的国家不具备反对这种权力的必要条件，并最终被那些外国利益集团所控制或操纵。我们在这方面还能看到一些抵抗运动，但我们认为，由于各国经济本身的演变，这些抵抗运动注定会失败。我们将在后面一些章节里比较详细地研讨这一问题。这些抵抗行动的基础是拉美的国家资本主义力量。以支持私人部门和发展资本主义为主要目的而建立起来的国有企业，本身就是一股经济力量，试图制定自己发展方针的文人和军人官僚、技术阶层就是依靠这些国有企业的。但是，在资本主义经济范畴内，国家的经济权力不可能始终反对占统治地位的生产方式的根本利益集团。

2. 至于寡头集团力量的削弱和随之而来的政治民主化，现实也并非如此。

拉美传统的农矿商 - 出口寡头集团的确受到了削弱。这反映于下列事实：在那些实现了工业化的国家，外贸占国民收入的比重日益降低。但是，这种经济上的削弱，也没有随着城市 - 工业生活而发展，相应地导致旧式农业结构的解体。①

这是怎么回事？在拉美的社会和经济结构中究竟是哪些因素造成了这种现象？

出口部门的经济是工业发展的基础，替代进口正是农业或矿业出口结构与工业结构之间的一种妥协。第一，因为工业部门所满足

———————————

① "可以肯定的是，传统社会多少变得灵活了一些，而且经常能够在不改变原来面貌的情况下吸收一些非常合理的因素。"见拉美经委会《战后拉美的社会发展》，索拉尔 - 阿切特出版社，布宜诺斯艾利斯，1966 年。

的根本需求主要来自寡头集团和工业企业中劳动者的消费，来自城乡中间阶层的消费极少；第二，因为开办工厂所需要的机器和原料是用出口部门赚来的外汇从国外购买的，我们称之为资本的"外部"积累；第三，因为在投入的资本当中，大部分直接或间接地（特别是通过银行系统）来自农业部门创造的巨额收入，这些收入没有重新投入农业。

我们可以由此理解 20 世纪 30 年代之后在拉美得到巩固的经济、政治和社会方面的妥协。20 世纪 20 年代和 30 年代蓬勃发展的中间阶层和小资产阶级的革命运动导致了这种妥协制度。

与此同时，拉美并未实现政治民主化。19 世纪和 20 世纪初期在农村实行的旧的监护选举结构又搬到了城市并污染了新的政治活动形式。在某种意义上，民众主义按照自己的方式改造了这种旧的监护方式，代表了"城市群众方式"和"传统人物方式"之间的一种妥协。这样，尽管群众在国家生活当中起着重要作用，但未能建成欧洲式的资产阶级民主。

但是，近些年来更令人感到震惊的是建立强权政体这种趋势，某些工业化程度最高的拉美国家是这种趋势的表演舞台。群众参与政治生活的程度越来越高，其结果是军人政变或通过不断强化行政权力使政权机关变得强硬起来。

同很多人原先的看法相反，这些军人政权没有执行支持它们但未能在军政府中控制权力的传统自由派寡头集团的典型政策。这些军政府自相矛盾地高举现代化的旗帜，在许多情况下增加国家投资，自称是美国的无条件盟友，甚至在涉及它们国家同美国的关系时宣称要捍卫"相互依赖"的国际原则（1973 年前巴西的情况最为明显；尽管阿根廷的翁加尼亚政府遭到失败，但这未能阻止其他国家如 1971 年玻利维亚、1973 年乌拉圭和智利在"巴西模式"的启示下进行重要的尝试）。

如何解释这种情况？

有一种假设对直到最近几年一直代表社会科学主要方向的那些观点提出了质疑。这些政权并不代表所谓传统的经济部门的利益，恰恰相反，这种类型的强权政府是为适应垄断资本主义本身需要的结果，而垄断资本主义是与大型国家企业的管理者——国家官僚阶层的利益联系在一起的国际资本的一种表现形式。这些军政权同资深的寡头集团搞的排除人民运动的新型妥协只占次要地位。

3. 人们所希望的大众消费社会也只不过是幻想而已。大城市比农村发展得更快，在这些城市中有广大的阶层直接与大众消费相连，这是事实。但是，另一方面，随着城市的扩大，都市中没有完全被纳入资本主义市场的贫穷居民却以更大的规模增加了。

这些日益扩大的贫穷居民队伍的形成，不能归咎于旧的传统制度。恰恰相反，这是城市人口自然增长（城市的人口出生率很高）的结果，同时也是农村危机迫使大量农业劳动力流向城市所形成的移民大军造成的。我们知道，近些年来拉美发展的特点是：在整个就业人口中工业劳动力所占比重只有很小的增长。[①] 其原因在于拉美发展本身的性质，即这是一种建立在依靠垄断资本，采用大工业中心新近使用的、从当地标准来说是非常先进的，因而是使用劳动力较少的技术基础上的发展。

不能反对发展技术，但是，在 20 世纪 20 年代和 30 年代获得解放的原有农村劳动力尚未被吸收进资本主义结构内，新技术的采用给我们这些国家的居民带来了灾难性的后果。企业结构不能吸收农村被解放的劳动力和一般增长的人口。

因此，这种性质的发展所带来的后果是社会和经济边际化问题

---

① 　参见卡多素和雷纳的论文《拉美的工业化、就业结构和社会层次结构》（拉美经济社会计划研究所，1966 年油印件）以及后来就边际问题进行的专题讨论。

加剧，把边际化问题提高到当代社会科学中心题目之一的高度。[1]

4. 在这种情况下，关于以强大的面向国内市场的经济为基础的民族独立社会的设想还能有什么结果呢？关于要充当进步的民族精英作用的企业主阶级的设想有何可言呢？关于代表民族利益的独立的民族国家的设想呢？关于以日益增多的民众参政和经济发展成果为基础的那种政治民主的设想呢？最后，关于冲破精神方面的混乱状态，把本民族发展的利益放在首位，协调和推动这一进程的发展主义思想的设想，又有何可言呢？

本应负责领导这一进程的所谓民族资产阶级正被外国资本所同化。最近进行的关于企业主的调查研究越来越清楚地表明了这一点。[2] 多国公司的经理们或负责人逐渐掌握了各国经济生活的领导权，而且很快就涉及社会生活的其他领域。

民族主义和发展主义思想，一旦失去了其社会基础就逐渐衰落，组成这种思想的各种利益集团之间的对立也日益明显地表现出来。尽管如此，这一进程的各个历史阶段并未完结。尽管这些思想变得越来越矛盾和脆弱，但还会在新的形势下重生。资产阶级抛弃了这些思想，把实践这些思想的任务让给技术人员和文武官僚，或者干脆让给那些从过去获取信心以保护自己不受当前剧烈变革伤害的左派政治家和工人领袖们。因此，在资本主义世界，只有在中间阶层

---

① 参见阿尼瓦尔·基哈诺的《关于社会边际化概念的注释》，拉美经委会1966年油印件。

② 关于20世纪60年代的情况请参阅笔者论文：《依附的新特点》；何塞·路易斯·塞尼亚：《垄断资本与墨西哥经济》；海梅·富克思：《美国托拉斯对阿根廷的渗透》；塞尔索·富尔塔多：《美国经济权力的集中及其对拉美的影响》（《国际研究》第1年第2~4期，1967年10月，1968年3月，圣地亚哥）；费尔南多·H.卡多索：《巴西的工业企业家与国家的发展》（社会经济研究中心油印件）；戴尔·约翰逊：《拉美进步的民族资产阶级：实例研究》（作者手稿）；乔治·蔡尔德：《不发达与垄断利润》（《思想批判》第2~3期，1964年3~4月，哈瓦那）。关于这一问题的后来的研究材料，请参阅关于依附理论各章的书目。

和小资产阶级那里才能找到支持和保护在资本主义制度内实行民族独立发展计划的某种动力。

四　结论

现在，我们可以从这些初步的分析中得出几点结论。

首先，在我们这些国家占据主导地位的发展理论强调由落后的、传统的或封建的社会向现代的、发达的或资本主义的社会过渡。这种强调意味着需要解决的问题来自这些国家经济的落后方面，而且要把科学分析集中在由这些落后方面形成的阻挠发展的障碍上。

根据这种基本研究方法，制定出一种拉美发展模式。这种模式主要建立在相信工业化能够逐步带来经济、社会、政治和思想方面效果的基础上。

但是，拉美国家的工业化进程不仅未能消除大部分传统社会造成的障碍，反而带来新的问题和异常紧张的形势，并在拉美的普遍危机中反映出来。

在拉美国家社会学领域内占支配地位的这种发展模式（及其内含的发展设想）遇到的危机，使社会学本身也发生了危机，也使发展和不发达本身的概念以及这些概念的解释作用陷入危机。由此产生了依附的概念，作为解释这种自相矛盾的状况的可能因素，也就是要对我们为什么不能以当前发达国家同样的方式发展这一问题做出解释。拉美国家的发展受到某些国际关系的制约，这些关系可以称作依附性关系。这种情况使得我们的发展受某些特殊规律的支配，人们把这种发展称作依附性发展，而依附性发展可因国际经济的不同历史阶段和拉美国家在其中的地位不同而有所变化。

因此，需要研究哪些是依附关系，这种特殊形式的依附性发展的基本特点是什么，以及如何使这种发展与各国或当地多种多样的结构条件相适应。

第十五章
依附概念的形成

一 依附和内部结构

我们看到，依附概念是在拉美讨论不发达与发展问题的过程中产生的。由于对工业化效果的期望未能实现，人们对作为 20 世纪 50 年代制定民族的和独立的发展模式的基础发展理论产生了疑问。依附论的概念就是力图改正过去错误的一种概念。但是，这一概念未曾得到全面阐述，尽管在对发展问题进行学术讨论时被置于中心地位并有一系列论文①在学术上为它确立地位。

---

① 弗尔南多·H. 卡多索和恩索·法莱托：《拉美的依附和发展》；奥斯瓦尔多·森克尔：《民族发展政策与对外依附》（《国际研究杂志》第 1 卷第 1 期，1967 年 5 月 1 日，圣地亚哥）；佩德罗·帕斯：《金融依附与民族工业的非国有化》（拉美经委会 1967 年 11 月油印文件）；阿尼瓦尔·基哈诺：《拉美的依附、社会变革和城市化》（拉美经委会 1967 年 11 月油印文件）；托马斯·瓦斯科尼：《文化，思想，依附和异化》（《社会经济研究中心公报》第 3 期，圣地亚哥）；鲁伊·毛罗·马里尼：《巴西的相互依赖与帝国主义的一体化》（《每月评论》西班牙文选集第 31 期，1966 年 4 月）；特奥托尼奥·多斯桑托斯：《依附的新特点》（《社会经济研究中心杂志》，第一部分：《大企业与外国资本》1967 年第 6 期，第二部分：《大资本与权力结构》1968 年第 10 期）安德烈·G. 弗兰克：《资本主义与不发达》；弗朗西斯科·韦福特：《民众阶级与社会发展》（拉美经济和社会计划学会，1968 年 2 月）；斯巴达克：《拉美的危机及其外部格局》（《经济发展》1966 年 7～12 月，布宜诺斯艾利斯）；巴尼娅·班比拉：《拉美的依附性资本主义》。中美洲大学出版社出版了一本关于这个题目的有意义的论文选集。

在迄今为止进行的讨论中，对依附的传统看法存在着一些错误。目前，我们的目的是对这些观点进行批判，以便对此问题做出必要的澄清。

依附并非像人们经常认为的那样是一种"外部因素"。我们在前引论著中指出：

> 在分析巴西危机时，我们将力图指出它本身所特有的运动方式。产生这一运动的国际形势只被看作一般条件，而不是民族进程的"造物主"，因为国际形势影响本国实际的方式是由构成本国实际的内部成分所决定的。首先，用外部动力取代内部动力是一种舒服的做法。如果这种取代是可能的话，那么我们就不必研究整个进程中每个运动的辩证关系，而可以用一个抽象的总公式来取代对各种具体形式的研究了。①

阿尼瓦尔·基哈诺阐述得更清楚：

> 在这样的条件下，我们各国社会历史发展的整体问题受到依附这一事实的根本性影响，依附不是一个参考性外部因素，而是解释我们历史的一个根本性因素。②

这一看法在前面引用过的费尔南多·恩里克·卡多索、恩索·法莱托和韦福特的著作中表述得也很清楚。可以断言，它是从科学解释的高度提出这一概念的关键。

---

① 前引《巴西的经济危机与政治危机》一文，该文编入前引书《社会主义还是法西斯主义》。
② 阿尼瓦尔·基哈诺：《拉美的依附、社会变革和城市化》，拉美经济和社会计划学会 1967 年油印件，第 5 页。

把依附作为形成某种内部结构的特点加以研究，意味着把发展看作是一种世界性的历史现象，看作是资本主义体系形成、发展和巩固的结果。这种分析方法意味着必须把对资本主义在现时发达国家发展的研究和对受它影响在一些国家产生的后果的研究纳入同一历史进程之中。但是不能把这种后果看成资本主义发展的简单"影响"，而应看作是资本主义发展的决定性的组成部分。

在理论上迈出这一步之后，就可以清楚地确定现今那些资本主义国家发展的历史特征，从而确定那些不发达国家发展的特点。从对霸权中心的资本主义发展进行的研究中，产生了关于殖民主义和帝国主义的理论。从对我们这些国家进行的研究中，必然产生出关于依附的理论。

因此，我们不能不认为，提出帝国主义理论的著作者们的分析是有局限性的。列宁也好，布哈林或罗莎·卢森堡也好，这些提出了帝国主义理论的马克思主义理论家[1]以及为数不多的涉足帝国主义理论的非马克思主义理论家（如霍布森[2]），他们都不曾从依附性国家的观点来研究帝国主义问题。尽管应把依附问题置于帝国主义理论的总框架之内，但是它有自己的独特性，在总体进程中有其特定的合法性并按照这种特定的方式作用于总体进程。了解依附性，形成概念并对它的结构和历史合法性加以研究，这不仅意味着扩充了帝国主义理论，而且有助于这一理论的提高和更正。

例如，列宁在泛泛地阐述他所处时代的某些倾向时有一些含混不清的提法，现在重新予以阐明就属这种情况。列宁认为帝国主义

---

① 列宁：《帝国主义是资本主义的最高阶段》；罗莎·卢森堡：《资本积累》；И. 布哈林：《世界经济与帝国主义》。请参阅《帝国主义与对外依附》中关于这一题目的主要文章的概述。社会经济研究中心，1968 年。

② J. A. 霍布森：《帝国主义研究》；J. A. 熊彼特：《帝国主义与社会阶级》；约翰·斯特雷奇：《帝国的末日》。

关系的演变将导致中心国家的经济出现寄生性，并必然导致停滞。此外，他又认为帝国主义中心国家的对外投资将给最落后的国家带来经济增长。[①] 列宁在分析不平衡的联合制发展时，没有把外国投资对像美国和澳大利亚这样经济上已经取得独立的国家的效果同对那些主要是劳动力低廉的出口国家的效果明确分开。

如果从逻辑上看，根据列宁所处时代的那些倾向，这两种效果是应当明确分开的，那么，现在就应当弄清为什么同帝国主义国家相比处境非常落后而又未能打破不发达和依附障碍的那些国家的情况未能被区分开的原因。首先，列宁没有研究资本输出对落后国家经济的效果。如果他对这一问题作了专门研究，他就会看到这些资本投到了旧的殖民地出口结构的现代化上，因此，就同维护这些国家落后状态的势力结成了同盟。就是说，这不是一般的资本主义投资，而是帝国主义对一个依附国的投资。这种资本将会加强出口贸易寡头集团的利益，尽管实际上它也为那些国家开创了一个依附的新阶段。[②]

上面引证的例子告诉我们，必须从更广泛的范围研究依附问题。必须克服那种仅仅从霸权中心的角度来分析问题的片面研究方法，应当把外围作为世界经济－社会关系体系的一部分，进行整体分析。在这种情况下，依附的概念及其动态概念就具有其全部的理论和学

---

① "资本输出总要影响到输入资本的国家的资本主义发展，大大地加速了那里的资本主义发展。"见列宁：《帝国主义是资本主义的最高阶段》，第776页，并请参阅第821页。（见人民出版社中文版，1964年9月第2版，第58页。——译者）

② 弗里茨·施特恩贝格在提及马克思论述资本主义渗入印度的文章时强调了这个问题，但是恰恰相反，马克思正是通过那些文章成了研究依附问题的先驱之一。施特恩贝格的解释非常片面。请参阅《资本主义或社会主义》。

列宁关于理解帝国主义（他对此作了那样全面的总结）和依附现象（他对此则确实没有进行更多的研究）之间关系的论著是有局限性的。我们在这方面的意见引起了共产党伙伴们怒气冲天的反应。我们将在后文的一章中补充列宁主义对依附的研究所做出的贡献，然而我们认为竭力维护列宁本人后来也开始修正的一种意见是幼稚的。

术价值。

依附的概念不允许把不发达当作尚不属于资本主义的某种落后结构的现象加以分析。依附的概念从一开始就使我们克服了这种源于对问题采取反历史的观点，因为正如我们说过的那样，不发达是世界形势发展的产物，是资本主义在世界范围内扩张的结果。

依附理论给我们提出这样一个问题：拉美国家是在依附的情况下，即资本主义在世界范围扩张的进程中成为现在这个样子的，如此形成的经济在多大程度上可算作是资本主义经济？我们准备在下文中对此问题作进一步的探讨。现在重要的是应当非常确切地提出这样一个普遍性问题，作为资本主义殖民扩张的结果而形成的经济和社会的特点是什么？

安德烈·冈德·弗兰克在其一系列具有重大批评性价值的论文[①]中，强调指出拉美国家经济和社会的资本主义性质，他斩钉截铁地断言，不仅从其诞生之日起，而且"在其血统上"就具有这种性质。这种论点后来又得到塞尔希奥·巴古和路易斯·比塔莱的支持。[②]

弗兰克的论据是：第一，拉丁美洲是被正处于商业资本主义扩张阶段的欧洲变为殖民地的，在拉美形成的经济是那种世界经济的补充；第二，生产的主体是为了出口，因此是商业性的，谈不上封建主义；第三，拉美最不发达的地区是那些曾经有过高度繁荣的出口业因而也就是商业的地区，因此，把不发达同封建主义联系起来是荒谬的；第四，资本主义体系就如一群卫星环绕着一个中心星辰旋转的体系。这个中心星辰剥削由卫星和次卫星组成的整个体系，

[①]　安德烈·冈德·弗兰克除前引著作外，还发表过《拉美双重性前资本主义的新混乱》，载墨西哥《经济》杂志第4期，1965年5～6月；《不发达的发展》，载哥伦比亚《发展》第1卷第1期，1966年1月。

[②]　塞尔吉奥·巴古：《殖民地社会的经济》；路易斯·比塔莱：《拉丁美洲：封建主义，还是资本主义》，载智利《战略杂志》1966年第3期。

而这些卫星则又剥削体系内位在其下的其他实体。因此，在不发达国家内有一个与国际体系相联系的内部剥削体系。

弗兰克的批评是正确的，不能把为出口而组织的经济和社会说成是典型的封建主义。但是，恰恰因为这些经济为出口而生存并因此而未能创建一个国内市场（由于其收入主要来自出口，因此正如我们将在另一章分析的那样，它们是国外制造业生产而并非国内制造业生产的市场），未能像当时欧洲一部分地区那样成为一种资本主义的商业制造业经济，反而成为在殖民地出口的框架内发展的一种奴性十足的经济。出口体制有利于一种自然经济或自产自用的经济与出口经济并存，而未能在制造业部门产生重要的副作用，出口体制不允许也不鼓励全面发展资本主义生产关系，恰恰相反，它所依靠的乃是农奴或奴隶劳动方式。

这种生产制度的特点是什么？它是一种资本主义制度，还是另一种生产方式？或者像那时欧洲正经历的一个由封建制度向资本主义制度过渡，被称作商业－制造业时期的阶段那样，是一种由不完全的封建制度或奴隶制度向资本主义制度过渡并采取殖民地出口形式的制度？

我们认为，最后一种特点最接近于依附的现实情况。18世纪末期的英国工业革命创造了在欧洲发展资本主义生产方式的条件，把资本主义生产方式变成在这些国家占统治地位的生产制度。之所以能够这样，恰恰是商业－制造业时期已经为使生产资料所有权和自由劳动力分开创造了条件；还为在垄断国际贸易，集中和活跃金融活动与破坏农民家庭经济的基础上原始资本的快速积累创造了条件。总之，商业－制造业时期已经促使面对持续扩大的国内外市场的制造业中的分工发展起来。生产金属和热带作物的拉丁美洲当时的情况则不同：欧洲拥有巨大的市场，拉美则没有，这个市场的剩余商品对拉美来说已经太多了，而且拉美还必须向王室和商人们付出大量款项。当拉美突破殖民地时期的限制之后，这种种因素就把它引向以出口部门为基础的依附性资本主义。殖民地出口制度的遗迹形成了"解放后的"拉丁美洲的参变量，这不仅因为过去我们的大部分盈余被掠夺了，而主要是因为我们的经济－社会结构是依附性的，而解放革命未能改变这种结构的基础，像过去一样，这种结构是由当地的寡头统治的。

我们认为已经阐明了这一基本问题：不发达不是先于资本主义的一个落后阶段，它是资本主义的一种结果，是资本主义发展的一种特殊形式，即依附性资本主义。这不是一些国家变为附庸的问题（安德烈·G.弗兰克试图证实这一点），而是受依附性国际地位制约的某种内部结构的形成问题。

二　何谓依附

这样，我们就有可能对依附下一个比较明确的定义了。

首先，我们必须把依附看成是一种限定性状况。

依附是这样一种状况，即一些国家的经济受制于它所依附的另一国经济的发展和扩张。两个或更多国家的经济之间以及这些国家的经济与世界贸易之间存在着互相依赖的关系，但是结果某些国家（统治国）能够扩展和加强自己，而另外一些国家（依附国）的扩展和自身的加强则仅是前者扩展——对后者的近期发展可以产生积极的或消极的影响——的反映，这种相互依赖关系就呈现依附的形式。不管怎样，依附状态导致依附国处于落后和受统治国剥削这样一种局面。

这样，统治国就对依附国拥有技术、贸易、资本和社会政治方面的优势（在不同历史时期拥有上述范围内某些方面的优势），从而使它们得以对依附国强加条件，进行剥削并掠走其国内生产的部分盈余。

因此，依附的基础是国际分工，这种国际分工使某些国家的工业获得发展，同时限制了另一些国家的工业发展，使后者受到由世界统治中心控制的增长条件的制约。

在原料及农产品生产者同制成品生产者之间的国际分工是资本主义发展的结果，而这种发展在各国之间必然采取不平等的联合方式。这种不平等的方式是由资本积累的特点决定的，资本积累过程中经济增长的基础在于多数国家受少数国家剥削和社会经济发展的手段集中于这些少数国家之手。各国拥有高度集中的资本、控制着世界市场、垄断着储蓄和投资能力的少数集团，是形成一种不平等的国际联合体制的辅助因素。

由于贸易和工业革命，用于生产和通信的技术不断发展，上述体制逐渐变得在国际范围内越来越相互依赖，贸易和工业革命使得过去相互之间处于孤立状态的经济变得相辅相成了。然而，这种相辅相成的关系，或者说相互依赖的关系，不属于人与人之间合作关系的范畴，而是私人业主之间的竞争关系。在这种斗争中"人是披着人皮的狼"（霍布森语），垄断是胜利的基础。

大概是在意大利、葡萄牙、西班牙、荷兰、法国和英国先后形成了巨大的资本中心，在这些中心周围组织起成为新的资本主义生产制度基础的发展中的生产中心。拉美当时不包括在那些资本中心之内，后来也未能包括在生产中心之内。拉美不得不等待，直到统治中心发生的那些变革通过猛烈急剧的扩张运动向全世界辐射时方被部分地纳入体系。拉美在发展成一种自主的或独立的经济之前，将继续在这种它没有决定权的国际体系中处于简单而必需的辅助地位。

那么，我应当如何理解限定性状况呢？

限定性状况就是决定着人们和举止的界限和可能性的状况。面对这种状况，只有两种可能性：第一，在这种状况之内做出不同选择（选择不是完全自由的，因为具体状况包含着其他一些成分和因素，促使形成这一总状况的某些特殊形式，并进一步限制了行动和选择的可能性）；第二，改变这种限定性状况以便获得另外一些行动的可能性，也就是说，朝着质变的方向行动，但这也必须根据其具体可能性来进行。

既然依附是一种限定性状况，那它就规定了这些国家可能的发展限度和方式。

然而，这不是确定不变的，原因有两个：

（1）发展的具体情况是由依附的这种一般限定性因素和被限定的情况的具体特点形成的，这些具体特点重新确定总限定性状况并使之具有新的特点。

（2）依附状况本身也会改变，事实上，随着支配性结构和依附性结构本身的变化，依附状况也在改变。发生此种变化可以不打破依附关系而只要加以调整（如由贸易依附转向工业－金融依附）；或者打破这些依附关系，寻求巩固独立的经济（例如中国、朝鲜、越南和古巴等一些第三世界社会主义国家的情况，尽管由于遗留下来的旧状态和旧结构，它们仍然可能面临各种问题）。①

根据上述情况，可以得出这样的结论：如果不从这种现实的整个复杂性来考虑，对依附的研究就是不全面的，就会走入歧途。也

———————————

① 必须把拥有非常完整的民族经济的中国的情况同大部分收入仍然依靠出口蔗糖的古巴区别开来。但是，在社会主义国家，社会和权力不是像在资本主义经济（那里生产本身就是一种价值）中那样以发展消费为基础的。因此，社会主义国家可以更加容易地对付外部经济压力的局面。这就是像古巴那样依赖外贸的一些国家能够维护其政治独立的秘密。所以不能把这种性质的依附包括在我们关于依附的科学概念之内。那是一种特殊状况，它的发展规律不同。对那种依附的研究，要用特殊的观点。东欧社会主义国家的问题也需要进行专门的研究，因为它们的工业发展水平更高，它们离苏联和西欧很近，还因为它们都有斯大林主义的经历。

就是说，必须把这种限定状况理解为界限，或者更确切地说，理解为某些比较复杂的现实情况的组合，这些现实情况组成的总的实际就是各国的结构。

由此我们可以提出我们导言式的第二个一般性结论：依附决定着某种内部结构，而这种内部结构又根据各国经济在结构方面的可能性确定依附的状况。

因此我们可以说，虽然这些国家的经济并不决定总的依附关系，但为这种依附关系发展的可能性划定了界限，确切地说，根据其具体运行的水平确定着这种关系的发展可能性。

这一问题具有深刻的方法论内容。这不是确立某些战略变量的问题，这种战略变量作用于其他变量，形成一种运动——这些变量活动的合力运动。对比较复杂的现象来讲，这是一种过分机械的方法，因为只要使用另一种科学方法，就可以科学地领会其根本的复杂性。

现在不是深刻阐述这一问题的时候。让我们仅从研究依附的角度来加以探讨，我们研究的对象是依附。我们把依附确立为一种历史状况，它造成了一种世界经济结构，即有利于一些国家却损害另外一些国家经济发展的结构，并决定了这些国家内部经济发展的可能性，从而形成了它们的经济－社会现实。确定了这一研究对象之后，就要分两步对它进行分析。

第一步，要根据资本主义制度在霸权中心的历史发展及其同世界体系的关系确定依附的基本形式。在这一方面，依附的历史及其作为一种体制的定义，同世界资本主义体系的历史及其各种不同的历史形态相混淆，同对世界资本主义体系（是依附国所面临的具体国际形势的决定因素）的分析相混淆。

第二步，我们应研究这些依附国的经济是怎样在这一世界体系的内部为适应体系的需要而形成的，以及这些国家的经济对世界体系的发展起了什么作用。

三 这种分析对发展理论的意义

至此，我们就找到了这种研究对发展理论的根本意义。确定了拉美国家内部结构是依附性的，我们就必须弄清源于这种联合制的多种多样的依附关系，以及支配这类社会发展的规律。

明确了依附性社会的发展规律（任何社会理论基本上都没有把这些规律作为专门研究的对象），我们也就明确了发展的可能条件。不是指一般性的和抽象的条件，而是指通过理论分析概括出来的特殊历史条件。

这种研究问题的方法，解决了拉美社会科学内现今依然存在的关于创建发展理论的一场争论。争论在于是否有必要以不发达的条件为基础建立本国的社会科学，以便重新探讨所谓"外国的贡献"，或者是否可以把社会学的"普遍观点"和"目的"简单地应用于我们这些国家的现实。我们看到，这种选择是不符合实际的。

不能把社会科学建立在不发达的条件之上，也不能从这种科学出发来探讨外国的贡献，因为只有从考察整个体系的发展出发才能理解不发达的条件。

不能把社会科学的普遍观点"应用"于不发达国家，因为社会科学的观点不涉及表面上的共性，而是涉及现实。这些历史现实具有一种结构形态，因而可以对之进行抽象研究，但这是一种辩证的抽象研究，就是说，是在对某种具体历史现实的运动规律进行概括的基础上的研究。总而言之，支配不发达国家发展的规律是特殊的规律，所以应该予以特殊的研究，就像研究依附性资本主义国家的发展规律及其各种类型那样。故而在这种情况下，不是把普遍性观点"用于"特殊情况，而是根据某些特殊情况重新确立普遍性观点。结果就是一种新观点。

另一点结论，它对理解依附是至关重要的，那就是统治中心中占主导地位的利益集团和依附性社会中占主导地位的利益集团必然联系在一起。从原则上讲，"外部"统治是无法实现的。外部统治只有得到当地国家内部一些从外部统治中获益的阶层的支持才能实现。因此，必须同"异化"观点决裂，这种观点曾企图在我们国家的精英之中寻找一种站在他人实际的立场上观察本国实际的异己现象。根据此种理论，我们的精英从殖民者的角度观察我们的国家，而这种基本的异己情况就是不发达和依附性文化的表现形式。

说明统治集团的利益与"被统治的统治者"的利益之间必然一致（由此可看到依附国统治阶级的特点）之后，我们就说明了尽管这些统治者的利益之间存在着内部冲突，但从根本上说这些利益是共同的。异化观点导致歪曲现实，必须用构成依附状况的各种国际、国内成分之间"妥协"的观点取而代之。①

组成依附状况的各种不同利益之间妥协或联合的观点是建立依附理论的基本要素。

上述一切产生了一项理论要素，它同我们这些国家的发展以及政治、社会、经济、文化等日常生活中的实际问题休戚相关。

如果依附状况就是一国的内部状态造成的并在结构上与这种内部状态相连接，那么，采取使国家摆脱外国影响的办法是不能打破这种依附状况的，因为这样做将直接给从本质上说是依附性的内部结构带来混乱。打破依附的唯一办法是改变这些国家的内部结构，但这样必然会导致与这种国际结构发生冲突。

不幸的是，我们要在这种复杂的形势下研究依附现象。在辩证

---

① 关于文化依附问题的研究有大量著作，我们只举 3 篇令人感兴趣的论文：万德莱·吉列尔梅的《方法论争论初探》，载《巴西文明杂志》第 5~6 期，里约热内卢，1966 年 3 月；何塞·卡洛斯·恰拉蒙特的《阿根廷的欧洲主义问题》和前面引用过的托马斯·阿马德奥·巴斯科尼的文章。

法的帮助下，我们能够解决这个问题。可惜的是（或许这是人类特性中的优点），意识所代表的或者所想象的现实太贫乏了，① 而真正的现实太丰富了。

---

① 那是我们时代头脑简单的经验主义者和其他天真的现实主义者的"随心所欲"。

第十六章
依附的结构

　　根据我们至此所讨论过的内容，可以说历史上的依附形态是由下列因素决定的：

　　——有其自身发展规律的世界经济的基本形态；

　　——各资本主义中心占支配地位的经济关系的类型及其向外扩张的方式；

　　——在由资本主义扩张形成的国际经济关系中共同处于依附地位的国家内部各种经济关系类型。

　　我们不想在这里详细研究各种依附形态，这一工作留待以后去做，现在只能粗线条地就其发展情况做一分析。存在着下列依附形态：

　　（1）殖民地商业－出口依附。在这种形态内，与殖民主义国家机构结盟的商业和金融资本通过贸易垄断支配着欧洲和殖民地国家的经济关系。在殖民地国家，对贸易的垄断还伴随着对土地、矿藏和劳动力（农奴和奴隶）的殖民垄断。

　　（2）金融－工业依附。这种依附形态在19世纪末得以巩固，其特点是大资本在各统治中心居领导地位并对外扩张，向原料和农产品生产部门投资，以满足各统治中心的消费之需。这种依附在依附国形成了一种从事这类产品出口的生产结构——莱文称之为

"出口经济",① 从而产生了拉美经委会称作"外向型发展"的情况。②

（3）技术－工业依附。这是战后时期获得巩固的一种新型依附，其基本特点是跨国公司的技术－工业统治，③ 它们转而向以不发达国家内部市场为目标的工业部门进行投资。

世界经济把那些所谓的民族经济统一在一个商品、资本甚至劳动力的世界市场内。通过对世界经济形成过程的分析，我们就会看到，在这个世界市场内产生的关系是不平等的联合关系。

不平等，是因为在这个体系内，一部分国家的发展是以牺牲另外一些国家的发展为代价的。贸易关系的基础是对市场进行垄断性控制，把在依附国生产的盈余转移到统治国。至于金融关系，就统治国而言，表现为放贷和资本输出，这使它们能够获得利息和利润，从而增加它们的国内盈余并加深对依附国经济的控制；就依附国而言，则表现为利润和利息的输出，从而使它们国内生产的部分盈余遭掠夺并使它们丧失了对其生产资源的控制。

依附国只有创造大量的盈余才能忍受这种不利的关系，但这并非通过掌握较为先进的技术来实现，而是依靠遭受着超额剥削的劳动力，这就限制了这些国家内部市场的发展，而且也限制了这些国家的人民在技术和文化能力及身心健康方面的发展。

我们说这是一种联合发展，因为正是这些不相等的方面的联合以及最落后的依附性地区的财富向最先进的居统治地位的地区转移，造成和加重了那种不平等，并把不平等变成世界经济中心必不可少的结构性因素。

上述每一种依附形态符合一种情况，它不仅决定着拉美国家的

---

① 见 I. V. 莱文的《出口经济》。
② 拉美经委会：《拉美经委会和对拉美发展的分析》，智利圣地亚哥，1968 年。
③ 特奥托尼奥·多斯桑托斯：《依附的新特点》。

国际关系，而且也决定着其内部结构：生产的面向、资本积累的形式、经济增值及其他社会和政治结构。

一　出口经济

在第一和第二种依附形态中，生产面向用于出口的产品（殖民地时期为黄金、白银和热带作物；工业－金融依附时期是原料和农产品）。换言之，生产的面向取决于统治中心的需求。因此，内部生产结构的特点就是严格的专业化和整个地区（如加勒比地区、巴西东部等）从事单一作物生产。

伴随这些出口部门，形成了一些补充性经济（如畜牧区和某些制造业），一般来说，它们完全依附于自己产品的购买者即出口部门。

还有第三种经济形态，即"糊口"经济形态。当世界贸易顺利时，它向出口部门提供劳动力；不顺利时，多余的劳动力就流向这种经济部门。

在这些条件下，有4种因素限制着国内市场。

（1）国民收入的主要部分来自出口，但它用于购买出口生产的投入物（如奴隶）或用于供庄园主、矿山主或最富有的职员们的奢侈消费。

（2）劳动力遭受超额剥削，这限制了他们的消费能力。

（3）这些劳动者的部分消费来自"糊口"经济，这种经济是他们收入的补充，在萧条时期则成了他们的避难场所。

（4）第四种因素存在于土地和矿山归外国人所有的国家（即飞地经济）。在这些国家里，大部分积累盈余以利润的形式转移到国外，这不仅限制了国内消费，而且也限制了再投资的资金。①

---

① 保罗·巴兰在《增长的政治经济学》中专门研究了经济盈余及其使用问题。

在飞地经济中，外国公司与统治中心的关系更富有剥削性，因为飞地的工人和技术人员所需的用品都直接从国外采购，从而增加了公司的利润，同时也减少了出口经济对国内市场的影响。这种现象只是在很久以后才有所缓解，这是由于在工人特别是中间阶层的压力下，通过国家采取行动对飞地的活动建立税收制度，并把由此获得的收益用于当地居民身上——建造公共设施、增加社会福利、创造公职就业机会等。

二　新型依附

在新的依附形态即前述第三种形态中，发展中的工业生产以多种形式取决于国际市场对货物和资本的需求。

形成新投资的可能性，取决于是否有购买国内不能生产的机器和材料的外汇。这种采购受制于下列两种因素：出口部门创造资金的限制（反映在国际贸易差额上，不仅包括贸易关系，也包括劳务关系）和专利垄断的限制，专利垄断使那些垄断公司要求以资本形式而不愿以商品形式转让它们的机器。

要了解强加给这些国家经济发展的主要的结构性限制，必须研究这些依附关系。

1. 工业发展取决于是否有一个能够创造外汇以便购买工业部门使用的投入物的出口部门。

这种依附的第一个后果就是必须保留传统的出口部门。由于这个部门保留着落后的生产关系，所以在经济上限制了国内市场的发展，而在政治上，则意味着传统和没落的寡头集团保持着政权。如果这些国家的出口部门受外国资本的控制，那就意味着大量利润汇出国外，政治上则依附于这些利益集团。

必须指出，外国资本至少要控制这些产品的销售部门，放弃这种控制是罕见的。为了打破这些限制，某些依附国在 20 世纪 30 年代和 40 年代对本国或外国出口部门实行汇兑限制相课税政策，现在则倾向于对生产逐步实行国有化并小心翼翼地在一定程度上限制外国对出口产品销售的控制。此外，同样小心翼翼地为其产品寻求较好的销售条件。最近 10 年间，产生了一些国际价格协议机制，当前，联合国贸易和发展会议以及拉美经济委员会在施加压力，以便从统治中心那里为这些产品争取到较为有利的关税税率待遇。

重要的是应当指出，这些国家的工业发展取决于它们被迫接受的出口部门的这种状态。

2. 工业发展与国际收支差额的波动密切相关。

正是因为这种依附性关系，国际收支的趋势是逆差。造成逆差的原因有 3 个。

（1）形成贸易关系的国际市场是高度垄断性的。这一市场的趋势是压低原料的价格，提高工业产品尤其是投入物的价格。此外，现代技术趋于用合成原料取代某些初级产品。因此，这些国家的国际贸易收支趋势是赤字（尽管在某些情况下尚有一点顺差）。

就整体而言，拉美的国际贸易余额在 1946 至 1968 年间每年都是顺差，几乎所有国家的情况都是如此。但是，根据拉美经委会和国际货币基金组织的资料，以 1950 年的价格为基础，在贸易条件方面整个拉丁美洲（古巴除外）在 1951 至 1966 年期间的损失约为 263.83 亿美元，如果不包括古巴和委内瑞拉，总数约为 159.25 亿美元。

自 20 世纪 60 年代末起，拉丁美洲的国际贸易差额发生了重大变化。至 1969 年，拉美（不包括古巴和加勒比地区）的国际贸易是顺差；此后，这一地区在货物和服务方面的国际收支中出现了逆差。另外，1973 年底石油价格急剧上扬，把本地区分成了石油输出国和石油进口国，给像巴西这样重要的国家的国际贸易差额带来了巨大的不利影响。力量对比向着有利于委内瑞拉和厄瓜多尔的方向发生了变化，扩大了它们在本地区的影响。

（2）资本账对经济产生了一种"非资本化"的后果。由于下文将予以阐述的理由，外国资本非法控制了经济中最富有活力的部门并给资本来源国带去巨额利润。因此，资本账对依附国是极为不利的。材料表明，总的来说，流出的资本大大超过进入的资本，从而在资本账方面造成压倒性的逆差。此外，还要加上在几乎完全由外国控制的某些服务部门的逆差，如运费、特许权费用、技术援助费用等。因此，整个国际收支出现了巨额逆差，从而限制了进口工业化所需物资的能力。[①]

上述情况在 20 世纪 60 年代没有改变："60 年代，抽回私人投资利润在私人资本流动中造成越来越大的逆差：1960～1964 年为负 41 亿美元，1965～1969 年为负 52. 64 亿美元"（《拉美经济研究》，第 648 页）。

（3）逆差趋于增加，因为需要"外国提供资金"来弥补现存逆差并通过旨在鼓励投资和"替代"非资本化的国内经济盈余的贷款为发展"筹资"，国内经济盈余未能转化为资本，这在很大程度上是国内生产的部分剩余价值被以利润形式汇出国外而造成的。

这样，外国资本和外国"援助"企图填补由它们自己对世界贸易的垄断、对运费的垄断等所造成的空白。

但是，这种援助的真实性是非常令人怀疑的。与国际市场相比，援助强加一种额外加价的金融条件。根据美洲经济和社会理事会估算，[②]

---

① 在前引奥兰多·卡普托和罗伯特·皮萨罗所著《帝国主义、依附和国际经济关系》一书中对这一主题进行了深入的研究。
② 美洲经济和社会理事会：《外国为拉美发展提供的资金》，泛美联盟，华盛顿，1969 年。这份报告未能得到与其重要意义相称的宣传，原因也许是其结论令人难堪。

如果从这些捐赠的总额中扣除额外加价的费用，那么净援助额平均只有毛援助额的 54.5% 左右。

如果考虑到其他方面（例如这些贷款的大部分是用当地货币支付的，拉美国家向国际金融机构缴纳的份额，以及这些贷款的"束缚性"影响），那么，"外国提供资金的实际部分"，按较宽余的估计只能达到 42.2%，按更加实际的估计则只占 38.3%。①

残酷的现实是，受援国尽管实际上只收到援助的一部分，却不得不按 100% 来偿还"援助"。如果考虑到这些贷款的大部分要提供给美国投资者，用于出口同本国产品竞争的产品，引进不符合不发达国家利益的技术并不总是向重点的部门投资等情况，这种局面的严重性还要更加明显。

这一切已在拉美国家政府中引起巨大的抗议活动，它们正在谋求至少部分地减少这种极为消极的关系。②

3. 继续我们的分析，我们就可看到依附性关系给发展带来的第三种结构性限制，即工业发展决定性地受制于帝国主义中心实施的技术垄断。

我们前面曾提到，不发达国家发展工业所需的机器和原料依赖于进口。但是，这些生产要素并非可以在国际市场上自由获得的。它们都受专利权的保护，而专利权一般都属于大公司。它们不是把机器和材料当作简单的商品出售，而是要求为使用那些机器和材料支付特许使用费，或者在多数情况下把这些商品转变成资本，以它们自己投资的形式引进。

---

① 美洲经济和社会理事会：《外国为拉美发展提供的资金》，泛美联盟，华盛顿，1969 年。这份报告未能得到与其重要意义相称的宣传，原因也许是其结论令人难堪。Ⅱ－33。

② 拉美资产阶级对这些消极条件的不满程度强烈地表现在拉美各国外长抵制同美国国务卿在布宜诺斯艾利斯举行会议，以此抗议 1974 年底美国国会表决通过的对外贸易法。

那些在统治中心被更先进的技术替换下来的机器，就这样作为资本运往依附国去装备设在那里的子公司。我们要在这些关系方面多用一点笔墨，以了解其统治和掠夺的特性。

由于前面阐述过的原因，依附国没有足够的外汇。同样，当地的企业家在资金方面也很困难。最后，他们还要为使用某些技术支付专利权使用费。这一系列因素迫使本国的资产阶级政府为外资进入提供方便，以弥补狭小的国内市场——为加强工业化发展，这个市场由高汇率严加保护。由于产品以高价出售，这给保护主义带来了高额利润。

于是，外资进来了，并享有各种好处。很多情况下，外资可以享受兑换豁免直接进口机器的待遇，可以利用当地资金开办工厂，可以利用政府为促进工业化而建立的财政机制，可以得到外国和当地银行的贷款（在很多情况下这些银行乐于外国资本成为它们的客户），可以得到用于发展工业的外援等。此外，在这些国家立足之后，外资可以在如此有利的条件下获取高额利润并可以自由地将利润用于再投资。

因此毫不奇怪，美国商务部的材料表明，美国向这些企业转移资本所占的比例远远低于投入资本的总和。根据这份材料，在1946～1967年期间，美国以直接投资方式进入拉美的新资本总计为54.15亿美元，利润再投资达44.24亿美元。但是，由拉美流入美国的利润却高达147.75亿美元，直接计算的总利润（约为汇出利润和再投资的总和）竟高达189.83亿美元。①

尽管已有巨额利润流入美国，美国在拉美直接投资的账面价值仍由1946年的30.45亿美元增至1971年的157.63亿美元。从上引

---

① 这些数据和下面引用的另一批数据，均系社会经济研究中心拉美依附性关系小组收集的。见前引奥兰多·卡普托和罗伯特·皮萨罗合著的书。

数据中可以看出：

（1）1916~1967 年间，美国企业对拉美进行的新投资中，有 55% 属于新投入的资本，45% 则属于利润再投资。最近几年这种情况进一步加剧，因为从 1960 年至今（1967 年除外），利润再投资占新投资总额的 60% 以上。

（2）在此期间，每年的汇出率（汇出的资本额与直接投资的账面价值比率）在 10% 左右。

（3）1946~1967 年期间，汇出资本与新进入资本之间的比率为 1∶2.73，即每进入拉美 1 美元，要流出 2.73 美元。从 20 世纪 60 年代起，这个比率几乎翻了一番，其间有些年份是相当高的。

（4）按投资账面值计算，每年的利润率几乎总是高于 10%。从 1961 年起，年利润率在 12% 上下摆动。

如果采用《现代商情概览》关于 1957~1964 年期间美国对拉美直接投资的资金来源和使用情况的材料，我们就会看到对拉美的直接投资总额只有 11.8% 来自美国。其余部分（88.2%）大多来自美国公司在拉美经营的结果（46.4% 为公司纯收入，27.7% 属于贬值和损耗），少数是"从外部获得的"（14.1%）。从外部获得的资金（并非公司外资金）数量超过来自美国的资金，这一情况是很能说明问题的。

在此期间，来自美国的资金的参与比例由 1957 年的 35% 下降到 1964 年的 0.9%。尽管对要准确地预测出一种倾向来说，这段时间尚显短暂，但是来自美国的资金的下降趋势似乎是显而易见的。

三　对生产结构的影响

很容易理解，这种依附性结构影响着依附国的生产体制，形成一种恰恰以其依附性为特征的特殊发展形式。

1. 在这些国家建立的生产体制，主要是由上面提到的国际关系决定的

首先是由保持农业或矿业出口结构的需要决定的。保持这种结构，就能在外部"宗主国"中心和内部依附性"殖民地"中心最先进的经济部门之间形成联合体制。[1] 这些先进部门掠夺最落后部门的剩余价值，非常明显地在内部产生了像国际范围内的那种资本主义发展的不平衡性和联合性。

建立一种工业和技术型结构的需要是第二个决定性因素。这种结构的引入主要由于多国公司利益的需要，而不是因为内部发展的需要（即使我们是从本国资本主义发展的利益出发来考虑）。

第三个决定性因素是，居支配地位的经济的技术和经济－金融高度集中化几乎直接转移到完全不同的经济和社会中，导致产生一种极不平衡的生产结构，造成收入的高度集中，设备能力利用不足，对集中于大城市的现有市场的集约性开发等。

2. 在这种情况下，资本积累呈现非常特殊的特点

第一个特点是，当地市场劳动力价格低廉并使用资本集约度高的技术，在这种条件下，内部工资水平的差异甚大。从相对增值的观点看，其结果是对劳动力的剥削率很高。[2] 这种剥削，由于工业产品的价格高昂而变得更加严重，而这类产品的高价格是由当地政府实施的保护主义汇兑政策、免税和补贴政策以及统治中心的援助所保障的。

作为依附性积累，它的第二个特点是必须从国外购买机器和材料，由于资本主义国际经济关系的不平等性和联合性，这种积累必然要通过国际经济这一环节，最后就深深地受制于帝国主义中心对

---

[1]　冈德·弗兰克在《拉美的发展与不发达》中谈到了宗立国中心同殖民地中心之间的关系。我们在前一章中批判了这位作者的"卫星化"概念。

[2]　关于剥削方式的衡量，请参阅巴勃罗·冈萨雷斯·卡萨诺瓦的研究文章《剥削社会学》。

技术和金融的控制，受制于国际收支状况、国家的经济政策等。无论是对本国资本主义的发展还是对外国资本的发展，国家的作用都值得进行深入的研究。

3. 根据前面的分析，就可以了解这种生产体制限制着这些国家内部市场的发展

由于同农业部门达成妥协，这种体制允许农村中传统关系存在，从而部分地限制了国内市场的发展。如果考虑到新兴的工业化不能为劳动力提供满意的前景，这种情况是非常严重的。

依附性工业化建立的生产结构限制国内市场的发展还有其他几种原因：

（1）如同我们看到的那样，这种生产结构把劳动力置于高度剥削性的生产关系下，从而限制了他们的购买力。

（2）由于采用了资本集约度高的技术，与人口增长相比，新增加的就业机会相对很少，从而限制了新的收入来源的增加。

上述两种限制影响了消费品市场的扩大。

（3）利润汇出国外抽走了国内创造的部分经济盈余。原因在于：一方面，因为国内市场受到上述限制，故无法在内部使用这一盈余；另一方面，资本难以找到能够提供足够高的剥削率因而能阻止资本向其他地区转移的新投资部门，这也是内部不能使用经济盈余的一个原因。还有一个原因，即没有兴趣再开辟一些会与从帝国主义中心进口的产品进行竞争的新部门。实际上，这就限制了建立本国基础工业的可能性，如果不把盈余汇往国外，就可用来建立这种基础工业，满足资本货物市场的需要。

根据上述简略分析可以理解，这些国家面临的最严重的障碍并非来自因未纳入资本主义体系而造成的所谓落后，恰恰相反，限制这些国家充分发展的最大障碍正是来自同资本主义国际体系的组合方式及其本身的发展规律。

四　几点结论：依附性再生产

为了了解依附性生产体制和它造成的社会经济形态，必须把它看作是世界经济关系体制的一部分，这个体制的基础是大资本的垄断性控制、一些经济金融中心对另一些经济金融中心的统治、对高级复杂技术的垄断，这一切在国际和国内造成了一种不平等的联合发展。

有人试图把这些国家的情况作为因在吸取最先进的或现代化的生产模式上行动迟缓而造成的不发达结果来分析，这不过是披着科学外衣的糊涂认识而已。还有人把这种世界经济作为一个各种因素自由竞争的关系体系来分析，就像试图为世界经济体系中的不平等分配寻找理由并掩盖作为其基础的剥削关系的比较成本论[①]所做的那样。对于这种想法，我们也可以说只是披着科学外衣的糊涂认识。

实际上，这些国家是在依附性生产和再生产进程的框框中发展的，只有考察了这种情况，我们才能理解那里的事情。这种体制的再生产是依附性的，因为它本身的发展受到那些国际关系的限制，这种生产体制只能使某些经济部门获得发展而且必须以不平等条件进行交换。[②]

依附性国家的资本家被迫在不平等的条件下在国内与国际资本进行竞争。他们被迫建立一种对劳动力进行超额剥削的生产关系以便在本国和外国的统治者之间分享所创造的经济盈余。

---

①　克里斯蒂安·帕壳瓦壳斯在其《开放性经济的发展问题》中对比较成本论作了系统的批判。

②　A. 埃马纽埃尔在《不平等交换》一文中对不平等交换这一问题作了分析，该文引起一场广泛的争论。维吉多·佩尔洛在《国家之间的剥削》一书中对这些争论进行了总结和补充。

当再生出那样一种生产体制和这样的国际关系时,依附性资本主义的发展就在再生那些阻碍它在国内外取得有利地位的因素,给自己国内再生落后、贫困和社会边际化。获得的发展只能给极少数阶层带来好处,从国内外市场的观点和国际收支赤字不断增加的观点看,继续发展经济的内部障碍是不可逾越的,因此这种发展只能使依附性和超额剥削越来越严重。

拉美经委会、联合国贸易和发展会议、美洲开发银行等机构的发展主义理论家们所建议的政策措施,看来不能打碎这条决定着依附性发展的可怕锁链。我们将在下文讨论拉美和依附国在这样的条件下所面临的发展道路的选择。一切情况都表明,等待着它们的是一个充满深刻的政治、军事冲突和深刻的社会激进化的漫长过程,它将把这些社会带进一种二者择一的境地:要么是向法西斯发展的强权政府,要么是朝社会主义发展的人民革命政府。在矛盾的现实当中,中间道路的解决方法已经表明是行不通的,只是空想而已。

尽管如此,首先还是应该考虑一下国际上资产转移的形式和依附概念的理论背景。

第十七章
经济依附和国际上资产的转移

从远古时代至自由资本主义出现之前的时期，进行征服的动机是非常清楚的，尽管征服者为它披上了带有宗教、法律或道德性质的意识形态外衣。征服者总是带着奴隶、黄金、白银和其他掠夺来的物品满载而归，而殖民地人民要向他们缴纳沉重的赋税。这种殖民统治形式一直维持到19世纪末、20世纪初，而且没有引起多大的丑闻。他们总是能找到办法，把基督教和后来开明教派的宇宙神教以及人道主义的使命同奴役和掠夺整个民族的任务结合起来。此外，知识分子、教会人士和道德学家们总也能够把他们的启蒙任务同用贪婪玷污这一任务的商人和贩子的卑鄙剥削行径区别开来。

对现代资本主义而言，吞占行为已经做得很巧妙、间接和隐蔽。知识分子、艺术家、宗教界人士和道德学家们甚至可以直接为吞占行径的代理人服务而毫不感到自己是卑鄙行为的帮凶。

巧妙的价格机制和在特殊条件下开发自然资源的机制掩盖着对人民的直接掠夺；征收赋税则隐藏在一种虚假的提供并不存在的服务之下；贩卖奴隶淹没在劳动地点实行的对劳动力的复杂剥削制度之下；直接的政治统治则隐藏在债务、技术依附、提供基本产品和文化产品等所组成的大罩衣之下。

本章的目的是分析这种复杂的和精心掩盖着的一些国家对另一些国家进行剥削、资源掠夺和奴役的体制。

一 国际价格：吞占的机制

价格制度属于财产流通范畴。通过产品的销售，实现在生产过程中创造的增值。因此，在国际贸易中没有剥削劳动力的过程。但是，却产生了一方私人业主吞占另一方业主已占有的部分劳动成果的现象。为了实现这种吞占，交换必须不按产品的实际价值进行。也就是说，要在垄断市场的特殊条件下进行。许多理论曾试图把发达国家出售的基本产品和它们购买的工业品之间的这种比价差解释为行情变化的结果（根据恩格斯的定律是基本产品消费缺少弹性），或者是殖民地国家工人工资低廉的结果。这两种解释都是站不住脚的，因为产品的价值不是在市场上形成的，工资也不是价值的决定因素。①

不平等交换和依附国交换条件的损失的真正原因，应当在世界市场的垄断性中寻找。世界市场的运作机制如下：

（1）各资本主义中心的垄断集团控制着买主市场，因而也控制着产品的运输和销售。

（2）中心垄断集团依靠自己帝国的帮助以及其广泛的经营能力，使生产中心多元化以减少它们对供应的控制。在某些情况下，中心垄断集团曾经使用而现在仍在使用使一些生产地区"巴尔干化"的方法，把它们分割成一些小的民族国家，在它们之间挑起军事冲突，鼓励扩大它们之间在经济和文化方面的差别，支持它们搞闭关自守

---

① 有其他很多理由可以驳斥那些"理论"。例如，对于我们所生活的饥饿的世界来讲，恩格斯的定律是一种蠢话，而工资差别与其说是不平等贸易的原因，不如说是不平等交换的产物。

和地方主义。最后，它们采用发展替代产品，主要是合成产品的办法。

（3）如果削弱生产中心的这些间接手段失败了，中心垄断集团就对生产进行直接控制，采用军事干涉手段，进行司法讹诈，搞阴谋活动等，这一切都得到它们自己强大帝国的支持。

各生产国为维持其产品价格能够做出的反应只有一种：结成政治、军事和经济联盟。近些年来，这种联盟通过 5 种机制正在逐步加强：

（1）在联合国成立了一个名叫第三世界的集团，还成立了一些诸如非洲统一组织、阿拉伯联盟等地区性集团，以及在签署《比尼亚德尔马协定》之后拉美松弛的联合和后来的拉丁美洲经济体系计划。社会主义国家对这些地区性协定的支持增强了它们进行谈判的力量和能力。与此同时，资本主义的危机，特别是在其霸权中心发生的危机，削弱了资本主义对付这些压力的能力。

（2）建立了一些生产国卡特尔，首先成立的是石油输出国组织，在这之后便扩展到其他一些产品，但效果较差。

（3）本国对产品的生产、运输和销售进行控制，表现为急剧和大规模的国有化运动。

（4）建立法律、意识形态和道义机制，以便捍卫和维护各国人民支配和保卫其财富并把财富投放市场的权利。这些机制大部分体现在《各国经济权利和义务宪章》中，这个宪章在做了某些和缓性修改后由联合国大会通过。

（5）对基本产品和农产品进行工业加工，这样做除了作为终极产品所增加的那部分价值是在依附国内部生产的并且也因此增加了当地劳动力的就业机会外，还能加强这些国家谈判的实力（因为制成品受买主集团压力的可能性要少一些）。

帝国主义反对这些机制，其反应表现在：声明反对在联合国内实行"多数独裁",企图成立一个石油消费国协调机构,美国威胁要入侵中东,施加压力以反对企业国有化(体现在希肯卢珀修正案中),最后,还体现在中央情报局那些人所共知的以及合法化的行动中。《时报》用"所谓"二字来形容各国经济权利和义务宪章,拒绝这个宪章,就表明帝国主义不想接受一种由原料生产国组成并保护自己产品的机构参加的世界贸易。与此同时,已经暗示要建立调整原料和农产品储备的国际机构,这表明帝国主义国家有对世界贸易进行大规模干预的计划。有人正在建议以确保占支配地位的经济集团的利益的方式进行这种干预。

至于工业产品的出口,我们都知道在主要的购货国家,特别是美国,设置了严厉的汇兑限制。在有些项目上,如纺织品,美国规定了最高采购限额。[①] 自 19 世纪末起,国家对国际贸易的强烈干预早已使国际自由贸易寿终正寝,只有很少的几位"理论家"仍继续认为存在着国际自由贸易。

所有这一切都向我们证明,交换条件和不平等贸易问题实质上是经济实力问题。尽管供求机制,包括工资在内的生产成本机制,初级产品和农产品消费的增长限度等在这些产品的贸易中起着重要作用,但都是次要因素。

二 服务:吞占的另一种机制

依附国生产的大量资财转移到统治国的另一机制是服务费用支出。服务费用主要是指运费、保险费、技术服务费和专利费。偿付这些服务费似乎是"应当的",也是各国人民之间现代贸易的必要组

---

① 美国对材料和制成品的进口实施汇总限制是人所共知的。1974 年初国会通过的外贸法所引起的反响说明了帝国主义目前危机的深刻程度和实行新的国际分工的重要意义。

成部分，然而事实并非如此。对这些服务的估价过高，是在许多情况下并不存在服务或仅仅是对商标和专利垄断的结果，与现代的地租形式很相似，换言之，这是一种向真正的生产参与者征收租税的纯法律上的权利，就是说，把一般生产盈余转移到那些通过垄断人类知识产权进行投机的无所事事者手中。

1. 运费和保险费

拉美国家的贸易收支差额，如果仅从货物交易（离岸价格）上看，一般是顺差，但是一旦加上为运输这些商品而付出的运费和保险费（到岸价格），则立即变成逆差。这种运输和保险由一些庞大的运输和保险公司集团严加垄断。通过这种垄断，它们从依附国那里每年赚去大量美元。打破垄断的唯一方法是建立本国的商船队。但是。在使用某些港口方面遇到的报复、惩罚、破坏、蛮横的限制和政府的压力等，对建立需要大量投资的本国商船队的热情来讲，无异于大泼冷水。依附国的政府宁肯投资建造军事上已经过时的航空母舰，因为这样做能够得到财政援助和鼓励。不久前我们在委内瑞拉目睹了一次重大的对抗行动，其计划是对石油实行国有化，根据专门设置的委员会的建议，这项国有化还包括对石油的运输和销售实行控制。但政府对由左派支持的原计划做了修改，获得通过的新计划文本允许在石油运输和销售部门建立合资企业。在人民团结阵线执政时期，智利在铜的销售方面采取了步骤，但引起的冲突比起铜国有化所引起的冲突要激烈和严重得多。篡夺了政权的军人保持了对铜矿资源的所有权，但向铜矿公司支付了数以千百万计的美元（这都是饥饿的智利人民的血汗钱）。他们交给那些公司的乃是产品的销售费。

2. 所谓"技术援助"与专门技术和知识

某些机器、工艺流程和专利的使用本身意味着一项额外负担，表现为"技术援助"合同。这类掠夺性的合同是吞占依附国资产的直接方式。一般说来，属于那些可以称作技术机密或工业机密一类的东西，可能是一种保密的机器或机械的设计，其使用权为某些专门公司所有；也可能是某种技术或知识，它们的保密性能使其拥有者获得一定的收益。很多情况下，由于某种技术或知识的所有者是属于使用技术的公司的行政或财政人员的影子公司，所以这类服务的价格大大超过其实际价值。此外，保密还是对付那些不肯接受大资本条件的民族企业和国有企业（如智利人民团结阵线执政时收归国有的铜矿和其他一些企业就是这样）的重要保险手段，不让它们使用那些机器和工艺流程。掌握某种专门技术和知识的公司赋予这类知识以资本价值，作为同其他私人或公共股东合办的公司的资产，这样的例子也为数不少。

在先进的民主条件（如 1970～1973 年智利的情况）下，工人自己以其对机器的丰富知识和创造性活动取代了大部分虚假的"技术援助"。如果改变一下机器的技术规格使之适合本国的知识，那么本国的工程师也能在很大程度上取代这种技术援助。但是，我们的工程师无疑是接受了跨国公司教科书的系统训练，形成了一种完全受这些被认为是"放之四海而皆准的"技术模式影响的知识、志向和行为类型。

发展本地的科学和工程学，鼓励工人的创造能力和民主地表现其才能，这是阻止本国资源大量转移到统治中心的唯一道路。发达国家和社会主义国家的科学家、知识分子和劳动者组织的援助，也能成为截断这种吞占进程的辅助因素。

3. 商标和专利

但是，以掠夺性价格出售的不仅仅是专门技术和知识。某种商标或某种名牌产品的使用权也有代价（而且很高），有名的牌子能保证产品对市场的控制。在这种情况下，要按每件产品出售后所得金额的一定百分比收取专利权使用费或特许使用费。有一个得到关税及贸易总协定认可的国际法律制度保障了这种垄断，保障了这种仅仅根据注册的名称或者商业广告的形象就要收取费用的非法权利。

与这种"权利"进行斗争，简单地仿造现有产品而不付特许使用费以及不发达国家人民无偿并自由地集体占有人类共同的知识，这是一些国家已经选择的道路，并取得了明显的良好效果。但是，如果向跨国公司开放国内市场，允许它们以其强大的宣传能力、财力和行贿能力进行竞争，那就不可能既免除为知识产权和发明权的使用支付大量的"租金"，又不致与帝国主义发生更大的冲突。

这种国际吞占过程的政治性再次鲜明地表现出来。这种知识"产权"未给真正的创造者带来好处，好处都被注册这些知识并以垄断方式使用它们的公司所攫取。不发达国家只有在社会主义国家的坚决支持下采取共同行动才能废除或削弱这种"权利"。

三 资本输出，对国际劳动力的直接剥削

上述国际上资产转移的种种方式都和流通现象有关。垄断价格的机制也好，对在许多情况下是子虚乌有的服务收取大量费用的机制也好，都是吞占他人财产的方式。整个吞占过程取决于另一个带根本性的过程，即一切财富的源泉：生产过程。因为真正的剥削只有在生产过程中才能实现。能够对之进行剥削的只有劳动力：他们的肌肉、头脑和神经。

可以到处对劳动力进行剥削的权利来自资本的自由流通。只有在对国际上可支配的全部劳动力都可以直接进行剥削时，由劳动力促进和创造的财富的急剧集中和垄断才能达到充分的程度。正是因为这样，由帝国主义中心向外输出资本成了现代帝国主义的本质。至19世纪末，终于建成了一种国际资本市场，开始置全世界大部分劳动者于国际资本的剥削之下。

　　资本在国家间的流向，取决于各地利润率的高低。而利润率的高低则受诸多因素的影响，如原料来源的远近，运输费用的高低，是否有基础能源设施及其价格，有无资金来源及其成本，特别是劳动力的价格。

　　但是，在此过程中有一个巨大矛盾：凡是劳动力价格最为低廉的国家，那里的内部市场也就比较狭小。因此，一般来说，资本把这样的国家当作可出口产品——原料和农产品的生产基地。

　　随着时间的推移和世界市场的发展，资本开辟了一些新的投资领域：面向那些工业化已达到一定水平的国家的内部市场或面向国际市场，增加可以出口到最重要消费中心去的产品的数量和品种。

　　不管是在统治国还是在依附国，外国投资进程都要依靠国家资本主义活动的广泛开展，因为国家负责建立能源、运输、通信甚至融资等方面的基础设施，以便这些资本能够在尽可能减少成本的情况下广泛地进行周转。

　　外国投资能使投资者既可直接控制投资接受国的自然资源，又能直接攫取这些国家工人创造的剩余价值。与此同时，建立金融投资机构能确保集中和攫取当地的储蓄。建立同当地国家机构的联系并进而控制它们，可以利用其敛财的能力，国家通过税收把资金汇集起来，为外国投资的利益服务。

　　这样，国际资本通过它的企业单位（跨国公司）的活动，获得越来越广泛的剥削和攫取人类生产力的权利。如果说在19世纪末资本已经以商业形式渗入每个角落，那么在当今时代就没有哪个工人不被资本直接剥削，也没有哪个业主的财产是不能被它集中的。

　　在依附国这种有利条件（廉价的劳动力、低廉的资金融通、帝国主义国家和依附国政府的援助、吸收当地资金以及前面提到的在贸易和服务方面的优惠条件等）下创造的大量利润并未在当地进行再投资，因为处于如此严重掠夺状态下的社会经济结构显然不能提供很多再投资的机会。这样就造成了巨额财政盈余，并被用来在帝国主义国家建立一种庞大的寄生性服务体系，在依附国则用来收买少数特权阶层。

把这些利润抽回到寄生性中心国家的手段是多种多样的：或者把赚得的利润直接汇回国内（将微不足道的一部分用于在当地的再投资），或者通过严重夸大账面资产的形式进行虚伪的"再投资"，或者通过额外加价的形式购买母公司的商品（在不发达国建立子公司所使用的机器设备、原材料以及几乎总是用作产品最后组装的零部件）。更不用说像技术服务、专利权和特许权等手段，这些都是伪装的汇出利润的方式。以国家直接援助形式或通过控制当地金融市场的方式直接以低价获取当地资金，也可以为汇出利润、投机活动的贴水等服务。

所有这些手段基本上都围绕着一个目的运转：直接利用依附国的自然资源和人力资源，夺取已被当地资产阶级占有的盈余，攫取所有中等以上阶层积蓄的资金。国际上这一残酷掠夺资产的进程直接表现在依附国的国际收支逆差上，且不说这些国家还被置于高度剥削性的内部社会经济结构的桎梏之下，其表现是收入分配的严重扭曲，从而使其经济、技术和文化发展总是处在从属地位的、备受限制的和不足的状态。

不难理解，这种国际和国内关系体制与依附国不断出现人民起义以及不断使用独裁、暴力和酷刑等手段——维护这一体制的基本方式——之间存在着直接的联系。

四　依附的积累机制：外债和国际"援助"

我们描述的这些手段都反映在有着巨大逆差的不平衡的国际收支上。

（1）出口价格低廉，进口产品价格昂贵，不平等贸易，产品交换或贸易中的赤字倾向或者只有微小顺差的倾向，取消在特殊情况下获得的原料价格优惠的倾向以及因此总是处于不利境况的倾向。

（2）为进口产品支付运费和保险费：更大的逆差。**结果**：没有足够的资金来进口发展工业所需要的机器和原料。**办法**：求助于外国资本。

（3）资本账户：引进资本的很大部分是虚假的（纯粹是账面上的），利润汇出、技术服务补偿和专利权使用费等意味着巨额支出新的更大逆差。**结果**：必须有人来为弥补这些逆差提供资金。也可以大量减少进口（这类逆差的数量约占出口值的 1/3～1/2），但这样会给对外贸易、进出口公司的贸易、高收入和中等收入阶层（有时也会给民众阶层）的消费、依赖进口的现有企业和新投资兴建的企业的运转带来严重后果。也可以通过限制过分的利润汇出、提高出口产品价格、减少进口支出的办法消除逆差的根源。但是，这样会产生革命的政治后果。为了避免这类措施的实施，中央情报局在危地马拉、巴西、印度尼西亚、智利、玻利维亚等地花费了大量钱财。

（4）由此而来的"解决办法"：帝国主义国家的政府（亦即这些国家的纳税人）以"对外援助""国际贷款"等形式为这种不平等贸易提供资金，从而得以补偿这些巨大差额。只有这样，这种严重剥削性的不平等的世界贸易才能够存在下去。可以把所谓国际"援助"归纳如下：

——向美国或其他贷款国的公司提供贷款，以便能够出口它们的产品；

——还是向那些公司提供资金，以便把它们的出口产品变成向其他国家投资的部分资本；

——向债务国追加贷款以便它们偿还欠这些公司或私人银行的债务。

垄断集团大规模地吸收国家资金是国家垄断资本主义在国际范围内的一种突出表现。

结果：由于造成逆差的原因没有消除，受援国不能偿还援助。"援助"要收取高额利息，因此国际债务还本付息的数额与日俱增。这样，除了贸易、劳务和资本的国际收支经常性逆差之外，还要加上外债的还本付息，促使这些国家的国际收支逆差急剧而不断地扩大，使它们对新贷款的需求不断增加，结果是外债的还本付息额不断增长（达到出口总额的 1/4 ~ 1/2 或更多），从而形成一种周而复始的循环。这种天文数字的增长远远超过国内任何增长率，以致要改变这种情况是遥遥无期的。

结论：对初级产品生产国进行剥削——通过对价格和服务的垄断——为基础的世界贸易，有利于国际资本的进入以及直接剥削当地的劳动力而无须从根本上改变国内市场的条件；这种世界贸易还使进行新的投资成为可能，从而造成把由直接剥削得来的利润大量汇出国外的局面。把从依附国劳动者那里掠取的盈余大量汇向世界各经济中心，引起了外汇亏欠，这种亏欠只能用举借不可偿还的越来越多的债务来弥补，否则世界贸易将严重瘫痪。这种局面越来越难以维持，它加重了世界范围内和这些国家内部的冲突——这些国家的内部结构（阶级的、政治的和文化的）都与这种局面密切相关。这些掠夺和直接剥削的手段不仅引起了国际经济危机，而且反映在我们这些国家的内部，并通过对劳动者的超额剥削、寻求开发毗邻市场、越来越严重的垄断、独裁、酷刑、饥饿和贫困等表现出来。这些现象都是同一悲剧的组成部分，是我们这些国家人民不断造反的根源，也是殖民地国家大部分危机的根源。

一个以人剥削人为物质基础的世界，必然是一个制度上和道义上都野蛮的世界。我们在后文分析当前形势的各种出路时，必须记住这一点。

五 巴西：对外结算逆差的范例

巴西的情况可以作为我们前面所说的国际掠夺规律的一个范例。从 1964 年起，巴西资产阶级（通过从民族角度讲是投降主义的，从意识形态角度讲是反人民的和法西斯的军人与专家治国论者领导的强权政府）不计后果地开始走以外资为基础的依附性发展道路。为此，商业银行、政府和国际机构为巴西发展工业的融资窗口开得比对任何其他依附国都要大。

结果完全是悲剧性的：正如材料向我们证明的那样，巴西沦为一个破产国家。

1. 贸易差额

我们光从贸易差额开始。巴西的贸易过去一直是顺差。巴西的主要出口产品咖啡在价格上遇到的困难导致其出口产品极大地多样化了。自 1966 年起制成品出口有了大量增加，这是一个巨大的成就。但是，进口的需求增加得更大。这样，自 1971 年起，巴西的贸易结算开始出现逆差（当年为 3. 63 亿美元），而且这种逆差趋于增加（1972 年为 2. 37 亿美元，1973 年为 1. 82 亿美元，根据上半年材料估计，1974 年将为 31. 66 亿美元）。进口额的激增主要受石油价格的影响。这些逆差都是在出口额直线上升的情况下产生的（1968 年出口额为 18. 81 亿美元，1969 年为 23. 11 亿美元，1970 年为 27. 39 亿美元，1971 年为 28. 82 亿美元，1972 年为 39. 87 亿美元，1973 年为 26. 45 亿美元，1974 年在上半年材料的基础上估计，将为 30. 76 亿美元）。总而言之，出口的增长长期以来都被进口抵消了。

但是，那些所谓"非生产要素"服务（交通工具、保险、国际旅行、政府开支等）却以与出口增长相同或更高的比例增长：巴西的逆差在 1968 年为 2. 84 亿美元，1972 年增加到 6. 74 亿美元。此外，与进出口基本需要有关的资金缺口不断扩大：1968 年为 2. 58 亿美元，1972 年增至 9. 11 亿美元，1974 年则超过 30 亿美元。巴西尽管创造了"奇迹"而且有着相当强的出口能力，但仍然是个赤字国家。这种状况不是趋于好转，而是每况愈下。巴西在贸易结算方面失去的资金也越来越多。

2. 投资

这种逆差局面如何能够维持下去？首先可以在 1969 ～ 1973 年期间巴西对国际投资表现出的巨大吸引力中找到答案。进入的资本在数量上超过了汇出的利润，使资本账出现顺差（1968 年有 6300 万美元投到巴西，而利润汇出为 8400 万美元；1972 年进入投资为 3. 36亿美元，利润汇出为 1. 61 亿美元）。"其他资本"账和"错误及疏漏"账也是顺差，这是指短期资本。1972 年进入的短期资本达 3. 73亿美元。

资本的这种"贡献"能够持续多长时间？这就要看吸引资本的"经济奇迹"能够持续多长时间了。

尽管这样，巴西的贸易和财政结算还是呈现逆差，而且数额不断增长：1968 年为 1. 83 亿美元，1969 年为 2400 万美元，1970 年为1200 万美元，1971 年为 7. 27 亿美元，1972 年为 4. 18 亿美元，1974年将近 100 亿美元。

3. 贷款和资金融通

国际社会慷慨解囊，为弥补上述日益增长的逆差和偿付债务提供资金。1968 年进入巴西的资金为 11. 75 亿美元，1969 年为 18. 23亿美元，1970 年为 20. 33 亿美元，1971 年为 29. 42 亿美元，1972 年达到 31. 62 亿美元。

但是，外债的还本付息额也以相同的规模增加：巴西在 1967 年支付了 6. 28 亿美元，1968 年为 9. 6 亿美元，1969 年为 12. 5 亿美元，1970 年为 14. 76 亿美元，1971 年为 16. 85 亿美元，1972 年为 23. 05

亿元，1973 年为 29.17 亿美元。1967 年巴西偿还外债本息的数额相当于出口总额的 38%；到 1972 年，则相当于出口总额的 58%；1973 下降到 48%；然而 1974 年及随后的几年，巴西偿付外债的数额占其出口总额的比例进一步趋于扩大。

看一看日益增长的外债总额，我们就会明白外债的还本付息额必然要增加到很大的数目，必将超过巴西的出口总额。

巴西得到的这类贷款大大高于其他"民主"国家得到的贷款，在此基础上建立了完全虚假的国际储备。尽管如此，巴西外债的增长速度要比那些虚假储备的增加明显快得多。巴西的外债 1967 年为 32.81 亿美元，1973 年增至 128.8 亿美元。根据可靠的估计，1974 年约为 180 亿美元，而 1975 年则接近 230 亿美元。

国际储备也由 1967 年的 2.09 亿美元增加到 1973 年的 64.17 亿美元。但是，1974 年国际储备下降了，一切都表明国际金融体系已经无法维持如此虚假的局面了。

这个国家的清偿前景如何呢？毫无前景！为什么继续有大量投资和贷款进入这个国家呢？谁来支付这些钱？谁准备支撑一个显而易见处在破产境地的制度？是美国和欧洲国家的纳税人吗？在巴西投资的利润率很高，这不仅因为那里的工资低，还因为对外资实行各种免税和鼓励措施。这就是现今国际经济的秘密之一：帝国主义或依附国政府负责通过横征暴敛机制或通货膨胀机制（预算赤字）为国际大资本的贸易和金融活动提供资金。

第十八章
依附概念的理论背景

提出了分析依附的一些一般性根据之后，在仔细分析依附国的经济周期和变革选择之前，我们还必须比较详细地谈一下依附概念的理论背景。

很久很久以前就出现了殖民统治现象。然而正如我们所看到的，不管是通过掠夺还是通过征收贡税的方式，殖民剥削是从原有的生产制度外部进行的。海上扩张揭开了现代时期的序幕，也开创了更注重于在殖民地建立某种生产制度的殖民活动新形式，于是就出现了世界贸易，在19世纪变成了一种以价值规律为基础的正常贸易。

从重商主义者到古典政治经济学的理论家，所有经济学家都相当重视殖民现象。卡尔·马克思采集了这场辩论的精华部分，为探讨和分析这一问题开辟了一个内容丰富的领域。这样就逐渐形成了一个认识和分析问题的基础，当殖民地国家的发展和帝国主义的总危机使得依附国自己的思想家们有可能也有必要以他们自身的经验深化各种看法时，这个基础也逐渐得到了发展。与此同时，这些国家的人民为掌握自己命运而奋起斗争，已成为普遍现象，因此他们思考本身的问题和世界问题的能力在增强。

本章打算简略地考察并分析依附性社会的理论背景。

一 《资本论》① 中关于殖民主义、帝国主义和垄断的论述

在《资本论》中，马克思没有对殖民问题进行任何的系统分析。尽管如此，为了说明资本主义的某些方面或者为展开对商业资本主义的分析，他间接地触及了这个问题。

（一）原始积累

谈到原始积累问题时，马克思特别重视殖民制度在资本原始积累中的作用，这种积累为欧洲的资本主义制度和欧洲国家为瓜分世界而在它们之间进行的贸易战奠定了基础。贸易战还预示着帝国主义阶段的到来，但马克思未能见到这一阶段。

> 美洲金银产地的发现，土著居民的被剿灭、被奴役和被埋葬于矿井，对东印度开始进行的征服和掠夺，非洲变成商业性地猎获黑人的场所：这一切标志着资本主义生产时代的曙光。这些田园诗式的过程是原始积累的主要因素。接踵而来的是欧洲各国以地球为战场而进行的商业战争（第596页）。② （见《资本论》中文版，人民出版社，1975年6月第1版，第819页）

马克思也强调了以英国殖民制度为其综合表现的这一进程的中心在西班牙、葡萄牙、荷兰和法国之间的历史性交替（我们应把葡萄牙摆在西班牙之前）。马克思接着强调了公共信贷、贡赋制度特别

---

① 卡尔·马克思的《资本论》。
② 见《资本论》中文版，人民出版社，1975年6月第1版，第1卷，第819页。——译者

是它的通货膨胀效应以及保护主义制度等作为原始积累源泉的重要性。

马克思认为，这是商业和高利贷统治的时期。他甚至说明威尼斯的信贷对荷兰的资本积累以及荷兰给英格兰贷款（1701～1776年）对后者资本积累的重要意义。他认为使葡萄牙、西班牙和英国在18世纪富起来的奴隶买卖起着特殊的作用（《乌得勒支条约》①允许英国在非洲和西属美洲之间进行奴隶交易）。

马克思认为，欧洲以外世界的奴隶制度是欧洲资本原始积累的重要补充，而在欧洲出卖儿童则完善了这一强制劳动进程。马克思就是这样认识我们这些国家经济的补充性特点，从而确定了在拉美国家进行半奴隶劳动剥削对世界范围内资本积累的重要意义。这就使他同那些认为在我们这些国家存在着封建制度的人处于对立地位，也揭示了利用那里条件所允许的劳动制度指导拉丁美洲生产的资本主义利益。

他还强调了殖民制度对以殖民地为主要市场的制造业的发展起着重要的作用。但是，制造业体制是受商业资本统治的，这与大工业体制相反，在工业体制内是工业资本统治其他形式的资本。因此，在制造业时期，发展制造业生产、渔业和海上运输业——荷兰进行殖民扩张的基础——的是商业资本。

贸易垄断对巩固制造业体制起了重要作用。国家政权不仅在建立这种垄断而且也在原始积累的其他方面（公债、税收和保护主义等制度方面）起了主导作用。

马克思没有强调殖民地国家在为欧洲发展提供香料和其他一些重要产品的生产方面的作用，因为这同原始积累没有联系。

---

① 法国、西班牙、英国和荷兰于1713年在荷兰乌得勒支市签订条约，结束了西班牙的王位继承战争。根据这一条约，腓力五世保住了在西班牙的王位，但在海上对英国做了重大让步。——译者

这样，我们可以把殖民制度概括如下：

（1）它是在奴隶贸易和开发殖民地生产基础上进行资本积累的源泉。

（2）是制造业生产（后来是工业生产）的主要市场，而制造业和工业的发展又对资本积累起了重要作用。

（3）是为欧洲发展和随后的制造业和工业的专业化生产提供基本产品的源泉。

因此，殖民制度是资本主义兴起的重要因素。此外，它还是一种国际政治制度，并加强了国家机器这一资产阶级的工具。

在说明了剥削殖民地的历史必要性和原始积累过程的残暴性之后，马克思赤裸裸地揭示了资本的实质："资本来到世间，从头到脚，每个毛孔都滴着血和肮脏的东西"（第646页）。[①]

（二）殖民理论

马克思在《资本论》第1卷最后一章谈到现代殖民理论时，论述了在美国的殖民状况的本质。这是以生产者个人劳动为基础的个体所有制和以剥削他人劳动为基础的资本主义所有制之间的斗争。资本主义要发展，就必须摧毁以个人劳动为基础的所有制。

美国殖民地的问题在于存在着可供个人垦殖的土地，这种情况限制了迫使他们变成雇佣劳动者的可能性。此外，在自由的美洲小业主中手工业获得了发展。当时的一位纪事作家甚至断言："在美洲，农业经常成为铁匠、磨坊主或店主的副业"。

这类人有获得一块土地并为自己干活的自由，甚至危及资本家移民的企图，因为移民们往往扔掉挣工资的工作而忙着去搞自己的

---

① 见《资本论》中文版，人民出版社，1975年6月第1版，第1卷，第829页。——译者

产业。

　　这一分析向我们指明了殖民活动的一个重要因素：必须建立对全部土地的私人所有制。这种情况表明，殖民地资本主义结构的一个基本要素是对土地的垄断。确保这种垄断是殖民主义列强的主要目的。与此同时，分析还告诉我们，殖民地在确保用武力剥夺劳动力原有的土地并使之降服方面起到了重要作用，因为只有对殖民地的劳动者——不管是移民还是土著人或者从非洲进口的奴隶——使用有力的强制手段才能独占那些处女地。

（三）商业资本的统治

　　在从历史角度对商业资本进行分析时，马克思广泛地阐述了商业资本的发展、资本主义生产方式的建立和殖民地的作用之间的关系问题。这些分析从根本上澄清了商业资本使前资本主义生产方式服从于资本的利益，服从于生产商品及剩余价值这一进程。同时还阐明了商业资本为克服封建的生产方式和促进资本主义生产创造了条件（建立了面向世界和本国市场的生产），另外又限制了资本主义生产的发展（因为它使生产从属于商业和以随便什么方式刺激生产）。

　　总而言之，商业资本不足以建立资本主义生产方式。这说明了为什么在罗马和古代有了巨大发展的商业资本却不能建立资本主义生产制度；然而，商业的发展，特别是世界贸易的发展是资本主义生产方式出现的必不可少的条件。

　　如果把这种分析用于殖民地世界，我们就会看到，得出在商业资本对拉美殖民地的统治和在那里建立资本主义生产关系之间存在着直接关系的结论是十分荒谬的。甚至拉美国家的不发达主要可归咎于商业资本——限制建立资本主义生产方式的因素——在殖民地的巨大发展并占有极大优势。这并不意味着在拉美曾经有过"封建的"生产方式，因为并没有建立过闭关自守的封建社会。

我们拉美国家的生产，从来到世上起主要是商品生产。然而，那是一种落后的、从属于商业资本的生产，因而导致建立了前资本主义的生产制度。在这方面，马克思的文章是带有结论性的：

> 资本作为商人资本而具有独立的、优先的发展，意味着生产还没有从属于资本，就是说，资本还是在一个和资本格格不入的、不以它为转移的社会生产形式的基础上发展。因此，商人资本的独立发展，是与社会的一般经济发展成反比例的（第317页）。①

> "纯粹的商业城市比工业城市有更多类似过去的状态"（第316~317页）。② 马克思在为他的这一论述作注释时使用了更为辛辣的语言。他在批判把商业资本和一般资本等同起来的做法（威·基塞耳巴赫先生就是这样做的）时说："在英国近代史上，真正的商业阶层和商业城市在政治上也是反动的，它们同土地贵族和金融贵族结成联盟来反对工业资本。"③

因此，尽管我们承认拉丁美洲的历史与商业资本主义的发展联系在一起，而且不能把拉美社会看作是封建社会，但我们可以说这个大陆在 19 世纪和 20 世纪工业资本出现之前处于"前资本主义"的生产状况，而随着工业资本的出现，建立了工资生产制度。错误在于未把拉美看作是前资本主义的，而把它看成是封建的。要明确

---

① 见《资本论》中文版，人民出版社，1975 年 6 月第 1 版，第 3 卷，第 366 页。——译者

② 见《资本论》中文版，人民出版社，1975 年 6 月第 1 版，第 3 卷，第 366 页。——译者

③ 见《资本论》中文版，人民出版社，1975 年 6 月第 1 版，第 3 卷，第 366 页。——译者

到底是什么类型的前资本主义关系，那就必须分析一下我们社会的生产关系。

> 因此，占主要统治地位的商业资本，到处都代表着一种掠夺制度，它在古代和新时代的商业民族中的发展，是和暴力掠夺、海盗行径、绑架奴隶、征服殖民地直接结合在一起的；在迦太基、罗马，后来在威尼斯人、葡萄牙人、荷兰人等等那里，情形都是这样（第 320 页）。[①]

（四）金融资本

马克思和恩格斯在希法亭和列宁之前，尽管是简略地（在一条注释里），但也确定了金融资本和产业垄断的重要意义以及它们在国外的影响。在《资本论》第 3 卷谈到金融资本时他们是这样论述的：第一，由于资本主义的发展，生产的集中性和垄断性日益加强；第二，股份公司和托拉斯的形成，国家的重要性日益增长以及商业、银行和农业部门资本的集中；第三，经营他人资本为自己谋利的金融寡头集团的形成；第四，这些因素对外国投资和强化国外殖民活动的重要作用。他们把垄断资本主义的这些因素作为资本主义最高发展的必要阶段和向社会主义过渡的阶段加以研究，从而揭示了这个集中过程的矛盾性，即在摧毁个体生产的同时，加强了少数人对经济的控制。

> 信用制度固有的二重性质是：一方面，把资本主义生产的

[①]　见《资本论》中文版，人民出版社，1975 年 6 月第 1 版，第 3 卷，第 370 页。——译者

动力——用剥削别人劳动的办法来发财致富——发展成为最纯粹最巨大的赌博欺诈制度，并且使剥削社会财富的少数人的人数越来越少；另一方面，又是转到一种新生产方式的过渡形式。正是这种二重性质，使信用的主要宣扬者，从约翰·罗到伊萨克·贝列拉，都具有这样一种有趣的混合性质：既是骗子又是预言家。①

恩格斯在致马克思的信中强调了殖民统治和它所带来的超额利润对英国收入丰厚的工人阶层政治态度的影响。在揭露他们在剥削殖民地中所起的帮凶作用以及这种剥削对他们在英国采取改良主义和沙文主义立场的影响时，恩格斯为"工人贵族"的理论奠定了基础，这对列宁关于帝国主义阶段的思想的形成是必不可少的。

（五）帝国主义在印度

马克思主义关于外国资本的经典提法，有一些发表在 1853 年 7 月 22 日写的《不列颠在印度统治的未来结果》一文中。这篇文章论述了英国在印度的双重使命："一个是破坏性的使命，即消灭旧的亚洲式的社会；另一个是建设性的使命，即在亚洲为西方式的社会奠定物质基础"。② 使印度得以由其乡村和制造业经济残余造成的昏睡中觉醒过来这一再生性工作，表现在重建印度的政治团结，建立一支本国的军队，引进新闻自由、土地私有制和欧洲的科学，通过轮船与欧洲保持正常的联系并修建铁路上。

对于修建铁路，马克思特别强调了它在为把分散的和自给自足

---

① 见《资本论》中文版，人民出版社，1975 年 6 月第 1 版，第 3 卷，第 499 页。——译者
② 见《马恩全集》中文版，人民出版社，1961 年 12 月第 1 版，第 9 卷，第 247 页。——译者

的乡村连接起来创造基础和为发展工业奠定物质基础方面所起的作用。

> 我知道，英国的工业巨头们之所以愿意在印度修筑铁路，完全是为了要降低他们的工厂所需要的棉花和其他原料的价格。但是，只要你把机器应用到一个有煤有铁的国家的交通上，你就无法阻止这个国家自己去制造这些机器了。如果你想要在一个幅员广大的国家里维持一个铁路网，那你就不能不在这个国家里把铁路交通日常急需的各种生产过程都建立起来，这样一来，也必然要在那些与铁路没有直接关系的工业部门里应用机器。[1]

这种发展确实没有影响到处于贫困之中的印度广大群众。只发展生产力是不够的，还必须让人民掌握它。但是资本主义进入印度（尽管非常可怕），就为人民掌握生产力奠定了物质基础。

> 在大不列颠本国现在的统治阶级还没有被工业无产阶级推翻以前，或者在印度人自己还没有强大到能够完全摆脱英国的枷锁以前，印度人民是不会收到不列颠资产阶级在他们中间播下的新的社会因素所结的果实的。[2]

下列引文概括了马克思对帝国主义进入印度所产生的影响的总评估，而这一评估也可以作为对帝国主义全部影响的看法：

---

① 见《马恩全集》中文版，人民出版社，1961 年 12 月第 1 版，第 9 卷，第 247 页。——译者

② 见《马恩全集》中文版，人民出版社，1961 年 12 月第 1 版，第 9 卷，第 250～251 页。——译者

印度是一个大小和欧洲相仿、幅员 15000 万英亩的国家，对于这样一个国家，英国工业的毁灭性作用是显而易见的，而且是令人吃惊的。但是我们不应当忘记：这种作用只是全部现存的生产制度所产生的有机的结果。这个生产是建立在资本的万能统治上面的。资本的集中是资本作为独立力量而存在所十分必需的。这种集中对于世界市场的破坏性影响，不过是在大范围内显示目前正在每个文明城市起着作用的政治经济学本身的内在规律罢了。历史中的资产阶级时期负有为新世界创造物质基础的使命：一方面要造成以全人类互相依赖为基础的世界交往，以及进行这种交往的工具，另一方面要发展人的生产力，把物质生产变成在科学的帮助下对自然的统治。资产阶级的工业和商业正为新世界创造这些物质条件，正像地质变革为地球创造了表层一样。只有在伟大的社会革命支配了资产阶级时代的成果，支配了世界市场和现代生产力，并且使这一切都服从于最先进的民族的共同监督的时候，人类的进步才会不再像可怕的异教神像那样，只有人头做酒杯才能喝下甜美的酒浆。[1]

二 从第二国际到列宁主义传统

马克思和恩格斯逝世以后，第二国际在研究殖民现象方面贡献甚微。构成第二国际右翼的许多成员甚至倾向于支持现代文明给"野蛮"世界带来了"启蒙"进程的看法。虽然 1907 年在斯图加特

---

[1] 见《马恩全集》中文版，人民出版社，1961 年 12 月第 1 版，第 9 卷，第 252 页。——译者

举行的第二国际第七次代表大会上以多数通过了对殖民统治的谴责，但还是同意支持在殖民地问题上采取改良主义政策；同时，少数派投票反对一项调和性动议。

以考茨基和奥－匈马克思主义者为代表的"中间派"尽管明确谴责殖民政策，但是他们认为在统治中心发生社会主义变革之前，在殖民地发生重要变化的希望不大。

第二国际的左派也没有专门研究殖民地问题。罗莎·卢森堡也好，列宁也好，托洛茨基也好，他们都没有专门研究殖民地问题。

因此我们看到，主要是在俄国革命的推动下，特别是在亚洲，殖民地民族解放运动才有了发展，而在此之前马克思主义者对殖民地问题研究的贡献是相当有限的。从那时起，他们开始比较认真地研究殖民统治的性质、殖民地的阶级结构和革命性质。从那时起，逐步阐明了研究资本主义、资本的原始积累、民族问题、金融资本和帝国主义之间的关系。这些观点构成了一个探讨依附国革命者和资产阶级开始面临的具体问题的合适框架。

（一）《资本论》的分析模式的普遍性问题，俄国革命和落后地区问题的分析方法

俄国的革命者是最早遇到把马克思和恩格斯根据欧洲资本主义的经历总结出的一般性认识运用于不同历史条件的方法问题的人。俄国的民粹派除了推选卡尔·马克思博士为他们在第一国际的代表之外，还最早翻译了《资本论》，而且是《资本论》最热心的读者。马克思和恩格斯对这些俄国革命者的同情和支持表现在很多方面，特别是表现于马克思在他晚年专心学习俄语和研究那个幅员广大的国家的社会经济和历史情况方面。

与此同时，在俄国的革命青年和自由派青年之间进行的关于把《资本论》的分析模式运用于俄国的辩论中，马克思甚至站到了当时

的"正统马克思主义者"的对立面上，旗帜鲜明地支持民粹派。在1877 年致《祖国纪事》杂志编辑部的一封信中，马克思明确无误地写道："如果俄国继续走它在 1861 年所开始走的道路，那它将会失去当时历史所能提供给**一个民族**的最好的机会，而遭受资本主义制度所带来的一切极端不幸的灾难"。[①] 接着他重申了他对欧洲原始积累研究的历史特殊性和资本主义制度自建立时起它的活动规律的普遍性，从而对下面这种企图表示了不满：

> ……要把我关于西欧资本主义起源的历史概述彻底变成一般发展道路的历史哲学理论，一切民族，不管他们所处的历史环境如何，都注定要走这条道路，——以便最后都达到在保证社会劳动生产力极高度发展的同时又保证人类最全面的发展的这样一种经济形态。但是我要请他原谅。他这样做，会给我过多的荣誉，同时也会给我过多的侮辱。[②]

为了结束这些关于他的方法的精辟论述，马克思把罗马平民遭到剥夺的命运同欧洲农民遭受剥夺的命运作了比较，然后得出结论：

> 如果把这些发展过程中的每一个都分别加以研究，然后再把它们加以比较，我们就会很容易地找到理解这种现象的钥匙；但是，使用一般历史哲学理论这一把万能钥匙，那是永远达不到这种目的的，这种历史哲学理论的最大长处就在于它是超历

---

① 见《马恩全集》中文版，人民出版社，1963 年 12 月第 1 版，第 19 卷，第129 页。——译者

② 见《马恩全集》中文版，人民出版社，1963 年 12 月第 1 版，第 19 卷，第130 页。——译者

史的。①

对于研究那些没有同欧洲一起进入资本主义的国家的具体情况来说，这里有两条非常重要的提法。第一，它们不一定要走欧洲走过的道路，不一定必须经过同样的阶段，它们甚至可能"躲过"资本主义制度的灾难，创造一些独特的历史形式；第二，提出了一条方法论方面的忠告，即必须研究每一个具体的历史进程，从而把它同其他的进程和自身发展的特殊历史条件联系起来。这样，马克思再次重申了他的方法的科学性和具体的历史性，反对把他的方法作形式主义和教条主义的解释。

我们的目的不是在这里总结在俄国就资本主义是"不可避免的"阶段所进行的争论，也不是总结在俄国引进了资本主义但未能彻底粉碎封建主义和君主制度而引起的复杂问题，更不是总结工人和农民通过苏维埃国家摧毁了前资本主义残余而带来的严重问题。

尽管如此，不能否认，在俄国就这些问题进行的深刻争论为其他一些也是落后的国家提供了解决问题的理论工具，这些国家面临着另外一些诸如直接或间接的殖民统治等特殊问题。不管这些国家的历史特点和阶级结构情况如何，也不管这些国家的革命性质如何确定，历史的发展可能采取何种形式，但历史经验和俄国学术与理论辩论的财富曾经发挥了巨大的作用。

从根本上说，列宁主义关于在进行资产阶级革命时资产阶级的软弱性和无产阶级及农民的领导作用的见解，为研究殖民地国家革命的性质构筑了极为重要的框架。这些见解在他的著作《俄国社会民主党的两种策略》中得到了概括。

---

① 见《马恩全集》中文版，人民出版社，1963 年 12 月第 1 版，第 19 卷，第131 页。——译者

同样，列宁在《俄国资本主义的发展》中对俄国农村村社的破坏和新资本主义生产方式出现的研究，不仅清楚地揭示了打破一个落后国家的前资本主义关系和引入新的资本主义生产方式的过程，而且为研究落后国家具体社会进程的特点提供了极好的方法论方面的准则。

（二）帝国主义是资本主义的新阶段

列宁对殖民问题及边际现象研究的贡献在他的《帝国主义是资本主义的最高阶段》一书中表现得更为突出。在这本书中，列宁说明了垄断和金融资本的发展及其军国主义的必然结果（世界大战和殖民主义），是同资本主义社会形态的一个新阶段相关联的。列宁也提出了在这个阶段中占统治地位的一般性规律：在国内和国际范围内资本主义发展的不平衡性和联合性，资本主义制度的寄生性和腐朽性，资本输出的决定性作用，争夺市场和原料来源斗争的重要性以及垄断时期各托拉斯之间的特殊竞争形式。

列宁在为帝国主义下此定义时，不仅提出了俄国向社会主义过渡的可能性，而且也提出了殖民地革命日益重要的作用。

1917 年俄国十月革命胜利以后，殖民地国家阶级斗争的条件焕然一新，列宁曾多次强调了这一点。列宁和第三国际的其他领导人在同印度和中国的革命领袖接触中，开始直接关心（尽管是非常偶尔地）研究其他国家的特点。

后来，随着革命在欧洲不断失败而在东方，特别是在中国却不断发展，第三国际更加直接地关注这些问题了。

这里，我们不能把第三国际在这方面采取的步骤一一加以总结，① 但也许可以提纲挈领地概括一下根据中国和其他亚洲国家（土耳其、波斯）以及部分拉美国家经验的发展逐步形成的一些共同点。

---

① 鲁道夫·施莱辛格在《共产国际与殖民地问题》中对此做了很好的总结。

首先，第三国际确定这些国家正在进行的革命的普遍性质为资产阶级民主革命，但是从反对帝国主义统治的民族斗争的需要出发，力求确定其特殊性质。

在这方面，第三国际把这些国家分成 3 类：已有起码的工业体系从而有了工业无产阶级和资产阶级的国家；取得初步工业发展的国家。这些国家在被征服之前已经有农业人口和发达的贸易，还有为数不多但足以胜任革命运动领袖一职的知识分子。最后，既没有工业也没有居民集中点的更落后的国家。

根据这样的分类，很难提出关于落后和依附的研究中的主要问题。实际上，是那些当地作者更深入地从事了解他们社会的工作。在所有这样的作者中，毛泽东独占鳌头，他在著作中反映了中国社会变革的深刻进程以及这一进程在世界革命运动中引起的艰辛思索（从 M. N. 罗伊的报告和共产国际的争论到中国领导集团内部的辩论）。

毛泽东对不发达和依附理论做出了决定性的贡献：[1]

（1）提出存在着一个与帝国主义和地主阶级勾结的买办资产阶级，它"完全是国际资产阶级的附庸"，与帝国主义一道是中国革命的主要敌人。

（2）明确指出民族中产阶级不可避免地要分化成亲帝国主义的一翼和"向左跑"的一翼，从而排除了在民族资产阶级领导下实现国家发展的可能性。

　　　　没有他们"独立"的余地。所以，中国的中产阶级，以其本阶级为主体的"独立"革命思想，仅仅是一个幻想。[2]

---

[1]　关于中国阶级结构的引文摘自毛泽东 1926 年写的《中国社会各阶级的文析》一文，见《毛泽东选集》第 1 卷。

[2]　见《毛泽东选集》中文版，人民出版社，1991 年 6 月版，第 1 卷，第 4～5 页。——编者

（3）指出在革命进程的强烈影响下小资产阶级内部分成三大派。

（4）指出存在着一个半无产阶级，其中包括部分半自耕农、贫农、小手工业者、店员、小贩，处于半失业状态的这一人数众多的阶级也是我们社会极为深刻的一个特点。

（5）强调新兴的、相对来说较小但却非常集中而且战斗力强的工业无产阶级的革命性。与此同时，毛泽东还强调了农村无产阶级的重要性，它和贫农一起是工业无产阶级的主要同盟军。

（6）还强调游民无产者的作用和他们的双重性："这一批人很能勇敢奋斗，但有破坏性，如引导得法，可以变成一种革命力量"。

（7）此外，毛泽东用非常具体而且辩证的词语分析了中国的阶级结构、革命力量和反革命力量以及中间阶层，而且也极其准确地确定了革命的性质和革命力量应当在中国建立的政治和社会经济制度的性质：

> 这个中国革命的第一阶段（其中又分为许多小阶段），其社会性质是新式的资产阶级民主主义的革命，还不是无产阶级社会主义的革命，但早已成了无产阶级社会主义的世界革命的一部分，现在则更成了这种世界革命的伟大的一部分，成了这种世界革命的伟大的同盟军。这个革命的第一步、第一阶段，绝不是也不能建立中国资产阶级专政的资本主义的社会，而是要建立以中国无产阶级为首领的中国各个革命阶级联合专政的新民主主义的社会，以完结其第一阶段。然后，再使之发展到第二阶段，以建立中国社会主义的社会。①

---

① 《新民主主义论》，1940年1月，《毛泽东选集》第二卷，第361页。见《毛泽东选集》中文版，人民出版社，1991年6月版，第二卷，第671~672页。——译者

毛泽东的论点在中国证明是非常正确的，而且在 1946～1954 年大量的马克思主义理论著作都受到它的启迪。当时，毛泽东是在斯大林的文章中为论述 1917 年俄国革命胜利以后世界无产阶级革命阶段中资产阶级民主革命新的性质寻找理论根据的。在依附概念的认识史和政治史中，还必须包括 1917 年以来其他马克思主义者的论著。

在发展马克思主义对落后、不发达和依附等问题的研究方面，有人做出了划时代的贡献，这就是保罗·巴兰的贡献①。那是一个不同历史阶段的产物。印度的独立是在反帝斗争越来越温和以及在国际资本的框架内发展资本主义生产关系的情况下得到巩固的，这表明殖民地解放运动能够产生对国际资本和帝国主义依附和联系的新形式。巴兰也了解极其深刻的玻利维亚民主革命和虽然没有那么深刻但却同样激动人心的危地马拉革命的失败情况。他还详细研究了以美国为首的国际帝国主义的新阶段和国际垄断的发展。

对照"中华人民共和国社会主义建设的巨大成就和经验教训"来研究这些国家的依附状况，革命者便可清楚地看到资本主义是无力解决落后和贫困问题的。保罗·巴兰在总结试图解决这些问题的大量论著时，提出他要解决的问题大概是这样一些：

（1）社会主义显然是克服不发达的唯一道路。

（2）此外，帝国主义的垄断已与当地的寡头统治紧密结合，并以一种新的形式同落后和贫困合为一体，对这种新形式需要加以研究。

（3）帝国主义的攻势在知识方面是与这样的努力联系在一起的，即大力研究经济和社会发展问题，以便在避免以革命方式打破现状

---

①　保罗·巴兰：《关于增长的政治经济学》，美国原版，1957 年《每月评论》月刊。

的条件下开辟一条向殖民地世界投资的新途径。为了抵制这种企图，需要对落后和不发达做出正确的解释，即落后与不发达是帝国主义统治与当地反动阶层勾结的产物。

（4）必须指出在新的国际垄断条件下政治独立的局限性，因为这种独立"往往只是加快更换这些国家的西方主人，由更年轻、更富裕、更加野心勃勃的帝国主义强国从已经衰落的老牌帝国主义国家手中接过控制权"。

（5）总而言之，要说明资本主义的经济增长意味着资源的巨大浪费和难以充分利用，庞大的第三部类的形成，就业不足和不能以足够快的速度消除经济中的落后部门。

（6）政治方面，要证明所谓民族资产阶级没有能力解决不发达问题和领导民族解放进程。社会主义越来越清楚地表明是不发达国家的唯一革命性出路。

这样，巴兰的著作在某种形式上反映了毛泽东的文章、第三国际的辩论和战后各种革命实践所预示的进程，以及非殖民化进程的结果。

当古巴革命冲破其民主主义和反帝的界限并把社会主义作为坚持其革命思想的唯一道路时，便彻底证实了上述这些假设。

一个新的理论和实践问题开始形成。

当前，在赫鲁晓夫主义的影响下，拉丁美洲的共产党主张在民族民主阵线内同民族资产阶级建立阶级联盟。这样，来自这些政党所代表的工人和小资产阶级的民族主义思想正在加强，从而加强了民众运动和革命民族主义的论点，这种论点曾遭到由古巴革命引起的激进化运动的严重冲击。

这样，就为在整个大陆激烈进行的理论辩论提供了新的框架。巴兰的学生安德烈·冈德·弗兰克承担了总结这场辩论的任务，他的阐述派性更强烈，具有强烈的反对赫鲁晓夫主义和亲古巴革命的倾向。把他的观点作为一种广为流传的主张的例证还是值得的。

三 安德烈·冈德·弗兰克描述的殖民地资本主义

安德烈·冈德·弗兰克在拉美进行了一项深刻的批判性工作。他那本关于巴西和智利不发达问题的书的出版，对于理解、特别是重新确定我们现实的性质是一个重要贡献。尽管如此，冈德·弗兰克没有在进行批判工作的同时直截了当地提出理论上的建议。理解了这部书对我们拉美国家社会科学的重要意义之后，我们觉得应当把它归入我们要研究的理论背景之中。

该书汇集了一系列关于拉美资本主义和不发达的论文：第一篇，论智利不发达的发展；第二篇，关于拉美的土著问题；第三篇，论巴西的不发达的发展；第四篇，论巴西农业中资本主义和封建主义神话。①

（一）关于殖民地资本主义的理论

该书的中心目的在于证明"本国资本主义也好，国际资本主义也好，是它们造成了拉丁美洲现在的不发达"（原书第 7 页）。

根据冈德·弗兰克的观点，不发达是资本主义自身矛盾的结果。

这些矛盾表现为少数人剥削和占有多数人的盈余，资本主义制度在宗主国中心和外围卫星国的两极分化，以及由于这些矛盾无时无地不在持续或再生，资本主义制度通过自身的扩张和演变继续保持着它的基本结构。

---

① 安德烈·冈德·弗兰克：《拉丁美洲的资本主义和不发达》。

这些关系造成外围卫星国的不发达，使它们的经济盈余遭到剥夺，并导致宗主国的发达。由此得出结论：要摆脱不发达就必须摆脱资本主义。

这样的断言同认为拉丁美洲是封建的、自给自足的、禁锢的糊口经济的看法相悖。根据冈德·弗兰克的观点，拉丁美洲从婴儿时期，或者更早，从胎儿时期就是资本主义的。拉美经委会的理论家们认为，独立以后拉美形成了一种与殖民地阶段的封建经济完全不同的"外向发展"的经济。他们维护的这种论点不符合事实。

从这样一些基本观点——修正了关于拉美社会和历史的理论——出发，作者提出了自己的理论。他认为，不发达的根源应当从由于少数人剥夺和占有多数人的经济盈余而造成的矛盾中寻找。

对这种经济盈余的剥夺是通过一条剥削链进行的，其最高点是每个历史时期的世界资本主义中心。由于形成了世界资本主义的垄断结构，这个中心就能给最脆弱的国家强加剥削其经济盈余的条件。

这条剥削链由世界资本主义中心开始，它从一些国家的中心城市抽走经济盈余。这些中心城市则从各地区中心抽走盈余，地区中心则剥削地方中心，在地方中心活动的大庄园主和大商人则剥削小农和小业主，小农和小业主则剥削在土地上干活的劳动者。每一个环节上都是少数人侵占多数人的盈余。

> 于是，在第一点上，国际的、国内的和地方的资本主义制度为少数人创造经济发展，给多数人创造不发达。

第二种矛盾是中心和卫星之间的两极分化。中心－卫星关系既出现在各殖民地经济内部，也出现在各殖民国家经济内部（如英国统治下的葡萄牙和西班牙的情况）。从这个矛盾得出了一种论点，即国际中心或国内中心的任何削弱都会给地方的发展提供较大的可能性。

第三种矛盾与那些剥削条件的历史连续性——尽管制度有所改变——有关。作为一个整体，资本主义制度一直维持着它的基本结构并造成同样的主要矛盾。因此，该书探讨的是那种基本结构的连续性而不是历史变化，尽管作者认为历史变化也很重要。

只有在揭示矛盾可能已被克服的时期时，才会强调非连续性。

（二）历史事例：智利

提出了上述基本看法——在关于巴西部分重复了这些看法，仅有微小的改动——之后，冈德·弗兰克就转向分析智利。他的主要论点有大量拉美作者的论证作依据，这些论点是：

（1）殖民地经济主要面向出口，受国际中心和本国中心的商业资本统治。拿智利的情况来说，它的经济产品向秘鲁出口，秘鲁的商人垄断了智利的买方市场，并与智利全国性中心城市瓦尔帕莱索和圣地亚哥的商人一起取得经济盈余。这样，智利背后的中心是西班牙，再后面是统治西班牙的英国。

（2）17世纪，在西班牙殖民中心和它的卫星国秘鲁出现了危机，导致秘鲁有了自己的工业经济和农业。这种现象也发生在墨西哥和拉美其他地方。

（3）18世纪，随着依附关系的重新确立，出现了再次卫星化、两极分化和不发达现象。制造业遭到了破坏并恢复了出口部门统制整个经济的结构。

（4）19世纪，由于波塔莱斯、布尔内斯和蒙特[①]等人在1820～

---

① 迭戈·波塔莱斯（1793～1837），智利政治家，曾任共和国执政官；曼努埃尔·布尔内斯（1799～1866），智利将军，1841～1851年出任总统；曼努埃尔·蒙特（1809～1890），智利政治家，1851～1861年担任总统。此三人在执政期间都试图进行改革，发展经济。——译者

1860 年间的努力遭到失败，再次确立了不发达结构。在经历了工业、农业和矿业的巨大发展之后，智利陷入外国矿业资本的统治之下，使得以前的发展萎缩下来。这些变化的基础是自由贸易，它有利于出口商，但破坏了新兴的民族工业。巴尔马塞达①政府为回到发展工业的道路上进行了最后的努力，但因为由英国收买和协调的反民族势力发动政变而失败。

（5）20 世纪，随着对智利经济盈余的盘剥和社会经济两极分化——反映在国内各社会阶级之间和地区之间收入分配严重不均——的逐步加深，这种不发达的状况得到了巩固和加剧。如果说过去确实有一个民族主义的工业资产阶级，那么现在它在筹措资金、销售、资本货物、技术、设计、专利、商标、特许权等方面越来越依附于资本主义宗主国。总之，已经不能说它是什么进步的民族资产阶级了。

就是说，智利的不发达不是它经济中封建残余的产物——这种残余从未存在过，而是资本主义统治的结果。因此，克服不发达的唯一办法就是摧毁这种资本主义结构。

（三）土著问题和巴西的情况

该书的一部分是专门探讨土著问题的。作者的中心目的是要表明：“从本质上说，拉美的土著问题是本国和国际整个资本主义制度经济结构的问题。”通过从拉美人类学、社会学和史学研究文章中摘取的大量材料，作者令人信服地证明，说土著人孤独是不对的。现今的土著人社会是这些居民（或他们的残余）遭受资本主义剥削的结果。

---

① 何塞·曼努埃尔·巴尔马塞达（1838～1891），智利政治家，1886 年出任总统，主张发展国民教育、修筑铁路等，但他的政策遭到议会反对，1891 年发生叛乱，被迫自杀。——译者

作者还集中力量来证明拉美的委托监护制和其他表面上的封建制度在 16 世纪就消失了，未曾形成某种形式的土地所有制。所以，不能认为它们是诸如租佃制等后来的制度的起源。作者接着介绍了土著人在生产中是怎样受本国城市商人的剥削，而这些商人又受到宗主国商人的剥削。

关于巴西的部分介绍了为什么该国的主要不发达地区——那里存在着明显的封建关系和糊口经济——是出口生产衰退的结果。

这些曾经历过巨大出口繁荣的地区，由于出口贸易的衰落而转向了糊口农业。这种衰落产生了由巴西内地的"上校们"（庄园主和地区商人）和表面上看来是封建的关系所统治的不发达结构。

这就是东北地区和米纳斯吉拉斯地区发生的情况。前者在 16 世纪末到 17 世纪中叶曾经是繁荣的产糖地区；后者曾经在黄金生产的推动下工业有了巨大的发展，但这种发展被宗主国葡萄牙扼杀了，当黄金开采结束时便走向了衰落。北部马拉尼昂州的情况也是这样，那里在 17 世纪末到 19 世纪初也有过出口繁荣，但之后出口的衰落带来了不发达。另外一些出口衰落情况发生在巴伊亚州（19 世纪初）和帕拉州（19 世纪末）。这些地区是现代巴西所谓的"封建"地区。

冈德·弗兰克特别强调自由贸易论时期。19 世纪，享有葡萄牙王室和巴西帝国给予的贸易特权的英国制成品的竞争，阻挠了巴西民族工业的建立，冈德·弗兰克阐明了自由贸易论在这一方面的作用。19 世纪的长期危机只是到该世纪末由于咖啡出口的增加才得以解决。

作者把消极衰退与 1914～1918 年战争、1929 年危机和 1939～1945 年战争造成的局面所带来的积极衰退区别开来。出口的缩减（1914～1945 年战争和 1929 年危机）或进口的困难（1939～1945 年战争）导致了工业的大发展。但这次发展既未能使国家摆脱外国资本的统治，也未能克服国内的两极分化——不发达资本主义的特点。

不发达状态和 1962 年以来的衰退（增长率日趋下降和人均收入下降）的原因在于战后外国资本渗透的加剧，外资的主要目标是控制工业部门。

作者在分析外国资本新近在巴西建立的统治时，提出了技术帝国主义的论点：

> 在重商主义时期，宗主国的垄断是以贸易垄断为基础的，在自由主义时期，宗主国的垄断变成了工业垄断；在 20 世纪前半叶，宗主国垄断的基础看上去越来越转向技术。

可以发展轻工业，但不能打破对重工业的垄断。必须打破技术（自动化技术、控制技术，以及工业、化学、农业和军事技术）控制，才能打破对重工业的垄断。这种情况甚至在欧洲的资本主义中也有所反映。

1964 年的军事政变反映了随着衰落的民族资产阶级投靠外国资本，依附性得到加强的情况。如果不摧毁造成巴西不发达的制度——世界的和本国的资本主义制度，那就越来越不可能解决不发达的问题。

结束该书的是一篇关于巴西农业中封建主义神话的论文，文中试图表明农业危机的原因应当从资本主义而不是从封建主义中寻找。

（四）方法论批评[①]

我们对冈德·弗兰克理论的批评主要是针对他未能克服结构上

---

① 这些批评性的评论发表于 1968 年。奇怪的是 6 年后，阿古斯丁·奎瓦在一篇文章中重复了这些评论。奎瓦在文章中试图批判一种他称为"依附论"而另一些人（很俗气地）称为"依附主义者"的思想学派。（油印件）墨西哥政治社会科学院，1974 年。该文是向 1974 年在哥斯达黎加召开的第十届拉丁美洲社会学代表大会提交的论文。

的机能主义立场。我们认为其原因在于他对矛盾的看法。

　　他引用恩格斯的这段话，"事物处于这样一种矛盾中，它既继续是它本身，但又在不断发生变化"，目的是为自己分析殖民地制度矛盾的历史连续性寻找根据。但是，矛盾的概念意味着，由于矛盾本身的发展，现实在不断变化。就是说，连续性和变化之间的矛盾纯粹是表面现象；变化是由表面上看来是连续的东西引起的。辩证法所能接受的唯一的连续性，就是变化的连续性，因为变化恰恰就是由那种使事物成其为本身的东西引起的。例如，资本主义正是由于那些使其本身作为资本主义制度而发展的矛盾的作用才产生社会主义的。否则，就没有辩证法。

　　由此产生了冈德·弗兰克体系的静止特点。对他来讲，拉丁美洲的矛盾从发现这个大陆起至今仍是同一些矛盾。至于曾经发生过的变化——冈德·弗兰克本人也承认是重大的变化，在他的分析中成了"不合理的"东西或者更确切地说，是一些偶然因素（例如统治中心的危机）的结果，由于在理论上还不清楚的原因，这些偶然因素有时引起"消极的衰退"，有时引起"积极的衰退"。只有通过这些国家内部的结构才能解释为什么有时是消极的衰退，有时是积极的衰退（采用作者的术语）。如果说我们这些国家的结构都是同样的而且在整个这段时期内保持不变，那么对拉美已经发生的变化当如何解释呢？

　　就是在这一方面我们必须批评冈德·弗兰克的理论模式。这个模式的第一个矛盾是指多数人生产盈余而少数人占有这种盈余，它只解释了我们的经济盈余很少，但没有解释为什么留在拉美的盈余被任意使用了。为了解释这一点，冈德·弗兰克本人只好求助于与殖民地国家内部结构有关的某些范畴：出口部门的主导地位和由出口结构造成的内部市场狭小。假若不是这样，那就不能解释为什么当宗主国中心撤退和对殖民地的剥削减弱时仍不能克服不发达状态。

我提出上述理由，不是想说明拉美国家经济盈余的被吞占不是造成我们落后的一个重要因素，而是要说明必须从依附性经济结构来解释这种侵占和它带来的后果。首先必须分析出口结构而无须考虑宗主国对盈余的吞占，因为即使没有这种吞占，我们这些国家也仍然会处于不发达状态，理由是制成品依赖于进口，没有形成这类产品的国内市场，以及商业资本占据了统治地位。

至于制度的变化，仅说明殖民地结构的连续性是不够的。必须说明尽管依附在持续，但它的形式已发生变化。因为正是这些变化造成了当前的深刻危机，而这种危机要求并有可能用社会主义来解决。如果我们不能说明导向社会主义的新矛盾是如何产生的以及它是什么性质的矛盾，那我们就只有两种选择：要么认为不发达状态还要维持下去，因为矛盾的结构依然是殖民地的那种矛盾结构；要么认为社会主义必将到来并把这种必然性看作是加强了对资本主义批判的结果或者是苏联榜样的作用，或者作任何其他唯心主义的解释。不！如果说现在可能实现社会主义而过去则不能，那是因为现在拉美的资本主义在结构上与过去的不同。

这一批评是针对我们同冈德·弗兰克的另一点分歧的。冈德·弗兰克的出发点是这样一个原则：商业资本在殖民地拉美的统治保证了它的资本主义性质。正如马克思在《资本论》第3卷关于商业资本历史的那一章所说明的那样，商业资本不足以形成某种资本主义生产方式。资本主义生产方式只能存在于工业资本的统治下，工业资本的统治使资本的生产与劳动的生产、生产资料所有权与劳动力所有权、资本家与自由工资劳动者分离。

恰恰相反，马克思告诉我们，商业资本的统治是资本主义发展的一个前资本主义障碍，尽管辩证地来看，商业资本在建立世界贸易的同时曾经为资本主义的出现创造了条件。因此，得出这样的结论，即认为由于在殖民地时期商业资本统治了拉美的经济，所以在拉美已经有了资本主义生产方式，是不符合实际的。在拉美一些地方，曾经是奴隶制生产关系占主要地位，但要说明以奴隶制生产关系为基础的生产方式是资本主义的，那就非常困难了。

这并不是说，我们认为拉美国家的经济是"封建性的"这种错误的论点是对的。尽管曾经建立了近于奴隶制的生产方式（半奴隶制或奴隶制同其他生产方式的混合），从整体上说还不是封建经济，因为所从事的是商品生产，而且受商业和金融资本的统治。但是，这不等于说那不是一种前资本主义经济，因为正如我们说过的那样，商业资本本身不能产生资本主义生产方式。

马克思的下面这段话说明我们的批评是正确的：

> 真正的（中文本为"现代"——译者）政治经济科学，是当理论研究以流通过程转向生产过程的时候才开始（第 1 卷第 325 页）。[1]

要了解拉丁美洲的现实情况，就必须从分析商业和金融资本统治下殖民地阶段的前资本主义生产方式入手。然后说明工业资本主义经济最早的努力和实现这一过渡所遇到的种种限制，这些限制便是国际和本国的金融资本的统治和前资本主义生产方式的力量（比如，奴隶制曾是建立拉美国家内部市场和产生自由劳动者——资本主义发展必不可少的条件——的巨大障碍）。

依附结构应当作为拉美现实的决定性因素提出来。这是非常重要的决定性因素，因为它指明了我们拉美国家经济 - 社会结构本身的性质，即一直是依附性的；这种结构随着拉美社会和宗主国中心

---

① 见《资本论》中文版，人民出版社，1975 年 6 月第 1 版，第 3 卷，第 376 页。

的发展已有所变化。依附范畴是解释拉美资本主义特殊矛盾的更加基本的因素；随着拉美社会资本主义生产关系的进一步发展，这些矛盾变得越来越深刻。这就是为什么依附问题成了我们今天重大课题的原因：它已经成了同 20 世纪 30 年代资本主义的发展水火不相容的东西。

正因为如此，我们赞同冈德·弗兰克杰出的批判性工作，这项工作的意义在于：他证实了要用世界商业资本主义的发展而不是用封建主义来解释拉美国家的经济；说明了依附性是解释不发达的关键；提出了殖民地制度和本国制度之间的联系。但是我们不能同意他的不发达理论和他的方法，因为他的方法会引导我们以一种非辩证的因而也是不合理的视角来分析拉美的现实。他的殖民地分析模式不能同他所期望的阶级分析"结合起来"。殖民地分析模式必须从属于一种阶级分析，而这种阶级分析应能解释阶级结构；解释由依附状况及其矛盾的发展所造成的内部结构。

近来对依附概念的批评大部分把冈德·弗兰克的论点作为主要对象，他的论点受到许多发展了依附概念的人的激烈抨击。后来，冈德·弗兰克本人所做的一番自我批评，使所有在同一理论阵地持有这一观点的人大惑不解。因此有必要深入地讨论这一问题。

第十九章
依附理论问题

20 世纪 60 年代，拉丁美洲的学术活动深受古巴革命和对那种把革命任务交付于民族资产阶级的民族主义思想的批判的影响。在 60 年代后半期，为数众多的学者集中在智利圣地亚哥并举行了几次学术讨论会，这些讨论会恰与激烈的社会动荡相汇合，而这场社会动荡导致了人民团结阵线的胜利和上台执政直到 1973 年 9 月政变为止的经历。

我们在前面几章介绍了这一方面的大部分论著，并在前一章批评了冈德·弗兰克的主要著作，它总结了这种气氛和辩论的大部分情况。但是，到 20 世纪 60 年代末，一方面出现经验主义的论著（见本章后附录 1），另一方面开始出现理论性较强的反映这种思虑的著作（见本章后附录 2）。不久又出现了一些对关于依附的论述的批评文章，企图在理论上超越一种尚不成熟的理论（见本章后附录3）。这样，依附这个主题便上升到一个新的等级。

不幸的是，这些批评未能对问题的研究做出多大贡献，因为它们不仅表现出作者对最新的文献不甚了了，而且对古典著作甚至对依附国情况的材料也知之不多。研究问题过程中出现的"走味现象"，在依附概念、依附与帝国主义之间的关系、依附状态的存在、依附概念的理论现状等方面引起了很大混乱。我们丝毫不想回答这些批评，因为如同我们说过的那样，这类批评无助于正确地研究问题，然而我们必须澄清我们对批评中提出的全部问题所持的立场：这些批评不仅没有把问题阐述清楚，反而弄得更模糊不清了。还必须指出，这些批评的特点是企图把一种有着巨大内部分歧的思想流派整个归入同一"理论"中，把一个作者的文章、思想和意见任意安到另一个作者的头上，这种令人难以置信和不正派的做法引起了令人厌恶的学术混乱。

一 存在着依附情况吗？

很多作者和批评者否定依附情况的存在，因而也就否定了建立关于依附现象的专门理论的可能性。看来必须对这种现象是否存在以及它具有什么意义进行一些探讨。

首先，根据经验我们可以肯定存在着这种情况，即某些民族在生产和消费方面达到了远远超过其他一些民族的水平。当然，这种现象可以用先进和落后、发达和不发达、文明和野蛮、资本主义和前资本主义、现代化和传统主义等概念加以解释。事实是，历史上的许多论文都提出过这些成对的概念，它们都是从某个层次上对一种现象的描述，但一般说来都是片面的，或者只是描述某种偏见。

同时我们看到，在上述每一种概念的名下都有一批国家，但它们之间有很多不同之处。根据所要强调的方面，可以分为比较发达或不太发达的国家，被欧洲征服时已经建立起发达的社会制度的土著居民的国家，拥有不够发达但人数众多的土著居民的国家，以及典型的殖民地区——那里的土著居民很少，变成了白人殖民者和外地运来的奴隶的家园，而每一类国家内部之间都是有差别的。

毫无疑问，这些特点大大影响了这些国家建立的社会经济制度、它们的资本主义发展程度和它们文化的现代特色。必须指出，从那些差别中得出的带有宿命论性质的种族和文化方面的结论是不科学的，因为这些结论一般是建立在对各国人民的生物特点和行为举止的浮浅观察之上的。撒克逊人类学和法国人种学都充满了统治阶层和保守主义分子系统化了的偏见和经济利益。

一方面，一些地区性情况，如有就近的潜在市场，某些地方产品的开发以及19世纪和20世纪的许多学者紧抓不放的种种自然现象，也对更大程度地利用当地资源发挥了影响。然而明显的是，对现有资源的利用取决于居民的文化和社会经济发展程度。昔日"落后"地区的殖民地解放运动的胜利和社会主义的发展，粉碎了地理、种族、文化等方面的宿命论。

在最近一个时期，科学工作者开始根据工业发展亦即资本主义发展的程度来区分国家和地区。尤其是马克思主义和民族主义的革命文献一直坚持认为，工业化、资产阶级和无产阶级的存在同民主主义革命斗争之间关系密切。

尽管这样那样的类型学可能为研究所述现象做出了贡献，但却不能使人彻底了解这种现象。许多人士曾试图把对经济增长的一般条件的研究局限于前资本主义经济和资本主义发展之间的关系上，或按马克思主义的术语来说，局限于资本的原始积累上。他们跳过整个的历史阶段，试图把摆脱落后、不发达和野蛮状态的问题，归结为一种开化进程、经济发展或原始积累的现象。

尽管列宁、斯大林、瓦尔加斯、毛泽东、M. N. 罗伊、托洛茨基和其他一些当代马克思主义者做出了历史性贡献，他们把某些国家的落后问题置于被认为已发展到帝国主义阶段的国际资本主义经济的范畴中，尽管战后对这个问题的研究由于帝国主义的新特点以及社会主义在国际范围、特别是在落后国家的发展而发生了新的变化，但时至今日，仍然有一些"马克思主义者"和"社会科学家"，他们竟然糊涂到要"超越"寻求发展那条理论研究路线的一系列最新研究成果，从而使这一理论倒退到 50 年以前一些理论落后的提法上去。①

显而易见，"落后"现象不能从这样一种分析观点即作为国家之间发展程度不同的问题加以理解。人所共知，这些被称作落后的、不发达的、野蛮的、前资本主义的和传统的国家，仅仅因为同先进的、发达的、文明的、资本主义的和现代的国家在理论上建立了一种纯粹抽象的对比关系后才具有了形成那些概念的各种特点。我们在这两种类型的国家之间建立对比关系，那是因为这两类国家都是同一个世界经济的组成部分。在进行这种对比时，我们所反映的是在世界经济中占支配地位的生产方式这一文化的普遍性、唯理性和进化性。根据这种文化，世界是向进步、向理性演变的，总之，向作为理想的行为模式的自由资本主义演变。所谓"社会科学"、政治学或经济学，只不过是对各种社会如何适应这种模式——这些"学者"毫无例外地对这种模式的永久性和普遍性深信不疑——的方式的研究，一种经过谨慎衡量的有限度有分寸的研究。我们知道，统治阶级的思想也是特定社会的统治思想。因此，发生下述情况就不足为怪了：一些同情统治阶级利益的进步人士采用统治阶级的理论模式和推理方法来维护相对不同的理想；在我们的大学里很多"马克思主义者"把自己局限在居统治地位的正规的和反辩证法的理论框架之内。他们当中有的颇具才华，有的则能力一般，平平庸庸。

但是，仅确定只有把"落后"社会摆到世界经济范围内才能加以研究的原则还是不够的——世界经济显然通过其内部因素加速它们的变革进程，使之畸形发展并使其结构成型。必须确定这种国际经济的特性、它的演化情况，尤其是有关社会经济实体的各种不同

---

① 我特别指费尔南多斯和奥坎波的文章，该文是《拉丁美洲展望》杂志所展开的讨论的基础。尽管前引奎瓦的文章水平较高，但它不仅无助于讨论，还使讨论倒退了。

的特殊内部因素和这种世界经济之间联系的特点。必须确定这些联系的可能形式及其对社会、经济、政治和文化的影响程度，必须明确这种联系的历史发展状况并从各个方面加以分析，必须明确指出各种不同的关系类型和由此产生的社会经济结构。

对国际现象的研究，不仅使我们形成了世界经济的概念，而且也形成了一系列诸如帝国主义国家和殖民地国家、统治国和依附国、中心国和外围国等双重概念。确立了这样一些概念，我们就可直接进入一个更加辩证的、政治性更加明显的问题系列：金融资本、经济和权力集中、军国主义、国家垄断资本主义、资本输出、民族资产阶级或依附性资产阶级、飞地、出口经济、国内市场、民族解放运动、土地改革、工人阶级和农民之间的关系等概念。

这样，我们就脱离了经济增长、经济现代化、经济官僚化、经济合理化、发展的原动力、"企业家"等这些理论暗区和中性区。并非这些问题不重要，而是必须把它们置于具体历史进程的环境中加以探讨，这种环境以受资本主义利益和社会主义经济（在 20 世纪的一半时间内）的影响而处于发展中的国际经济和社会形态表现出来。

这样，经济发展问题就具体体现在依附国在参与国际经济和社会的特定条件下的民族问题、国家问题、文化问题和阶级斗争问题之中。

只有这样我们才能克服资产阶级、小资产阶级和无产阶级对这种现象的看法，这些看法的主要特点如下：

处于最发达状态的大资产阶级继续给或多或少"自由"进行的货物、资本和思想的国际交流强加条件。自由主义导致的经济发展不平衡性只是当它引起严重的国际冲突时才会使大资产阶级感到惊恐。同时，与自由派（古典自由派或新自由派）理论所设想的相反，依附国内资本主义的发展并未打破落后的界限却转而为大资产阶级的投资设下了新的障碍。这种情况也使大资产阶级感到不快。因此，大资产阶级支持对发展理论的研究，它所理解的发展是资本主义的普遍发展。发展理论把不发达和依附现象看作是前资本主义部门对现代化的一种令人不快的抗拒。由于这种唯理主义模式在实践中无法应用，从而导致了实用主义和必须同其他派别妥协。在依附性社会中，这种理论表现为保守的地方自由主义，其基础是旧有的农业－出口寡头集团，或者表现为国际大资本和部分国内资本以及国家资本主义的代理人——专家治国论者和官僚（文人和军人）的专家治国－独裁新自由主义。这种新自由主义主张在大公司和国家资本主义行动的强烈影响和控制之下市场自由运转（国家资本主义既表现在国家企业，也表现在为确保资本积累而制定的经济政策和国家计划方面），这种思想主要是以比较成本和国际分工优越性的理论为基础的。

这种占统治地位的资产阶级思想完全相信由它们控制的经济和政治力量的自由运行。在这种思想的一侧，还出现了一些在小资产阶级和资产阶级中控制这些自发因素方面最软弱无力的那些阶层的思想流派。它们知道，市场的自由运行在许多情况下会一举把它们搞垮。它们的利益在于通过国家，筑起对付国际自由贸易的牢固堤坝，保护民族资本并确保中小资本家进入国家的渠道。在不同的条件下，小资产阶级的思想已经从属于手工业和独立业主阶段的半无政府主义的自由主义，跳到官僚的、军国主义的和专家治国论的独裁主义（一种直接或间接地接受小资产阶级以社团的或半法西斯的形式进行干预的独裁主义）。

小资产阶级对国家资本主义的支持具有不同于大资本的色彩。小资产阶级把国家资本主义看作是反对垄断、反对大资本、护卫"公民"的保护主义者。与大资本纯理性的全球主义和世界主义相反，小资产阶级关于货物、资本、服务和思想流通的概念是谋求限制和控制这种流通，重申民族性高于国际性，浪漫主义高于"理性主义"，爱国主义高于世界主义，"义务"高于大资产阶级所推行的政治上的漠不关心等。

随着当地的资本家必须关心保护当地的商品、资金等市场，把民族的东西和小资产阶级的东西联系起来的论点能够吸引依附国中属于大中资本的许多人士，但是从本质上说，这些论点在其浪漫主义充分发展的情况下，仍属于小资产阶级思想范畴。在现代，甚至在依附国，小资产阶级越来越依附于当地的，尤其是国际的大资本。因此，当一切形式的当地资本越来越明显地变成国际大资本的走卒或者进一步成为其"小伙伴"时，小资产阶级的这些论点就变得越来越软弱无力。国际大资本通过其充满活力的跨国公司和拥有的国际支持，不可抗拒地掌握着最好的投资机会。

在这种情况下，尚未成熟的工业和农村无产阶级面临着意识形态方面的复杂问题。作为工业革命和自由主义的产物，作为世界性的阶级，无产阶级从其总的历史观出发，表现出使自由资产阶级的思想激进化的倾向。然而，与此同时，它不能脱离它的民族根基和民族利益，否则就有游离于历史之外的危险。由此又产生了一种倾向，即面对这些问题采取实用主义，只追求眼前利益的倾向。

落后的依附国的形势还要更加复杂。早在俾斯麦时期的德国，马克思和恩格斯就以厌恶的心情看到工人们同情拉萨尔的国家社会主义，支持保护主义、国有化等倾向。后来我们又看到在由帝国主义战争激起的民族利益的强大压力下第二国际的解散。

但是，殖民地国家的无产阶级与资产阶级的关系还要复杂得多。或许因为这些国家的资产阶级直到20世纪50年代还保持着革命的或改良主义的反帝反封建的激情；或许因为它们绝望地寻求城乡劳动者支持其民族独立的愿望；或许因为这些资产阶级为了给它们的利益提供思想指导，必须大力推动折中主义思潮，以此来影响整个进步思想；或许因为社会主义的领导干部和知识分子在思想和理论方面的软弱无力以及无产阶级的组织和觉悟程度低；由于上述所有原因或部分原因，依附国的无产阶级表现出了接受"革命的民族主义"作为其基本理论的强烈倾向。

显然，革命的社会主义思想只有同时克服否认殖民地或依附国特殊性的墨守成规的"马克思主义"，才能克服这种阶级倾向。

毛泽东、胡志明、切·格瓦拉和菲德尔·卡斯特罗是承认殖民地和依附国问题特殊性的光辉典范，他们熟知这些国家特有的阶级结构，熟悉他们各自的国家在他们所处时代的民主革命和社会主义革命之间的特定关系，以及在当地的历史条件和社会经济条件下斗争方式的多样性和创新性。

工人阶级关于依附现象的观点包括了资产阶级和小资产阶级批判经济统制的部分内容，但是试图深化这种批判，认为资本输出对国际经济具有决定性作用，指出造成依附的根本原因不是贸易比价方面的损失，而是被统治国家的经济和社会结构，揭露资产阶级和小资产阶级的主要阶层同帝国主义狼狈为奸，总而言之，指明依附、落后和不发达不可能在资本主义生产制度下得到克服。

马克思主义对关于依附的资产阶级观点的批判不能从脱离本国现实的观点中产生，只有辩证地、正确地确定内部和外部之间、本国和国际之间、反对帝国主义和反对资本主义之间、研究国际经济关系和研究阶级关系之间以及总的历史倾向和当前情况之间的这些关系，这种批判才能产生。这样，我们就有充分的材料说，必须对依附现象作理论论述，作为搞好对成为资本主义国际剥削对象的这些国家现实的研究的必要方式。

二　对依附问题作辩证的研究

我们可以从前一节提出的看法的基础上向前迈出一步。首先我们要分析对资产阶级发展理论的批判并提出一种把拉美国家的现实作为资本主义的帝国主义阶段的组成部分来分析的连接性概念，即依附的概念。接着我们将分析依附性社会的构成，然后将就这个概念的主要理论背景材料做一个总结。最后，我们将对依附概念的有效性展开讨论。我们相信，现在已具有提纲挈领地提出应成为一种依附理论内容的各种基本要素的条件。

（一）帝国主义论和依附论

如果把对一种具体现象的运行和发展规律所做的系统而连贯的抽象论述理解为理论，那么我们可以说，从列宁的《帝国主义是资本主义的最高阶段》一书问世以来，我们就有了一种分析帝国主义的基本理论主体，它在近 60 年期间的应用过程中，保持了高度的正确性和连贯性的优势。

不幸的是，对依附现象来讲情况并非如此。大部分关于依附关系以及由此形成的社会的特点和支配这些社会发展的规律的理论，是依附国或殖民地国家的资产阶级或者小资产阶级提出来的。正如我们分析的那样，共产国际和工人理论家们只注意这一现象的外围问题。自 20 年代起，由于殖民地革命运动自身的发展和工人积极参加殖民地革命运动，才产生了有关依附现象的政治文献和一些比较具体的分析文章。在大学里（不管在中心国还是在依附国），只是在战后才开始研究发展和不发达问题。与此同时，在这一时期，联合国组织和其他一些国际机构由于经济和政治方面的原因，不得不加强对这些国家的了解。迫于需要，美国的大学和政府机构也加强了关于不发达国家的资料收集工作和研究工作。

随着时间的推移，国际上关于不发达的原因、性质和表现形式的讨论扩大了，逐渐形成了一系列论题，从而使我们能够确定依附的各种要素和对依附进行研究的课题范围。

　　首先，在当前进行的辩论中，必须把对依附的研究同对帝国主义和造成依附的国际经济的研究结合起来。进行这种研究时，必须特别注意确定当前资本主义发展的阶段、它的结构、它的细胞组成（跨国公司）、它的活动方式和它所造成的矛盾。人们越来越清楚地看到，必须确切地指出帝国主义当前的活动方式，特别是经济周期对推动依附国发展所起的作用和所提供的某些时机。

　　随即就开始特别注意世界贸易和世界经济的机制问题，特别关注商品、服务和资本的活动情况以及债务问题。这种研究既能突出统治国的国际经济关系，又能突出依附国的国际经济关系，同时不会明显地把国际关系局限于统治国和依附国之间的关系，也不致忘记帝国主义国家之间和资本主义同社会主义之间的矛盾，这些矛盾乃是依附关系所存在的国际现实的重要组成部分。

　　在理论方面，必须推翻埃曼努尔的著作中关于不平等交换的那些错误观点，他认为不平等交换的根源是低工资，并把不发达国家无产阶级的贫困归咎于统治国的无产阶级同伴。还必须指出普雷维什理论的错误，他认为由于发达国家的消费结构，在它们同不发达国家的交换条件方面后者必然要有所损失。必须反对任何用交换机制来解释不发达和依附现象的倾向。

　　因此必须肯定，把对国际经济关系的分析等级降为第三等级是正确的，即把依附性国际关系同依附国内部经济－社会结构联系起来进行分析。

　　关于这一题目，有些见解需要作进一步的说明：

　　第一点需要说明的是，必须把民族性和国际之间的关系看作是同时以经济的国际化和民族化为基础的资本主义国际统一体的两极，而不是两个相互排斥的对立面。在原始积累阶段，资产阶级的民族性表现为反封建的地方主义。在像拉美这样一些政治上获得独立的殖民地，帝国主义的资产阶级总是企图分化瓦解地区力量、部落力量和文化方面的力量。在这些国家，民族性表现为打破这一统治的方法，而且基本上是采取反帝的形式，尽管也反对地方主义和地区主义。地方主义和地区主义的根源是自给自足或处于出口进程边缘的土地结构。一般来说，出口寡头集团是世界主义者和自由主义者，民族资产阶级是民族主义者和保护主义者。这是资本主义兴起的历史条件的明显倒置，在这种情况下提出了开拓国内市场、进行土地改革等问题。

第二点，应当从国家的作用来考虑这些关系的特殊性。对工业家来说，国家干预是他们能够生存的条件。他们就这样成了中央集权下经济统制主义者，甚至还能使用一些表示赞成社会化的语汇。如果国家参与一些他们永远不可能投资的、成为现代产业结构的基础设施的部门，工业家们是毫无损失的。

主张保护主义和中央集权下的经济统制，组织群众以实现这些目标，在革命的或改良主义的民族主义控制下扩大群众的政治参与，发展民族文化，采用比较灵活的和辩证的思想来实现这些民族解放的任务，同情走社会主义道路的第三世界国家，赞赏苏联和其他社会主义国家建设国家和发展经济的能力，奉行独立的外交政策：这一切构成了表明依附国的资产阶级进步性的纲领性立场。但是，随着大资本把这些旗帜中的一部分接了过去，把投资转向国内市场，然后又转向新的制成品出口业，所有这些立场就逐渐软化了。这些立场还受到国际经济周期的影响，这种周期决定着国际大资本向依附国投资和施加经济与政治压力的能力的大小。

第三点，如果考虑到革命的民族主义所依靠的群众的相对独立程度，民族问题就变得更加复杂了。倘若群众赢得自治权，在政治上和思想上更加激进化并且增加对现有政府和国家机器的压力，那么资产阶级的统治就开始被打破，于是资产阶级就会通过镇压竭尽全力地谋求控制局势，即使要牺牲其民族独立目标也在所不惜。

在历史上，这一进程是沿着当地资产阶级的选择余地逐步减少的方向发展的，因为当地资产阶级受到国际大资本的扩张和民众运动的政治、思想自主化两方面的压力。在这种情况下，反帝斗争以及民族性、保护工业、国家干预、土地改革和建立国内市场、社会和政治民主等旗帜逐步转移到工人运动、农民和小资产阶级一边。

民众运动并不立即就同仍然还在日程上的民主革命任务的纲领决裂，而是使那些任务激进化，并将其纳入一个社会主义性质的、更加深刻的社会变革的纲领之中。

本书将分析这些历史性选择是怎样互相衔接的。我们在本章所关注的是要指出关于这一问题在理论上的一些含混之处。

不应该认为，依附国工人阶级的革命分析方法就是简单地把马克思主义作为一种正式的总理论运用于这类国家的情况。这样的研究方法在思想上将把我们引向智力活动的形式主义，在政治上引向欧洲主义。哪一种情况都会使我们不能科学地认识现实和群众的感觉。

在这种条件下，一种科学的革命思想只有在下述情况下才能形成：把对部分地受无产阶级影响的（使用辩证辞令和阶级概念、对有组织的无产阶级的让步等）并在意识形态上形成折中主义思想的资产阶级－小资产阶级民族主义观点和纲领的批判，同作为历史总科学的马克思主义思想体系灵活辩证地结合起来（而这种批判必须是辩证的，即打破一种现实就是取其负极并把它们置于新的矛盾统一体中加以分析）。只有这样辩证地运用马克思主义的原理，革命的思想才能确立起来。

因此，并非简单地抛弃民族主义的纲领，而是改变标记。就是由原来的最终纲领和中心目标变成建立社会主义经济和社会主义社会的开始阶段，即必要条件。它的一切目标改变了，它的总的含义也改变了。

　　这是在依附、发展和不发达等问题上超越资产阶级和小资产阶级思想的一种辩证形式。那些打算建立一种形式上与资产阶级"发展主义"的主要内容相对立的依附理论的人是不可能超越这种思想的。在他们看来，好像俄国革命不进行反对沙皇的斗争也能胜利，好像中国革命不进行民主主义革命和反对日本及帝国主义侵略的斗争也能胜利，好像古巴革命脱离反对巴蒂斯塔和帝国主义独裁统治的斗争也能胜利。或者从更深的理论层次讲，似乎马克思主义不是超越了黑格尔主义、法国唯物主义、空想社会主义和政治经济学，而是试图建立一种完全脱离其先前起点的科学。在很大程度上，这是作为"阿尔都塞尝试"基础的结构主义思想。

　　拉美国家的工人阶级逐渐给社会科学提出了主题。随着依附性工业化进程的发展，发展主义主题将逐步被淡化，一种新的社会主义主题将逐步形成。社会主义主题的提出是群众对发展的性质和形式所做的反应（已经不是对至今仍是拉美各国人民主要顾虑的发展障碍的反应）。

　　由此可见，理论不能脱离社会运动，否则就会变成一种形式练习和概念游戏。尽管这样，我们并不想说当拥有过剩的人力并充分了解其局限性时，也不能和不该进行这样的练习。

　　我们目前面临的主题是现代帝国主义的性质，现阶段的国际经济关系，国际经济与各国内部结构的关系形式，所产生的矛盾，社会各阶段所面对的选择以及由此而采取的斗争形式，向新社会发展的纲领性前景（在这一方面，向社会主义过渡的主题有很大的现实性）。

附录 1

　　在关于依附论的一些比较抽象的理论性提法和方法论考虑的冲击下，出现了一些研究拉美现实的具体情况或在地域以及题目上更为狭窄方面的论文，其中我们要着重指出的是：

巴尼娅·班比拉：《拉丁美洲的依附性资本主义》；《古巴革命：一种再解释》（前言和编纂）《拉丁美洲十年起义的经验》。

罗伯特·皮萨罗和奥兰多·卡普托：《帝国主义、依附和国际经济关系》；《发展与外国资本：帝国主义在智利的新形式》。

塞尔希奥·拉莫斯：《智利：过渡中的经济？》。

阿尔瓦罗·布里奥内斯：《跨国公司与技术依附》中关于"跨国公司，技术与中间货物市场"的章节，载《经济与社会科学》，同社会经济研究中心协议出的专刊，加拉加斯，1973 年 12 月。

克里斯蒂安·塞普尔韦达：《智利的经济发展》，载社会经济研究中心《手册》，1973 年（油印件）。

埃迪米尔森·比塞利：《美国对拉丁美洲的政策》，载《经济与社会科学》，同社会经济研究中心协议出的专刊，加拉加斯，1973 年 12 月。

埃斯塔尼斯劳·冈萨雷斯：《委内瑞拉：新的石油政策与依附》，载《经济与社会科学》，期数同上。

玛丽亚·达斯格拉扎斯·阿克曼：《企业家与发展》（一批冶金工业家对智利的研究文章），巴黎，1970 年 9 月（油印件）。

克莱尔·萨维特·巴查：《国际经济中的依附：巴西经验概论》，里约热内卢，1971 年。

巴尼娅·班比拉：《世界垄断性一体化与工业化：它们的矛盾》，载《社会与发展》第 1 卷第 1 期，圣地亚哥，1972 年。

里卡多·辛塔：《民族资产阶级与发展》，载《1980 年墨西哥剪影》。

维克托·曼努埃尔·杜兰德·P.：《墨西哥：1980 年，依附还是独立》，载《1980 年墨西哥剪影》。

维尔马·E. 法里亚：《依附与巴西工业界领导人的思想》，载

《劳动社会学》1971年第3期7~9月号。法里亚还写了一篇关于这一题目的专著，但尚未出版。

G. 哈森巴尔，布里加道·C.，F. J. 莱特·科斯塔：《巴西的金融部门：历史状况》。

J. 拉瓦斯蒂达：《面对变革选择的统治集团》，载《1980年墨西哥剪影》。

J. L. 莱瓦：《智利的对外部门、社会集团和经济政策，1830~1940》，社会经济研究中心油印件。

C. 莱萨和 T. 瓦斯科尼：《对拉丁美洲发展解释的批评》，委内瑞拉中央大学发展研究中心，《课程与报告》1969年第2期。

拉莫斯·M. 佩拉尔塔：《阿根廷资本积累的阶段和阶级斗争：1930~1970年》。

阿尼瓦尔·基哈诺：《秘鲁的民族主义和资本主义：新帝国主义研究》，载《每月评论》第23卷第3期，1971年7~8月。（我只引了这一篇论文，因为没有必要在这里指出基哈诺在为从理论上全面了解拉美做出贡献的其他文章）

J. L. 雷纳：《动员或政治参与：关于墨西哥情况一些假设的讨论》。除了这篇论文外，请参阅作者的博士论文。

贝尼西奥·别罗·施密特：《两种政治战略的试验：依附与自由》，硕士论文（油印件），1970年。

奥斯瓦尔多·森克尔：《国家发展政策与对外依附》，载《国际研究杂志》第1卷第1期，1967年5月，智利圣地亚哥。

T. 瓦斯科尼：《依附与上层建筑及其他论文》，与伊内斯·雷卡合作：《拉丁美洲大学的现代化与危机》。

M. 比利亚：《墨西哥的国家基础及其当前问题》，载《1980年墨西哥剪影》。

F. C. 韦福特：《民众阶级与社会发展》，拉丁美洲经济和社会计划学会，1968 年 2 月。

　　要把各种题目的所有论文都列举出来是不可能的，特别是在关于边际化的研究领域有一些重要文章，如库列里、孔特雷拉斯、温贝托·穆尼奥斯、奥兰迪娜·奥利韦拉和其他一些人的文章（没有列举基哈诺的一些论著），他们的文章本身构成一个同对依附问题的看法相联系的完整的理论领域，但是要单独加以研究。

　　F. H. 卡多索：《帝国主义与依附》，1972 年，油印件。

　　A. 平托：《拉丁美洲的近期发展模式》，载《经济季刊》第 150 期，墨西哥，1970 年。

　　P. 武斯科维奇：《收入的分配与发展的选择》。

　　F. 法伊济尔贝：《巴西的工业体系，1970 年》；《收入的分配》，1973 年。

　　Y. E. 佩雷拉：《外债》。

　　F. H. 卡多索：《国家与社会》。

　　马丁斯·卢西亚诺：《政治与经济发展：巴西的政权结构与决策体制》。

　　阿纳尔多·科尔多瓦：《卡德纳斯主义的群众政治》。

　　M. N. 坎波斯：《技术转让，对外依附和经济发展》。

　　塞尔希奥·比塔尔：《智利制造业中的外国投资》。

　　费尔南多·法伊济尔贝：《工业体系与制成品出口》。

　　C. 拜特索斯：《安第斯条约组织内的技术商品化》。

　　Y. 卡茨：《寡头卖主垄断、本国公司和多国公司，阿根廷的制药工业》。

　　各种文选本，如已经引用过的《拉丁美洲：依附与不发达》、《拉丁美洲不发达问题》、《经济季刊》的专刊（第 150 期）、罗伯特·I. 罗兹编辑的文选《帝国主义与不发达》、K. T. 卡思和 D. C. 霍奇斯主编的另一部文选《美帝国主义论丛》、弗兰克·博尼利亚和

罗伯特·格林合著的斯坦福大学学术讨论会论文集《结构与依附》
（1973 年）、迪特尔·桑加斯编辑的《帝国主义与权力结构》文选，
以及许多散载于专业杂志的论文，集中了关于这个问题的无数论文
中的大部分，因数量很多，无法在一个注释中都包括进来。

我们要请读者特别注意社会经济研究中心、巴西研究和计划中
心、中美洲社会科学计划、墨西哥国立自治大学社会研究所与经济
研究所和拉美研究中心等单位所进行的研究。

附录 2

在 20 世纪 60 年代末和 70 年代初，有无数的论文继续了我们在
前面几章提到的理论建树过程，其中包括：

（1）论文集《拉丁美洲的不发达问题》。这是寄往 1972 年达喀
尔会议的几篇论文，其中关于这个题目的有：

塞尔希奥·巴古：《不发达的社会阶级》；费尔南多·恩里克·
卡多索：《对依附问题研究现状的注释》，埃克托·席尔瓦·米切莱
纳：《从不发达到社会主义：唯一的战略》。

（2）拉丁美洲：《依附和不发达》，由安东尼奥·穆尔加·弗拉
西内蒂和吉列尔莫·博伊尔斯选编、撰写前言并作注释。该书收集
了有关这一命题的大部分文章，其中有：

阿隆索·阿吉拉尔·M.：编者引言，《对不发达的反思》（原发
表于 1973 年）；费尔南多·H. 卡多索和弗朗西斯科·C. 韦福特：
《科学与社会意识》（原发表于 1970 年）；阿尼瓦尔·基哈诺：《依
附与社会变革》（原发表于 1968）；奥克塔维奥·扬尼：《结构性依
附》（过去未发表，这次专为供本书所用而翻译）；巴勃罗·冈萨雷
斯·卡萨诺瓦《新社会学与拉丁美洲的危机》（原发表于 1968 年）；
安东尼奥·加西亚：《走向拉丁美洲发展问题的社会科学理论》（原
发表于 1972 年）。

（3）1971 年 4 ~ 6 月号《经济季刊》专刊（第 150 期）发表了几篇属于前面提到过的理论辩论文章，其中有：

富尔塔多·塞尔索：《对外依附与经济理论》；巴勃罗·冈萨雷斯·卡萨诺瓦：《拉丁美洲的结构改革》；阿尼瓦尔·平托：《拉丁美洲的近期发展模式》；奥斯瓦尔多·森克尔：《拉丁美洲的跨国资本主义和民族分裂》。

同时期的另外一些论文有：

塞尔希奥·巴古《拉丁美洲的依附和不发达，评论》，载《发展问题》第 4 期，墨西哥国立自治大学，1970 年。

阿尼瓦尔·平托：《关于发展、不发达和依附的注释》，载《经济季刊》第 154 期，墨西哥，1972 年；《二十年后的中心－外围体系》，载《国际经济》；献给劳尔·普雷维什的论文集，L. E. D. 马科编，美国学术出版社，1972 年。

阿隆索·阿吉拉尔·M.：《拉丁美洲发展的理论和政策》。

安东尼奥·加西亚：《拉丁美洲的落后与依附》；《向拉丁美洲的发展社会学理论迈进》。

D. F. 马萨·萨瓦拉：《依附的机制》。

何塞·莫雷诺：《拉美经委会，改良主义和帝国主义》。

费尔南多·卡莫纳·德拉佩尼亚：《依附与结构变革》

何塞·路易斯·塞塞尼亚·塞万提斯：《超额剥削，依附与发展》。

弗洛雷斯坦·费尔南德斯：《拉丁美洲外部统治的模式》，载《墨西哥社会学杂志》第 32 卷第 6 期，1970 年 11 ~ 12 月号。

弗兰斯·欣克拉默特：《拉丁美洲的不发达，资本主义发展的一个例子》；《不平衡发展的辩证理论》，载智利圣地亚哥《国家现实杂志》第 6 期，1970 年 12 月；《帝国主义的古典理论，不发达与社会主义积累》，载智利圣地亚哥《国家现实杂志》第 4 期，1970 年 6

月。

奥克塔维奥·扬尼：《帝国主义与拉丁美洲的暴力文化》；《帝国主义的社会学》；《拉丁美洲的依附社会学》，载《巴拉圭社会学杂志》第 1 卷第 21 期，亚松森，1971 年 5～8 月号。

费尔南多·恩里克·卡多索：《依附论还是对具体依附形势的分析?》，载《拉丁美洲政治学杂志》第 1 卷，1971 年 12 月。

豪尔赫·格拉西亚雷纳：《拉丁美洲不发达资本主义的动力》，载墨西哥《国际讨论会》第 13 卷，1977 年 4～6 月号。

埃克托·马拉韦－马塔：《不发达与依附的辩证法》，载墨西哥《发展问题》1972 年 8～10 月号。

鲁伊·毛罗·马里尼：《依附的辩证法》。

鲁道夫·斯塔文哈根：《拉丁美洲的未来：在不发达与革命之间》，载《拉丁美洲展望》第 1 卷第 1 期，1974 年。

塞尔索·富尔塔多：《经济发展的神话》。

阿曼多·科尔多瓦和埃克托·席尔瓦·米切莱纳：《不发达的理论问题》。

阿曼多·科尔多瓦：《A. G. 弗兰克的不发达资本主义》。

附录 3

《拉丁美洲展望》1974 年春季第 1 卷第 1 期刊载了一批讨论"依附论"的文章，并附有大量书目注释。不幸的是，讨论是围绕 R. A. 费尔南德斯和何塞·F. 奥坎波的一篇只有小学水平的论文进行的，因此对讨论的问题没有任何补益。这些文章的作者是：蒂莫西·哈丁、费尔南多·H. 卡多索、马文·斯滕伯格、安德烈·冈德·弗兰克、盖伊·J. 吉尔伯特，以及罗纳德·H. 奇尔科特，后者写了一篇序言。

在哥斯达黎加召开的第十一届拉丁美洲社会学代表大会广泛地

讨论了这一问题。提交批评性论文的作者有阿古斯丁·奎瓦、费尔南多·阿劳科（后来发表在《历史与社会》第 3 期）和热拉尔·皮埃尔－夏尔，还有巴勃罗·冈萨雷斯·卡萨诺瓦的一篇批评性总结以及何塞·路易斯·德伊马斯一篇非常含混不清的文章。

美国《美洲研究与世界事务杂志》于 1973 年 2 月为依附这个论题出了一期专刊，登载了戴维·雷、拉塞尔·马丁·穆尔、威廉·G. 泰勒和彼得·瓦亚特等人的文章。

《激进经济学评论》第 4 期（春季号）也是专门讨论这个论题的。

关于依附概念的辩论是以两篇自我批评性文章（不幸的是这两篇文章都非常含糊不清，因为谬误已经扩散到其他作者身上了）为基础，即弗朗西斯科·韦福特的《关于依附论的注释：阶级理论还是民族意识?》（载《拉丁美洲政治学杂志》1971 年第 1 期，圣地亚哥）和安德烈·冈德·弗兰克的《依附已经死亡；依附和阶级斗争万岁；对批评的回答》，载《社会与发展》第 3 期，圣地亚哥，1972年。

比较重要的批评性和总结性文章有：

阿尔斯丘勒·劳伦斯·R.：《拉丁美洲不发达的社会学理论》载《比较研究》第 6 卷，1973 年。

苏珊娜·博登海姆：《依附与帝国主义：拉丁美洲不发达的根源》，北美拉丁美洲问题研究会《通讯》，1970 年。

艾尔顿·福斯托：《依附的新情况与特奥托尼奥·多斯桑托斯的社会政治学分析》，载《拉丁美洲社会科学杂志》第 1～2 期，圣地亚哥，1971 年。

毛里西奥·列别金斯基：《从不发达到发达》；《处在 70 年代十字路口的拉丁美洲》。

西斯·勒鲁瓦等：《为了解决依附论的不足之处》，见《研究生论文集》，加州大学，1973 年。

迈克尔·米罗波尔：《用政治经济学分析不发达》，载《激进经济学评论》第 4 卷，1972 年。

安东尼奥·穆尔加：《依附性：拉丁美洲的一种观点》，北美拉丁美洲问题研究会《通讯》第 4 卷，1971 年 2 月。

布拉斯·M. 阿尔韦蒂和亚历杭德罗·霍罗威茨：《帝国主义对拉丁美洲社会科学的渗透，适合于安德烈·冈德·弗兰克和特奥托尼奥·多斯桑托斯》，这是向 1972 年圣地亚哥第十届拉丁美洲社会学代表大会提交的文件，内容充满混乱和影射。

阿尔贝托·菲利皮在为 A. 冈德·弗兰克所著《流氓资产阶级》意大利版写的引言中对依附论作了精彩的批评性概括。

安德烈·冈德·弗兰克在前面提到过的《依附已经死亡》一文中提出了一份广泛的书目，包括了各种批评其著作的文章和其他有关论文。

在许多有关这一论题的学术论著中，我想突出让－保罗·格拉韦尔最近发表的一篇文章：《不发达与依附》，加拿大魁北克拉瓦勒大学，1974 年 3 月。

同样必须突出蒂尔曼·特尼茨·埃弗斯和彼得·冯沃根作的杰出总结：《依附：拉美对不发达理论的贡献》。

第二十章
依附和经济危机

一　理论问题

讨论过占支配地位的发达资本主义国家的经济危机和依附概念的一般要素之后，现在要讨论一下，到什么程度才可以说依附国发生了经济危机，以及危机有哪些表现形式。

由于种种原因，这个问题不是那么简单。

第一点，依附国经济不是可以躲过危机的简单的前资本主义经济。恰恰相反，这些国家（特别是拉美国家的情况）是资本主义世界经济的组成部分，而且不仅如此，它们的经济主体是为世界市场进行生产的。这样，世界市场的危机就非常直接地影响着这些国家。

第二点，必须考虑到，当这些国家作为原料和农产品出口者参与世界经济时，它们所发展的是一种市场经济。但由于种种原因，不能发展到具有资本主义生产方式的全部特点。这些原因是：缺少熟练的劳动力，国内市场不发达而且被外国的制成品占据着；工艺水平低，而且仅限于某个专业化部门，使其不能在技术创新方面居于领先地位；没有一个较完整的具有自身增长活力的工业体系等。

因此，这些国家不拥有产生和补偿危机的内部机制，而是几乎完全依附于世界市场。在殖民地时期甚至一直到 19 世纪，消费仅限于某些产品，而且水平很低，这意味着依附国整个经济的消失以及强大的经济中心的破坏和向其他地区迁移，或者倒退到自然经济。在欧洲或美国也发生过这种倒退，但是在欧洲或美国出现的情况是地区的和局部的现象，在依附国有时则表现为一种总危机和经济全面停滞。

19 世纪下半期开始，这种倒退对于依附国的经济危机不再具有那样决定性的作用。特别是从 19 世纪末起在一些国家出现了工业部门，从而使它们得以转变危机的方向并寻找新的发展源泉。只是到了那时才可以说有了能够形成当地危机或者能够补偿世界危机的相对自主的内部机制。

我们对依附国危机的分析必须从两种基本模式出发：主要从事出口的经济模式和出口与重要工业部门相结合的经济模式。我们先对这两种完整的模式从理论上进行研究，然后就可分析拉美的危机，以便对它在新的世界危机格局中的前景有一个比较全面的理解。

二　出口经济

我们可以说，出口部门是产生经济活力，因而也是推动拉美社会政治变革的关键部门。在这种情况下，经济主要由 3 个部门组成。

（1）农业或矿业出口部门，通常由大庄园或大矿业公司组成（也有由中等公司组成的特殊情况，如哥伦比亚的咖啡业）。由于工业化国家对原料和农产品的需求增加，尤其自 19 世纪后半叶起这个部门得到了发展。必须指出，在殖民地时期这个部门为生产贵金属（黄金和白银）和热带产品（如甘蔗）已经有所发展，这些是当时的主要生产活动。但是，19 世纪后半叶的发展挫败了任何改变这些国家经济活动方向的企图（曾多次有过这种企图），保证了出口经济在处于高峰状态的资本主义世界经济的条件下卓有成效的发展。

到了19世纪末期，人们感到了经济危机对出口产品价格的影响，并开始看到这条经济道路的局限性。但是，当时工业仍不是取代出口部门发展的重要选择。1914~1918年的战争成为这种体制的最关键时刻，而1929年的危机则给这种形式的发展以最沉重的一击，当时发展出口部门的那些国家已经拥有能够利用形势的工业基础。在那些工业基础非常薄弱的国家，危机一直延续到第二次世界大战，只是在1945年以后工业才取得重大发展。

（2）第二个部门是为满足出口部门需求的部门，我们称之为补充部门。畜牧业、某些农业部门、手工业、殖民地性质的制造业（作坊）、19世纪末和20世纪初的现代工业、19世纪末期有了相当发展的运输业等，所有这些部门共同构成了一种高度依附于出口部门的经济，一种随着出口部门的发展脉搏而跳动，随着它的上升而上升，随着它的衰落而衰落的经济。这种经济，只有当它已经非常发达了，才能在危机时刻进行自我调整，才能在缺少国内市场时寻求其他市场。

（3）还存在着第三部门，我们称之为"糊口"部门。它与面向国内外市场的那些部门并存，在农业生产周期中那些没有收割任务的时候以及对农业劳动力需求减少的时候（即农业、畜牧业、采矿业等的出口生产发生波动的时期），它起着收容劳动力的作用。这个部门在殖民地时期非常重要，随着19世纪后半叶和20世纪出口的大量增长，其重要性逐渐减弱。

这3个部门在同一经济体系中结合在一起，共同构成一种在性质上与居支配地位的资本主义形态迥然不同但又受其影响的社会经济形态。

怎样说明这种经济形态存在的理由呢？

资本主义自由派思想对此解释得十分精彩。根据比较成本的理论，这种经济是一种合理的世界经济的地区性产物。如果在国际范围内就各种生产要素进行分配，那么最"合理的"做法就是每个地区专门从事生产在当地可以达到最低成本的一些产品，用来交换其他地区生产的成本也是最低的不同产品。如果能够这样，就可以合理地利用几种经济的生产潜力；任其自由运行的世界市场将趋向平衡，并将决定生产性资源的这种合理分配。

于是，自由派经济思想为这种世界经济的结合提供了最有条理的理论解释。在这种世界经济的结合中，周期是作为这种生产体制的调整过程出现的。统治国工业资产阶级的思想和依附国从事农矿产品出口的资产阶级的思想是协调一致的。在自由派思想范畴内很容易证明依附国工业发展的"不合理性"以及这种发展的通货膨胀特点。通货膨胀不只是一种金融现象，而且也是这样一种事实：产品按照一种需要保护主义的无竞争力的价格出售，因而实际上降低了必须消费这些产品的那部分居民的购买力。自由派在19世纪末实际上已经充分证明了依附国的工业发展必然会引起通货膨胀的特点。

自由主义同保护主义之间的斗争。在拉美国家历史上有着广泛的影响，而且有助于理解依附国的经济周期。为了了解这场斗争的实质，听听他们的论述还是很有意义的。

巴西人若阿金·穆尔蒂纽（1848～1911）在1902年财政事务部报告中写道：

> 研究了造成货币发行额使我们的流通贬值的机制后，就不难了解我们的生产是怎样由于类似的机制而贬值的。
>
> 由货币发行造成的资本丰富的假象促使建立了无数的工厂并大大地发展了农业生产。
>
> 由此而建立了许多人为的工厂和过量地生产咖啡的农业组织，这是造成我国生产贬值的两个因素。

把资本和工人用于这些人为的工厂是对国家资源的真正浪费。

只有人为地把类似的外国产品排挤出市场，这些工厂的产品才能销售出去。

同国外来的产品相比，这些工厂的产品成本非常高，因此通过极端保护主义的关税率提高外国产品的价格，从而制造一种市场假象，好像国内产品在竞争中战胜了外国产品。

于是所有的消费者都受到损害，他们在这种制度下为商品付出的价钱同在自由贸易制度下付出的价钱之间的差额，就是向他们强征的一种赋税，用以维持那些工厂。

由于咖啡种植者、橡胶、马黛茶、棉花（巴西吐根）和其他一些构成我们出口财富的产品的生产者也是消费者，所以不难看出，这种用于那些人造工业的赋税也作为贬值因素进入了所有上述产品的成本之中了。

作这样长段引述的理由完全是因为它在内容上具有清晰的逻辑联系。

欧洲自由派的老师们没有比这更好的学生了。而对于依附国的统治－被统治阶级和统治国的统治阶级之间利益密切的一致性来说，没有比这更完美的证据了。从他们的观点看，理由是很充分的：必须维护自由贸易，因为这样"我们"（寡头集团、城市中正在形成的中间阶层）消费的产品就会是最物美价廉的了。

若阿金·穆尔蒂纽代表了那些集团的根本利益。他认为，按照资本主义贸易的倾向，"一个国家的经济思想不应当是少进口，而应当是多进口和多出口"。

他怎样看待反映世界经济运动的经济危机呢？在一种他所期望的纯出口经济中，过去关于合理利用——从统治阶级的观点出发——本国资源的经验并非都是积极的。随着世界对出口产品需求的增加，国内生产便盲目增加，导致供应过剩，造成产品在世界市场上的价格下降。自由派的解决方法是相当简单的：市场自身的规律会促使消费增加并重新建立平衡。

若阿金·穆尔蒂纽这样写道：

> 当生产略多于消费时，产品不可能被完全吸收：形成小的停滞，流通速度稍有减缓，出现"库存"，但是供应过剩决定着商品价格的下降，价格下降又促使消费增加，这样又使流通正常起来。

但是必须对价格逐步下降的趋向做出解释：

> 但是，当生产大大超过消费时，就会造成流通速度的大"减缓"，带来大量的"库存"。
>
> 价格下降造成的消费增加已经不足以调整流通，使其正常化。
>
> 购买者利用这种形势强加一种带有投机性的低价。出口商的谈判能力下降了。他们不得不以更低的价格出售产品以便获得货币，偿还债务。依附国通过大量和过多地发行货币和形成有利于投机活动的"库存"来应付局面。预算赤字出现了，并因其他原因而进一步增加，于是只好求助于外债。外债导致让与修筑铁路的特许权，从统治阶级观点看修筑铁路是"人为的"，对国家是沉重的经济负担；而国家另外一些开支则进一步增加了赤字。于是到了必须借新债来还旧债的地步。这就是"财政灾难"。

"灾难"的根本原因在于国家对生产率低下的工业和生产者进行"弄虚作假"的保护。自由派的逻辑推理可能告诉我们，由于保护经济内部的就业水平而不接受由自由市场本身进行的调整，产生了性质不同的长期通货膨胀危机，从而导致外债增加。

若阿金·穆尔蒂纽击中了要害。从就业居民的观点看自由贸易活动规律所代表的东西，依附国是不可能完全遵循这种活动规律的，因此它们不得不同低生产率部门和新兴工业以及国际金融和工业利益集团达成妥协，接受长期通货膨胀风险。

自由派梦想的理想平衡，实际上不得不遵循依附性经济形态所要求的依附和内外妥协的活动规律。

依附性出口经济的危机表现为这种形式：

世界需求增长—出口增长—生产过分增长超出了需求—形成了一个低生产率的出口部门—刺激了辅助部门—糊口部门缩小—价格趋于降低—危机。对危机有两种反应。

第一，边际部门趋于破产，用保护主义、发行钞票、预算赤字、外债等手段对这些部门进行"人为的"保护。

第二，倘若这些部门真的破产，价格可能回升。这里出现了依附形势中的一个重要因素。边际部门的破产可能不导致价格回升。原因是在我们所处的这样一种世界经济之中，只有在面对一个唯一的买主和一种垄断的权力时才能控制一个生产单位。出口国生产的下降可能并不意味着该产品在世界上的供应有所下降，买方国家可以在其他地区鼓励生产并以相对低廉的价格获得这种产品的丰富供应。那么，依附国的自然反应将是第一种选择，即慢性危机，这是穷国的一种反周期政策。

另一种不言而喻的选择是在国内实行生产多样化，这会使自由派人士大为惊恐。事实上，第一次世界大战后的世界贸易危机使得这种选择变得越来越必要。它是第一种选择的逻辑结果。但是为了自觉地做到这一点，必须形成一个能够推动它发展的社会阶层。这个阶层在出口部门长期危机的阴影下出现了，但它也会利用它的繁荣时期，即当它发展到足够强大时，就会对工业发展实施保护主义政策。只是到 20 世纪 30 年代后期，在那些工业化已经取得重要发展的国家里，这项政策作为国家的统治政策被自觉地实施了。

理由是相当辩证的：出口经济的危机迫使这种经济否定了自己。为了避免周期性波动导致非常严重的近期内部危机，必须否认自由经济的充分运行。这种否定导致了一种慢性危机，造成妥协局面并使一个面向国内市场的新的生产部门获得发展。这个部门是在保护主义（有时不那么心甘情愿地执行）和作为刺激因素的通货膨胀的阴影下建立的。它逐渐成了解决慢性危机的一种选择，但是，正如我们将会看到的那样，这只有通过危机深化才能做到。

但是，事情并非永远按照这种模式发展。出口体制的周期性波动有一种更复杂的形式，必须在再次探讨这个问题时进行深入的分析。我们在第一部分已经谈到，支配性经济的发展形式是周期性的。这种行为如何在依附性出口结构和它自身的波动之中协调起来呢？

支配性经济中的经济周期具有日益明显的世界性，19 世纪末已经表现为世界性的波动。第一次世界大战后，美国逐渐对一部分拉美国家经济起着很重要的支配作用，而这些拉美国家的经济则非常直接地反映了支配中心的周期性波动。第二次世界大战以后，美国的霸权地位可能是统一世界经济的基本因素，但是这一次，不管是在支配中心还是在依附国，经济周期都经受了重大的变化。

在中心国家经济繁荣时期，进口趋向增加，这对依附国的出口有着巨大刺激。统治国的经济利用自己的繁荣趋于向依附国的出口部门输出资本。这样，伴随着统治国的经济繁荣，依附国也有经济繁荣的趋势。

在衰退和经济下降时期，对世界市场的影响是相反的。当危机尚不十分严重时，统治国趋于减少进口并增加出口，结果是世界市场发生了混乱（1929 年危机中发生的情况几乎完全如此）。在这种时期，出口经济进入了严重的经济危机，由于统治国趋于抽走利润以弥补其国际收支赤字，这种危机进一步深了。

对这种危机的反应能力在很大程度上取决于依附国的内部结构。如果这些国家内部有很大的工业辅助部门，那么这个部门可以这样来利用危机：在危机中出口部门遭到削弱，出口额降低，由于金融危机使本国的货币贬值而使出口成本上升。通货膨胀保证了出口部门获得适度的高利润，而国家对出口部门的补助使它得以保持使用的要素并确保国内适度的高需求，结果是刺激了民族工业。这时民族工业拥有一个相对广阔的、销售价格高、国际竞争弱的市场。如果民族工业有一些闲置的生产能力，就一定能立即加以使用，而且还会通过有利的国家政策把现有的少量外汇用来进口廉价的机器，因为统治国由于生产过剩而使价格相对下降。

第一次世界大战在这一方面起了很好的作用。1929 年危机也产生了这种刺激。当 1933～1934 年支配性经济开始复苏并引起原料价格上涨时，某些国家（巴西、阿根廷、智利、墨西哥，不久之后还有哥伦比亚）已经开始了重要的工业发展进程，而且一直延续到今天。

但是，在那些没有使生产达到充分多样化的国家，情况就不同了。它们不得不等待世界经济的复苏以便能够增加国民收入和得到发展工业的新机会，而这种工业只能是那些出口部门的辅助部门。[①]

三　同某些理论的比较

毫无疑问，塞尔索·富尔塔多是第一个对出口部门和工业部门

① 巴尼娅·班比拉在其论文《拉丁美洲的依附性资本主义》中论述了这种假设。

之间的动态关系进行系统总结的人。20 世纪 30 年代的经济学家们（如巴西的罗伯托·西蒙森）已经察觉到危机与对民族工业产品的某种间接的保护主义之间的关系。塞尔索·富尔塔多把这种以经验为根据的观察转变成一种系统的理论。他在《拉丁美洲的不发达和停滞》一文中试图对他本人在巴西发展中看到的各种机制更广泛地予以理论化。他把不发达经济分为 3 个部类：第一，前资本主义农业；第二，直接为出口进行的生产活动；第三，负责扩大第二部类能力的活动。他试图把发展过程同这 3 个部类的联合和交换联系起来，设法说明出口增长对它们之间关系的影响。但是，1929 年危机的出现成了打碎这种关系的因素：

> 1929 年的世界危机和随后的长期萧条，中断了几乎整个拉丁美洲加入国际分工体系的进程；于是开始了一种还原过程，本地区的大部分民族经济都不得不以这种或那种方式减少其参与世界市场的比重。民族经济的这种"关闭"进程有两种表现形式。第一种形式是从属于对外部门的那些活动要素简单地退回到前资本主义经济领域（如农业或手工业）；第二种是工业化。

这样我们就有了一种模式：世界贸易的增长造成出口部门的增长并给其他部门带来许多副作用。当世界贸易紧缩时，也产生了回到前资本主义部门的趋向或者通过产业投资予以回答。[1]

关于不发达国家危机的各种理论，一般都没有吸收这些论据。恩里克·帕迪利亚·阿拉贡是少数专门研究经济周期的拉美学者之

[1]　保罗·辛格在《发展与危机》中更精确地分析了这些关系，做出了新的贡献。

一（也许是唯一的一位）。他在其著作《经济周期与稳定政策》一书中，提出在发达国家的经济高涨和复苏与不发达国家的高涨和复苏之间以及在这两类国家的经济衰退之间有一种相互促进的关系。他试图从依附国周期的特点来解释为什么不发达国家的周期性波动不剧烈：

> 造成周期的主要原因在外部。
>
> 在繁荣阶段，生产率水平低的人员向生产率水平高的地区流动，而在萧条阶段则相反。
>
> 农业是失业者的避难所。
>
> 出口决定着就业人数。
>
> 在周期的下降阶段经济发展加快。
>
> 存在着缓和周期性波动的机制，如消费品工业比资本货物工业发展更快的生产系统结构。
>
> 转变为投资收益高增值率是极大地扩大公共工程效果的基础的高消费倾向。
>
> 由于这些机制和居民向高水平处迁移以享受更好的生活，所以很快就开始复苏。
>
> 萧条降低生产率的水平，延缓经济发展。

这样，作者就没有认识到萧条也影响着结构的改变，而把依附国能够很快复苏的原因主要归于公共工程投资和劳动力向高水平处流动。这种解释的思路走了劳尔·普雷维什基本主张的老路，普雷维什提出了向外围国家转移经济波动的理论，认为这样做对外围国家有两种影响：

（1）不管是在繁荣时期还是在萧条时期，原料价格的波动幅度都比制成品大。

（2）在周期的各阶段上，出口和进口之间调整迟缓：在繁荣时期，首先增长的是出口，造成收入急剧增长和价格猛涨；在萧条时期，进口下降比出口下降得晚，从而造成收入急剧减少和通货膨胀。①

根据拉美经委会的理论，周期性的危机就这样深化了世界贸易和对外依附的某些趋向：使交换条件进一步恶化并使进口准则更加僵硬。

J. V. 莱文②遵循同一推论思路。他特别强调在所研究的经济中所谓外部因素（飞地式外国资本）和内部因素（本国私人或国家资本）统制的领域。在资本外部控制领域（飞地），由于利润外流，繁荣时期也不能在经济的其他部门引起反响。他在分析缅甸的情况时，说明了国家对出口繁荣时期创造的盈余的控制怎样可以把这种盈余用于发展，避免它可能造成通货膨胀的后果。莱文的这种模式导致对出口部门财政政策的极大重视，而普雷维什模式的基本点是要从整体上调整国际贸易，通过对工业化国家施加压力的政策获得原料和农产品价格更大程度的稳定。但是这两种模式均没有说明改变体制的力量来自何方。这一点也是塞尔索·富尔塔多模式的主要缺点，他认为外部危机有创建民族工业的作用。

为了了解怎样才能实现调整国际分工和推动不发达国家工业化的发展，必须强调工业化自身的能动力和它充当出口部门附庸的角色——这是在出口模式下的发展所决定的——是不相容的。由于这一原因，在出口繁荣时期建立的工业就会超越其作为附庸角色的作

————————

① 恩里克·帕迪利亚·阿拉贡的引文，见《经济周期与稳定政策》，第178～189页。

② 见《出口经济》。

用。世界市场的危机只有在那些先前已经建立了一定工业基础的国家才能促使这一矛盾以有利于工业化的方式解决。从 20 世纪 30 年代和第二次世界大战起直到现在，促使不发达国家经济政策发生如此深刻变化的力量主要是在内部。正是出口贸易本身的依附性造就了作为其直接对立面的工业，培育了工业化进程的芽孢。这样一些条件或多或少是依照出口经济的特点形成的。在飞地式经济占据主导地位的地方，工业发展进程就慢于本国控制生产资料的地方，因为这种控制能创造出在国内吸收盈余的条件和依靠自己力量发展工业的基础。

最后应当提一下马里奥·阿鲁夫拉在其《关于哥伦比亚发展论文集》中做的颇为严密的阐述。他在这些论文中对 1929 年的危机和得以把出口赚取的外汇用于工业发展的一些理论的条件进行了研究。保罗·辛格在前引书中走的是同一条路。萨米尔·阿明①对周期的国际性做了很有意义的分析，然而他把外围国家看作仅仅是世界经济的附属物，否认它们自身内部的动力。

这样，我们认为已经提出了出口发展模式中波动的主要因素。现归纳如下：

（1）由于出口经济高度依附于世界贸易，所以发达经济的波动对出口经济有着直接的影响。

（2）发达经济在繁荣时期增加进口，扩大了对初级产品的需求。

（3）出口经济的反应是增加其出口和生产，由于需求是买主独家垄断的，增加生产就可能造成供过于求，这种供过于求本身，即使在出口继续繁荣时也可能促使价格下降。

（4）在要求实施某种发展政策的政治和社会压力下，让市场规

---

① 萨米尔·阿明："国际机会理论和资本主义周期发展中体系外国的作用"，见《世界范围的积累》一书。

律来解决这种局面的自由主义倾向一般是不会被接受的。

（5）政府被迫进行干预以确保使用的生产要素，并且倾向于采取通货膨胀政策以便为面向国内市场的商品，特别是工业品的生产亏损提供资金。

（6）这种政策旨在避免周期性波动，此外，周期性波动也由于存在着一个糊口部门——当出口部门（不管是农业还是矿业）就业率水平下降时劳动力就撤向这一部门——而有所缓和。然而，这种政策导致危机的制度化，由于持续的通货膨胀而成为一种慢性的长期危机。

（7）当发生国际性衰退时，出口产品的产量和价格就趋于下降，从而加深了这类产品的生产过剩危机。由于进口产品价格相对增长形成了一种"自然"保护主义，面向国内市场的工业部门——如果有这种部门的话——就会发展并且逐渐成为克服对外部门长期危机的一种可能的选择。改变进口产品的种类，使之转向有助于工业部门资本形成的机器，以此来刺激工业化。显然这会造成一种通货膨胀环境，它促使工业发展并使其依附于对外部门。

（8）在没有为国内市场生产的重要工业部门时，萧条就导致尖锐的危机，并使劳动力转向糊口部门，从而部分地缓和了危机后果。

（9）无论在繁荣时期还是萧条时期，国家都倾向于进行干预（繁荣时期为了确保用出口赚来的盈余进口机器和材料；萧条时期通过支持出口部门的政策或者对生产性投资或公共工程的建设给予直至通货膨胀性的支持，以确保内部需求）。

四　战后的变化和经济形势的内部周期

对出口经济周期的分析告诉我们，不能把这种经济当作可以机械和自动地符合其周期性运动的世界经济的简单延续。我们看到，同出口依附相联系的内部结构在内部因素的配合下，对世界经济的波动做出不同的反应，有时是后退的，有时是前进的。我们还看到，工业化进程就是在这些危机的阴影下发展的，而且与工业化进程相关联的部门逐渐赢得了地位并逐步为这种经济的发展建立了框架。因此，应当想象到，工业化所创造的并在某些拉美国家的发展中起了决定性作用的新的内部结构也处于某种周期性运动之中，这是由于新结构对出口部门的依赖，或者也是由于其资本积累的动力本身。

我们的研究应当从世界贸易波动对正在建立的新的工业结构的影响开始。为了较好地理解这些周期性运动，必须对这些结构的特点做一简略的概括。

众所周知，依附国的工业化采取了替代进口的方式。就是说，由于世界形势自发产生的或由于保护主义政策故意造成的外汇困难，已经建立起来的工业要取代进口的制成品。这场工业化取决于进口的机器和材料，因为它是在现存的消费品市场基础上开始的，国内没有生产资料的供应。依附国的工业发展，首先形成了对统治国基本产品的需求。这种需求在战后时期有所增加，因为投资是建立在越来越依赖于中间产品主要是材料的新技术上，而这些产品只能从国外主要是从控制着所用技术的经济集团的母公司那里得到。这样，就造成了对外贸的紧密依赖，还没有一个依附国摆脱了这种依赖。其根源在于使用了这样一种技术：它意味着一个极为广阔的国际工业世界，而依附国对它毫无控制。外国资本（或者因为没有本国技术可供选择而不得不依赖外国资本的民族资本）进而决定着这些国家的发展方式，在新的水平上加深了它们的贸易依赖。

这种在对外贸易方面的依赖意味着经济对农业或矿业或一般商业性出口部门的依赖。尽管同工业部门相比出口部门的地位相对有所下降，但是它继续在经济中发挥着战略作用。出口部门的战略重要性依然存在，这也表现在它继续发挥着重要消费者的作用。出口部门把很大一部分国民收入集中在自己手中，在工业化水平尚不太高的国家里形成了一个仍由本国工业供应消费品的重要市场。随着出口部门地位的相对下降和工业部门及其对外经济活动所创造的收入的增加并占了国民收入的很大部分，出口部门作为需求之源的重要性逐步减少，而作为工业进口机器和中间产品所需外汇的源泉这一战略作用却逐步增加。

因此，这样的工业结构包括下列要素：

（1）出口部门形成的需求。

（2）国际上技术、机器和中间产品的供应高度垄断。

（3）对出口部门创造的外汇的依赖，这种外汇为国内大部分投资提供了资金：这种情况可以称为资本的外部积累。

（4）严重的技术依赖，每一项新的投资都使这种依赖加深一层。

（5）依赖"外部筹资"来弥补进口这些产品所需外汇的相对不足。

（6）国际收支对资本、利润、利息、特许权费用、技术服务费等的进入和汇出的敏感性。

我们从上述对依附性工业发展的结构所做的概括中能得出哪些结论呢？

首先，必须强调工业化进程普遍随世界经济的波动而波动。如果依附国同世界经济的关系是维持在纯粹的商品贸易的水平上，那么从总体上说，依附国对支配性经济的积极波动的反应是外汇"繁荣"，并根据国家通过政府政策对外汇控制的情况，由于供与求均有所增长，外汇繁荣可能带来对工业部门投资的增加。这样讲是成立的。事实是，第二次世界大战期间，在某些国家就发生了这种情况，在朝鲜战争最激烈的时期，一定程度上也发生了这样的情况。

但是这种发展规律并非是具体现实。其原因是技术上的依赖以及这种依赖对国际收支结构的影响。正如我们所看到的那样，技术依赖造成了这样一种局面：必须从国外进口机器和中间产品。这些机器的主人并不把机器当作可以在世界市场上自由购买的生产要素进行销售。大垄断公司保留着利用这些机器以及这些机器所包含的"专门知识"作为扩大自由投资的工具的权利。它们只是把机器作为自己资本的一部分加以转让。从资本主义观点看，这是完全可以理解的。从另一角度看，依附国没有硬通货用于进口，这就限制了它们的进口能力，因而其只能从它们向之出口的那些国家进口。在这些国家，可以进行重大投资的产品的供应是受到垄断的，"专门知识"和专利也是被垄断的。如果不支付许可费和技术援助费，几乎所有重要产品都不允许生产；如果能利用这种垄断开设子公司来剥削依附国的劳动力，就可直接把所能产生的剩余价值全部装进自己的腰包；相对而言，直接出售机器和"专门知识"所得的收入就比较少了。还必须考虑到，在市场内部进行生产时，不仅能扩大产品的销售，而且还可增加中间产品的销售。中间产品的销售一般是在同一个经济集团内部进行的，享有一切财政的方便条件，以便造成这些产品的额外加价，从而使母公司增加了销售量和利润率。

后果则是很能说明问题的。

（1）进口产品价格上涨，从而导致外汇价值下降。这种长期的趋势碰上了原料和农产品出口价格下降的趋势（我们不在这里分析它的种种原因）。这两种因素共同作用，导致"交换条件的损失"。

（2）对进口的依赖增加，而进口同内部积累进程的关系越来越密切，这就是所谓的"进口准则无弹性"。

（3）同收入相比支出增加（利润、特许使用费、技术服务费的汇出）——国际收支呈赤字趋势和为弥补这些赤字而必须负债——支出进一步增加（支付外债本息）——更大的赤字——对外国资本和外债的依赖进一步加深等。

根据上面的分析可以看到，拉美对外经济关系中金融和服务部门的危机是如何取得了相对的自主性，从而使它取代了商业部门而成为周期性波动中最重要的因素。事实上，正如商业部门的波动通过通货膨胀性解决方法导致了长期慢性危机并减少了出口所得外汇的利用能力一样，技术方面的依赖也导致了国际收支方面的长期慢性危机和日益增加的债务。现在支付债务占去了我们这些国家的大量外汇。根据拉美经委会的估计，[①] 汇出的利润、债务还本付息和其他对外国资本的支付，以现行价格计算，相当于拉美商品和劳务出口额的 35% 以上。这种局面中不可思议的是：仍在继续增加外国投资以解决外国投资自身引起并深化了的外汇问题!

在这个新阶段中，依附性经济结构对资本流动及其波动变得异常敏感。恩里克·帕迪利亚·阿拉贡的论述尽管不够全面，但还是引起了人们对这一现象的注意。他说：

> 可以断言，在墨西哥历史的某阶段，外国直接投资对经济是一种推动，所产生的国内收入加速了发展；但是从 1958 年起，外资本身的波动性和它所意味的非资本化使它变成了一种障碍。我们可以把墨西哥经济繁荣的年代同大量直接投资的流入联系起来，把萧条的年代同抽走外资联系起来。也就是说，这种类型的投资加剧了墨西哥经济的不稳定性，结果墨西哥经济对外国投资竟如此敏感，以致墨西哥银行的储备居然随着外国投资的波动而波动。

这位作者夸大了外国资本对波动的影响。一般说来，外国资本

---

① 《1969 年的拉美经济》，联合国，1970 年。奥兰多·卡普托和罗伯特·皮萨罗的论文《帝国主义、依附与国际经济关系》。文章以很高的技术和经验方面的准确性说明劳务尤其是资本流动在拉美国家国际收支赤字中日益增长的作用。

给经济带来的资金很少。在美国海外投资总额中，只有近 14%[1]是转移到国外的美国资本；其余部分的资金是依附国经济内部资本化的结果。那么为什么在依附国的繁荣时期会有更多的外债进入，而在萧条时期就有更多的利润汇出呢？由于对生性的原因：正是由于今天在依附国工业资本主义内部有一种周期性的波动，所以外国资本向这些国家的流动也存在着周期性波动。外国资本在向这些国家内部市场的工业和服务部门转移时，[2] 也取决于这些国家内部的周期性运动。实际上外国资本加剧了这种周期性运动。在繁荣时期，帝国主义资本利用最优惠的投资条件渗入这些国家。在衰退或萧条时期，它抽出利润到其他地方寻找更好的投资条件，从而加剧了国内的萧条。

巴西为这种情况提供了实例。1964 年政变后，卡斯特洛·布兰科政府为外国资本在巴西投资开创了最美好的前景；但是，直到 1966 年和 1967 年巴西政府的反周期措施重新为投资创造了条件后，外资才进入巴西。从 1973 年 9 月发生政变直到现在，智利发生的情况也是如此。但这并不妨碍外国资本在萧条时期进行大规模的金融集中，它利用其内部盈余来购买破产的民族企业。我们在 1963 年就提请人们注意这些新现象并于 1966 年在一篇论文中从理论上对此进行了分析，[3] 但尚不充分。我们在本书中也不准备更深入地探讨这个问题，因为很遗憾，拉美各国对周期现象的研究是极少的。

---

① 参见奥兰多·卡普托和罗伯特·皮萨罗在前引著作中研究的《现代商情概览》材料。

② 关于这种现象，请参阅笔者所著《社会主义还是法西斯主义：依附的新特点和拉丁美洲的困境》。

③ 参见《社会主义还是法西斯主义：依附的新特点和拉丁美洲的困境》。第 1 版于 1966 年作为社会经济研究中心拉丁美洲学术讨论会的论文，以《经济危机和政治危机》的题目发表（油印），圣地亚哥。保罗·辛格是按照同一思想路线工作的唯一一位巴西经济学家。

　　基本的论点是：依附国工业资本主义的发展使这些国家内部产生了一种以特殊形式遵循资本主义一般积累规律的周期性运动。由于缺乏熟练的劳动力，由于新的资本主义投资造成对这种劳动力需求的增加以及这种情况给工资总结构带来的影响，依附性资本主义变得对工资的变动相对敏感。此外，依附性资本主义发展中极为严重的通货膨胀特点刺激了工会组织为维护工资水平而进行斗争。

　　拉美的政治结构也有利于工会运动增加其争取权益的能力，因为在那种结构中，工业民族资产阶级（在某种程度上还有外国资产阶级）不得不利用工会和民众运动作为施加政治压力的一种力量，以便减缓出口寡头集团对发展工业在经济和政治方面进行的抵抗。

　　此外，还有第三种因素的作用：依附国资本积累的需要是巨大的，因为要支付外债本息，它们经受着巨大的资本外流。这种积累的需要是巨大的，还因为这些国家的发展意味着资本－劳动比率高的技术大飞跃和高度集中的投资，这就要求巨大的金融集中。

　　所有这些因素结合在一起，使得经济对工资变动非常敏感。可以想象，一个集约资本积累的时期碰上了一个熟练劳动力和半熟练劳动力很少的市场以及强大的工会压力，这样，可供使用的工业后备大军很快就被全部吸收，剩下大批人口便处于失业和半失业状态，因为他们没有足够的资格立即进入生产行列（比较典型的例子是墨西哥、巴西、哥伦比亚的情况，这些国家的大量农业人口都是文盲。阿根廷、乌拉圭和智利的情况不那么典型，这些国家的大部分劳动力都有文化，而且住在城市）。

　　这种结构格局必然会使周期性运动呈现一种或多或少受限制的波动趋势。限制主要来自 4 个因素：外国资本的重要地位；国家投资的重要地位；大大膨胀了的非生产性劳动服务部门的重要地位，它保证有一种不易下降的需求；慢性通货膨胀政策的影响，这一政策以长期内外债务为代价维持着一种人为的需求，而债务的爆炸被推向表面上似乎是无限期的未来。

所有这些因素起着稳定下降的作用，造成在冲破不发达和依附状态方面长期无能为力，并导致一种相对的经济停滞，表现为拉美工业化的发展和经济增长率下降这种不可思议的结果。这并不是说这个地区正沿着完全没有增长的道路滑下去，也不意味着周期性波动已经消失。仅仅意味着由于这一地区的经济发展同造成非资本化后果的外国资本的统制联系在一起，它的增长率渐趋下降。

由民族资本推动工业化的 1930～1946 年，特别是利用了战争带来的繁荣时机以及尚未确立国内市场为其增长的动力，当时的增长要比现在高得多。这表明工业化进程已经在长期负债和周期性危机这种结构中窒息了，而这种负债和危机的结构是造成近年来那些走上工业化道路的拉美国家在经济、社会和政治方面的行为动态的原因。但是，工业化水平较低的那些国家也不能摆脱这种现象。在那些国家里，工业化进程发展很快，而且会更快，其后果将很快被感受到，在某些国家已有所显露。

本书的目的主要是想引起拉美和其他依附国的经济学家、社会学家和政治学家们对这些现象的关注，注意必须从经验方面研究它们并修正那些已被发展理论超越的理论模式。

五　关于依附国危机的理论

从前面的讨论中产生了一系列我们不可能在这本著作中充分加以分析的问题：出口部门的危机和资本主义工业部门的危机之间有什么关系？拉美危机的结构特点（建立在通货膨胀性增长和/或对外负债等解决办法以及相对停滞的框架上）与来自内部资本主义周期的时机性危机之间有何关系？这些危机促使哪些社会和政治机制开动起来，而这些机制又是如何影响周期性运动的呢？

下面我们将对这些问题提出几点一般性的看法，留待以后再作比较深入的研究。我们认为，这种研究应由若干研究人员集体来完成。

拉美国家的发展特别加重了资本主义发展的不平衡性和联合性。在其他中心发展起来的新的生产结构、企业的组织程序及其对市场的影响等，逐渐被引入拉美国家并与原有结构结合起来，形成了一种新的和特殊的我们称之为依附性的社会经济实体。

尽管这些结构是相互矛盾的，但还是可以结合在同一个实体内，因为它们都还没有发展到健全的程度。当一种结构形态的发展遥遥领先于其他结构时，就会产生不相容性，要求用激进的方法消除最拖后腿的那些结构。在很多情况下，必须通过引进高级的结构形态才能消除落后的结构。新的结构在它们的内部发展到顶点之前就逐步引入了另外一些更加先进的结构，从而不断出现新的动力，这些新动力会让理论家和社会科学工作者感到茫然不解，但对经济、社会和政治实践却是至关重要的。①

因此，依附性社会经济形态中的经济周期呈混合形式，这种经济要通过通货膨胀性手段来刺激投资以寻求躲避周期——如果不这样做，就会窒息在停滞之中。

同出口部门相关的经济周期，部分是由世界经济的繁荣和萧条运动造成的，但是依附性经济内部有其自己的动力。这种动力同经济中对外部门的出口产品供应联系在一起。正如我们所看到的，这种供应趋向于造成一种超出依附性经济水平的生产过剩，而当发达

---

① 必须顺便指出这种非延续性对社会思想的影响，迫使它永远停留在经验主义和实用主义上，因为它不可能把这些变化归纳为一种普遍的理论，如果在它的理论中不包括对世界经济和帝国主义中心的结构趋向以及今天社会主义演变的深刻分析。考虑到拉美国家科学研究的人力有限以及资产阶级思想和小资产阶级改良主义的恶劣影响，不难理解我们在理论方面的困难。

国家因自身的衰退在进口方面进行收缩时，生产过剩就更加明显了。为了使出口部门的生产者能继续创造国内收入，为了缩小出口产品价格下降的幅度和周期性运动的影响，资产阶级国家不得不通过通货膨胀政策和举借外债来维持这些部门。

另外，工业部门的发展取决于出口部门，这是因为：它需要出口部门的收入来形成对工业产品的需求；出口创造了外汇形式的资金，以便进口工业所需要的机器和中间产品，由于技术上的依附地位，工业在这方面的需求不断增加。这种依附地位促使工业部门的发展在很大程度上取决于国际收支状况，因而也为中心国经济的繁荣和萧条所左右。

外国资本在工业部门以及其他一些面向国内市场的部门中的出现（这在战后有所增加），使经济的发展对资本的流动极为敏感。资本的流动取决于依附国内部资本主义工业部门的周期动态。

这些周期越来越独立于对外贸易的运动，受资本积累规律的制约，而资本积累规律又受依附国劳动力市场和社会政治环境的特点的影响。总之，在繁荣时期引进新的资本化要素也好，在危机时期把利润汇向国外也好，外国资本的活动加剧了周期性运动。

这类周期性运动再次部分地被通货膨胀和外债累积进程所抵消，这一进程把危机的影响推向未来，使危机成为慢性的并以通货膨胀和外债的形式表现出来，这也是能缓解相对停滞或增长率持续下降趋势的唯一方式。

尽管有利的时机引起了乐观主义情绪，还要考虑到这种相对的停滞是有爆炸性的，因为它加深了制度的内部矛盾，把矛盾推延到将来的某个时候，在国际或国内不利时机的作用下激化。

毫无疑问，这种通过推延途径（通货膨胀和负债）实现的适应机制日益匮乏，不仅会导致体制危机，还会导致制度的各种改良主义选择危机，由此可以预见，当爆发国际和国内危机时，这种危机就会飞快地向社会和政治的严重激化和统治阶级在政治上相对因循守旧的方向演变。

可见，制度的结构性危机通过主要是实用主义的机制一步步地被推延，其最直接的表现是通货膨胀进程和国际债务。制度的全部冲突都被浓缩和概括在通货膨胀和国际债务问题中以及解决这些问题的方式中。

对统治阶级来讲，为了能在近期内进行新的投资，除了采取一种使工资下降、资本积累增加的稳定货币政策外，别无其他选择。只有国际收支有盈余的国家才能降低通货膨胀，使公开的或隐蔽的"结构性通货膨胀"达到比较低的水平，而这往往要以牺牲资本投资部门的进口或民众消费产品的进口为代价。

在必须面对这样的局势时，统治阶级不可避免地要推行一种极端反人民的政策，从而不可避免地要应付一个越来越敌对和独立的民众运动，其中包括：反对消费能力下降和资本集中的工人阶级和一般工薪阶层；工人的子女以及中间阶层和城乡半无产阶级的青年人，由于没有切实的发展，他们看不到就业的可能性；农民，他们看不到实行真正实质性的土地改革政策的可能性；小资产阶级，他们看到自己的储蓄被通货膨胀吞没或者在实施稳定政策时期面临着破产而变成无产阶级这样的威胁。

建立广泛的反帝人民阵线的条件就这样形成了。阵线的建立及其方向主要取决于是否有始终不渝的无产阶级领导，在某些情况下取决于试图用带有模糊的民族主义和民主主义色彩的改良主义来建立和引导这样一个阵线的小资产阶级阶层。

从理论上可以说，这个阵线——有时是一种默契，有时则是公开建立的——的斗争能力在统治中心发生危机的时刻趋于增强，当依附国的被统治的统治阶级的政治领导发生尖锐危机时也是如此（在很多情况下，被统治的统治阶级的代表就是那些外国企业的经理。今天，他们趋于控制我们经济中最活跃的部门）。

从理论上还可以认为，由于没有广大的群众组织，企图代表这些阶层利益的是国家机器内部集团，特别是军人。他们试图对帝国主义实行讹诈，迫使它进行被认为是有利于国内经济发展的投资，使经济发展始终向外国资本开放。当处于不利时刻时，外国资本便被迫让步，争取保存相对的实力地位以便在经济和政治方面出现较为有利的时机时再发动进攻。

这样就可以确定经济周期与社会政治运动之间的某些联系及其相互依存的关系。有效地利用时机的可能性取决于民众运动的组织及其政治觉悟和敏感程度。理论上的公式主义、空洞的教条主义和抑制群众主动性的小资产阶级考迪罗倾向等，都是拉丁美洲民众运动政治生活中极为强大的因素，在左派政治集团和改良主义政治集团中都有表现。这些因素大大损害了民众运动利用有利时机的能力。

进行了这些理论探讨之后，我们可以进而分析拉美资本主义总危机的影响。我们将在最后一章结合 1974～1975 年的萧条做更加具体的分析。

第二十一章
拉丁美洲危机的总特点

依附国只有当统治中心发生危机时才相对地拥有较大的决策自主权。这时，依附的纽带遭到削弱，出现了依附国统治阶级在经济和政治上采取主动行动的可能性。自 1929 年危机以来在拉美逐渐形成的这种观点，被安德烈·冈德·弗兰克总结为不发达经济增长的一种规律。[①]

从历史上看，是欧洲国家之间的战争和资本主义危机造成了进口制成品的困难，从而为民族工业的发展创造了机会。从政治上看，统治中心的危机、帝国主义之间矛盾的加剧或统治国之间的战争造成了种种困难，迫使它们寻找新的政治伙伴，做出必要的让步，以维持对依附国的控制。

如果在依附国内部存在着愿意利用这种形势进行结构变革的力量，而且这些力量是比较强大的，就会创造内部条件，以便在统治中心遭到削弱时能出现有助于这些力量发动政治攻势的有利时机。但是，这一攻势的强度和获胜的可能性，取决于本国社会中最进步的力量的能力，取决于它的组织和觉悟程度及其斗争精神。

在第一次世界大战时期出现了颇具影响的民族主义和改良主义

[①]　A. 冈德·弗兰克：《拉丁美洲的资本主义与不发达》。

幼芽，它们在 20 世纪 20 年代发动了大规模的斗争。这种力量在一些地方甚至在 30 年代之前就取得了政权，但是在大部分地区只是在 30 年代后，在 1929 年的危机中和那以后的时期取得了政权。这个时期最突出的例子是墨西哥卡德纳斯政府搞的石油国有化，1939～1945 年的战争也为依附国的工业资产阶级创造了有利时机。在以前没有开始工业化进程，因而没有能够利用这种有利时机的工业资产阶级的国家，情况就不同了，这些国家没有发生重大的变革。

因此，是当时最先进的力量利用了统治中心的困难，而利用的程度与这支力量本身能力的大小以及传统寡头集团的衰败程度相关联，因为外部条件仅仅创造了本国社会内部各种力量能够进行活动的环境，而本国社会依然是世界资本主义体系中一个经济－社会单位。世界贸易条件可能从这个或另一个方向产生推动力，然而对这种推动力的反应如何则取决于本国社会的内部特点。

20 世纪 30 年代的世界资本主义危机引起了对国际组织体制的讨论，当时国际组织体制的基础是原料和农产品生产国与制成品生产国之间严格的国际分工。这次讨论涉及依附国内从这一体制中得到好处的那些社会阶级，即原来的农业或矿业出口寡头集团。能否开创新的选择前景则取决于那些新兴阶层的力量，它们是：城市小生产者（特别是与工业部门以及面向国内市场的生产和分配活动相联系的那些小生产者）、城市工薪阶层、拥有大量雇佣农民的国家中的部分农民和通过无政府主义的工会在 20 世纪初期就组织起来的工人。

各国的各种政治解决方法至少导致了两种不同的依附性结构，这些方法主要是已经叙述过的因素，即与出口经济联系在一起的传统部门危机的扩大和与国内市场联系在一起的新兴部门先前已经获得的力量联合作用的结果。

危机和对抗绝对不是激烈的。当然，争取建立一种主要面向国内市场的经济的斗争进程很像欧洲的资产阶级革命进程。但是，这种相似是在另外一种背景下出现的，造成了一种表面上自相矛盾的现象。

在反对地方权力（在欧洲源自中世纪，在我们这些国家则源自殖民地出口时期）的斗争范畴内，基本上没有确立国家的概念；只是在反对当时对这些国家的工业化不感兴趣的外部势力以及反对在经济和社会内部代表外国利益集团的本国大寡头统治集团（它们已建立起反对前资本主义部门的民族国家、法律和国家秩序）的斗争范畴内，才确立了国家这一概念。

20 世纪 20～30 年代的社会运动就是在这个历史范畴内展开的，至于这些运动有时激进到超出了上述斗争目标，那是因为当时世界资本主义的危机异常尖锐，使得最激进的解决办法成了唯一可行的选择。但是，这些国家内部没有任何社会力量能够引导国家走向这种选择，因而它们的斗争只能是当时处于低潮的世界革命进程的一部分。

我们可以这样非常概括地分析 1929 年危机对依附性资本主义的影响。

但是，今天拉丁美洲的情况如何？拉美国家的社会是哪些社会阶层组成的？从 1930 年以来发生了巨大变化，从事农矿产品出口的资产阶级在经济和政治上被大大地削弱了，等待着它们的将是最后的一击。推动工业化、国家参与发展和对大众进行民族主义动员的各国工业资产阶级，不能同外国资本进行激烈的对抗，而被迫屈服于外国资本。出现了一个国际官僚集团，其作为大资本的社会代表同其在各国的伙伴或雇员管理着国际大资本在当地的利益。与这种代表国际大资本利益的资本主义官僚集团站在一起的是和国家资本主义紧密相连的文人和军人官僚集团，它们代表着工业化依附经济中一股强大的经济力量。

在统治阶级内部没有一个阶层愿意同国际资本发生激烈的冲突。在统治阶级内部，唯一同国际资本发生冲突的（只是在有限的范围内）是国家资本主义，它企图迫使大资本遵循某些规章并将其投资引导到有利于资本主义发展的方向。

在不发达国家，同由依附性资本主义产生的发展模式发生激烈矛盾的唯一社会力量就是这样一些人，他们不仅直接遭受大资本的剥削，而且看到他们的前途及其子孙的未来都受到了威胁，因为那样的社会经济形态无法使经济达到能把大部分居民都吸收到生产中并能扩大消费的那种增长。

这些力量主要是由城乡雇佣劳动者和为数众多的农民（对分农、各种分租农户、平分土地开发权的人、与他人平分土地租用权的人等）组成。这些人构成了主要的生产阶层，用其没有报酬的劳动时间（剩余价值）创造了经济盈余，使居民中另外一部分人能够生存下去。这部分人的处境是：生活条件最坏，工作始终不稳定，子女参加工作无保证。这样的生活条件同他们在生产活动中的重要地位以及为进行生产活动所必需的组织程度和受教育的水平（考虑到生产率高的部门和技术水平低的农业生产部门之间的差别，各种生产活动对劳动者的组织程度和受教育水平的要求也相差很大）完全相悖。

同这一部分居民接近的是城乡半无产者（由于划分太细，有时产生混淆），他们代表着一个广泛的居民阶层，此外，还是处于过渡阶段的一个社会阶层，要么成为被排斥阶层或者流氓无产者，要么被生产系统所吸收。第二种假设只有通过对社会生产结构进行激烈变革才能实现，因为只有这样才能有计划地吸收失业的劳动力。为此，必须彻底改变发展的方向。现行发展模式的竞争性迫使采用节省劳动力的技术并在向科学技术革命过渡的阶段，维持一种仅限于在国际竞争中能够幸存下来的部门的生产体制，不允许把这一部分居民纳入生产活动之中。到目前为止，他们的斗争方式不断变化：有时是作为被排斥阶层（并非完全被排斥，因为有时还参加某些生产活动）施加压力，要求解决他们的问题，谋求使他们的居住地城市化，能够享受到社会福利等；有时爆发激烈的反对现状的暴力行动；有时则采取选举方式。但是，其主要特点是不稳定，根据历史条件和其他社会阶层对他们进行政治工作的情况，他们可能变成极左派，也可能变成极右派。

最后，我们应当研究一下在许多方面同现行社会经济制度发生冲突的中间工薪阶层和小业主这个广大的阶层。他们以及他们的子女受到了经济垄断性集中的威胁，特别是后者。他们的子女正在接受技术和职业方面的训练，也看到了依附性发展在把他们纳入生产系统方面所具有的局限性。

目前，经济发展问题正在失去技术内容，而它的政治内容变得越来越明显，这不是没有道理的。统治阶级和专家治国论者试图用技术内容来掩饰经济发展问题，这不仅是获得经济增长的问题，也不只是面对外国资本制造的障碍通过民族资本指导经济增长的问题。问题在于资本主义的发展模式不能克服不发达状态并且使依附加深，造成新的矛盾，使原先那些没有解决的矛盾进一步深化。这样，作为取代依附性资本主义发展模式的唯一选择——社会主义的发展模式就摆到了首要位置。

拉美内部形势的这种变化带来了一种不同于 20 世纪 30 年代的社会动力。引起变化的力量是多种多样的，它们的发展方案也是不相同的。

外国资本谋求把各国纳入新的分工，这种分工将让现在的统治中心负责生产同最尖端技术和科技知识开发有关的产品。这种科技知识的开发使统治中心通过垄断所有权而对技术进行控制，使它们得以维持对世界的统治以及对服务部门和寄生性活动部门的控制，这些部门将吸收从越来越专门化、使用劳动力极少的直接生产活动中解放出来的劳动力。对不发达国家来讲，这样的选择会使它们实现现代化并引进新的技术，但是它们的根本问题一个也得不到解决，还会使它们的社会和经济危机长期深化下去。

此外，以国家资本主义为依靠的小资产阶级、专家治国论者和官僚阶层的选择是加强民族经济，迫使外国资本积极进入工业部门以便加速实现经济的现代化，但始终要以国家资本作为合伙人、审计官和指导者。也就是说，不是要同大资本决裂，而是对它进入本国经济的活动加以引导。从长远看，这一模式会使关系倒置：随着外国资本进入新的部门，它会变得越来越强大，最后完全控制国家资本主义。同国家资本主义的期望相反，它所做的只是在民族主义和反对帝国主义的名义下加速国际大资本的扩张进程而已。

上述两种选择当前还是分道扬镳的，但从长远看，必将殊途同归，带来相似的结果。替代它们的唯一可行选择是社会主义。在这一方面，正面的经验有古巴，反面例子是 20 世纪 50 年代的玻利维亚和危地马拉、瓦尔加斯和古拉特时期的巴西、庇隆时期的阿根廷等失败了的民族主义的经验。社会主义提供了一种比较合理地占有经济盈余的方式，它意味着把投资引向对大部分居民是最需要的，对发展一个广泛而合理的生产体系来说是最关键的那些部门。社会主义还能有计划地合理使用劳动力，提高他们的技能，改善他们的生活，扩大生产和增加可供再投资的盈余。

现有的这些社会力量和它们为社会发展提出的选择，对任何国际形势的变化所能引起的后果来说都是决定性的因素。因此，在当前的历史环境下不应期待类似过去一些世界危机所造成的那种后果。必须考虑到，国际形势只能为本国社会内部发展的可能性提供限定性的条件。只有社会内部的力量构成才能最终决定世界经济和政治造成的这些限定性条件可能带来的后果。

一 拉丁美洲，对形势的诊断

拉丁美洲的总危机就是在上述环境中出现的。这是一场尖锐的危机，但在大量延缓其爆发的调和性措施的巨大冲击下，已改变了发展的方向。

不管在技术人员之间还是在政界人士之间，也不管是在广大的人民阶层之间，我们不能说对这个问题没有认识。拉美经委会、美洲国家组织、美国国际开发署、美洲开发银行、国际货币基金组织以及同一系统的许多其他机构，都承认拉美危机的严重性和当前依附性工业发展模式的失败。

墨西哥全国外贸银行的《对外贸易》杂志在 1970 年 4 月的一篇社论中，试图对这种诊断进行总结：

在两年经济活跃（有关收入的数据表明，这两年有了重大好转）之后，人们不能不提出这样的问题：拉丁美洲出了什么事？因为看来很奇怪：伴随着生产和货币储备增加以及稳定进程的发展，出现了越来越令人感到不安的社会现象，除了一体化进程中的严重挫折或危机之外，明显的标志就是不满情绪和暴力行为。1969 年，事实粉碎了直到当时看来还颇有根据的某些乐观主义情绪，因为最先进最著名的多边一体化样板也未能阻止那个组织内部由最密切的历史和经济关系连接在一起的成员国之间爆发一场军事冲突，这场冲突改变了而且还在继续改变着整个中美洲的形势。事实还表明，拉美自由贸易协会必须暂停活动数年，等必要的条件成熟时才能坚定地继续向前发展。安第斯集团至今还只是代表一种希望，它许诺的多，兑现的少。

如何解释经济的增长率与社会不安和不满情绪的增长同步

快速提高呢？或者换一种方式说，如何解释经济进步和社会进步之间不一致的现象呢？有一个把这两种现象割裂开来的因素，即收入的分配。

显而易见，收入分配只不过是以超额剥削劳动力为基础的生产关系的一种表现形式。在资本主义制度内部实行收入分配的各种努力在各地都无一例外地失败了。尽管有所谓"大众消费社会"的神话，但是资料表明，在发达的资本主义国家没有收入的递增分配，①只有极高的生产率和相当高的人均收入，这是保证一种较高水平的最低消费的基础。

资本主义向来是通过从广度或密度上扩大国内外市场的办法，而不是通过一种有利于工薪阶层的收入再分配方式来解决它的问题的。拉美的情况是，居民中有一个广大的阶层可以被纳入资本主义生产部门，以创造更高的收入。这部分居民在很大程度上由农业人口（他们使用低水平的技术或者公开处于半失业状态）和城市半无产阶级（他们从事报酬微薄、技术水平低的职业，或者干些非必需的和临时的服务性工作）构成。那些在技术上过时的小企业中工作的无产者阶层也应当包括在这一部分居民之内。所有这些居民形成了一支庞大的劳动力后备军，如果受到教育和培训，他们很快就能变成生产者（从资本主义观点看是雇佣劳动者，即剩余价值的生产者）和消费者，从而扩大了生产和劳动力队伍。

依附性资本主义的一大问题，是尽管拥有高水平的技术和精湛的管理技能，拥有对现象进行诊断的最高明的社会科学工作者，但仍然不能克服这些矛盾。

依附性资本主义之所以不能克服这些矛盾，是私人对生产资料

---

① 加夫列尔·科尔科的《美国的财富和权力》一书是这方面的权威性著作。

的占有不仅不能解决这些问题，反而使它们变得更加严重，因为这些问题就是资本主义发展本身造成的。正是资本主义本身情愿采用从国际水平看能节省劳动力的技术并在不合理的市场作用下把这种技术在整个世界体系内推广，而不考虑减少劳动的时间——减少劳动时间可同时增加学习、娱乐和消费的时间。就是因为依附性资本主义需要获得超额利益以便同时能够进行再投资并把利润汇到国外，而需要对劳动力维持超额剥削，只给他们很低微的报酬，从而限制了国内市场的充分发展。正是依附性资本主义不能对大庄园主阶层采取激进的态度，因此在国内保留着一种落后的经济或者阻挠国内市场获得充分的发展。也是这个资本主义，当它大举进入农村时，采用大规模的生产单位方式，使用节省劳动力的技术，把大批大批的劳动力驱赶到无法找到工作的城市。

所以，正是资本主义本身的局限性阻挠了它解决自己的内部矛盾，既包括这种制度中最具有全局性的矛盾，也包括依附性资本主义产生的特殊矛盾。

正是拉美危机根源中的这种基本形势造成了一种非常严重的政治"僵局"，在政治上形成了一种爆炸性的局面：那些认为现行制度有问题的流派寻求激进的表达方式，他们采用像总罢工这样有组织的群众性斗争形式，或者在选举中支持那些主张否定现行制度的政治力量。对制度的怀疑还没有明确的政治形式，这实际上只是全面激进化和现行制度不能为正在发展的严重危机提出可信的解决办法的一种表现。

当前作为决定性社会条件起作用的另一个因素是受损害的小资产阶级和中间工薪阶层的不稳定性：前者受到垄断化和经济集中化进程的损害，后者受到工资的稳定化甚至普遍贬值的影响。这种局面促使这些阶层采取激进的行动。这些阶层为拉美的武装运动输送了大部分干部（同直接地或通过警察与右翼恐怖主义集团串通一气的流氓无产者一道），也是一些国家右翼恐怖主义组织骨干的主要来源。

使局势的不稳定趋势进一步加强的最后一个因素是日趋没落的大庄园制的代表。他们看到自己的力量正在消失，国内和国际上的盟友正在离去，所以倾向于使用暴力来对付自上而下推行的和几乎所有拉美国家政府政策中都有的土地改革的某些方面。他们的激烈反应为反革命提供了比较强大的物质基础并加深了形势激化的程度。

那些强有力的政府（军人或非军人政府）试图解决这一系列紧迫的矛盾而不触及其根源。但是它们又带来了一种使形势复杂化的新因素：一方面，这些政府确保了现代资本主义的发展，但如我们前面所说，矛盾不但没有解决，反而进一步激化了；另一方面，当它们试图让正在发展中的国家资本主义和国家发挥决定性作用时，便与它们为之服务的现代化势力发生冲突。

综上所述，可以把资本主义总危机在拉美遇到的情况归纳如下：

（1）一场激烈的危机，它使人对资本主义作为一种制度所提供的现行解决方法产生了疑问。

（2）作为反对派的民众在政治思想上趋于激进化，除了有组织的工会斗争以及甚至利用选举作为表现其不满情绪的方式外，还出现了群众暴力斗争的方式。

（3）小资产阶级、中间工薪阶层和没落大庄园主中的广大阶层的激进化倾向，他们都想通过不管是左翼还是右翼的武装斗争这种激进形式参加政治斗争。在群众的激进化运动发展的同时，产生了武装的先锋运动，但两者之间没有联合起来，不过已经有了联合的建议。

（4）强有力的军人或文人政权没有彻底解决它们同国际大资本的冲突。为了经济的现代化，它们坚持把国际大资本的渗入同全民族的国家权力的增强和国家加紧对经济的参与调和起来。

必须指出，这些因素通常从两个方向产生作用。一是政治和思想上向左或向右的激进化趋向，二是统治阶级内部分裂的趋向（大庄园主反对主张现代化的人；主张中央集权下经济统制的人反对大资本的自由主义）。

在这种情况下，国际经济形势是怎样起作用的？各社会阶层将做何种反应？我们将对这些问题进行探索性的研究，因为缺乏得以对正在发展的进程做出严密的科学性概括的有关资料和分析，所以很难对这些问题做十分严谨的研究。

二 面对危机的统治阶级

我们已经分析了在拉美社会内部起作用的是哪些力量。现在我们应当看一下世界危机如何影响这些力量。首先受影响的是统治阶级，其直接拥有权力机构，可以用来从当前的危机中获得好处。

美国在国际上谈判能力的削弱鼓励了拉美的统治阶级发动政治攻势，企图迫使美国方面做出让步。

必须考虑到美国向不发达国家做了许多不能兑现的许诺。美国答应同依附国合作以改善它们对外贸易的条件，这就是美国市场向劳动含量和加工程度较高的拉美农产品和原料开放。然而，美国为保护本国工业，它的法律对经过加工的原料和农产品规定了高额税收。

在依附国直接或通过联合国贸易和发展会议施加的压力下，美国能够感觉到所提问题的严重性。由于美国国内受损害部门的压力，它不可能很快做出回答。围绕着巴西速溶咖啡的冲突，巴西军人和美国政府之间的关系产生了深刻的裂痕，特别是增加了军政府的自卑感，因为美国政府迫使它提高速溶咖啡的出口税率。对一个自认为是美国在南太平洋最重要伙伴的政府来讲，这是一个很大的侮辱。

　　这种现象并非仅仅涉及经过加工的原料。美国是大量使用劳动力的工业产品如鞋类、纺织品等的巨大市场。依附国再次要求美国取消强加给这类产品的关税壁垒，但斗争又一次毫无结果。1975年美国国会表决通过的外贸法只是确认这些困难，因而激起了广泛的抗议浪潮。美国中等业主和工业家的反应阻挠了美国市场的完全开放，规定了大大低于不发达国家工业家所希望的进口配额。

　　这里提出了一个重要而新奇的理论问题。这些工业家一般都是外国公司的经理，在多数情况下是美国人。显然，巴西速溶咖啡生产者的情况就是如此。另外，如果他们不立即控制这些部门，那也准备在它们变得有利可图的时候加以控制。这就把一场表面上看来是国家间的斗争变成了两类美国企业家之间的斗争：一类是国际性的，主张自由的国际贸易；另一类是国内的，主张实行保护主义。事实上，自由贸易政策将使那些最富有活力的企业集团得以用较廉价的劳动力和不发达国家给予他们在经营上的方便条件消灭他们的国内竞争对手。联合国贸易和发展会议的纲领就明确地代表这部分企业集团的利益。①

　　多国公司内部母公司和子公司之间以及子公司和子公司之间的市场交织关系是一个非常复杂的问题，而且没有彻底解决的办法。从有关这个主题的各种新的论著不断涉及这些问题来看，便可想象出在资本主义官僚集团内部有着种种冲突，这种市场交织的情况在"联合"公司内越来越严重。近些年来，通过一种高度投机性的投资政策，"联合"公司有了很大发展。这种投资进入各种经济部门，促进了与技术集中的需要毫无关系的金融集权。"联合"公司内部产生

---

　　①　必须注意到维护国际大资本利益的报刊对联合贸易和发展会议的支持。最直接的支持之一来自非常直接地维护多国公司利益的《国际商情》杂志。这不等于说一些比较保守和眼界较开阔的机构（如蔡斯·曼哈顿银行）没有呼吁人们注意这种政策给美国带来的内部问题。

的经理问题是最棘手的问题，并将进一步激化。

对发展中的依附国来说，扩大工业产品和材料的出口——不管是向美国和其他发达国家出口，还是向本地区（共同市场）其他依附国出口——都是回避必须扩大国内市场这一问题的一种手段。这样，它们能够提高现有设备的利用率，有时还能创建新的生产部门。

美国政府无法在近期内使出口大量增加，这就促使它伙同大资本对所有不发达国家以及也对这些市场感兴趣的发达的盟友（如日本）施加压力，因为大资本把这些地方当作有前途的投资场所或因为直接受到其子公司的压力。毫无疑问，对调整出口和共同市场的可能性曾经有过那么多的幻想，但是，当不能立即把这些设想付诸实践时，便使依附国的文人和军人官僚集团产生了这样一种感觉：只有通过更强大的压力和更危险的革命讹诈才能达到那些目标。

这方面的摩擦没完没了。由加夫列尔·巴尔德斯带给尼克松总统的在比尼亚德马通过的拉丁美洲特别协调委员会纲领，引起了人们对美国和拉美关系中许多方面的注意。《国家经济权利与义务宪章》以及拉丁美洲经济体系计划后来又发展了这些主张。

一个老生常谈的问题再次涉及世界贸易，就是所谓的"束缚性贷款"。接受美援的国家必须用这些贷款购买价格大大高于世界市场的美国产品，而这些产品甚至也不总是代表依附国工业化的利益。尽管美国政府承认这一问题的存在，但是它所做的只不过是允许在拉美市场内购买部分产品。迄今为止，丝毫没有改变这种状况。

需要重新明确的基本问题很多。利润汇出和外国资本对民族工业的控制问题；拉美国家和一般依附国日益增加的债务问题，它们外债的还本付息额已达到出口创汇额的30%～50%，而且还在增加；必须接受国家参与对发展进程的领导以及支持国有企业和建立合资（国家资本和外国资本）企业的问题。所有这些问题构成了一份经济变革的计划表，主要内容是：按照新依附性资本主义的模式实现内部结构的现代化；改革目前的国际分工，使之有利于加快依附国的工业化进程。尽管这种政策在中期内同国际大资本的利益并不矛盾，但是立即执行起来却困难重重，因为它遭到美国"民族"资本的抵抗，还因为国际上的一些因素尚未充分活跃起来，以致跨国公司还没有充分的把握可以操纵它们梦寐以求的无国境世界。

还必须考虑另外一个方面。随着矛盾的激化，不发达国家的文人和军人官僚集团倾向于在国内外采取主动行动，力求加速现代化进程以达到一种新的依附状态。但是在这样做的时候，民族主义倾向得到了加强，趋向于冲破现代化改革狭小范围的民众运动受到了鼓舞。美国在萧条时期政治上的虚弱有利于某些倾向的发展。

在这种情况下，出现了寻求同美国以外的国家进行国际谈判的选择。利用美国当前的虚弱，出现了同欧洲和日本（20世纪60年代曾大谈法国的支持，把戴高乐看作是同美国对抗的盟友）以及社会主义阵营国家扩大谈判的可能性。欧洲非常令人失望，因为欧洲共同市场对其非洲的前殖民地采取优惠政策。

在资本进入方面，总的来说德国和日本表示愿意发展非常现代化的经济部门，但坚持汇出利润和加强非国有化的政策。此外，它们同美国的政治冲突局限在狭小的范围内，并不直接有利于依附国的利益。

与社会主义国家的贸易和苏联的援助迄今还是有限的。第一，这些国家感兴趣的，不是工业产品而是一般的原料。① 第二，同社会主义国家的贸易是双边的，要求有一个全国性的集中规划，然而这

---

① 我们不要忘记卡斯特洛·布朗科政府曾派遣一个由计划部部长罗伯特·坎波斯率领的经济代表团到苏联去。这个代表团试图在苏联开辟一个工业产品市场，但成果微乎其微。许多拉美国家目前同社会主义阵营有贸易关系并接受社会主义阵营的援助，但是苏联从未向拉美的工业产品打开过它的门户。尽管如此，巴西继续在这一方面施加压力，看来有可能达成某些协议。

种规划在资本主义国家是没有的，必须为这种贸易关系专门制订。只有社会主义国家或拥有强大国家资本主义的国家才能顺利地发展这种类型的贸易。还有第三种因素：除了古巴革命的极端情况之外，直到不久前，具体来说在1973年智利政变之前，苏联一直不想同美国在一个若干世纪以来始终由后者控制和影响之下的地区进行广泛的对抗，苏联的兴趣在于支持一些有充分活动能力的民族主义政府，由它们自己同美国对抗。就是说，苏联的援助具有一般政治意义，即要表明它准备以比美国好得多的条件提供援助并建立某种经济、政治和文化联系，以便将来能够鼓励民族主义的或社会主义的政府依靠它可能给予的援助同美国对抗。然而，智利发生的变化和美国的激烈反应有可能刺激苏联在拉美采取更为积极的政策。此外，面对美国的僵硬态度，正在拼命寻找国际伙伴的当地资产阶级有一种失落感，这也会促使苏联采取更加积极的政策。此外，正如我们在本书第二部分分析过的那样，资本主义总危机使苏联共产党以及一些资本主义国家和社会主义国家的共产党的战略和策略发生重大变化。

因此，再加上促使国际危机深入的那些机制，人们可以期望在一个不太长的时期内会发生重大事件。特别是希望国际大资本及在其子公司工作的那些官员、本国的大企业家、政府中的文人和军人官僚以及专家治国论者将利用这种国际形势，力图采取改良主义的政策来减轻社会内部的革命压力。这种政策虽然受到严格的控制，但已涉及许多难以最后控制的关键问题。形势已经到了这种地步，使他们不得不接受风险（当风险较小的时候，因为这些人士中的一部分可能准备——而准备得最充分的通常是军人——玩走钢丝的游戏，直到他们认为钢丝接近断裂时为止）。

改良主义将采取而且已经采取了当地的力量对比所能允许的形式：军人政府、政治阵线或非军人强权政府。毫无疑问，在美国控制了危机并开始新的攻势，把这种改良主义运动纳入一个同样性质的国际计划之前，改良主义在衰退时期是一股上升的力量。美国的思想储备是很大的，如果一位新的肯尼迪（尽管他叫卡特）提出一项争取拉美发展联盟计划，把当地的国家资本主义和美国资本合在一起以"拯救"大陆，那也不必感到惊奇。

从事出口的传统右派（大庄园主、矿业主、银行家和商人）倾向于采取守势，竭尽全力来防止自己被这股改良主义的浪潮吞噬掉。他们的激进化和隐蔽的或通过独裁机器合法化的恐怖主义倾向已经是一个事实。尽管这已非常明显，但在拉美却很少有人承认。巴西的强硬派、追捕共产党的突击队、极右的军人和警察组织、危地马拉的白手党，以及阿根廷的三A党，开始在一些地方杀害左派人士的右派团体以及维护所有权和家庭的运动，玻利维亚、乌拉圭特别是智利的政变等，所有这些表明了没落的大庄园主、没落的小资产阶级传统家庭以及这些阶层收买的流氓无产者集团的反革命意愿，他们把使用暴力作为施加政治压力的手段，特别是反映了大资本需要利用这些力量来维护其总的阶级统治的意愿。到目前为止，暴力一直是以施加压力为目的而使用的，然而在某些地区已经开始出现使用暴力作为从肉体上消灭左派的手段的倾向。危地马拉和巴西（在一定程度上）就是明显的例证，但是智利的军人政府把这种意向推向了令人难以置信的极端。

目前，这些右派在社会上处于相对孤立的地位，他们只能同反动政府相互勾结并得到中—右政府的纵容。但是，每当激进化的民众运动取得重大的胜利或者威胁到资产阶级社会的存在时，这些右派集团的社会基础就趋于扩大，而过去的勾结和纵容趋于变成实际的支持。因此，除了在墨西哥，一般来说对智利人民的国际声援未能采取积极的方式。这种情况再次表明，资产阶级民主和法西斯之间的界限并非像习惯上讲的那样鲜明。

概括起来，总体形势如下。

在当前的国内外形势下，改良主义趋于在短期内采取主动行动，但它提出来的解决方法软弱无力，也行不通。因此不能消除它企图制止的社会激进化。不管这种激进化是向右还是向左，未能解决的各种严重矛盾的发展将导致革命和反革命之间日益激烈的冲突。

20世纪70年代初拉美最进步的政府（智利的人民团结阵线政府、秘鲁的阿尔瓦拉多政府和玻利维亚的托雷斯政府）都证明了拉美大陆阶级矛盾激化的特点。必须严格地区分智利、秘鲁和玻利维亚的情况。在智利，政府代表一个执政的左派阵线，它的纲领明确提出"向社会主义过渡"。由于这个政府合法或非法地被推翻，明显地出现了向右走的可能性。在秘鲁，政府内部有非常对立的政治力量：从右派到所谓的左派民族主义和社会进步主义。简单的一次政治攻势或者政府内部力量对比发生变化，就会导致右派胜利。只有组织群众、革命力量参加政府并把右翼集团排除出政府或者建立一个新的政府，才能实现向社会主义的过渡。玻利维亚的形势和秘鲁相似，但有一个重大区别，即玻利维亚有一个具有明确社会主义意识的组织起来的工人运动，这就防止了政府搞折中，并迫使它很快就表明了态度，而在秘鲁要慢得多。

随着1973年智利人民团结阵线政府和1971年玻利维亚人民代表大会的失败，在拉美大陆形成了一种新的政治格局。研究这种格局是很有意义的，我们将在最后一章比较详细地予以分析。这里要指出的是，当代改良主义的纲领变得越来越温和，但由于智利军人政变以后群众情绪低落，改良主义暂时感到行动比较自由。这种情况造成了对政治自由的幻想，同时造成了一种利用时机的紧迫感，以便在近期内取得最大的成果。走在这一进程前面的是委内瑞拉，该国有一个民主行动党，它在过去完全是一个投降主义的组织，现在却在左派的强大压力下，转而和基督教民主党在石油国有化方面展开竞争。这种性质的进程有不少令人惊奇的东西。当开始感到美国的压力时（1975 年底美国经济部分恢复时这种压力加大了），改良主义便显露出它的动摇性和不坚定性，从而鼓励了右派。如果不把改革政策引向拉美唯一可行的选择——社会主义，右派就会获胜，这在阿根廷已成事实。随着一次次危机形势的发生，人们更清楚地看到改良主义的局限性和拉美政治进程中的激进化趋势。

三　面对危机的民众阶级

群众运动的发展有高潮时期和低潮时期。这一方面取决于经济的周期性运动，另一方面取决于各种政治组织和阶级斗争进程的发展情况。拉美有一种趋势，即在拉美大陆范围内这些运动或多或少是平行发展的，尽管它们之间没有协调一致的行动。

第一次世界大战以前是无政府主义运动大发展时期。20 世纪 20 年代前半期（1924～1925 年），群众运动获得新高涨，但这时出现了中间阶层这个领导（有政治领导，如激进主义和阿普拉主义；也有军事领导，如军人少壮派），看来它们领导了新的高涨时期，进入 30 年代后便低落了。后来大概是从 1934 年起直到 1937～1938 年，掀起了另一个群众运动高潮。第二次世界大战后期（1943～1945 年），具有民主主义目标的群众运动再次兴起。1947～1949 年的反共浪潮取得了部分效果。1952～1954 年期间，人民运动再次兴起并获得了广泛的成果，如玻利维亚和危地马拉的革命。1958 年出现了另一次群众运动高潮，一直持续到 1963～1964 年。在这一时期发生了古巴革命及其向社会主义的过渡。

1964～1967 年是反革命胜利的几年。1964 年巴西的反革命事件、1966 年的阿根廷政变、1964 年智利人民行动阵线的失败以及对多米尼加共和国不受制裁的入侵，使革命力量遭受了巨大挫折，其中最严重的是委内瑞拉革命运动的失败，它代表着拉美革命运动中最先进的部分。各地的起义行动，不管是农村的还是城市的，先锋队的还是群众性的，都遭到了失败。

从 1968 年起形势开始转变，这时群众运动以从未预料到的广度和激进程度发展起来。在巴西和墨西哥，学生运动把广泛的社会阶层动员起来，形成一种威胁这两国政府安全的气氛。政府的反应是十分残暴和出人意料的。在墨西哥，"三种文化广场"上发生了死亡近 500 人的大屠杀；在巴西，颁布了"第 5 号制度法"；在智利，1968 年总罢工中有 8 名工人遇难。

群众运动在某些地方处于低潮，在另一些地方却迅速发展，如在阿根廷。1969 年 5 月，科尔多瓦和罗萨里奥的工人在大学生甚至小资产阶级的某些阶层（商人等）的支持下分别占领了这两个城市，并且得到一场严重威胁阿根廷军人独裁统治的总罢工的支持。

在秘鲁和玻利维亚，人民暴动促使建立了改良主义政府。这在秘鲁造成民众运动部分停止，使它围绕着选举转，并因为军政府实行了一些改革就对它投信任票。在玻利维亚，有组织的工人和学生运动对温和的改良主义纲领提出疑问并要求在玻利维亚进行社会主义性质的变革。在对付右翼军人的反应中，民众运动不仅粉碎了右派政变，而且还建立了一个比前一届更进步的政府。但是到 1971 年，再也无法维持人民代表大会和托雷斯政府这两个政权的共存，政变就这样战胜了处于分裂状态的人民力量。在智利，基督教民主党的做法未能满足人民的愿望，从而为用"向社会主义过渡"的纲领取代 1964 年"民族主义和民主"纲领的人民团结阵线在选举中获胜开辟了道路。人民团结阵线的革命政策作为一种样板向整个拉美大陆和国际上扩散，促使帝国主义和右派做出了极端激烈的反应，它们不得不发动了从长远看对它们是极为不利的政变。一方面必须镇压千百万群众，另一方面人民的憎恨与日俱增，智利军政府显得无能为力，它成了法西斯在历史上无能为力的最明显的标志。在哥伦比亚，出现了民众主义向自由党－保守势力联合模式挑战的努力，提出的建议虽然非常模糊，但是鼓励把暴力当作政治武器。这种努力得到了广泛的民众支持。洛佩斯·米切尔森的社会民主主义自由党胆怯地继承了人民的这种不满情绪，建立了一个不稳定的政府，只是因为人民还没有做出明确的选择才得以苟延残喘。在圣多明各，反对派在人民热情不断高涨的基础上变成了一种不断发展的群众运动，自由派领导人胡安·博什现在在谈论人民专政，试图引导人民的激进化。在阿根廷，军人部长们的政变推翻了翁加尼亚，为弗朗迪西派推行经济民族主义的努力开辟了道路。然而政治危机的持续和庇隆主义运动的激进化使庇隆的名字再次在政治生活中出现，这是能够控制激进化的唯一途径。一次新的总罢工形成了政治压力，引起政府内部的变更。庇隆的复出未能解决庇隆主义运动的矛盾，反而使之加深。庇隆主义运动右翼的法西斯思想开始表露并开始按照这种思想进行活动；左翼则被迫转入地下，但是在自由派和非庇隆主义运动的左派的支持下，至少还保持了部分的合法地位。这样，在庇隆主义派无产阶级、马克思主义派无产阶级、中间阶层以及左翼自由派小资产阶级之间架起了一座桥梁，从而第一次有可能在这个国家开辟社会主义的道路。1976 年的军人政变就是试图阻断这条道路。在乌拉圭，1968～1969 年期间群众斗争不断高涨，其关键时刻是在银行界发动罢工的时候，后来遭到了失败；但是在 1970 年 10 月，在特殊措施下爆发了总罢工。人民运动的发展最后导致形成了一个广泛阵线。1973 年，人民运动再次遭到失败。但是必须指出，是军人政变把历时 3 周的工人罢工压下去的，在中期内政变表现得不稳定和软弱无力。

1968～1973 年间，群众运动几乎在所有地方都恢复了活力，不但重新向现政权发起挑战，而且取得了对右派的胜利，如智利和玻利维亚的情况。但正如我们所看到的，从 1972 年下半年起，帝国主义开始了新的进攻，到 1973 年底取得了一些重大的胜利。

此外，人民政治力量中的先锋队经历了重大的演变，短期内难以估量其结果。20 世纪 60 年代初期，开创了拉丁美洲起义运动历史的那些政治力量，不管是来自激进化的民族主义力量还是来自共产党的力量（主要是危地马拉和委内瑞拉的起义运动），他们都认为通过游击战能够很快地夺取政权。10 年的经验是，列入"游击中心"战略的几次游击战的尝试遭到失败。今天，武装运动已经发生了很大变化，特别是城市武装组织的发展（主要在巴西、乌拉圭和阿根廷）使游击中心论在新的形势下东山再起。就是说把城市武装小组作为建立一支革命军队的"中心"或者作为为创建农村"中心"进行准备活动的先行者。但是，这些小组的实践经验使它们感觉到（很多情况下是晚了一点）自己的局限性，还感觉到必须同群众斗争有机地联系起来，向着能把城乡各种形式的斗争结合起来的长期人民战争的战略发展。这样一种战略已经反映在几个组织的路线之中，这些组织批判了自己过去的游击中心观点。但是，这种自我批评不够彻底。

从意识形态上看，20 世纪 60 年代初期那些组成武装阵线和政治阵线的组织号召建立民族主义的民主政府。而在今天，几乎所有组织都提出革命应是社会主义性质的，争论的只是过渡政府的性质。

社会主义作为政治解决拉美危机的途径这一点，已开始为非常不同的人士和力量所接受，当然他们各自提出的社会主义概念也是极为矛盾的。在秘鲁执政的军人、各地的政治派别和团体，包括劳尔·普雷维什本人，都曾谈到"社会主义"是解决拉美问题的途径。

但是，需要明确社会主义的含义。于是出现了千差万别的说法，不过都认为必须有国家参与。还有一点也是一致的，即必须消除依附（改良主义者认为是外部依附，而革命者认为是内部依附）和摧毁传统的农业部门。

由此出现了秘鲁政府直到 1972 年一直能使各种势力团结在它周围的政治奇迹，因为围绕某些旨在摧毁旧的出口结构的步骤方面有着异乎寻常的协调一致。但是，在可能通向社会主义（不带引号）和可能通向外国资本所谋求的现代化的步骤方面就没有这样一致了。在摧毁旧的殖民地社会的任务方面和必须扩大国家的活动方面，意见几乎完全一致。在涉及这种破坏的范围和速度以及应当由什么性质的社会和人来取代旧社会时，出现了不同意见。改良主义希望只破坏传统的出口社会并限制外国垄断资本的势力，用国家权力与之对抗。革命者证明这条道路行不通，呼吁摧毁外国的和本国的垄断资本，强化国家和民众对国家的控制。在当前时刻，一批在台上的举足轻重的人物如果决心开始这种改革进程，就能赢得巨大的社会和政治支持，并且大有机会在一个比较长的时期保持不倒。尽管如此，这并不能保证他们能逃避历史的选择。

此外，民众运动因国内危机加深而趋于激化，它将利用统治阶级的让步开展更大的活动。统治阶级内部已经四分五裂，正在寻求盟友以便在国内和国际范围内强行改变这种经济和政治力量格局。

资本主义总危机就这样为拉美民众运动的大发展创造了条件。在内部力量的新格局中，总危机有可能为在拉美建立新的社会主义政府开辟道路。但是在最初时期，这一运动必将带有改良主义的性质，这也是确定无疑的，因为在近期的破坏任务方面有着共同的利益。

显而易见，有可能在人民的大力支持下，由一个革命政府直接承担实现那样一些任务的责任。但是，革命左派由于其游击中心战略的特点，在组织上非常脱离群众。如果说游击中心的努力确实给群众留下了深刻的良好印象，但并不能导致革命左派的组织尤其是武装组织同群众联系起来。结果是有目共睹的：群众在政治上倾向激进主义，但是缺少能够引导激进行动的有组织的革命先锋队。在这种情况下，激进化自然就寻求通过现有的组织形式（工会、政党、军人集团等）来表现。如果这些组织能以某种形式向群众保证实施革命的改革纲领，群众就会支持它们。

这些就是推动拉美依附性社会当前发展的基本规律。国际危机时机同这种社会斗争的动力结合在一起，导致产生了建立某种形式的中间政府的极大可能性。关于这类政府的最终方向，现在还不能做任何断定，因为这将取决于这一中间时期各种变革的深刻程度。正如我们已经分析的，这个时期的基本任务就是摧毁旧的殖民地出口秩序。

但是，正如我们所强调的那样，破除旧的殖民地出口秩序还不足以确定将要出现的新社会的性质。其次，破坏得比较彻底还是不彻底，要看领导这一进程的社会力量。传统的寡头集团是九头鸟，它们仍然拥有强大的抵抗力量。如果这个时期建立的改良主义政府受人民群众运动的影响不是很大，它们就会趋向妥协，实际的变革将是非常温和的。在这种情况下，如果出现一种不利于人民运动的时机（如 1972～1973 年那种时机），那么必将对人民运动进行镇压，而这种镇压会比当前这些拉美强权政府的镇压严厉得多。传统的右派也"僵而不死"，他们会疯狂地要求进行更加残酷的镇压。

至于正在出现的新社会，它在很大程度上取决于摧毁旧秩序进程的广度。摧毁得越彻底，将要建立的新社会就越先进。摧毁得越不彻底，不是真正出现一个新的社会秩序而只不过是旧秩序的现代化的可能性就越大。从我们前面分析过的理由看，这种现代化在政治上不可能是民主的和开放的，它必将使经济、社会行为和技术文化的现代化同进行严厉的政治、文化镇压的强权政府相适应。现在这些强权政府有可能渡过当前的危机时期，它们仅仅谋求改变自己的形象，使自己自由主义化和活跃起来，就像 1973 年起在巴西发生的情况那样。

　　这种情况并不影响前面提出的分析框架，即指当前的国际时机为与当前的强权制度决裂、走向进步创造了条件。这不等于说在所有地方都将进行彻底的决裂。这种决裂可能发生在某一特定的政权内部或者可能引起政治制度的变革，这主要取决于这一运动同有组织的革命先锋队结合的可能性。人民运动在发展组织、提高觉悟和使改良主义政策激进化方面的能力决定着未来的前途。如果革命政策能够战胜改良主义政策，那就将创造出可以对付帝国主义进攻的条件。当美国至少部分地控制了它当前的经济危机时（无须达到很高的增长幅度，高增长在 20 世纪 70 年代是很难做到的），必将开始一场新的激烈攻势，这种攻势的基础我们已经简要地分析过。我们再次重申，对付这一攻势的能力主要取决于当前改良主义政策的深度，取决于这种政策是否有明确的社会主义目标，特别是取决于人民的组织程度和觉悟程度，正如我们已经说过的，这取决于每个国家的力量构成以及政治先锋队对整个形势的认识。本书不可能对每个国家的力量构成做具体分析，因为资料不全，还因为这要求进行更深的、超越本书既定目标的研究。

　　缺少这种研究限制了本书的预见能力。本书仅试图阐述当资本主义体系统治中心发生严重危机时，依附性资本主义的社会经济形态发展的某些一般性规律是如何表现的。因此，本书的结论只能是相当局限的和一般化的。

　　即使在这样一个总框架内，我们仍然可以比较详细地分析一下在资本主义总危机的格局中形成的各种变革选择。我们将在下面几章探讨这一问题。

第二十二章
变革的种类、阶级和社会力量

一 几点说明

以下几章涉及社会学中研究甚少的一个领域，即从分析现实所提供的可能性出发，历史地展望未来这一领域。在这个意义上，许多结论可能是十分大胆的，而且尤其会惹恼某些人，因为他们认为是可行的选择被作者排除了，或者因为他们所提出的选择尽管被考虑了，但作者同时清楚地提出，历史地加以实施则有重重困难。

对这项研究工作的另一种批评可能是，指责把作者的愿望变为现实的趋势，从而使这项工作成为思想领域而不是科学领域的工作。然而，现在是破除下述观念的时候了，即将社会问题的沉渣——与当今的严重问题最无关系的，最平淡、最无味、最无色的东西保留在科学领域的观念中。

将社会主义也作为一种变革的选择，这可能成为讨论的对象。然而，如果考虑到事实，那么这种选择是建立在当今的社会实践基础上的。使人觉得它不是一种现存的选择的原因在于存在着这样一种倾向，即认为官方的、合法的、代表秩序的东西，就好像是现实的东西，而被否定的东西即是不现实和空想的东西。历史已多次将"空想主义者"和"非现实主义者"变为实权人物,将"讲究实际的人"和"现实主义者"变为模糊的回忆。因此可以断言,如果不包括对现存社会体制的否定,就不可能对各种变革选择做出科学的分析。

总之,必须说明总体分析对像拉美这样一个如此多样性的地区可能具有的意义。我们认为在拉美至少存在着 3 种类型的依附性结构:20 世纪 30 年代和 40 年代完成了重要的工业化进程的结构;第二次世界大战后开始工业化进程的结构和如今尚未开始或几乎刚刚开始这一进程的结构。① 其中的每一种结构都符合变革所固有的规律性。然而,我们认为,尽管情况的不同决定了在总体描述这些历史趋势发展时存在着深刻差异,但为拉美社会变革和发展的可能性提供条件的总环境是相同的。我们甚至认为,某种结构或大或小的发展可阻止这些趋势。这丝毫不是对确定变革总环境的必要性的否定,这种总环境对于拉美大陆的多数国家,也许对一般依附国家来说是相同的。

以下几章的目标是研究哪些是前一章分析的危机形势所造成的社会变革的选择。

这一理论假设的提出和完善为研究拉美现实奠定了新的基础,同时也使人十分清楚地看到了从现存社会状况出发是可行的发展道路。

社会变革的模式是在各社会阶级的具体利益基础上产生的。因此,对变革选择的科学分析应从研究在当前社会中起关键作用的阶级开始,正是这些阶级为力图把阶级自己的利益说成是整个社会的利益的意识形态原则提供了物质基础。在历史上,有的阶级起着领导历史进程的先锋作用。这种作用并不来自任何宗教的或形而上学的超社会因素。相反,这种革命的作用是它们在生产进程中的地位决定的。

---

① 这一类型学的研究是研究员巴尼亚·班比拉做出的,见《拉美的依附性资本主义》一书。

15～19 世纪，资产阶级在西方历史上起着这种革命的作用，它将其生产方式强加给全人类。自 19 世纪后半叶，特别是进入 20 世纪以后，资产阶级失了它的革命活力，而且在其内部产生了一个对立的社会阶级，这个社会阶级是资产阶级创造的，并很快作为替代资产阶级的权力和它所建立的社会经济体制的一种选择而出现在历史舞台上。这个新的社会阶级就是工业无产阶级，它在来自资产阶级和小资产阶级以及有时来自没落贵族阶级的革命知识分子的帮助下，提出了一种针对现存社会的理论和政治选择。就这样，20 世纪成为无产阶级革命的时代。

今天面临的社会变革模式不是单纯的大脑思维的结果，也不是运用某种价值观念或像理想主义所代表的那种思想观念发展的产物。社会变革的模式是一种社会实践的产物，是实际利益具体对抗的产物，它在历史发展进程中，力求对未来做出预言，对现在呈现的趋势和利益做出估计。这些模式就是这样履行着一种具体的社会职能，尽管它们不是总能够达到充分具体化的程度，因为偶然出现的相对均势的局面迫使相互冲突的力量做出让步和妥协。变革模式的作用在于确定社会斗争和变革进程的方向。其科学性和预见性的大小，不仅仅取决于那些寻求理论上解释这些模式的人所用方法的严密性，而且在根本上取决于相互对抗的各种社会阶级得益的历史可行性。

这些总的看法对于理解以下章节是必要的。在以下章节里，首先想要确定当前具有活力的，能在短期、中期或长期内确立一种社会变革进程的那些社会力量。使用社会力量这一概念是为了识别变革模式可能有的意识形态色彩，因为它们或许代表着同一阶级内的不同利益（如代表国际资本利益的新的国际分工模式与代表着由资产阶级和小资产阶级支持的文人和军人官僚——技术阶层利益的协议性依附模式之间的差异），或许代表着一个阶级集团的利益（如代表城乡无产阶级、农民和城市小资产阶级中最先进阶层利益的社会主义模式）。但必须指出，这些色彩产生于事实上构成当前社会斗争最基本框架的资产阶级和工业无产阶级之间的根本对立。

事实上，当我们考虑到更具体的历史情况时，还可以在这些模式内部区分出其他色彩，它们可能代表更具体的阶级成分。诚然，那些没落的、就是在中期内也没有历史前景的阶级，也谋求通过一般来说是极端理想化的乌托邦计划来规划自己的本来，但这种计划一点也不能指导它们当前的实际行动。但是，我们在本书不想研究拉美各国社会斗争所面临的一切变革模式，而是分析那些在短期或中期内具有某种历史可行性——根据我们在前面几章里对依附所做的分析——的模式。正是这些变革模式指导着各社会力量的政治实践并决定了当前历史进程的动态。

因此，我们接下去将首先研究那些具有某种社会变革选择的社会力量，继而研究变革的模式，这些模式可以从这些社会力量的利益以及对它们在理论和实践上的具体表现的分析中推断出来。

二　发展的社会新角色

在专门研究哪些是当前出现的社会变革新选择之前，我们应分析一下各种互相对抗的社会力量的特征。对拉美近 40 年依附性工业发展经历正确地采取批判立场的任何一种社会变革模式，都不应当把独立的民族资产阶级（或进步的资产阶级、民族企业家等）作为这一现实的一种决定性力量。独立的民族发展模式的失败实质上代表了这个社会集团及其经济实力和经济利益为拉美提供一种发展选择的失败。

在这个新现实中产生出的第一种力量是规模巨大的多行业联合的多国公司和作为其国际利益代理人在不发达国家掌握这些企业的官僚和企业家。存在于这个现实中的第二种力量是国家资本主义，它的地位虽然不及上述大公司，但它是目前形势发展的关键力量。

国家资本主义的主要化身是军人和技术官僚阶层，它们代表了当前的发展进程中国家利益的立场。与此同时，民族资产阶级的残余也寻求将它们的政治概念纳入国家资本主义的范畴。最后是民众运动，它首次试图摆脱民众主义的桎梏而出现于这一现实中，这是独立的民族资本主义选择衰败的结果。

因此，有必要简单地分析一下当前拉美现实中这些社会力量的主要特征，作为研究现存的各种变革选择的引言。

三 新的国际资本

对新的国际资本了解尚少。关于拉美外国资本的研究还处于初始阶段，但是关于这种资本运转的特殊方式和代表它的社会集团的研究尤为不足。尽管如此，我们能够提出它的一般特征及其在拉美这一现实中的结构地位。①

---

① 关于拉美外国资本的研究，总的来看是非常初浅的，但通过这些研究可以对该资本的运转方式形成一个总的概念。全国计划协会关于"美国海外贸易情况"的研究很有价值，这项研究包括对委内瑞拉的商业石油公司、墨西哥的西尔斯·罗巴克公司、秘鲁的格雷斯公司、巴西的通用电器公司、拉美联合果品公司和国际基础经济公司的分析。

还可参见关于巴西各经济集团的研究，其初步报告发表在里约热内卢《社会科学研究所杂志》1965 年第 2 期上，以及阿里斯托德莱斯·莫拉的《巴西的外国资本》，论文汇编《利润汇出问题》（大学出版社，里约热内卢，1962 年），巴尔沃萨·利马·索布林诺的《变克鲁塞罗为美元的机器》。这方面的著作和文章还有：何塞·路易斯·塞塞尼亚的《垄断资本与墨西哥经济》；海梅·富克斯的《美国托拉斯在阿根廷的渗透》；胡利安·德尔加多的《工业，对阿根廷的挑战》（《特写》周刊第 297 期，1968 年 9 月 3 日）。还可参见《经济与社会科学》杂志关于国际经济问题的专刊，加拉加斯，1973 年；刊载在哥斯达黎加《社会研究》杂志 1974 年 1 ~ 4 月号上有关中美洲的外国资本的文章；维克托·特斯塔的《国家间的剥削》一书的最后一章；佩里菲里亚出版社汇编的有关拉美多国公司的论文集，以及费尔南多·法因齐尔伯和特立尼达·马丁内斯·塔拉戈关于"跨国公司"的论著。此外还有一些如在第八章中提到的经验主义的研究文章，以及如贝尔纳多·索利斯的《墨西哥的外国投资》这样一些专业性较强的论著。

战后外国资本大量涌入，形成了一种新的企业单位。这类企业始建于 20 世纪上半叶，并在战后阶段获得充分发展。这就是在世界范围活动的称作跨国公司的企业，它以美国为基地（一些欧洲国家和日本也拥有这类企业，但发展水平较低）。正如我们在第一部分中分析的，这类企业已不同于 20 世纪最初几十年的托拉斯和卡特尔，托拉斯化进程在这个时期完成了。因此，当前的问题不是争夺母公司的原料来源地，也不是保障它们的产品市场。

由于在上个阶段已部分地稳固了美国这个基地，这些企业便进入了一个以工业投资或在服务部门的投资为基础向全世界扩张的新阶段，但这时的投资已不再以满足投资国内部市场的产品需求为目标。在这个意义上，尽管统治中心仍需要原料，但关系趋于颠倒：已不是不发达国家的生产用于补充投资国的生产，而是不发达国家必须购买投资国的机器和材料，并将这些材料变成产品在国内市场销售。

不发达国家的工业化进程是以进口替代为基础，但也是以发达国家的出口替代为基础的。

从国际角度看，这是国际分工上的一种变革进程。我们在前面几章对这一进程做了详细分析。我们现在要着重分析这些新关系的基本矛盾及其对拉美社会变革的影响。

（1）由于外国投资的垄断特点，产生了需要新的投资以便继续发展进程与在扩大内部市场方面的局限性之间的矛盾。多国公司是以双重垄断方式运转的，这是因为：第一，技术要求资本高度集中；第二，金融方式给予它一种用以吃掉竞争对手和垄断性地控制所在国市场的累积实力。

由于所使用的技术的特点（这些技术是在极端发达的资本主义环境中，在劳动力不足而且昂贵的压力下发明创造的），外国投资的副作用在创造就业以及在开辟新的市场方面的副作用变得微不足道了。正如我们所看到的，这是造成"边际"居民的主要原因。

由于垄断集团的金融方式、价格管理、控制现有市场的技巧以及存在着通过挤垮竞争对手并取而代之的办法实现扩张的可能性，这些集团开始时并不急于打破传统的土地结构，开辟新的市场。但是，从长远看，这种土地结构和"边际"居民的存在十分明显地限制了投资的扩展并导致停滞。

因此，从结构的观点看，大企业变成了对自身发展的一种限制，也是对其本身结构的限制。

（2）需要新的投资以便继续发展进程和多国公司的利益造成的非资本化之间发生矛盾。投资公司的最高利益是获取利润，以赚回投入的资本并获得更大的收益。由于所在国内部市场有限，多国公司便抽回利润，寻求可获得更高收益的投资新市场。有关统计数字表明，汇出的利润比投入的资本更多（特别是存在着难于统计的利润汇出的间接形式)①。

这样便加深了民族发展利益与外国资本利益之间的矛盾。

（3）外国企业遇到的另一个矛盾是母公司与子公司之间在商业利益上的矛盾。原先从母公司进口的产品现在由本国生产的产品所代替，这种替代总的来说可为整个公司带来更高的利润，因为这还能为母公司生产的机器和材料开辟市场。但是，在依附国进行的这种生产抢走了母公司的终极产品市场。因此，将工业转移到外围国家的决策取决于一系列极为复杂的因素，而不只是一种宏观经济决定。

我们将在后面分析这些矛盾是如何影响了依附国的发展选择的。这里我们要注意问题的两个方面。

---

① 在拉美官方机构中，对利润汇出问题曾进行过广泛的讨论。美洲经济和社会理事会 1969 年第 1382 号文件《为了拉美发展的外部融资》对此做了总结。美国商务部外国投资注册局充分证实了这些数据。

首先是依附国管理外国利益的官僚阶级的犹豫性和屈从性。官僚阶级不属于企业的最高决策阶层,[1] 它没有足够的自主权来决定当地公司最高利益的事务。当地公司的利益必须从多国公司全局出发加以考虑,而当地经理对全局一无所知。

其次,必须强调指出,这些公司的决策具有国际性和宏观经济特性。依附国的发展问题成了多国公司内部政策的一部分。[2] 在这个意义上,不仅这些公司的地方官僚的权力是从属性的,就是与这些公司有关系的地方政权的权力也是如此。

国际上新的企业关系的这两个方面及其在依附国产生的影响,证明了在国际资本主义体系的框架中"民族自主发展"的尝试是徒劳无益的,同时决定了我们这些国家新的发展选择的范围。

四 国家资本主义

在拉美国家近 40 年的经济发展过程中,国家起了关键作用:从制定经济政策和其他政策,到国家直接参与面向基础建设(能源、运输、通信)的生产部门的活动和对经济基础部门进行投资,以便

---

① 依附国的国家领导人一般听命于大企业的国际部门,而这些部门则服从于公司总裁的指挥。有些公司正在将依附国的国家领导人变为部门的领导。参见 1968 年 10 月 15 日《幸福》月刊。理查德 · F. 贡萨雷斯和小克劳德 · 麦克米伦在其书中(《发展中国家经济中的国际企业》)强调了这些公司在不发达国家中的经理处于次要地位,不仅在有关母公司的决策方面是如此,而且在与本国工业寡头的关系方面也是如此。

② 关于外国投资的合适"环境"问题的文献很多,包括官方文件。关于"美国私人企业在发展中国家经济中的情况"的文件有《外事委员会外国经济政策小组委员会的报告》(众议院,美国政府印刷局,华盛顿,1968 年)。关于"国际反托拉斯问题"的讨论也很重要,见《反托拉斯和垄断小组听证会文件汇编》第二册(美国政府印刷局,华盛顿,1967 年)。除上述国家计划委员会发表的文献外,半官方性质的文献有托马斯 · A. 甘农(编辑)的《在拉美的商业活动》和弗兰克 · 布兰登堡的《拉美私人企业的发展》。

生产用于其他部门（如钢铁工业和新兴的石化工业）的廉价投入物。

由于这种情况（代表了资本主义体系的普遍倾向，特别是在第二次世界大战之后），国家成了这些国家经济中最重要的生产者和购买者之一。在这种形势下，国家官僚阶层（不论是文人还是军人）在当前的发展进程中以及在发展的未来选择上都占据着关键的位置。让我们简要地分析一下这个阶层的特点。

文人方面的基本代表是在计划部、工业部、经济部等这些对发展起关键作用的部门以及与地区发展有关的其他部门中的技术人员。工程师、经济学家、总体而言的自然科学家、某些社会学家等（多数情况下，他们是大经济集团的中间人，但在另一些情况下，他们是这些集团的直接代表），组成了一个精英集团，在持久的危机期间保持了体制的行政决策的连续性。国有企业的领导人也是这一阶层的一部分，他们负责制定和实施国家发展的重要决策。这个社会阶层正在创造和扩大使自己得以生存、发展和在国家决策中起相对重要作用的条件，而国家决策越来越多地从议会－政治领域转移到行政－技术领域。这使这个阶层在国家力量的整体中代表着一种特殊的利益。它作为决策中心所具有的相对独立性以及管理一个由国有企业、金融机构和国家开支机构组成的，集生产、财政和购买于一身的庞大联合体的权力，使这个集团在依附国当前的发展进程中和发展选择方面占有决定性的地位。

为了使上述分析不致引起模糊不清的理解，应说明这个集团的自主权与独立性是相对的，而且是从属性的。说它是相对的，因为这种独立性取决于体制内部国家的最终作用，即鼓励私人企业的作用。在国家参与的一切部门，国家所做的一切都是为了保障私人企业发展所需的基本投资。国家参与的部门甚至是那些收益最差的，因此也是对私人企业没有吸引力的部门。此外，国家起着推动经济集中和集权的作用（无论是作为生产者还是购买者），并成为大企业的市场。因此，这个集团的独立性是相对的，私有制的各个利益集团的独立性从哪里开始，就在哪里结束。

该集团的自主权是从属性的，因为它既要服从其最重要的干部所服务的对象——私人企业和一般资本的利益，又要服从整个资本主义生产方式的利益，而资本主义生产方式的存在是它发展的必要源泉。但需要强调一点，这种自主权的幻想在社会的实际运动中起着重要作用，它作为无批判地表现社会面貌的一种形式，令官僚阶层和其他众多社会阶层陶醉。不少技术人员和官僚人士，他们把某些成功地将自己的意见强加给统治阶级的直接经验普遍化，从而认为自己拥有实实在在的自主权，比资本家和工人更有能力成为实现发展的一种现实选择。

这种情况对于理解官僚阶级中军人的行为尤为重要，特别是青年军人代表了技术－官僚阶层的观点。在他们身上，对自主权的幻想更为强烈，因为军人官僚阶层：

（1）担负着保障现有制度安全的职责，在此意义上，它不仅在计划和确保制度的运行方面是必不可少的，而且还要履行一种特殊的职能，在危机情况下使它起决定性作用的职能。

（2）控制着国家预算中最高和最无限定的份额，在使用这笔资金上享有特殊规定的用益权，这使它具有很大的自主权。它的采购在很大程度上是为了获得一种产品，而这种采购的一个特殊作用在于增加它在社会上的权力；也就是说，用国家的钱购买武器，使自己日益强大。

（3）在许多国家掌握着军备、军需品等的生产厂家，控制了国家资本主义的一个非常重要的部门并且拥有很大的自主权。在一些国家（如阿根廷和巴西），军人被召唤来抵御"帝国主义扩张"，保卫国家－民族企业。由于军队拥有国家一流工程学院培养出来的管理和技术干部（军事院校的教学大纲中通常包括工程、管理等课程），使它轻而易举地在控制新兴的国家资本主义方面起了关键作用。

最后需要说明的是，由于军事决策的半保密性，军人可以要求享有针对文人官僚阶层和彻底没落的直接政治阶层以及大资产阶级本身的巨大决策自主权。

由于所有这些原因。军人集团构成了国家官僚阶级中一个独立的阶层，它对国家现实的看法与众不同，是理解依附国发展选择的一个基本因素。[①]

让我们来看一下依附国军人思想演变的情况。首先我们应该把这一思想系统化，因为它不是以我们感兴趣的一般形式表现的。我们将对我们所研究的其他社会力量也采取这种方法，描述社会力量的潜在意识是一种正确的方法。社会力量陷于自己的日常实践中，不能致力于自己思想意识的系统化工作，因此也就无法对自己在变革进程中的利益做出明确的理论阐述。研究人员可用这种方法走在这些社会力量的前头，使它们的实践理性化。

反暴动学说是目前军人思想的核心。这个学说最初由美国政府和美国思想家通过他们的反暴动军事院校提出来，以反对卡斯特罗主义的斗争为目标，但后来根据军人的思想传统逐步得到了重新解释。军人们认为，在当今时代，社会革命是由得到土著"少数民族"

---

① 关于军人和它在拉美社会中的作用问题，可见何塞·努恩的《拉美：统治危机与军事政变》一文（《经济发展》杂志，布宜诺斯艾利斯，1969 年 7～12 月号，第6 卷，第22～23 期）。努恩把军国主义同"中间阶层"的上升进程联系在一起。与这种看法一致的、但带有某种自由主义思想倾向的文章是约翰·J. 约翰逊的论著（《拉美的军人与社会》）。将军国主义同社会不稳定联系起来的研究是埃德温·列文为外交关系委员会撰写的颇具影响的文章《拉美的军队与政治》。列文为美国参议院外交委员会提供了一份报告《美国军队》发表在《争取进步联盟研究》上（政府印刷局，华盛顿，1967 年）。1969 年 6 月，《当代历史》杂志以"美国军队在拉美的义务"为题出了一期专刊，在那一期专刊上上述作者再次讨论了关于拉美军人与军国主义的基本论点，提出了新的看法，这些看法应指导美国政府对拉美的外交政策。

支持的共产党人从外部鼓动的。在这种情况下，军人的首要职责是捍卫受到内部"革命战争"威胁的"民主制度"。但是，"共产主义"或"卡斯特罗主义"乃是利用某些现实的基础来传播自己的观点的。这个基础大概就是为"暴乱"开辟了广阔天地的不发达状况。由此可见，在国家安全的概念上，根本问题在于通过结构改革，克服不发达状况。由于蛊惑宣传、群众的依附性和20世纪60年代民众主义政府的无所作为，导致军人直接掌权，以便实现发展和以此阻止暴乱的发展。

但是，从接受爱国主义教育的军人的观点看，发展应以加强国家为根本。这样，应把为抵御共产主义而实现的"民主阵营"的团结与联盟作为加强国家的手段，而加强国家则应理解为加强国家权力，保护国家的基本财富，制订发展的战略规划和加强武装力量，以便抗击外部侵略，同时保障国家对拉美大陆其他国家拥有相对的实力。

在我们刚刚谈到的军人思想的内在逻辑（可在许多文件中比较完整地找到这个逻辑）中，可以看出一些有必要指出的要素。

一方面，军人以杰出人物统治论或专家治国论的观点看世界，或者说，他们力图使问题非政治化并采取技术解决办法，因此，他们反对动员民众，认为民众动员是煽动性的，可能成为共产主义渗透的猎物。另一方面，军人希望进行所谓的结构改革，但必须拥有民众运动的支持才能实现改革。这与前面的观点相矛盾。

第二个矛盾是他们的民族主义感情和民族主义纲领同他们对以美国为中心的"基督教和民主主义的西半球"的忠诚之间的矛盾。这一忠诚不只是政治和军事上的，也是经济上的。外国资本一向受欢迎，外资的进入得到所有军人"民族主义者"的鼓励。唯一要做的是加以限制，使外资的进入不致达到"过分的程度"。但是，军人认为国家资本主义具有突出地位的观点没有得到在这些国家内活动的国际垄断集团的认可。组织一支常规国防军的打算也遭到国际垄断集团的抵制，因为这与美国对外政策的目标发生冲突。美国的对外政策不是要加强国防军，只是要加强反游击队的部队。这是因为一支常规国防军从长远看可能成为一个军事问题。另外，美国的军事工业不愿意向这支军队出售其所需要的重型武器，而是更愿意出售那些找不到市场的传统武器。①

这些矛盾引起了军人政府同美国之间的种种冲突并促进其内部产生了激进的"民族主义者"集团，这些集团施加压力，要求采取对抗措施。人民日益强烈的反对（特别是在这样的国家，那里的军政府是在镇压高涨的民众运动中建立的），同美国的冲突以及内部的分裂，在这三方面的压力下，这些军政府显露出了它的过渡性质。

但是，符合军人阶层统治利益的发展战略是十分矛盾的。为了占据统治地位，军人对总的依附状况没有异议，反而鼓励这种依附状况，谋求加强外国资本在最有活力的经济部门的渗入和强调在意识形态上同自由世界保持一致。但同时，军人统治的概念又一定要将外国资本的渗入置于国家控制之下，为此，必须根据军人力图以极其理想主义的形式表现的加强"国家权力"的观点，确定投资的优先领域。这个意图的重要基础在于军人的权力在保持国内秩序上起着关键作用这一认识。与此同时，他们力图使自己强大起来，成为一个与垄断企业抗衡的集团，他们要求实现武装部队的现代化和使之成为一股强大的经济和政治力量。

从国际资本的角度看，这种发展模式颇具对抗性，因为它极大地限制了国际资本的活动能力和为相对"保持国内秩序"这个政治

---

① "确保内部安全的主要问题是，拉美的武装部队明显地反对接受华盛顿对其军事职能的重新定位，表现出不太想把基本重点从对外防御转向内部安全。陆军希望拥有现代化的坦克，空军希望有最先进的喷气机，而海军则希望得到现代化的战舰。"见埃德温·列文《拉美的军队与政治》，第28页。

任务而要求国际资本付出高昂的代价，尽管这种模式接受了总的依附状况并提供了极大的投资可能性。在军人的统治愿望日益加强（这一愿望的强弱取决于军人内部民族主义成分的大小）的情况下，国际资本寻求解决这个矛盾。作为普遍愿望，国际资本至少希望有一个强有力的温和政府能够向它提供一个安宁的环境，但不欢迎一个如此举足轻重的社会集团的统治企图。更不愿意将一些军人集团的民族主义意图看作是有益的东西，因为这些意图可能导致十分严重的政治紧张，而事实上目前已是如此。

在军人集团（它可能充当同国际资本进行谈判的角色）统治下的依附性发展战略，从国家权力的角度看是颇具对抗性的。这不仅因为在当前的世界权力关系中这一战略强调了国家的作用，还因为它使国家在发展进程中起重要作用以及它所创造的权力模式过于封闭。

总之，存在着一个使军人拥有更大势力的政治问题。由于外国资本 20 世纪 60 年代的战略基础是提高军队中主张现代化的精英集团的地位，以取代衰落的民众主义政治家或任何其他类型的政治家，所以目前它在政治上不得不依靠这个集团。贸然采取使这部分力量内部出现分裂的政策将可能在某个关键时刻削弱资本主义制度在这些国家的政治支柱的主要基础。① 对大资本来说，在出现其他政治选择之前，唯一可能做的就是努力"说服"军人，使他们相信过分的国家参与和强化国家是无益的。

---

① 必须强调指出，某些指导美国政策的集团不顾任何后果地公开支持军人政策。托马斯·M. 米林顿认为，军人政变往往是武装力量内部等级重建的一个手段。"但是，变政治民主制为军政府是令人向往的事，军政府在公务管理方面效率较高，权术较少，以及在采取政治上不得人心的措施（如冻结工资和限制罢工）片面手段高明，这些措施为中间阶层进行投资创造了一种稳定的环境。"下面的这段评论十分精辟："华盛顿从军政府事实上是不受欢迎的这种非谴责性假定出发，常常坚持要军政府举行选举，这实际上是帮助军国主义者在职业政客的掩饰下保持权力的把戏。"（《拉丁美洲的军队精英》，《现代史料》1969 年 6 月，第 354 页和第 364 页）。

五 民众运动

为了弄清拉美民众运动内部正在发生的变化的方向，必须将这些变化同作为政治模式的民众主义的失败和作为经济社会模式的"民族自主"发展的失败联系起来。

这些模式的危机导致了民众运动的危机。在这些国家，民众运动受民众主义领导的程度越大，那里的危机就越严重。克服危机的进程首先是组成这一运动的各种力量的分化进程（一个国际范围的类似进程也同时出现了这种分化）。但是我们知道，历史上一种不符合时代潮流的政治形式由于其没落而经历了解体阶段之后，随之而来的是在解体时刻产生的新的思想方针基础上重新组合的阶段。如果这样说是正确的话，那么这种解体开始时的确削弱了这场运动，但也为性质完全不同的民众运动发动新的进攻创造了基础。可以预见，一旦冲破民众主义的束缚，将建立起一种新的民众运动的基础，它将更具有独立性，很可能是以革命思想为指导的。

对民众运动思想方针性质的预见，是基于这样的认识之上的，即不可能继续走"自主发展"的道路，因而必须废止领导这一选择的各种社会力量之间的协议。我们曾看到国际大企业对产业部门的控制怎样破坏了 20 世纪 30 年代、40 年代和 50 年代的力量对比，导致统治阶级实施权力集中和限制民众参与的政策。这使技术官僚（依靠技术委员会、顾问委员会、行政长官集团等的政府）和军人官僚（构成体制化军人政府）的力量增强。维持对政治局势的控制的希望产生于这样的观点，即"精英"政府有可能使政治、经济、军事、技术和工会方面的杰出人物共同参与"发展"和"现代化"政策的制定。

弄清这种发展和现代化政策的性质，对于了解民众运动反对此政策的态度的特点是很有必要的。"国家自主发展"政策的失败，导致在拉美的社会思想中用去掉各种修饰词的"现代化"和"发展"的概念逐渐取代"国家自主发展"的概念。如我们将看到的，这一概念的实质是掩盖现实的发展进程所意味的质变。其意图在于继续按照依附模式发展经济——大部分拉美国家的经济在 20 世纪 60 年代处于停滞状态。国家自主发展是工业资产阶级和小资产阶级提出的选择，当时具有重要意义。从全面的政治角度看，民众运动开始时面临着这样的选择：要么沿着已经失败的道路继续走下去，努力促使原来的领导采取坚定不移的立场；要么另辟蹊径，走社会主义的政治道路。民众运动正逐步走向这条道路。

因此，过去长期在民众主义－发展主义（工业资产阶级和小资产阶级）的领导下发展的拉美民众运动，后来政治上处于孤立状态，必须依靠自己的力量重新组织起来，必须在组织、政治、思想和战略上重新建设自己。这一重建进程的总方向是政治上的激进化，这不仅涉及目标（从为建立一个独立的民族社会而斗争转向为建立社会主义社会而斗争），而且涉及斗争方法（从选举战略或对民众主义政府施加压力的战术演变为同独裁政权直接对抗的运动，许多情况下是地下斗争和武装斗争）。在这个演变过程中，建立了新的政治流派，并在近 10 年里积累了拉美民众起义的新经验。① 考虑到本书的目的，我们才能大体上谈一谈这场运动的演变情况。

开始时，起义运动的主要基础是具有民族主义倾向的激进派。这些人尤其受了古巴革命的影响，面对民族主义自主发展选择的危机，便走向了"革命的民族主义"。在这个"主义"中保持了原来

① 巴尼亚·班比拉在其《拉美 10 年的起义经验》一书中，对这个阶段做了相当深刻的分析。有关这个阶段的文章分散在众多的杂志刊物上，其中最重要的有：智利圣地亚哥出版的《终点》周刊；布宜诺斯艾利斯和圣地亚哥的《每月评论》西班牙文版选刊；哈瓦那的《三大洲》月刊；圣地亚哥的《阿劳科》杂志；蒙得维的亚的《前进》周刊。

的目标（在激进的改革基础上，通过扩大国家的参与，谋求一种朝着社会主义方向的发展，在此意义上，原来的目标激进化了），又增加了新的更加激进的斗争形式，特别是开展武装斗争，以可能迅速发展成为一支革命军队的游击中心为基地，游击中心战略初期最生动的例子是委内瑞拉的起义。这次起义的目标是建立一个"民族主义的民主的"政府；斗争的方式是发动农村和城市游击战以夺取政权。后来，"游击中心论"作为战略思想逐步得到净化，直到在雷吉斯·德布雷的书中和切·格瓦拉①在玻利维亚的经历中，才具有了更为系统的形式。委内瑞拉的经验被重新作为基点性经验。德布雷在坚持相同的起义思想②即以一个武装中心为基地，向全国扩展（紧握住拳头，向四面张开手指）的起义思想的同时，对过去折中主义的斗争形式（自卫、武装宣传等）进行了批判，重申游击中心战略的纯洁性，认为中心问题是斗争的领导应放在游击中心上。还涉及扩

---

①　关于最初形成游击中心理论的文章，见切·格瓦拉的《游击战》《革命战争的道路》和《游击战：一种形式》。雷吉斯·德布雷的文章有：《拉美革命战略的某些问题》《卡斯特罗主义：拉丁美洲的长征》和《革命中的革命?》。后来，德布雷在由墨西哥21世纪出版社出版的《武器的批判》一书中做了自我批评。德布雷的论点在拉美引起了反响，关于这些论点的争论是从亨利·埃德姆的文章《拉丁美洲的革命?》（《前进手册》第3期）开始的。在对秘鲁经验的讨论中，西尔维斯特雷·孔多卢纳发表在《战略杂志》1966年4月第3期上的文章和圣地亚哥·伊·阿梅里科·普马卢纳发表在巴黎《伊比利亚世界杂志》第6期（1966年4~5月号）上的文章《秘鲁：革命，起义，游击战》，对"游击中心"理论提出了质疑。《每月评论》杂志连续几期对《革命中的革命?》一文展开了广泛的讨论，这些争论文章后来汇编成书：《德布雷与拉丁美洲革命》。该书由墨西哥当代出版社于1969年出版。《终点》周刊也对这个问题展开了广泛的讨论。

詹姆斯·佩特拉斯在《拉丁美洲：改革还是革命》一书中对一些拉美国家的起义经验做了一个总结，题为"拉丁美洲：委内瑞拉、哥伦比亚、危地马拉和秘鲁的革命与游击运动"。《国际社会主义》杂志1967年6月第21期全部刊载了有关这个问题的文章。

②　后来在"武装的和平"时期制作的自我批评式的纪录片，相当多地强调了这一从未直截了当地阐述过的战略思想。见蓬佩奥·马克斯和特奥多罗·彼得科夫关于委内瑞拉革命的纪录片。

大起义的最初基础：它的目标应是社会主义的，规模应是全大陆的，战略应是长期的。但是，近期的社会主义目标同游击中心思想中依靠精英——依靠一批脱离群众，独自开展斗争以唤起民众的军人——的特点发生了矛盾；全大陆的规模同其活动基地狭小（特别是同坚持前往荒无人烟地带的主张）相矛盾；它的长期性则同组织上的局限性相矛盾，这种局限性使它不能制定一项长期的斗争策略。

我们从玻利维亚的经验和德布雷对此经验的理论化研究中可以看到一个由"游击中心论"到新的起义战略之间的过渡时期，这一战略是在以"大陆人民战争"为总称的民众运动中开始成熟的。它尚无理论依据，但已在今天几乎销声匿迹的种种运动中崭露头角。这些运动主要有乌拉圭的图帕马罗斯运动和巴西的革命武装先锋（帕尔马雷斯）及全国解放联盟（由卡洛斯·马里赫亚领导）。后来，阿根廷的人民革命军发展了这一战略思想，但没有完全脱离"游击中心论"。智利的左派革命运动、阿根廷的人民革命军、玻利维亚的民族解放军以及乌拉圭的图帕马罗斯运动于1974年结成的联盟，表明这一战略思想更加成熟，组织更加健全。然而，作为其基础的各个运动在1976年遭受了巨大打击。这里指的是武装行动，最初通常是在城市进行，目的在于寻求同民众运动联合起来，为夺取政权坚持长期斗争。但是，由于这些运动的理论家把自己开展的活动看作是起义中心的准备工作，他们便继续认为自己属于德布雷的游击中心理论范畴。① 马尔塞洛·德·安德拉德认为，革命人民先锋

① 最早从理论上总结巴西经验的是马尔塞洛·德·安德拉德，他的文章《雷吉斯·德布雷观点之我见》刊载在《新时代月刊》1969年5月号上。关于图帕马罗斯运动的文章有安东尼奥·梅卡德尔和豪尔赫·德维拉的《图帕马罗斯运动：战略与行动》，以及卡洛斯·A. 阿兹纳雷斯和海梅·E. 卡尼亚斯的《图帕马罗斯运动，格瓦拉的失败?》。革命武装先锋（帕尔马雷斯）和多米尼加共和国共产党的政治纲领最清楚地表述了大陆性人民革命战争的概念。拉美的许多政治组织内也有关于大陆性人民革命战争的相似的提法，但各有微小区别。

可能正在"超越"德布雷，但不是"否定他"。

事实上，关于这种武装斗争形式，尚未形成一种合乎客观规律的理论，因为这种斗争形式还处在不成熟阶段。这涉及作为开始阶段的游击运动要持续多长时间，或者说一个新阶段究竟从什么时候开始的问题。但是，在开展独立于民众起义之外的武装斗争方面则存在着连贯性，甚至中国革命也将武装斗争作为组织民众起义并使之系统化的方式。在中国和越南革命中，共产党领导的武装集团后来具有组织长期武装斗争的作用。最近，在阿尔及利亚和非洲为争取民族解放的革命斗争中，地下抵抗运动领导了长期的武装斗争进程。在古巴革命中，游击队组织在革命进程的最后阶段起到了更为关键的作用。切·格瓦拉直觉地看到了军事上的这个新现实，提出游击中心可为革命创造条件的观点。然而，切·格瓦拉以及后来的德布雷都将这一直觉限制在僵硬的游击中心模式内。

如何正确评价这个问题？冷战时期，社会主义阵营和资本主义阵营可以实现全世界力量的平衡，从而遏制了常规战争的爆发，但是为开展可逐渐形成一次民众起义的地方战争创造了条件，这类战争可以为进行民众起义逐步做组织准备。在这种情况下，起先锋作用的政治组织不能坐等起义形势的到来，它们可以转变为一个持久性的政治军事组织，长期准备起义。这些武装行动（由于其地区特点而采取各种各样的形式）联成整体，便形成了人们一向所称的"人民战争"。人民战争的概念排除了"游击中心"的观点，以及游击中心–政党矛盾和农村–城市矛盾的论点，所有这些论点都是由于片面地评价古巴革命经验而产生的虚假的东西。

因此，目前开展的新的武装斗争实践，既是前一时期武装和政治运动的继续、系统化和自我批评，也是与指导该运动的某些狭隘的战略思想的决裂。这一切似乎表明，拉美的起义运动正进入一个新阶段，社会学家和政治家们应当以批评的精神和创造性的想象力对这个阶段进行认真的研究。

确立这个新战略的途径是新的政治军事实践、新的组织形式和新的理论创建方向。

新的实践表现为 3 类互相并不连接的政治行动：第一类，城市恐怖主义、破坏活动和武装的政治宣传行动；第二类，城市市民、学生、工人及广泛的民众阶层展开的斗争行动，它具有半起义的性质；第三类，再度掀起的总罢工，但它与过去不同，现在由工人领导，而且不再与民众主义集团结成联盟。

1. 恐怖主义、破坏活动和武装的政治宣传行动在巴西和乌拉圭已逐步达到高潮，并成为一种比较持久的活动。绑架美国驻巴西大使——它是一系列有关行动中最有力的一击——是这类行动达到高潮的标志。在纳尔逊·洛克菲勒周游拉美期间，出人意料地也在其他国家发生了这类行动；在阿根廷最为广泛，发生了一连串超级市场被炸事件。阿根廷立刻成了这类行动的强大中心。在这个时期，一些最重要的武装集团成了庇隆主义运动的成员，它们在一种更广泛的政治战略下联合起来，促使庇隆回到了祖国。在坎波拉及后来的庇隆执政期间，非庇隆派组织继续开展武装行动；右派和庇隆主义左派之间继续较量，这种较量是从庇隆回到阿根廷时在埃塞依萨机场发生爆炸事件开始的。这两股力量之间的对抗一直持续到庇隆逝世，这时，以伊萨贝尔·庇隆总统的社会福利部长和秘书为首的集团掌握了权力并建立了一个右派镇压系统，其矛头指向阿根廷反共联盟。1976 年的军事政变承袭了这种镇压模式。

阿根廷的经验同乌拉圭的经验相吻合。在乌拉圭，图帕马罗斯运动——早期为地下组织，它的武装行动赢得了民众的极大同情——加入了广泛阵线的竞选进程。选举结束后，广泛阵线寻求同另一位被击败的竞选人威尔逊·阿杜纳德——他的基础开始激进化——统一行动，以此孤立当选总统博达贝里。图帕马罗斯运动决定发动巨大攻势，以阻止这个在它看来是改良主义的联盟的形成。在它的升级行动中，攻击了对其宣传活动持一定中立态度的武装部队。结果，军人开始反击，运动的大部分领导人遭到杀害，从而使运动转入地下，至今已达 3 年之久。

这一切表明，拉美的武装集团依然趋于搞军事斗争而不搞政治斗争，或者说以极为宗派主义的狭隘观点看待政治斗争。但历史是由大错误组成的。例如，列宁承认他继承了俄国的民粹主义思想（特别是在组织谋反方面），尽管他严厉地批判恐怖主义及其主要观点。革命的历史充满了这种情况，抨击一种没落制度的最初方式通常来自这个制度内部，并采取杰出人物和先锋派活动的形式。如果我们以这种历史观看问题，那么这些运动不只是激进的小资产阶级青年一代焦虑不安情绪的孤立表现，而且是更为深刻的社会趋势和最初表现，这些社会趋势将来应采取无产阶级和更有组织的形式。起义运动应变得更为广泛和深入，在改变它赖以存在的社会基础的同时，改变其斗争形式。

这种更为广泛的不安情绪的广度可从巴西、墨西哥、哥伦比亚等国这么多年几乎没有停止过的群众运动无组织的爆发中感受到。因此，革命理论家的任务不只是简单地评论理论学家的立场观点，还在于发现实际进程中出现的各种趋势并尽可能系统地加以阐述。

2. 从组织角度看，有几点是需要加以强调的。一方面，出现了一种新的政治军事组织，它最早的表现形式（至少是在那些公开活动的组织之间）是乌拉圭的图帕马罗斯运动和巴西现已不复存在的革命武装先锋（帕尔马雷斯）及已遭削弱的全国解放联盟。它们的思想观念通常是与为实现社会主义而斗争连在一起的，其战略框架是通过一个将使人民战争的各部分统一成整体的政治军事组织，把武装斗争和政治斗争的形式结合起来。

20 世纪 60 年代末，在这些组织周围形成了新的派别，它们是从某些国家的老牌共产党中以不同的形式分离出来的。巴西再次成为一个很好的例子。巴西的共产党分裂为几个派别：上面提到的全国解放联盟、巴西革命共产党、具有毛主义倾向但未得到中国共产党正式承认的红翼党；还有一派加入了原巴西共产党，它带有亲中国倾向并得到中国共产党的正式承认，另一派加入了工人政治军人革命组织（曾经历过严重分裂，由此产生了革命人民先锋和民族解放指挥部，这两个组织最后加入了革命武装先锋，即帕尔马雷斯）。在阿根廷，从共产党的一次严重分裂中产生出革命共产党，它吸引了几乎整个共产主义青年组织，在 1969 年的罗萨里奥和科尔多瓦事件中发挥了重要作用。此后，革命共产党立刻变成一个"毛主义"政党。这些组织的一个崭新事实是，它们中大部分没有加入某种国际派别，在那些世界声望显赫的共产党面前保持着独立的权利，对无产阶级国际主义有自己新的看法，并且致力于对拉美的现实进行独立的分析。这些组织均为站在政治激进化总运动一边的左翼团体。

因此，这些新的组织形式开始壮大了在拉美激进的舞台上继续起主导作用的 4 类组织：（1）从民族主义和民众主义运动分裂出来的党派，形成了众多的革命民族主义运动，如委内瑞拉和秘鲁的革命左派运动、危地马拉的"11 月 13 日革命运动"、阿根廷的新庇隆主义、巴西的布里佐拉主义等。（2）选择了武装斗争道路的共产党，如委内瑞拉共产党、危地马拉共产党和哥伦比亚共产党，但这些党今天正在放弃这条道路。（3）公开表示亲中国的党派，它们只是在下列 3 国有所表现，如在秘鲁，它们长期领导着学生运动；在哥伦比亚，它们组成了一支游击队；在玻利维亚，它们保持了作为政党的组织性质。（4）"革命的马克思主义"组织，如巴西的工人政治军人革命组织、阿根廷的左派革命运动（"普拉西斯"）、智利的左派革命运动、秘鲁的革命先锋等，它们试图提出一种独立的革命思想，致力于培养干部和进行社会主义的起义宣传。

激进的或革命的左派思想则是所有这些表面上无联系的运动的特点。这种思想很好地说明了这些运动所持的立场，那是与奉行亲苏路线的共产党分道扬镳的立场。另外，明确支持"游击中心论"的派别和支持古巴革命但不赞成"游击中心"战略的派别，以及认为古巴革命党是修正主义道路的亲中国的党派之间发生了分歧。有必要谈一下各种托洛茨基主义流派，拉美的托派集团指责古巴搞"修正主义"；但是，它们从未有所表现，仅仅一度在思想上控制了危地马拉的"11 月 13 日革命运动"的游击队和阿根廷的人民革命军；即便这样，它们也未能同这些组织完全一致起来。

20 世纪 70 年代，拉美左派的政治色谱变得更加复杂。智利人民团结阵线的胜利改变了许多观念。一方面，它显示出合法斗争对于使群众具有高度的革命觉悟和革命组织性有着重要意义。另一方面，表明了一种倾向，即共产党抛弃民族民主阵线的赫鲁晓夫路线，用"社会主义和民主"的口号取而代之；也表明了一个像智利社会党那样奉行建立劳动者阵线的路线和革命地理解运用合法斗争形式的群众性马克思主义政党的历史可能性。

尽管智利社会党受到来自左派（更确切地说，来自智利的左派革命运动）的批评，指责它奉行"革命的中间立场"，但由于这个党坚持对任何抛弃智利革命的社会主义路线行径持批判的立场，它在智利乃至拉美的革命历史中起了重要的作用。在委内瑞拉，人民选举运动的出现首次向我们表明，民众主义（这里指民主行动党）出现了分裂，这个主要以工人为基础的政党如今转向社会主义的立场。在阿根廷，蒙特内罗斯运动和庇隆主义青年联盟终于把它们的力量联合起来，支持一个取名为"无衫汉"的政党，该党聚集了庇隆主义左派力量，从而使庇隆主义的多种阶级性质出现了变化。在许多其他地方开始出现拉美历史上一种新的重要现象：民众主义的分裂派已不只是小资产阶级的年轻人，而且开始出现一个具有社会主义倾向的革命无产阶级。虽然这些分裂派不赞成共产党的所有观点，但它们正在向共产党靠拢，因为它们承认与共产党有着共同的工人背景，寻求建立劳工阶级阵线——国际上各共产党越来越倾向于这个目标。

因此我们看到，自 20 世纪 60 年代开始的激进化进程正逐步采取新的形式。这些新形式可能还会有变化，却正在积累正反两方面的经验，特别是反面经验，以便逐步建立战略和策略的共同历史环境。伟大的群众运动就是这样形成的，而不是根据某种僵硬的理论模式或某种直线发展的组织程式创造的。

但是，详细研究拉美左派组织不是本书的目的。我们只能重点阐述所有这些组织表现出的政治上激进化的总趋势，从而指出拉美民众运动内部左派这一新选择的形成过程。对它们的研究和对其实践经验的分析显然将导致一种我们现在不打算讨论的新结论。

从我们已经进行的分析看，结论似乎是，这些左派组织具有这样一些普遍特点：（1）选择了社会主义的近期目标；（2）采取了各种群众斗争形式，包括在特定条件下可能采取的武装行动，但已不是单纯注重这种斗争形式的自身价值，而是把它作为夺取政权的总战略中的一部分；（3）接受了斗争的大陆性观点；（4）坚持长期斗争的观点。我们认为，如果接受了这个结论的总方向，我们就可了解这些力量在拉美未来政治演变进程中以及在我们后面要进行的对各种变革选择的研究中将起的作用。[①]

3. 由于缺少更详细的研究，对拉美近年来出现的工人罢工运动

---

① 艾尔顿·福斯托在批评本书前面所述的一种看法时认为，对"民众运动"思想中反映的不同阶级立场未能更加具体地予以确定。艾尔顿对民众运动深表憎恶。我们发现这些力量之间存在着对抗性的矛盾。我们必须在以下意义上接受艾尔顿的批评，即可能应更加清楚地确定这些分歧的阶级根源。我们在这方面已经做了一些工作。但是，我们反对一种宗派观点，也就是企图把某个小资产阶级知识分子小集团或流派说成是代表无产阶级的观点。我们认为，我们所说的"民众运动"是代表反帝的、民主的和"主张公有化的"全体力量的一个正确概念。这些力量作为一个整体，在街头巷尾、机关团体、议会、企业和许多起义集团进行鼓动，宣传各种大体上互相关联的思想。显然，它们中间不仅立场不同，而且这些不同的立场反映了不同的阶级利益。此外，这些立场是不可调和的。问题是，一种总体一致的战略思想只有当运动本身逐步得到发展，净化小资产阶级集团和确立工人阶级的领导权——拉美革命向社会主义方向发展的决定性因素——时才能形成。

的新特点还不能做出比较准确的分析。关于工会斗争方式的变化，我们想列举 4 个我们认为有重要意义的例子。

1969 年 6 月在罗萨里奥、科尔多尔和布宜诺斯艾利斯三市爆发的罢工是对独裁统治和组织有素的工会领导的压力的挑战，并达到了意想不到的规模：筑起了街垒，出现了狙击手和罢工扩展到有关城市的所有角落。值得一提的具有同样特点的罢工是：阿根廷 1975 年 9 月爆发的总罢工，这次罢工的自发性较少而组织性较强；1975 年 3 月爆发的阿根廷冶金工人的罢工；乌拉圭银行业的罢工持续了一个多月，目的是反对一项军事动员令，而后于 1973 年爆发了反对军事政变的总罢工；1968 年巴西奥索尔诺市和工业城市米纳斯吉拉斯爆发罢工，工人占领了工厂，向独裁统治挑战，后工人被武装部队赶了出去；1975 年玻利维亚的矿工举行总罢工，在此前一年，爆发了玻利维亚制造业工人的最早几次罢工。

这些罢工斗争的新颖之处在于：（1）表面上的自发性；（2）激进性；（3）完全摆脱了民众主义的领导。如果作更加深入的分析，那么这一切表明了一种新型的群众运动正在兴起。当这些纯粹的工人运动与其他更广泛的群众运动（如 1968 年 9 月墨西哥的学生民众运动以及 1967～1968 年的巴西学生游行）联系起来时，这一新的群众运动所关注的东西则更加广泛了。不发达社会中工人运动应与特权阶层相结合的论点，关于群众运动的被动性、缺少活力以及受民众主义控制和受到"来自上面的"鼓动的论点，均被这些新形式的群众行动所否定，从而要求对至今统治着拉美社会科学的种种论说重新予以评定。[①]

---

① 前面援引的瓦尼亚·班比拉的文章详细阐述了以下论点：1962～1966 年间世界资本主义体系发动了一次进攻，这次进攻可能因该体系的一次总危机而告终，这场危机为刚刚出现的世界革命运动发起进攻开辟了道路。在我们以前的文章中提出了这样的论点，自 20 世纪 30 年代起，拉美工人运动的性质是由它加入了世界资本主义，特别是依附性资本主义的扩张进程以及思想和组织上受资产阶级民族主义的控制所决定的。这个阶段自 1960 年开始陷入危机并为拉美一种新形式的民众运动开辟了天地。详见《依附的新特点》一书。

4. 过渡政府思想上的空白。让我们归纳一下前面所做的分析，这对保持我们的思路是有益的。我们从指明独立的民族发展模式的危机开始，然后着重分析了作为危机的后果，代表危机的思想体系和社会力量体系的解体，即民族资产阶级的失败、民众主义运动的失败和发展主义理论的失败，然后转入分析这一过程中出现的新生力量：跨国大公司、国家资本主义，特别是军人官僚阶层统治下的国家资本主义和摆脱了民众主义控制的激进的民众运动。对所有这些力量进行分析后，我们看到它们正处在内部重新定位的时刻。下面我们想分析一下在这种情况下出现的社会变革的各种长期选择。这个分析应更加抽象，目的是弄清世界资本主义体系的国际规模，以及拉美如何跻身其中。

但在进行分析之前，我们应指出目前这个阶段总的特点，各种可能的长期选择的命运取决于对这些特点的确定。

我们可以笼统地把目前阶段称为过渡阶段。这种过渡性是以社会生活各方面——经济、社会、政治和文化的普遍危机形式表现的。在像当前这样的过渡时期中，各种选择的大门都是敞开的，而且正在形成之中；这时出现了各种各样的冒险主义、令人不解地取得成功的大胆行动、没有预料到的模式和极其虚伪肮脏的联盟。这些给许多力图弄清目前形势的社会学家造成了困难。

我们的基本假设是，这个过渡时期将在国际垄断资本和民众运动之间的决战中逐步得到净化。但是，决战的形势目前还不明朗（智利在推翻人民团结阵线的政府后所出现的具有典范意义的情况除外），而各种互相对抗的力量尚未明确地表现为相互激进的敌人。

当前，国家资本主义是从这种不确定的状况中受益的力量。在专家——不论是文人还是军人——治国的形式下，国家资本主义减轻了打击的冲力，寻求调和对抗的利益和加强自己在可能出现的新的力量体系中的地位。当前，国家资本主义享有相对的自主权，这使它表面上拥有很大的力量，而实际上远没有这种力量。这样便帮助了那些正在利用这一历史空隙的集团在比较长的一段时间内掌握权力，也解释了为什么这些集团有时敢于对国际资本以及代表它们的政府采取大胆的行动。在这样的过渡性局势下，关键是弄清这个现实，以便能理解可能出现的种种十分意外的情况，而这些情况有时需要经过一个长时期才能明朗化，从而掩盖了各种事件的真正含义。

第二十三章
新的依附与变革的选择

从至此所做的所有分析中得出的结论是，拉美经济发展的新模式应当以接受下述事实为出发点：民族的和自主的资本主义发展已成为我们历史上一个过去了的阶段，它是一种胎死腹中的选择，是同世界资本主义体系结构性趋势相抵触的一种经济选择。

排除了上述选择以及把握这种选择的社会力量后，可能的新的发展选择即是与在这个历史进程中出现的社会力量相关联的，即跨国公司和它代表的国际关系体系这种选择，在这一国际体系框架内国家资本主义选择（然而我们看到，尽管国家资本主义拥有直接力量，但它一旦坚持资本主义的道路，便趋于最终成为大资本的一名普通职员）和民众力量这一选择。正如我们所看到的，民众力量最近已发展为一支独立的力量，对统治制度采取一种激进的立场。概括地说，前两种选择把依附作为必然的状况并力图在此状况下独立地确定可能实现的发展总目标，作为其对立面的民众运动则倾向于打破民族主义框框并提出社会主义的发展模式。

让我们对各种社会力量所提出的经济和社会模式逐个进行分析。我们从跨国公司开始。

一 新的国际分工

如果对战后经济做较详细的研究，我们就可看到，美国在国际资本主义体系中确立了无可争议的霸权地位，从而在它的统治下将国际资本主义体系联合成为一个统一的国际体系。但正如我们已经看到的那样，在这个过程中，最重要的特点是美国资本在全球的大规模扩张，而它的出口水平却相对低下。[①]

从美国与由它统治的国际体系的关系看，出口水平低意味着美国的生产部门与其服务部门相比相对缩小了。缩小生产部门之所以成为可能，不仅是因为技术进步产生了不断扩大的盈余，而且也在于从向海外输出资本中获得了超额利润。国内工资较高，非生产性活动（特别是用于服务、娱乐等的活动）趋于扩大以及存在着这类活动扩大的国际基础，这些构成了列宁所说的寄生现象的趋势。同时，对生产系统的扩大缺少激励，造成了相对停滞的趋势。列宁所观察到的这些趋势是以英国为实例的，当时美国的情况似乎不同。

[①] "在第二次世界大战结束后的头 20 年里，美国对外贸易获得了无可比拟的扩展〔……〕。自 1946 年开始的价格调整之后，出口增长了一倍，进口将近增加了两倍。"

"例如，1959 年进出口顺差不足 8 亿美元，而在 1947 年顺差总额为 87 亿美元，1954 年则为 69 亿美元。""正如大家所看到的那样，在我们所研究的这个时期，已有了重大的经济援助计划，如对希腊和土耳其的投助计划、马歇尔计划、480 号公法、农业计划和国际开发署的计划，这使我们的出口水平提高了。"引自商务部国际贸易研究司司长弗朗西斯·L. 霍尔的讲话，见参议院反托拉斯和反垄断小组编印的《国际反托拉斯问题》（华盛顿，美国参议院印刷局，1967 年）。为了进一步说明我们的观点，我们援引国际收支司副司长塞缪尔·皮策先生的话："各分公司在海外投资的日益扩大的影响，清楚地反映在海外企业产品销售额的统计数字上。至今，这些统计数字是以制造部门各分公司为基本示例而形成的，反映出该部门海外分公司的销售额有了巨大增长，从 1957 年的 183 亿美元增至 1964 年的 373 亿美元，大大超过了同期美国制成品的出口总额：1957 年是 127 亿美元，1964 年为 166 亿美元。"见前引书，第 103 页。

然而今天，现实已指向了这个方向，在实践上证实了一种可从抽象的分析中看出的趋势。

美国的生存似乎正越来越依靠它的利润和通过资本输出而获得的对世界生产系统的支配权，这样便产生了一个不断扩大的国内服务部门。美国在国内建立的生产系统的大部分——军事工业——用于保持和扩大上述支配权，而这种支配权履行着两个职能：（1）保障在全世界的扩张进程；（2）在社会内部创造收入。

让我们更仔细地分析一下这种情况。生产部门转移到国外后，美国不仅控制了国际金融，而且也控制了技术、科研、管理总机构（general office）和具有战略意义的高技术产品的生产，如重型化学工业、重型电子工业、原子工业、太空研究等。

这种生产上的专门化虽然不明显，但已形成一种趋势，这种趋势可从前往海外寻求更廉价的劳动力、新的市场和新的原料来源的多国公司身上看出来。投在海外的资本所获得的巨大收益可弥补（很大程度上已弥补了）社会大多数部门的不景气并可加以调节和配制，用来加强军事、宣传、意识形态和行政管理方面的统治。

欧洲、加拿大和日本曾是战后美国投资的重要中心，但是这一扩张大概已近尾声。目前扩张可能会转向不发达国家。早在20世纪50年代，美国已在这些国家的工业部门进行了大量投资。现在，我们要排除一切困难，把美国和欧洲的垄断资本主义扩张所产生的主要盈余引向不发达国家，并考虑对这些国家的资本密集投入进程可能带来的各种后果。只有从这个进程的整个发展前景看，我们才能从理论上评价当前出现的困难和趋势。理论上的研究使我们看清了经验方面的实情以及该进程发展的真正可能性。

（1）新的国际分工大概就是这种国际资本主义体系新形式在世界范围内产生的第一个结果。依附国经济可能朝着在下述部门内的生产专业化方向发展：轻型消费品制造部门、战略意义不大的基础部门和不太复杂的重工业部门，也有可能在它们最有地区生产资格的那些产品上实现其专业化。在这方面，日本是被广泛引用的一个例子。有人认为，日本利用其大量的熟练劳动力专门发展电子工业，从而创造了一个先进的工业部门，在世界电子工业中取得了明显的领导地位。尽管这个例子可能简单了点，但的确可以在国际上找出一些关于这类专业化的实例来，它们在国际垄断条件下有可能实现关于比较成本的经典理论所追求的目标。[①]

（2）由于国际经济活动的这一重新分工，越来越迫切地需要通过一体化形式建立地区市场，最初仅限于贸易领域，随后扩大到更广泛的领域，为了在像拉美这样比较落后的地区实现这一目标，必须进行基础设施建设，如运输（拉美公路、七湖计划等）、通信（通信卫星等）、电力（如共同利用拉普拉塔河流域和七湖计划中的发电站等），还要采取许许多多的其他措施，以便创造一种地区现实，就像以前由于国际体系自身利益的需要而创造的那种巴尔干现实。

（3）为实现这一设想，[②] 必须在这些国家建立一支新的"精英"队伍，聚集企业界、工会、学生、农民、知识分子、技术人员、专

---

① 对日本经验的兴趣使美洲开发银行为其第十次理事会会议翻译了一篇由久生华森撰写的关于这个问题的文章《各国和各地区发展的出口工业问题与条件》。见 AB – 146 – 5 号文件，危地马拉，1969 年 4 月。

② 查尔斯·P. 克林顿伯格在其研究国际反托拉斯问题的文章中再次精辟地概述了如何改变了自己经济理论方向的跨国公司的观点，他说："坚持在本国领土内进行生产的观点可能具有政治意义，但从经济上看却是不合算的。进行跨国活动的国际大公司的发展有可能大大推动世界经济效益的提高，尽管有时会制约贸易的发展。"见前引书《国际反托拉斯问题》第 173 页。

对这些跨国公司来说，政府方面的所有限制都妨碍它的扩张活动。克林顿伯格本人也肯定了这一点。在概述对跨国公司不利的诸因素时，这类公司的另一位支持者古斯塔沃·拉戈斯向我们指出，其中有"限制资本流通的财政、法律和汇兑方面的障碍，限制法人和商社的建立的法律和财政方面的障碍，以及限制商品流通的关税、内部税收等方面的障碍"。总之，存在着民族国家这个障碍。见《多国企业：社会经济、法律和体制问题》，载于《拉美发展与一体化中多国公司的投资》一书，美洲开发银行，波哥大，1968。

业人员中，特别是军界中的领袖人物，组成有巨大行政权的、有专家治国思想及现代化和国际主义思想的政府。这种政体称为有限参与民主制，整个进程称为现代化进程。资本主义经济的合理化、集中化和垄断化生产、统一的决策、唯科学主义和专家治国论、文化、信息控制、当地传统的升华等将成为并且正在成为这种新的社会政治制度的基础。

当勾画出——尽管是粗线条地——一体化垄断的依附性发展模式的极端形式后，就能确定将这种模式变为历史事实的困难所在。

实施新的国际分工意味着不仅要在依附国而且也要在体系的扩张中心进行巨大的变革。可以非常笼统地指出第三部类、军事工业和太空研究等部门的失调发展，以及由此造成的一些内部后果：需要征收高税以便从国内为这些部门的发展筹措资金；不断扩大国际收支赤字以便为外部扩张提供资金；不合理的集体组织形式（官僚化、非个性化、政治上对社会失去控制、文化上的群众化、僵硬的权力结构等）；内部剥削加重（增加相应剩余价值以便扩大经济盈余），使产生的盈余同生产性消费甚至无产出消费之间的比例失调不断扩大。① 从国际角度看，这个进程迫使修改地方联盟体系、政权形式及管理方式，并导致其与因依附性发展的不充分性而保持至今的传统决裂。

一方面，体系的扩张性同实行技术垄断所造成的市场局限性发生矛盾；另一方面，重要工业部门转移到依附国可能造成技术上自力更生发展的可能性，但这包含着同社会政治关系中日益加强的依附性之间的深刻矛盾。事实上，这种发展模式虽然看上去具有进步性，但仍不过是一种阻碍生产力发展的模式，而在今天，人类有可

---

① 关于经济盈余使用上的困难，最全面的分析请见斯威齐和巴兰的《垄断资本》一书。

中将不可避免地出现地区间的极大不平衡和冲突的幻景，被资本主义发展的联合性和不平衡性搅得模糊不清了，资本主义发展的这种特性必将导致最落后的地区和集团遭受集中和垄断程度最高的地区和集团的剥削。体系的国际一体化进程，各生产部门之间更密切地相互依赖，不但不能消除不同的经济集团之间的激烈竞争，反而使竞争加剧。最弱小集团的依附地位进一步加强，对最受控制的集团的剥削进一步加重；尽管技术进步使生产和生产率普遍有所提高，但广大群众与体系的剥削中心和次剥削中心之间的距离加大了。

在这个意义上，文人和军人官僚阶级以及支持这个阶级的各阶层的反抗必然失败，但又是不可避免的。说它必然失败，是因为从长远看，它必然会屈从于大资本的公职人员的立场；说它不可避免，是因为体系在短期内还使官僚阶级有力量，而且体系对官僚阶级还有依赖，这些总是为后者进行反抗打开缺口，但主要是在像我们目前这样的过渡阶段。国家资本主义和军国主义是垄断大资本的两个主要盟友，是它进行扩张的主要工具。这就是使国家资本主义和军国主义屈从和反抗的根源，不可能超出这种论证。

四 社会主义模式

当地区一体化开始成为现行体制框架内发展战略的基本因素时，革命的战略也必然具有大陆性的趋势。这里，我们不对那些无大陆成分的社会主义变革战略进行分析，因为根据我们的分析，在资本主义体系世界一体化进程造成的依附状况下，这些无大陆成分的战略似乎是不可行的。在这点上还是切·格瓦拉具有基本的直觉。[1] 他

① "直觉"一词在这里没有任何否定的意思。它是指对一种现象的先期看法，但尚未达到完全清醒和明确认识的程度。

在写给拉丁美洲团结组织的信中，号召在全世界和拉美创建几个越南。他想的正是这种大陆性幻景。如同我们指出的那样，玻利维亚游击队的目标没有一个是纯粹本国范围内的。它曾希望成为拉美其他游击中心的"中心"，我们可以从阅读格瓦拉的战斗日记中得出这一结论。选择玻利维亚不仅是因为它的内部形势，也是由于它的战略地位，即它是一个连接南美几国的地区。

但是，切·格瓦拉的历史性直觉就像在一国范围内的游击中心论所发生的情况一样，又一次同所使用的方法的狭隘性发生了矛盾。他感觉到，在目前时期起义不可能具有如 1917 年 2 月俄国革命所具有的那种自发性，而必须经过一个长期的革命战争过程，如在中国、越南、阿尔及利亚、古巴等国的起义运动中看到的那样。这种直觉同起义中心的狭隘概念相左，格瓦拉认为，应由起义中心发动起义。

正如我们在历史进程中所看到的，在忽视必须有一个革命的组织以实现革命战争进程时，切·格瓦拉恰恰违背了作为他的出发点的那个前提。如果按照他的观点，革命斗争在我们今天具有长期战争的特点，那么以下推论也是合乎逻辑的，即革命斗争的形成应当是一项巨大的工程，它包括组织准备、思想政治斗争、培养干部、武装宣传活动和军事实践等，这种实践应由一个组织系统地、自我批评式地进行，由于任务多，这不能仅仅是一支游击队的组织，也不能停留在起义中心的战略地位上。可是，面对他要实现的这些革命斗争任务，他的手段却很有限，于是，不可思议地强调斗争的创造力和武装行动自身的作用，以此取代建立组织、培养干部、进行思想工作、开展全面政治斗争等任务，这类任务不言而喻地包含在这样的思想中，即有组织的意志对创造起义形势具有重要的作用。

这种局限性也存在于格瓦拉的战略的大陆性新阶段中。他提出，在这个新的革命阶段，应从多条战线打击帝国主义，以分散它的镇压力量，但同时他又将起义活动集中于一个完全孤立的地区，而对获得整个大陆的支持以便分散敌人的力量，以及建立一个比较成熟的大陆运动组织的问题关心甚少。这一切表明，拉丁美洲团结组织应起到这个作用，但事实上它不是一个严密的，在思想、政治和组织上充分一致的组织。例如在各国游击中心问题上，政治支持或开展大陆性战争的任务交给了那些目标不定的政治组织和成分混杂的运动，甚至交给像共产党这样奉行与实现此任务相悖的政治路线的组织。

从上述分析中看出，有两个因素很突出。

（1）取代了原先的（法国革命或俄国革命那种）自发性起义运动的人民战争战略，符合革命新阶段的要求，这个革命新阶段同世界资本主义体系当前阶段相吻合。战略的全大陆性特点也与这个阶段相容，而且目前已成为世界资本主义体系中一体化趋势的合乎逻辑的结果。由于人民战争是一场长期的战争，因此向革命的先锋队提出政治－军事的问题而不只是政治问题也是合乎逻辑的。经过很长时间才从这个前提中得出了建立一种新的政治军事组织必要性的结论。需要做自我批评，尤其应对导致放弃政治活动和政党活动并用来粉饰游击中心论和尚武主义思想的那种机械性结论进行自我批评。越南人民战争的新近经验彻底证明了政党组织与革命武装力量相结合的可能性。

（2）但是，人民战争的战略[①]与所使用的手段以及同把游击队

---

① 人民战争战略的思想是毛泽东在其军事著作中和武元甲将军在其《人民战争，人民军队》一书中提出来的。把此战略思想引入拉美大陆的是拉蒙·奎利亚尔的《革命的大陆性特点》（《战略》杂志，圣地亚哥），以及克莱阿·席尔瓦的《游击中心理论的错误》（《每月评论》）。

人民战争的思想于 20 世纪 60 年代末出现在一些左派起义组织的文件和纲领中，同时还粗略地涉及大陆性的观点。这一战略思想在多米尼加共产党的文件（《革命与武装斗争》）和危地马拉劳工党的文件（《危地马拉的革命形势及前景》，《新闻公报》第 10 期，1968 年，布拉格和平与社会主义出版社）中也有反映。

的作用提高到战略高度的思想是矛盾的。根据上述种种假定所提出的逻辑，游击队在这一新的战略概念中只不过是一个战术因素。再者，人民战争的理论观点取代了由一个革命者小组创建一个游击中心（国内的和大陆的）并从这个中心向全国和整个大陆扩展的思想。根据人民战争的理论，先锋队——尽管是政治－军事先锋队——必须联系群众，在群众中造就自己并造就群众，通过宣传和实际行动向群众解释自己活动的意义，在自己的战术步骤中体现自己的觉悟水平。在这方面，游击中心的概念过分狭隘，因为它免除了"武装先锋队"应承担的组织整个民众运动并将该运动纳入自己战略中的任务。由此放弃了思想工作、科学分析、培养干部以及全面的政治活动，而这些任务是任何一项革命战略必须包括的内容。

还必须指出，对拉美社会缺少一种有条理的、能对运用这一战略思想起指导作用的理论分析。民族主义思想强调发展的障碍来自不发达的经济，所以应克服这一障碍以实现发展；游击中心战略则强调不发达创造了革命的客观条件。事实上，革命条件和孕育革命条件的危机并不源于我们经济中的落后部门，而是产生于依附性发展，也就是那些最先进的部门造成的绝境和矛盾。我们不仅在本文而且在其他文章中一直坚持这样的看法。

这一点是弄清各社会阶级在革命进程中的作用的关键。强调农民的革命作用（或强调因就业不足而受排斥的阶层的作用，这一度很时髦）[①] 的观点就来自那种对产生革命的辩证过程的错误认识。马克思在一篇精辟的总结性文章[②]中分析了这个错误的认识。他认为，生产力发展到同造成这种发展的生产关系产生矛盾时，就是革命形势形成之时。根据这种观点，危机并不源于最落后的部门，而是出

---

① 见琼·戴维斯和沙夸塔莱·德·米兰达的文章《拉美的工人阶级：一些理论问题》（《社会主义年鉴》，1967 年）。

② 《政治经济学批判》前言。

现在最先进的部门。拉美的危机不能用落后部门（不论是农业部门还是矿业－出口部门）对发展的抗阻来解释，真正的原因是依附性资本主义体制没能通过淘汰落后部门和解决体系内部矛盾，使我们这些国家的发展进程得以继续。危机恰恰产生于这样一个事实：依附性发展造成了新的内部矛盾，这些新矛盾既不能促使解决发展的内部问题，也不能促使解决发展同落后部门的关系问题。如果落后部门被确定是依附性资本主义体制神经疾病的最明显部位，那么病根不在这些部门本身，而是在这种体制对此病痛束手无策上。古巴不仅是拉美最大的美国投资接受国，而且是拥有拉美大陆最先进的资本主义农业的国家。正是从它的农业经济而不是从它的落后中获得了向社会主义发展的力量，正是这种依附性资本主义农业经济中存在的矛盾导致了古巴革命，正是美国所拥有的巨大的甘蔗园产业迫使古巴提出并实行了反对帝国主义的土改，也是这些甘蔗种植园先进的资本主义性质使它们迅速改造成了属于人民的合作社和农场。由于落后，海地和巴拉圭过去不是，将来也不会是拉美最革命的地区。同样，不是封建的落后状态使沙皇俄国爆发了革命，确切地说，是其高度发展的工业资本主义无法消除这种落后状态引起了革命。

同时，存在着一种严重的唯意志论，这体现在试图为像拉美这样一个如此辽阔的大陆绘制一项统一的大陆性战略上。不能否认，在大陆的社会斗争趋于采取一些正在迅速传播和扩散的共同的形式。但是，以哪种斗争形式为主则取决于各国领导必须认真加以研究的当地不同的情况，而这些情况是与国际形势相联系的。在民主制国家——虽然还存在着一定的独裁——进行武装活动的青年组织为数不少。即便是委内瑞拉的起义运动，虽然有群众基础，却是在法制的条件下开始的，仅仅作为对局部地镇压民众运动的回答。

当前，民众运动及其所谓的"先锋队"呈现出政治上更加成熟、战术上更为灵活的趋向。认为拉美趋于形成右派独裁政府，从而将迫使群众进行武装斗争的观点，并不意味着所有国家都具备了展开武装斗争的条件，也不意味着斗争的发展不会因地制宜地采取不同的形式。

民众主义**在历史上的**失败不能说明各种新民众主义不符合群众觉悟的一定发展水平，也不能说明在这种觉悟水平上不会发生像在书稿上抹去一句写得不好的话那样的事情。一个政治流派历史上的失败是一种时代现象。欧洲社会民主党在 20 世纪 30 年代因无力制止法西斯主义在该大陆的胜利发展似乎已被消灭了，这并不能阻止它在战后，随着法西斯主义的失败，重新声势浩大地崛起。造成某种现象的社会力量不可能一下子彻底消失。总之，只有在具体经历的压力下通过内部斗争、分化和分裂的长过程才可能逐步战胜像拉美民众主义这样如此重要的历史力量。

此外，革命斗争的概念是在研究和正确地学习了本国和其他国家人民的经验中发展和完善的。在 1905 年俄国发生总罢工之前，巴黎公社一直是工人运动吸取经验教训的主要源泉。后来的革命者，特别是苏联民众，他们运用了 1905 年的经验取得了 1917 年 2 月革命的胜利。1917 年 3 月、4 月、7 月的群众斗争浪潮和 9 月反对科尔尼洛夫的斗争是奠定 1917 年 10 月布尔什维克起义基础的经验教训的源泉。

在拉美，是玻利维亚革命的失败和危地马拉阿本斯政府的垮台以及其他重要经验教育了古巴革命的领导人，使他们知道必须避免犯同样的错误。游击中心起义的失败为玻利维亚的"人民代表大会"和智利人民政府这样的新实践开辟了道路。这些实践的失败提出了一系列新的问题，这些问题的提出及其正确解决将成为拉美大陆革命新实践的基础。

特别明显的是：

（1）一场具有社会主义纲领、规模宏大的群众革命运动有可能兴起，它在改良主义的变革过程中得到加强，直到与现存秩序不能相容。正是在这个时候出现了革命形势。统治阶级不可避免地诉诸武力，诉诸武装暴力行动。

（2）统治阶级在全世界系统地采用政变的方法作为镇压不断高涨的民众运动的最高形式。此时政权问题基本上转向在政治上争取武装部队的问题。

（3）在这个意义上，大部分革命问题开始围绕着武装部队内部的政治化问题，特别是围绕着民众运动能否证明自己具有足够的力量来吸引武装部队内部那些立场不坚定者的问题展开。长期以来，民众运动把武装部队看作一个不可分割的集团，一支完全受帝国主义控制的占领军。但是，当阶级斗争加剧时，军队内部便开始出现有利于民众运动的潮流。正是在这个时候，各种口号和组织形式应运而生，但最终都没能获得国内大多数民众的支持。同样，民众运动中的军人组织一直没有能力大量吸收那些军队干部。在这种情况下，仍然存在着一种僵持的局面，而僵局一般都是以有利于右派的方式打破的，如 1964 年在巴西，1966 年在圣多明各（在那里，同人民结盟的军人力量已获得极其重大的发展，以致美国采取了直截了当的入侵行动），1971 年在玻利维亚以及 1973 年在乌拉圭和智利发生的右派军人政变。

（4）阶级斗争和民众运动的发展在各国激起了建立人民政权机构的尝试。在巴西，人民动员阵线在各州、在一些城市乃至全国都建有领导机构。它联合了工人联合会、农业协会和农业劳动者联合会、民族主义军官组织和全国士官指挥部、全国学生联合会、民族主义议员阵线和左翼党派及人士。玻利维亚人民代表大会联合了总工会和矿工工会联合会，以及学生和农民组织。代表大会的成员由地方工人、农民和学生的代表大会选举产生。这样，该组织便具有极大的民主性。在智利，市镇指挥部联合了由各地劳动者选出的市镇工人和居民的代表，工业团体联合了由各部门的工厂选出的代表，农民委员会则代表着农业劳动者和雇工。这些组织是群众在小社会范围内享有广泛民主的体现。但是，同巴西和玻利维亚的情况不同，这些组织没有成为全国性组织，部分原因是它们认为领导资产阶级国家的人民政府代表了自己，另外的原因是享有广泛合法地位的左派政党在政治上反对争取联合的步骤，它们认为建立一个同现存政权平行的机构，就可能具有明显的起义性质。这些组织也没有为自己找到能使这种人民代表大会在一定时期内同资产阶级代表大会共处的过渡形式。

因此，这些政治经验提出了不少理论问题。

这些关于理论问题的题外话，是将拉美的革命选择置于恰当位置的基础。对这个问题的研究必须从分析发展进程的各种矛盾入手，而发展进程包括作为基本要素的大陆一体化选择。正如我们看到的那样，大陆一体化是力求解决以下两个问题的一种选择：一是内部市场有限和现存体制不能进行改革使市场扩大的问题。针对内部结构改革的选择——我们已经强调指出，这种改革对统治阶级来说存在着政治风险和经济上的限制——提出了外部市场这个显而易见的解决办法。二是从外部角度看，避免同帝国主义对抗的问题。官僚阶级、失败的民族资产阶级、改良主义的中间阶层及其思想家们谋求一条用扩大出口来弥补国际收支赤字的道路，以此代替用诸如延期偿付、革命地改变同世界的贸易关系、制止外资利润外流等激进措施来解决外债问题的道路。可见，这是一条更加屈从的道路，一条变本加厉地剥削劳动者以填满外国剥削者腰包的道路。这是一条如同一个因负债而卖身为奴的人一辈子都在希望攒够钱赎回他的彻底自由的路。

因此，我们不是在落后部门，而是在现代的跨国公司——被其思想家们称作"世界合理化的推动者"——中找到了革命形势的关键因素，正是这些跨国公司推动了一股隐蔽的剥削潮流，这潮流有时呈看不见的细流形式，只有社会科学能使这些暗藏的细流清晰可见地呈现于作为这种剥削对象的人的面前。因此，一项革命的战略必须把这条剥削链的两端连接起来。如果这项战略不触及体系的心脏——位于大工厂和大城市（或工人阶级），就难于成功，至少在那些工业化水平已经很高的国家是如此。

从上述分析中不能得出这样的结论：革命战略必须从组织工人阶级出发才能成功。如果体系的各条脉络是相互联系着的，那么攻其外围必将触及中心。从农业部门开始的危机可给现代工业部门带来危机。基本的问题是，如果危机没有涉及工业部门，就不可能出现革命形势。同样，一个政治组织可以在一定时期内主要依靠知识分子、学生甚至农民，但只有当它深入到工人阶级中去的时候，才能在工业国家作为一种全国性的选择。当前，危机恰恰是在体系的中心部位日益加剧，这是因为体系无力解决已经十分突出的内部矛盾。如果这时在体系最先进的部位，出现一个革命组织，这对于此后阶段，即当危机蔓延到最落后部位时的阶段将是至关重要的。必须弄清这种辩证的道理，才能弄清在拉美一项革命战略的历史可能性。[①] 详细地分析拉美革命运动的某种选择可能具有的特点不是我们本书研究的任务，我们的目标仅仅是研究那些可能产生这种选择的社会条件并从中得出符合这种选择的一般理论性结论。我们按照研究使前面分析过的另两种选择得以实现的条件和制约它们的矛盾的方式来研究社会主义革命这一选择。

社会主义的革命模式适合下述历史环境。

---

① 这个法则的可悲例子是发生于巴西的情况。巴西的左派在 1968～1972 年间为对付一个处在扩展阶段的资本主义消耗了它的主要力量，几乎从肉体上被消灭。其结果是从 1974 年开始，当经济和军政权陷入危机时，左派已处于毫无生气的瘫痪状态。

（1）民族主义道路失败，发展被纳入了世界经济格局中。该格局建立在多国大公司扩张的基础之上，并要求从国际范围和各国内部深入地重新确定发展、世界经济和多国公司三者之间的关系。

（2）在国家范围内，体系已表明无法立即解决依附性资本主义发展所造成的矛盾，这不仅反映在最发达的部门，也反映在消除经济中最落后部门这个方面，这两种部门在前一阶段并存于依附性资本主义体系内（不平等的联合发展）。

（3）体系提出的解决办法的治标性。

（4）由于这种危机，形成了脱离资产阶级领导的民众运动。

（5）目前占统治地位的力量因不能提出发展的直接选择而难以重新掌握民众运动的领导权，结果必然采取诉诸暴力的政策和反人民的政策，从而为民众运动提供了领导一个反对统治阶级的广泛阵线的机会。

（6）由于统治阶级法制化的暴力行为，体系给予民众运动采取激进行动的当然合法性。于是，在整个大陆普遍出现了极其尖锐的矛盾冲突，它是体系需要在地区范围内加强依附关系，形成次帝国主义或次统治中心的产物。

因此，由这种形势孕育的，最初具有经济主义色彩，但逐渐趋于系统化的战略，可能选择以下方向：

（1）可能形成一种大陆性战略，迫使体系（不仅迫使统治中心，而且迫使受统治的统治者）四面出击，从而分散它的力量，加紧革命的围攻。

（2）可能形成一场长期的革命斗争，力求逐渐集聚力量以便为最后的进攻创造条件。

（3）可能成为一场民众斗争，逐步组织群众，使斗争之火燃遍各地，并在组织上提高群众的素质，准备最后的进攻；在这个意义上，要将各种各样的斗争形式结合起来，但每个时期相对地以一种形式为主。

（4）进攻可能从攻击体系最薄弱的一个环节开始，也就是从其矛盾最尖锐的地方开始。

（5）为指导这个进程，需要在全大陆组织政党力量，全面领导武装、思想和组织等各条战线的斗争并培养有能力指挥这样一场极为复杂的斗争的干部。

同分析前面几种模式一样，我们愿意从总的理论角度来分析社会主义革命的模式。当然，实际上实现这个模式要经历几个中间阶段，它们具有自己的特征并且限制模式的充分发展。在具体的现实中，有诸多因素阻碍着实施这种模式，我们仅想指出其中3个因素。

一是标志着拉美左派的经验主义——大陆全面依附状况的反映。这种经验主义导致机械地抄袭其他国家的经验，缺乏对自身经验进行理论上的系统分析，因此很难做到理论同实际相结合。但是，对古巴革命及其在大陆的影响的反思，意识形态斗争在大陆的激烈开展，社会科学理论和研究水平的提高，这些构成了本大陆一种成熟的革命思想日臻完善的共同基础，在此过程中不可忽视那些失败的经验所提供的教益。

二是将成为实现有关模式的组织基础的各种力量在政治和组织上的分散状态。激进的或革命的左派力量的分散性，它们之间内部斗争的不明朗性，以及各自政治色彩的不明显性，使这些力量的作用大为下降。尽管它们属于非常广泛的社会力量，拥有众多的起先锋作用的干部，但这些干部尚未组织起来，也未受过训练，造成人才的极大浪费。这一切都是由它们的阶级根源，基本上是小资产阶级的根源决定的。但是，这方面也正在发生变化，变化标志了一个在自身的实践经验基础上重新组织和组合的进程。这一重新组合可能是偶发性的，因此也可能在作为这种组合黏合剂的武装行动和（或）群众运动处于低潮时再次解体。能保障组合取得成效的东西主要是澄清政治路线，政治路线乃是组合的基础。

第三个因素与这样的倾向有关，即采取那些与群众的政治觉悟程度不相适应的政治活动并用孤立的小组行动来取代群众组织工作的倾向；用马克思的话说，这叫作"左派冒险主义"。

把先锋队的体现其意志的行动同群众的需要和实际觉悟程度结合起来的能力，是所有革命行动所面临的最复杂的问题之一。当经验主义控制了这些组织，就难以保证它们会纠正其对广大群众的立场。进行正确的情况调查的能力，以批评精神思考自己的和他人的经验并把思考的结果用以丰富不断更新的理论和学说观点的能力，是干部政治上长期修养的产物，而这种修养在拉美却被忽略和轻视了。前面谈到的一些致力于干部培养工作的组织所产生的影响，也许可以改变这种状况，但很难说出（没有对此进行评价的手段）这项工作的成果如何。

显然，大陆性人民战争模式的实施有一系列的障碍。这些障碍不像在前面两种模式中以对抗的形式表现出来，因此估计有可能在不发生根本冲突的情况下得到克服。但预测会有严重的内部冲突，尤其是如果考虑到这些障碍同激进的或革命的左派所不能接受的改良主义运动的关系，正是从这里可能产生相当深刻的矛盾。如果真的像我们力求证明的那样，激进的左派过去是而且部分地继续是从民族主义的改良主义（或从通常称作"亲苏"的概念，这概念自1969年共产党大会开始有了重大变化，那次大会承认在拉美存在着实现社会主义的可能性）的分解中汲取养分的，那么可以想象，从某个时候开始（那时各种定义将更加激进）将出现十分尖锐的冲突。最后，右派运动的活动以及来自政府的镇压也影响左派运动，在很大程度上限制了它的活动。拉美大陆武装部队和警察正在发展其反起义运动战术，这个事实是对这些激进的左派力量的巨大挑战。在这种情况下，对其干部进行技艺培训开始成为一个关键因素，但人

民的支持无疑是左派运动在政治上立于不败之地的关键。继智利
"人民团结"阵线的经验之后，在大陆关于"为社会主义而斗争"
所展开的讨论的范围显著地扩大了。利用资产阶级政权机关的广泛
可能性明显化了，同时，利用的界线也变得明显了。在这一方面，
玻利维亚人民大会提供了判断群众政治能力的另一些重要因素。

　　另外，一些尚武主义运动和游击中心运动的失败，特别是其在
巴西和乌拉圭的失败，也表明了冒险的尚武主义的天地是极为狭窄
的。但是，我们次大陆左派的前途如何呢？虽然左派存在着我们已
指出的种种弱点，但它是当前的一种现实，而且凡是在条件允许进
行民主对话的地方，它定会再生。因此，重要的是善于根据不同的
情况和时期改变其战术并接近广大群众。按照这个准则，智利军人
政变后在次大陆出现的并与 1974～1975 年资本主义经济衰退——我
们在第二部分对此做了分析——相关联的新形势值得仔细研究，而
且应用尽可能广的尺度来加以分析。

五　总的看法

　　在我们到此为止所做的分析中，我们突出地谈了民族自主发展
模式的失败和可能作为新的发展模式支柱的 3 种社会经济力量（国
际大公司、国家资本主义和独立的民众运动）的兴起，继而分析了
这些力量可能尝试的发展模式（新的国际分工、讨价还价的依附和
社会主义），还分析了实现这每一种选择时所要面对的矛盾和限制。
现在让我们对整个进程做一总结并对上述各种模式之间的矛盾进行
分析，以便重新形成对整个运动的看法。由于分析上的分散性，我
们已失去了这种完整的看法。

　　正如我们已经看到的，在国际大公司控制下的新的国际分工选
择（Ⅰ）与讨价还价的依附选择（Ⅱ）既相容又不相容。当考虑到

选择Ⅱ的民族和国家方面时，矛盾便产生了。如果在经过一个冲突与对抗的时期之后民众运动的活动变得抽象化了，那么一切表明选择Ⅰ有可能在不完全排斥那些支持选择Ⅱ的阶层的情况下成为获胜的选择。这说明选择Ⅰ和选择Ⅱ之间的矛盾是非对抗性的。尽管导致出现了非常危急的时刻。但是，当分析中加进了社会主义模式Ⅲ时，情况就变得复杂了。选择Ⅲ的强化可能在下述意义上加剧选择Ⅰ和选择Ⅱ之间的矛盾：一方面，选择Ⅰ想迅速解决它同选择Ⅱ之间的冲突，以便随即淘汰选择Ⅲ，但选择Ⅱ力图利用选择Ⅲ，进一步讹诈选择Ⅰ，获得更多的让步。然而，当选择Ⅲ成为一种现实的眼前选择时，不论是选择Ⅰ还是选择Ⅱ都必须同对方结成同盟，以便击败选择Ⅲ。冲突的最后结局取决于双方的能力，即取决于选择Ⅲ是否一开始就能离间选择Ⅰ和选择Ⅱ，并在削弱它们之后，同时对付它们并战胜它们，或者取决于选择Ⅰ和选择Ⅱ是否能联合起来并击败选择Ⅲ。

比较具体地说，这意味着跨国大公司要彻底征服国家资本主义并消灭革命运动。为实现这一相当艰巨的任务，跨国公司必须拥有的镇压力量应比单一的军事行动和国家机关的行动所给予它的力量更加有效得多。

可是，必须拥有部分群众的支持才能打败民众起义运动或真正具有人民性的政府，或者只进行迎合民众心理的蛊惑宣传却无力阻止群众前进的政府。在这一方面，可能采取军事政变形式的动员行动必须有日益扩大的法西斯运动的支持。法西斯运动的基础是旧社会的没落阶级（大庄园主、没落的传统中产阶级、社会地位被垄断集团取代的贫困化了的小资产阶级、对政权机关的军事解决办法已经失望的中级军官、暴力动员时可以利用的次无产阶级），他们组织起来反对"共产主义"，认为共产主义是其不幸的根源。同时，他们也反对垄断集团，但与垄断集团没有对抗性矛盾。然而，这样的一种法西斯运动只能联合大资本才能掌权。这些法西斯主义阶层必须在中期内获得足够的重要地位，以成为选择 I 的一种工具。但它将是一种矛盾性的工具，因为这些法西斯运动中将不乏民族的反资本主义的旗帜；然而，就像当年墨索里尼和希特勒能清除其运动内部具有社会主义倾向的集团，以便不受干扰地为大垄断集团的政策服务那样，我们这些国家的法西斯运动也能清除它们中的民族主义分子，以便更好地为帝国主义效劳。就其防御性而言，这种法西斯主义可能会在一种新的国际分工内保证依附性资本主义社会残存下去，保持相对停滞，加剧对群众的剥削，使一部分城乡次无产阶级加入受剥削的行列并为全面恢复依附性资本主义发展创造条件。

第二十四章
跋：严重衰退的经济形势下的拉丁美洲

一 经济危机与拉丁美洲

为了分析拉美在国际经济形势中的作用，必须简单地概述一下我们在第二部分研究的国际经济形势的特点。

1949 年至 20 世纪 60 年代是经济基本上处于持续高涨的时期，此后，国际资本主义开始进入一个在我们看来将是相当长的衰退时期。第一阶段的危机发生在 1967～1971 年，总的特点是，所有发达资本主义国家的经济增长率下降，其中某些国家在 1967～1970 年经济出现停滞局面。在这期间，在布雷顿森林建立的并成为前阶段经济高涨的金融支柱的国际金融体系开始彻底动摇；美元的国际地位也开始受到严重质疑，英镑完全失去了作为国际货币的作用，金本位制结束，并建立了货币自由汇率制；这个阶段还开始了一直在艰难地予以控制的敞口式通货膨胀进程，首次出现了"滞胀"现象。

1972 年和 1973 年的标志是资本主义经济，特别是美国经济的巨大复苏。世界贸易出现新高涨，但伴随着极其强大的通货膨胀的压力，终于在 1973 年下半年爆发了一种敞口式的国际通货膨胀。这些年复苏的特点清楚地说明，复苏极为短暂并导致一个比前一阶段更严重的衰退阶段的到来。

应特别指出这个复苏阶段对世界原料贸易产生的影响。从总体看，国际贸易的发展导致了原料特别是农产品价格猛升。后来，1973 年底阿以冲突引起的石油生产国的抵制又在这场原料和一般矿产品涨价运动中加进了一个有力的推动因素。经济形势中的一系列因素促成了某些产品的行情出现戏剧性变化。小麦的行情就是如此，因苏联向美国大量购买小麦造成了小麦市场的畸形发展。但是，一般认为，这种涨价运动是 1972～1973 年经济繁荣的人为性和投机性，以及这个时期的歉收和依附国实力的增强所致。这些国家的力量，由于 1967～1971 年危机时期发达国家，特别是美国在经济、金融和政治上的困难处境而得到了加强。

简要地总结一下涨价运动就可使我们看到它的规模及其重要性。

1972～1973 年，我们这些国家的所有出口产品价格实际上都有了大幅度的上涨。根据 1973 年拉美经委会的经济研究报告，以 1970 年的指数为 100，至 1973 年末拉美主要出口产品的国际牌价平均上升到 180.2。

其中，农业原料（如亚麻子油、棉花、牛皮、鱼粉、羊毛和大豆）的牌价指数升至 265；温带食品（牛肉、玉米和小麦）的指数为 200；热带食品和饮料（甘蔗、香蕉、可可、咖啡）的指数为 163.2；金属（铜、锡、铁矿石、铅、锌和铝）的指数涨到 191。

如果分别对这些产品进行分析，那么我们将看到，除了铝之外所有产品的价格都有了上涨。铝的价格指数降至 97（不可思议的是，这种产品在 1974～1975 年价格下跌时期具有最大的看涨前景）。在主要产品中，被认为价格奇迹般上涨的有亚麻子（392）、小麦（339）、羊毛（317）、棉花（319）和上涨情况极其异常的锌（505）。

因此，依附国获得了一个改善自己的国际收支状况并为实现自己的利益施加压力的极好时期。但是，情景并不像这些数字让人感觉的那么美好。就在这个时期，拉美消费的工业产品价格也上涨了，这是上述那些通货膨胀因素的结果。这些因素几乎没有在这个危机时期因帝国主义之间竞争的加剧而减弱，反而由于工业国所拥有的高度垄断条件而进一步加强。必须指出，在垄断和当前的国家资本主义阶段中，这一竞争不是以降低价格的形式，而是以增加税收、减少信贷、变更行情等形式表现的。

但是，拉美经委会的研究报告表明，这时期贸易比价总的形势有利于拉美，从而在一定时期扭转了拉美经委会很久以来一直想证明是长久现象的恶化趋向。这表明拉美出口产品的不变单位价格在1971～1972年增加了15%，1972～1973年增加了34%，而进口产品的不变单位价格在同期分别增长8%和19%。从这些数字计算得出，对拉美来说，贸易比价在这些年份分别改善了7%和13%。

奇怪的是，这个时期按不变价值计算的拉美贸易结算出现逆差，这是很多年都不曾有过的现象。1971～1973年，拉美次大陆不仅有了多年没有出现的贸易逆差，而且3年里逆差不断扩大：1971年为18.82亿美元，1972年为24.51亿美元，1973年达到30.94亿美元。造成这种情况的原因不难找到。当1968～1971年发达国家的资本主义经济出现衰退时，拉美国家特别是巴西和墨西哥却从20世纪60年代中期的衰退中摆脱了出来。伴随着大量国际投资出现的，是机械和材料——依附国资本积累的关键产品——的进口有了巨大增长。这样，交换条件的改善所带来的好处减少了，因为发达的资本主义国家倾向于少进口，多出口。

由于石油、石油产品和其他有关产品价格的提高，在此期间一些国家获得的许多好处就被抵消了。这种情况尤其发生在那些高度依赖石油进口的国家，特别是巴西。在拉美，只有玻利维亚、哥伦比亚、厄瓜多尔、特立尼达和多巴哥、委内瑞拉和最近的墨西哥是纯石油出口国并因石油涨价而获利。其他国家则或多或少地受到石油涨价的不利影响。据联合国估计，石油新牌价意味着"发展中国家"多支付 100 亿美元，使这些国家的国际收支经常项目赤字从 150 亿美元增加到 250 亿美元。

如果我们考虑到这些国家在国际上所欠的巨额外债，便可清楚这种金融形势的严重性。短期内可见的唯一不会在国际上造成严重混乱的解决办法，可能是产油国转而将获得的美元用来弥补这些赤字。在这个问题上已采取多种措施，以寻求通过现有的国际组织使石油美元"再循环"。但形势显然可能促使产油国与那些石油进口国、同时也是重要产品出口国达成双边贸易协定。同样，在这种形势下，把单方面停止偿付其外债作为对付这种形势的唯一办法的国家也不会没有。这些极端的立场只有在起码的国际合作条件下才可能避免，而国际合作不是危机中的资本主义内部个人、企业和国家所固有的特性。只有在害怕再次出现像 1929 年那样的危机和在国内和国际范围内加强国家干预的心态下，才可能部分地缓解这种对资本主义极为不利的金融形势的影响，避免出现一种灾难性的局势，但却避免不了出现一个较长的困难时期。

然而必须指出，依附国总的形势因 1973 年末开始了一个具有如下特点的新阶段而大大恶化了：所有发达资本主义国家普遍出现衰退，以及整个资本主义世界的增长率全面降低（见第二部分中有关大衰退的章节）。尽管出现了衰退，但在世界经济中通货膨胀却没有多大下降，依附国出口产品的价格很快便受到不利影响。因此，1974 年和 1975 年年末，我们这些国家的贸易结算出现了更大的逆差，尽管我们减少了出口（这明显影响增长率）。

原料价格的普遍下降影响到石油价格，并使 1973～1974 年石油涨价创造的财政盈余减少了不少。同时，产油国和其他原料生产国的卡特尔组织已获得的相对谈判实力，也可能作为价格下降运动中一个重要的抵消因素发挥作用。这就是美国总统杰拉尔德·福特寻求联合国的讲坛，对组成卡特尔的基础产品生产国进行严厉威胁的原因。

当前经济危机的严重性也使我们预见到一种趋势：国际资本流动的减弱和国际资本渴望利润的增强。但必须指出，剧烈的通货膨胀和世界主要交易所的牌价下跌趋势对减少可支配的有价证券起着重要作用，这便加剧了国际资本流动减弱的趋势。体系内部帝国主义列强之间以及它们同依附国之间的矛盾加剧，必将导致商品贸易或资本流动中保护主义和限制措施的加强。有两个例子可以说很有意思，其一是规定对美国进口巴西的鞋征收 14% 的进口税；其二是，美国参议院和金融界正在活动，以限制国际资本（主要是阿拉伯国家的资本）进入这个原来极力主张资本自由流动的国家。

伴随着 1890~1893 年、1911~1913 年、1916~1922 年、1929~1945 年、1958~1961 年的资本主义危机出现的是拉美轰轰烈烈的民众运动，它的出现是因为国际资本的渗透减弱和在当地资产阶级的压力下，特别是在小资产阶级和工人发起的民众运动的压力下，依附国的活动能力增强。1968~1971 年，我们再次看到了拉美国家群众运动的高涨。因此，我们是否可以认为当前这场世界资本主义危机也将产生类似的结果呢？

为了回答这个问题，需要仔细分析自 1967 年开始的这个阶段。

二 经济形势的发展趋势及前景

毫无疑问，经济危机削弱帝国主义中心国家对依附国施加压力的能力，同时也使资本主义国家之间以及国家和社会阶级之间在社会经济体制方面表现出的矛盾更加突出。在意识形态领域，对资本主义制度推动进步的能力产生了怀疑，这使各种革命的和反革命的思想观点活跃起来。所有这些对依附世界具有巨大影响，在那里革命的思想同民族问题和反对帝国主义统治的斗争混杂在一起。当地资产阶级和官僚阶级把帝国主义力量的相对削弱看作是获得新的投资领域和加强自主权的历史时机。它们几乎是本能地谋求利用社会不安情绪和随之而来的社会动员，为自己的利益服务。

在很大程度上，拉美新自由主义现象就是在这种危机形势中找到了表现机会。因此，看到当前在我们这些国家民众主义和社会进步主义现象再次出现也就不奇怪了。目前我们看到的是一种新民众主义，它甚至是通过许多人认为已退出拉美历史舞台的旧日的首领得到表现的。且不用说庇隆的回国，他以一场有组织的运动保持了政治上的连贯性，这就是对他为什么能在"焕然一新的"埃娃·庇隆陪伴下重新掌管阿根廷的最好说明。可能使我们感到更加奇怪的是，像罗哈斯·皮尼利亚这样的人物也会在哥伦比亚重新露面，他在 1970 年大选中差一点获胜。另外，从委内瑞拉的民主行动党、哥伦比亚的洛佩斯·米切尔森、哥斯达黎加的奥杜贝尔和墨西哥的埃切维里亚的上台看到当前"民主左派"在政治上的重新崛起，也是重要的。

在这一时期，部分地在智利人民团结阵线获胜的影响下，形成了一些人民阵线（它们试图效仿人民团结阵线，但纲领远没有那么激进），这些阵线在乌拉圭和萨尔瓦多表现出了一定的动员能力，但均被军事政变挫败。最终，在秘鲁、巴拿马和洪都拉斯组成了奉行民族主义路线和进步的国际政策的军政府。

在所有这些运动中，表现最激进的是智利人民团结阵线，它明确提出了立即实施社会主义的目标，这体现在作为其政府初期阶段特点的各项反帝、反寡头政治和反垄断措施上。轰轰烈烈的群众运动的展开，新形式的人民政权和群众高度的政治觉悟，使智利当时的进程具有一种与过去不同的性质，这迫使反革命力量做出了拉美镇压史上前所未有的最激烈、最血腥的反扑。在此之前，玻利维亚人民代表大会作为人民权力机构的出现，指出了成为次大陆民众运动发展趋向的行动和觉悟的新形式。

1971年玻利维亚的政变，萨尔瓦多大选期间的白色政变和后来军队中进步势力组织起义时的反政变，以及乌拉圭几乎公开的政变之后，人民政府被镇压了下去，结果是群众中日益高涨的激进情绪遭到压制，导致群众将自己的希望寄托于中间势力。智利发生军事政变后，拉美出现了一系列中-左政府并形成了一种新的力量对比，它表现在美洲国家组织通过关于同古巴恢复关系的议案上，也表现在普遍谴责篡夺智利政权的军人执政委员会的野蛮行径上。

从国际角度看，这些政府和可能形成的另一些政府能获得什么具体结果呢？

诚然，我们在委内瑞拉看到了一种有趣的现象。认为一个立宪政府将能把这个国家的石油企业收归国有而不引起任何明显的暴力后果，这在几年前似乎是一种空想。但是，委内瑞拉竟然很平静地收回了它的石油。至于对这种产品的销售和运输进行控制的目标就难于实现。找到的解决办法是在这些部门成立使帝国主义能在石油政策的战略问题上保持控制地位的"混合企业"。

秘鲁和厄瓜多尔在开采矿产资源问题上都采取了较灵活的谈判立场。秘鲁将一个濒临倒闭的铜矿企业塞罗巴斯瓜公司收归国有而未引起任何严重冲突。就连智利及其亲帝国主义的军人执政委员会政府也没有触动铜矿的国家所有制，只是为国有化支付了大笔的美元，以及将销售的控制权交给了跨国公司。

比许多人想的还要困难得多的问题，是试图成立能决定基础产品价格的卡特尔组织。最近的胜利，即石油输出国组织取得的胜利表明了这项政策的局限性。首先，从石油提价中获得的最高利润落入了各主要石油公司的腰包；其次，新价格对通货膨胀和国际金融的巨大影响，趋于变成一支飞回反击产油国的飞镖，或至少是一种长期的威胁；最后，造成了这些国家的分裂，如果形势更加紧张，沙特阿拉伯倾向于提出一项独立的政策。对那些抗拒进口国压力的国家，则是进行公开的威胁，就像福特总统在联合国大会上的所作所为，这引起了委内瑞拉总统安德烈斯·佩雷斯的尖锐反驳。因此，压力和反措施行动非常激烈，且多种多样，首先是通过分配和销售机制把影响转嫁给第三者，然后是进行金融威胁和政治分化，以致有可能公开使用武力。

虽然美国统治阶级中有个重要集团准备支持并实现一种新的国际分工，也就是将大部分劳动密集型的工业转移到依附国，但就像我们在前面所分析的那样，美国也有人坚决反对这项政策。反对来自那些在国外进口产品的竞争下受影响的人，他们是当地的资本家，以及那些因生产下降或这些工业倒闭而蒙受失业影响的劳动者。这导致了长期的冲突和报复行动。巴西是个已完全采纳新的国际分工模式的国家，尽管在国际资本及其政府面前表现得唯命是从，但还是碰到了严重的问题。除其他冲突外，巴西还在速溶咖啡、纺织品和鞋类进口上同美国存在着冲突。前不久联邦德国公司提醒巴西政府注意对本国机械工业的保护措施和可能出现的报复行为。重要的工业生产部门转移到依附国是资本主义发展的必然趋势，但不排除这样做会产生许多冲突和可能造成十分艰难的局面。

为加速实现新的国际分工创造有利的条件，乃是当前新民众主义在拉美可能进行的各种变革的总体目标。除此之外，只有扩大同社会主义国家的贸易——不可抗拒的趋势——和扩大地区内部贸易这两件事好做，但后者有点复杂。一般来说，这两项措施不存在任何冲突，问题在于如何确定这两项措施的范围和方向。

同社会主义国家的贸易，当它促使国家对经济的干预增强，以便同中央集权和计划经济的国家做生意时，当它有利于某些民众主义阶层（它们要求使国家资本主义的发展超越垄断资本认为是适宜的界限）时，就可能带来问题。如果伴随着这种贸易出现了在群众中引起深刻反响的思想宣传上的一定自由，那么也会出现问题。最后，当这种贸易涉及军事援助、政治协议或其他同样敏感的领域时，它最终将变为对体系的公开威胁。

国际大资本在总体上也支持地区内部贸易，它可以作为增加在本地区投资可能性的一种办法。但当这种贸易具有更大战略性的时候，它可能采取帝国主义不太接受的形式。且不说墨西哥政府对智利人民政府的贸易支持，前者主要出于某种政治上的而不是经济上的考虑，向后者提供了一些关键性产品。当巴西和委内瑞拉可能在委内瑞拉的石油和巴西的船舶、机械及重工业领域提出一项双边贸易计划的时候，引起了较重要的问题。虽然这项政策对近期的经济利益尚无影响，却能给予委内瑞拉一种不符合帝国主义利益的国际活动能力。由于这个原因，巴西不能毅然采取一项真正解决自己石油需求的政策。

但无疑，妨碍更好地利用——尽管是在民主的资产阶级的民族的政策框架内利用——当前国际危机的最重要因素之一，是存在着同帝国主义相勾结的政权，特别是在一个像巴西这样具有重要战略意义的国家存在着这样的政权。此外，这些政权实行以军人为基础的强权统治，在国家，甚至在国家结构和职能上存在着法西斯主义的巨大影响，这样，它们便成了鼓舞我们每个国家内部坚持主张倒退的力量的一个有利因素。由强大的法西斯和准法西斯流派组成的"巴西党"代表了拉美一股重要的政治力量。在巴西和美国当局的直接支持下，这个"党"几乎公开地冒险参与了玻利维亚、乌拉圭和智利的政变。在委内瑞拉、哥伦比亚、阿根廷、墨西哥和许多其他国家，不少政治家和企业家公开主张他们的国家实行"巴西模式"。

因此，所谓的"巴西奇迹"公开而明显的失败必将对处于目前经济形势下的拉美产生重大的政治影响。这一"奇迹"事实上就是仅仅 6 年国民生产总值以近 10% 的速度持续增长而已。首先，必须对这个大肆宣传的"奇迹"做一评价。巴西曾在民主充分发展的 1955～1961 年获得类似的增长率。1962 年开始进入严重的衰退时期，衰退因 1964 年的政变而加剧并延续到 1967 年。1968 年，许多长期投资工程已经完成，这些工程是 20 世纪 60 年代初在声势浩大的民众运动的压力下开始进行的，如造船工业、大部分发电设施、钢铁工业等。在 1967 年和 1968 年再度出现的群众运动的强大压力下，科斯塔·席尔瓦政府确保了重型石油化学工业和部分航空工业部门在巴西的建立。这些投资完善了在瓦加斯主义和库比契克政府的影响下建立起来的基础设施、基础工业和汽车工业设施，这两届政府曾受到公开的民主运动的强大压力。

因此，1968～1973 年的经济增长显然与强权政府和"政变中的政变"的存在没有直接关系。这次政变是利用 1968 年公布"第 5 号制度法"这一时机发动的，该制度法中止了由 1966 年军人自己颁布的宪法所含糊地保障的公民权利。相反，经济计划初学者们专横武断，奉行彻头彻尾的投降主义经济政策。经济面向国际市场，却没有一项为开辟国内市场结构的改革政策；向国际资本提供方便，但在国际收支上产生了可悲的结果。关于"巴西巨人"的宣传造成了一种痴呆化气候，使很大一部分巴西人以为巴西已变成一个很重要的发达强国。所有这一切以及无数次旨在用狂欢节的气氛来掩盖巴西人民贫困的经济、社会和政治上的冒险行动，使这个国家未能利用它巨大的发展潜力，并且也未能隐藏住"巴西奇迹"的真实面貌。

1974 年，这种无秩序的、错误导向的增长的限度明朗化了。出现了只有更大量的国际投资才能弥补的巨额贸易赤字，以及大量基础产品供应不足，对金融系统普遍不信任（部分表现在哈利银行的倒闭上）和公开承认的增长速度明显减慢。对于一种完全按 10% 的持续增长程式规划的并可悲地建立在人们对这种可能性继续相信上的经济来说，上述情况意味着一场严重的经济和政治危机开始了。以埃内斯托·盖泽尔总统为首的现政府，已认识到这些自 1973 年就显而易见的问题。盖泽尔及其支持者们都知道，保持 10% 的增长率是不可能的，可期待的倒是一场较为严重的经济危机。他们清楚，在这种情况下任何警察机构都不能压制民众的愤怒行为，警察的行动反而会激怒民众。他们也明白，巴西独裁政权极端反动的国际政策不能不使国家严重孤立，而这种孤立将对经济产生严重的影响。

1973 年，巴西不得不改变支持葡萄牙帝国的立场，这是其重要石油供应国阿拉伯国家施加压力的结果。由于葡萄牙革命引起的非殖民化，巴西必须对非洲实行灵活的政策，甚至承认了安哥拉的人民解放运动政府。盖泽尔政府还打开了同中国关系的大门，在美洲国家组织关于中止对古巴的封锁问题上也没有采取僵硬立场。同阿根廷达成了关于拉普拉塔河流域的临时协议。另外，关于巴西政府能否从经济上继续支持它过去一直冒着极大风险支持的玻利维亚、乌拉圭和智利的军人政府，现在却是一个极大的问号。

所有这些意味着"法西斯党"在拉美即将衰落。至少在一段时间内我们应当认为这部分力量对于中间阶层的吸引力将减弱。如资料表明的那样，右翼政府已遭削弱。除了在巴西的失败——尤其表现在 1974 年 12 月和 1976 年 12 月那个独裁党在大选中的惨败上，玻利维亚的班塞尔受到了群众的巨大压力，支持他掌权的那些力量内部出现了严重分裂；在乌拉圭，军人失去了中间阶层的支持并在国际上处境孤立；在巴拉圭，对巴西帝国主义势力不满的人动员了本国资产阶级中有威望的重要力量；在秘鲁，执政的右翼在 1975 年受到沉重的打击，但 1976 年莫拉莱斯·贝慕德斯的反动政变再次加强了右派势力；在阿根廷，庇隆主义右翼代表人物洛佩斯·雷加最后彻底孤立，从而使右翼庇隆主义变成了一场少数人的运动。由于还没有一种革命的选择,政权便落在了军人手里,从而在南锥体地区引起了一场新的右倾运动。根据现有的材料,大概除了玻利维亚外,该地区任何国家中的左派力量都不可能立即使法西斯主义走向失败,但至少可望政治堡垒的领导有所变化。对这种局势的担忧导致出现了美国应改变其对大陆政策的建议,以及民主社会党针对强权政府的即将垮台企图创立一种民主选择的努力。强权政府的垮台是可预见的事。

我们描述的这一总形势表明,在1976年经济出现复苏之前,我们生活在一种非常有利于进步力量的历史环境中。但是,这不应使我们过于乐观。总的来看,特别是改革派和中间派的力量似乎正在加强。拉美的左派因尚不成熟而在如游击中心主义那样的具有战略性错误的政治尝试中消耗了自己的力量,它已不再对思想上混乱的种种运动感兴趣,在宗派主义中消沉并脱离了群众和群众的日常斗争。在其他国家,如智利,虽然左派曾调动了它的所有力量并同本国广大群众团结一致,但受到非常强大的敌人的沉重打击,对这个敌人它不想或者没有能力将其消灭。然而一切表明,人民团结阵线长期保持了原已获得的领导阵地,甚至趋于将其影响范围扩大到全国。在这种背景下,1974~1975年的危机未能在拉美引起很激进的变革。但是,如果不发生这样的变革,任何实质性问题都得不到解决,而可能出现的中间立场和中-左立场的政府在政治上终将失败。在这种情况下,法西斯主义在中期内可能恢复其力量,而且因为这是一种世界性的形势,所以其可能在日益扩大的国际支持下在我们这些国家发动一次更野蛮的进攻。

进步力量在拉美大陆取胜的一个关键因素在于它是否有能力在政治上艰难的1977年,即在卡特政府对拉美大陆发动思想进攻时积聚力量,以便在1978~1979年加以使用。1978年和1979年,资本主义体系应进入一场后果极其严重的国际危机。这场危机将使许多模式破产并不可避免地造成对人类历史具有决定性影响的革命形势。

尽管时局的变化在短期内有利于中－左立场的政府和运动，但选择依然未变，拉美深刻的危机不可能在资本主义制度中找到出路。不是在革命中前进并坚定地走向社会主义，为我们这些国家的广大群众开辟一条发展和进步的道路，就是实行法西斯野蛮统治，这是唯一能保障资本在一定时期内于政治上继续存在下去的条件，以便继续走其依附性发展的道路，即建立在对劳动者的高度剥削和经济的非国有化，对广大小资产阶级阶层的剥夺和有损于本国大众消费的出口冒险之上的道路。这种"经济发展"将只能以强制推行残暴的独裁统治为基础。

图书在版编目（CIP）数据

　　帝国主义与依附：修订增补版／（巴西）特奥托尼
奥·多斯桑托斯（Theotonio Dos–Santos）著；杨衍永
等译. ––北京：社会科学文献出版社；重庆：重庆出
版社，2016.12
　　（国外马克思主义和社会主义研究丛书）
　　书名原文：Imperialism and Dependence
　　ISBN 978–7–5097–6608–8

　　Ⅰ.①帝…　Ⅱ.①特…②杨…　Ⅲ.①帝国主义–研
究　Ⅳ.①D033.3

　　中国版本图书馆 CIP 数据核字（2016）第 283017 号

国外马克思主义和社会主义研究丛书
帝国主义与依附（修订增补版）

著　　　者／〔巴西〕特奥托尼奥·多斯桑托斯
译　　　者／杨衍永　齐海燕　毛金里　白凤森

出 版 人／谢寿光
项目统筹／祝得彬
责任编辑／刘　娟　刘学谦　楚洋洋　肖世伟
装帧设计／刘沂鑫　刘　颖

出　　　版／社会科学文献出版社
　　　　　　地址：北京市北三环中路甲 29 号院华龙大厦　邮编：100029
　　　　　　网址：www.ssap.com.cn
　　　　　　重庆出版社
　　　　　　地址：重庆市南岸区南滨路 162 号 1 幢　邮编：400061
　　　　　　网址：www.cqph.com
发　　　行／重庆出版集团图书发行有限公司
印　　　装／三河市东方印刷有限公司

规　　　格／开　本：787mm×1092mm　1/16
　　　　　　印　张：36.5　字　数：473 千字
版　　　次／2016 年 12 月第 3 版　2016 年 12 月第 1 次印刷
书　　　号／ISBN 978–7–5097–6608–8
著作权合同
登 记 号／图字 01–2016–7543 号
定　　　价／138.00 元